U0781407

文津演讲录

WEN JIN YAN JIANG LU

之八

◎周和平 主编

讲座丛书 第一编

國家圖書館出版社

图书在版编目（CIP）数据

文津演讲录．8／国家图书馆古籍馆编．—北京：国家图书馆出版社，2010.10

ISBN 978－7－5013－4422－2

Ⅰ.①文…　Ⅱ.①国…　Ⅲ.①社会科学—文集　Ⅳ.①C53

中国版本图书馆 CIP 数据核字（2010）第 186304 号

责任编辑：耿素丽

书名　文津演讲录（之八）

著者　周和平 主编

出版　国家图书馆出版社（100034　北京市西城区文津街 7 号）
（原北京图书馆出版社）

发行　010－66139745　66175620　66126153
66174391（传真），66126156（门市部）

E－mail　btsfxb@ nlc. gov. cn（邮购）

Website　www. nlcpress. com → 投稿中心

经销　新华书店

印刷　北京华正印刷有限公司

开本　880×1230（毫米）　1/32

印张　7

版次　2010 年 11 月第一版第一次印刷

印数　1—3000 册

书号　ISBN 978－7－5013－4422－2

定价　25.00 元

前　言

国图古籍馆，曾经被众多的读者亲切地称为“老北图”，在20世纪50年代，就因成功地举办学术讲座而为社会各界人士所称道，老舍等一代文化巨匠都曾作为这里的主讲人传道授业、答疑解惑。2001年新年伊始，国家图书馆分馆（现古籍馆）为继承“老北图”的优良传统，为适应知识经济时代对图书馆扩展文化功能，全方位、多角度传播文化信息的客观要求，举办了以传播中华传统文化为主旨的名人系列讲座。昔日曾亲身聆听老一辈学界泰斗教诲的莘莘学子，如今也作为各学界的骄子走上这神圣而庄重的讲坛。

数年来，我们举办了文史、政经、音乐、美术等系列讲座数百场，听众数万人次。从他们渴望的目光里，我们感到了肩上的重任；从他们满意的笑容中，我们感到了由衷的欣慰。许多专家学者和读者通过讲座，成了图书馆的朋友，他们对我们的工作提供了可贵的指导和无私的帮助，而更多的人则经此渠道记住了国家图书馆，记住了国家图书馆古籍馆。这是对我们工作的最大的褒奖。

为了感谢各界朋友的支持，我们选出部分讲座内容，汇集成册，系列出版，给主讲人和听讲者一个留念，给不巧未曾听讲者一份补偿，也给我们的工作一个小小的总结。

所选讲稿，主讲人多为年近古稀的学界名流、文坛泰斗。他们用毕生心血，焚膏继晷，皓首穷经，故而成绩斐然，蜚声士林。当然，这里所选的部分，并不能代表更不能涵括讲座的全部内容，而且我们自己所做的努力，在全面提高中华民族的文化水平这一宏伟大业面前，也显得微不足道。但我们坚信，只要我们锲而不舍、矢志不渝，在中国文化事业的发展史上，将会留下我们的探索足迹。

编　者

目 录

毕克官

可赞可颂的抗日漫画战

——纪念抗日战争胜利60周年

毕克官，学者、画家。1956 年毕业于中央美术学院绘画系。1950 年开始发表漫画作品。先后任中国美术家协会《漫画》和《美术》杂志编辑。同时发表漫画和评论文章。1961 年开始《童心》系列水墨画创作。1974 年起对中国漫画史和中国古代民窑进行研究。曾任中国艺术研究院美术研究所所长、全国政协第七、八、九届委员。曾任中国美术家协会理事、漫画委员会委员。已出版专著 19 部，主要有：《中国漫画史》、《中国漫画史话》、《漫画的话与画——百年漫画见闻录》、《中国民窑瓷绘艺术》（中、意、英文）、《民窑青花》、《写画六十年》和个人绘画集等。曾在中国国家图书馆、中央美术学院、北京故宫博物院、香港及美国举办的中国古代民窑瓷器和中国漫画史活动中进行学术讲座。

1938年5月20日凌晨，远征日本的中国空军机群，呼啸在漆黑的天空，越过大洋，飞临日本本土，五颜六色的传单，铺天盖地撒落到长崎、福冈、熊本等城镇的土地上。这一出乎世人意料的壮举，惊动了整个世界，欧美舆论赞扬说是“文明与野蛮的对比”。这里，要特别告诉读者的是，在这百万张传单中，有大量是出自中国漫画家的手笔。“七七”抗战开始，在中国漫画大本营的上海，漫画界发出誓言，以笔当枪要进行一场“殊死的抗日漫画战”。今天的人们，都熟知台儿庄战役、平型关大捷、武汉保卫战和农村地道战，但对中华大地上当年进行的这场漫画战，怕是所知甚少。但历史事实告诉我们，这场漫画战所建立的丰功伟绩可歌可泣。既值得回顾，也值得纪念，因为历史是不容忘记的。

一、漫画界的誓言——“殊死的抗日漫画战”

1937年8月13日，日寇入侵上海。军民奋起抗敌。全国漫画家协会和漫画界救亡协会，立即采取了两项重大举措。第一项是9月20日在上海创刊《救亡漫画》五日刊。由鲁少飞主编。在创刊号上，宣布漫画界将进行一场“殊死的漫画战”。1937年的秋天，上海战场处在拉锯战时期，八百壮士，坚守四行仓库，战事的紧张激烈程度可想而知。《救亡漫画》就是在炮火声中编辑出版的。刊物揭露入侵敌人的罪行，鼓舞抗敌军民的士气，办的热腾腾、火辣辣。创刊号上蔡若虹画的封面《全民抗战的巨浪》极其煽情。叶浅予的《标准光饼制造所》，是深入第一线进行采访和写生创作的报导漫画，及时反映了军民合力的抗敌事迹。出版到第 12 期，上海即将失守，被迫停刊，鲁少飞到广播电台发表告别上海父老兄弟的演说，表示漫画家已大多转到内地，誓言将以画笔抗战到底。

二、主力部队——救亡漫画宣传队

第二项举措是同时自发组成救亡漫画宣传队，由著名漫画家叶浅予任队长。他们于 8 月底，背上背包，精神抖擞，往内地进发。漫画宣传队的组成，是当时文艺界的一件盛事，影响颇大。上海中小学童子军把在烈日下筹募到的经费，捐献给宣传队，表达出人民大众对宣传队寄予的厚望。宣传队在长达三年多的时间里，冒着敌机轰炸的危险，深入许多城镇、农村、厂矿举行街头画展，为全国各地的抗日宣传及时地起到了示范作用。

1939 年起，宣传队分为两个分队，分别由张乐平和特伟带领到第三战区的江西、安徽、浙江和大后方的重庆、桂林。如果说，漫画宣传队从 1938 年 4 月起到 1939 年这段时间，归属国民政府军事委员会政治部第三厅领导，活动和生活经费还有所保障的话。那么，到 1940 年第三厅解散后，宣传队经费停发，就进入十分艰难的境地了。但队员们依然坚守岗位，坚持宣传活动。先后参加漫画宣传队的共 17 人。他们是叶浅予、张乐平、特伟、胡考、梁白波（女）、张仃、陆志庠、陶谋基、廖冰兄、宣文杰、陶今也、黄茅、麦非、叶冈、席以群、章西厓、廖末林。

三、特殊时期的特殊作用——《抗战漫画》

上海杂志公司和宣传队所共同创办的《抗战漫画》半月刊[①]，也同样起到了特殊的历史作用。《抗战漫画》可以说是上海失守前《救亡漫画》的续篇，由叶浅予主编。1938年1月创刊，1938年7月武汉失守前停刊，后来在重庆又出版了3期石印版，共计15期。该刊出版于当时的政治中心武汉，又正处于统一战线的黄金时期，是当时唯一的一本全国性美术刊物。该刊连续发表了知名作者的大量佳作，为全国各地提供了复制放大的优质资料。诸如叶浅予的《为仇恨而生》、张仃的《收复失地——打回老家去!》、鲁少飞对敌宣传的漫画传单、陆志庠的《奸！杀！抢！掠!》、梁白波的《站在敌人面前的巨人》、张乐平的《候敌深入一鼓歼灭》、廖冰兄的《变得这样狼狈了》、胡考的《抗战歌谣》等。这些作品或揭露敌人的血腥罪行，或赞颂全国军民的抗敌业绩，都及时发挥了宣传鼓动功能。连孤岛上海，也有不少中外报刊纷纷进行转载，如英国人办的《密勒氏评论报》、邵洵美主编出版的《自由谭》等等。该刊又起到了为各地及时互通信息、相互鼓舞的作用，各期刊物都发表了大量鲜活的地方通讯，如西安画家报告正在连续举办漫画培训班；山东画家报告战争吃紧，今天还拿笔杆，明天可能就进山打游击；广东画家报告敌机轰炸不断，但救亡宣传信念不变；湖北安陆县来信告急，说缺少漫画宣传材料，请速帮助解决等等。这些讯息，今天读了，依然还能感受到一种震撼力。由于该刊具有战时全国性美术刊物的特点，第7期特别刊出《 全国美术界动员特辑》。军委会政治部第三厅文艺处负责人田汉发表长文，呼吁全国美术家要从“无原则派别斗争”、“不必要的意气对立”中解脱出来，联合对敌。主编叶浅予也呼吁“彷徨、苦闷的美术家”要联合起来，并表示说：“漫画界站在最前面。”

四、“刺刀匕首”齐上阵——众多的漫画出版物

全国各地、各系统的漫画刊物也先后纷纷出版。仅已知道的就不下二三十种。其中军事委员会政训处出版的《阵中画报》，以前线士兵为宣传对象，主编和主要作者为军职著名画家梁中铭和梁鼎铭兄弟。南方军区由鲁少飞主编的《国家总动员画报》，也以士兵为主要宣传对象，但却拥有多位“大牌”作者，如张谔、特伟、黄苗子、郁风等。桂林出版的《抗战通俗画刊》亦为军政系统所出版，邵恒秋为主编，又是该刊的主要作者，主要宣传对象是社会上的普通民众。其他还有《漫画战线》、《抗战画刊》、《抗战艺术》等。有的刊物纯属个人掏腰包出版，但多难以坚持，仅出版一两期。抗战期间大后方和香港出版了十几种极有影响的漫画选集和个人漫画集。如张光宇编选的《如此汪精卫》、黄苗子编选的《全国漫画杰作选》、鲁少飞创作的《抗战连环画集》、廖冰兄编绘的《抗战必胜连环画》、丰子恺撰写和编选的《漫文漫画》等。至于各地报刊，漫画成为不可缺少的宣传形式。连香港的《星岛日报》也有张光宇主编的漫画专刊，使港澳及南洋同胞能及时了解中国军民的反法西斯业绩。叶浅予受三厅委派，特地到香港编印出版了《日寇暴行实录》，在国际上引起强烈反响，成为极有历史价值的出版物。为向全世界宣传中国人的反法西斯业绩，漫画宣传队还优选了一批作品由孙科带到莫斯科展

出，并通过世界青年组织将中国抗日漫画带到国外展出和宣传。

五、热火朝天的新气象——1938 年的武汉

1938 年在统一战线口号影响下，是全民动员全面抗战的沸腾时期。救亡宣传工作在武汉不分党派，不分信仰，大家同仇敌忾。《抗战漫画》发表来自共产党解放区有关军民抗战生活的报导漫画。属于军事委员会政训处校级军职身份的漫画家梁中铭等也在《抗战漫画》发表作品。原属于上海左翼文艺系统的漫画家张谔到了广东，为国民政府南方军区政训处出版的《国家总动员画报》作画。中共在武汉出版的《新华日报》，常以“报眼”显赫位置刊登胡考和张谔的漫画。曾绘制出版多册《护生画集》的佛教居士、漫画家丰子恺，平时用漫画宣传遇到蚂蚁应绕路而行；此时此刻，却著书大加赞颂将杀死自己丈夫，又强暴自己的日本兽兵杀死的农妇，说这是“以杀止杀”。还说连一个不识字的农妇都起而杀敌，那些尚未行动起来的男子汉不脸红么？许多本来不画漫画的，如秦兆阳、赵望云、李可染、周令钊等也大画起漫画来。

六、群众性的漫画宣传——解放区扫描

总的来说，除延安之外在当时各解放区知名的漫画家为数不多，但漫画宣传活动有鲜明的特点，这就是广泛的群众性，是继承了当年苏区和红军的传统。各种石印和油印的画报、黑板报、墙报都充分注意到利用漫画进行宣传。像东北抗日联军地区，物质条件极其困难，但也石版印出

漫画向群众宣传。例如有一幅漫画，画了日寇对东北同胞的奴役如毒蛇缠身，只有奋起抗争，才能得到自由独立。山东军区石版彩印了大量对敌宣传的漫画传单。有一幅传单，以历史人物岳飞和秦桧作比喻，呼吁切莫作奸臣，应当像岳飞一样效忠国家。这种传单以伪军和汉奸为宣传对象，是通俗易懂的。这许多作品没有留下作者姓名，但“无名作者”功不可没。“八一三”战起，上海有几位漫画家先后去了延安。他们是张谔、华君武、胡考、张仃和蔡若虹。除张谔任职《解放日报》美术科主任外，其他几位都任教延安鲁迅艺术学院。受延安印刷条件的限制，《解放日报》上发表漫画不能制成锌版，只能请人以木刻刻版。因而上述几位在报上发表的抗战漫画都带有明显的木刻特点，如华君武的《希特勒统治下的人民》。在解放区有些画家既刻木刻也画漫画，便由作者自己以木刻刻出漫画，如新四军中的吴耘和江有生就以这种方式进行漫画创作。解放区这种注重群众性的宣传活动，也起到培养人才的作用。像吴耘和江有生还有晋察冀边区的苏光等人，后来就成为新中国著名的漫画家了。

七、值得一说的特殊宣传形式——漫画传单

对敌伪宣传的漫画传单，在抗战期间被充分利用，发挥了特殊的宣传作用，这一方面的业绩就更是鲜为人知了。在国民政府统领的正面战场，向沦陷区和敌伪阵地空投的传单数量多得难以估计。在八路军和新四军地区多以彩色石印漫画传单，散发到敌人阵地和沦陷区。

这里应特别提出的是，1938 年的武汉，是日寇飞机集中力量重点轰炸的大城市，武汉上空的空战连续不停。特

别是日本为了向其天皇的生日献礼，有一次竟以 70 架飞机的阵势飞到武汉狂轰滥炸。中国空军在前苏联空军支援下迎头痛击，击落日机 20 余架。对日本侵略者这种滥杀无辜平民的罪行，中国军民忍无可忍。在这样的形势下，中国空军提出了派机轰炸日本本土的计划。后经国民政府航空委员会秘书长宋美龄的策划，决定不去投掷炸弹，而是投散传单，既显示人道又可达到宣传目的。1938 年 5 月 20 日凌晨，由空军徐焕升队长率领中国空军机队，飞临日本国土，散下了百万张传单。而这之中，大量是漫画宣传队和漫画家所绘制的漫画传单。著名画家丰子恺及时创作了《百万传单乃百万重磅炸弹之种子》对这一壮举进行赞颂。这次壮举，轰动了世界，也大大鼓舞了中国人民的抗敌斗志。抗战胜利后，1946 年 2 月 24 日，上海《文汇报》刊发了漫画界的一篇带有总结性的文章——《漫画界回顾与前瞻》，文章特地提到这件事："中国空军第一次远征东京作宣传轰炸，所带去的宣传品就大多是宣传队所绘制的漫画传单。"郭沫若在其《洪波曲》一书中，也对漫画家在绘制漫画传单方面作出的突出贡献加以赞扬。

八、丰功伟绩——树立起一座巍峨的里程碑

抗战 8 年间，漫画家创作出的作品多得无法统计。漫画战士们留下了许多思想内容深刻、艺术表达上乘的不朽之作。这些作品，既是艺术精品，又是历史文物。进入四十年代，是中国主战场抗战的关键时期，许多重大战役重创侵略者，如腾冲战役、三次长沙战役、常德衡山保卫战、昆仑关战役等，漫画家以作品赞颂抗战取得的重大胜利，如林道安的《桂南之战》、张光宇的《洞庭落日》以及丰子

恺的《百万传单乃百万重磅炸弹的种子》等，成为当时留下的珍贵历史画作。

这支抗日漫画队伍，如果上溯的话，开始组建于20年代后期，发展于30年代中期，到8年抗战，像滚雪球一样发展壮大。8年间，漫画家始终是整个美术界战斗在最前沿的群体，是美术界当之无愧的先进代表。这支队伍，以其抗日救国的丰功伟绩，不仅在中国漫画史上，也在中国美术史上树立起一座巍峨的丰碑。

今天我们纪念“殊死的抗日漫画战”，既是对先辈们的深切怀念和对历史的认真回顾，也是对后来者——现今民众的有益教育。同时，也不能忘记，日本右翼势力还一直在猖狂地篡改侵略历史。这些在反侵略斗争的血与火中炼就的艺术品，都是历史的见证，今天宣传和介绍它们，也是对日本右翼势力的有力回击！

（讲座时间：2005年8月）

注释

① 2005年，为纪念抗战胜利60周年，由中宣部、中央文献研究室等部门的专家学者对547种图书选题进行论证，选出重点图书100种，《抗战漫画》（重印本）为当选书刊之一。

常沙娜

敦煌莫高窟艺术

常沙娜，著名艺术设计教育家、艺术设计家、教授、国家有突出贡献的专家。

20世纪40年代随其父——著名画家、“敦煌守护神”常书鸿先生在敦煌莫高窟学习传统壁画。后赴美留学。50年代初回国后，曾在清华大学、中央美术学院任教。1956年开始在中央工艺美术学院担任专业教学工作。1982年任中央工艺美术学院副院长、学术委员会主任。1983—1998年任中央工艺美术学院院长。是中国共产党第十二次和第十三次全国代表大会代表、第七至九届全国人民代表大会代表，是第八届全国人大教科文卫委员会委员、第九届全国人大常务委员会委员。并担任中国美术家协会副主席、国务院学位委员会学科评议组成员等职。

作为国内外知名的敦煌艺术和工艺美术设计研究专家，先后参加了中国共产主义青年团团徽及人民大会堂宴会厅、民族文化宫、首都剧场、首都机场、燕京饭店、中国记者协会、中国大饭店等国家重点建筑工程的建筑装饰设计和壁画创作。担任过国庆35周年活动的总体设计顾问和组织工作。主持设计和制作了中央人民政府赠送香港特区的大型雕塑“永远盛开的紫荆花”。代表性论著有《敦煌历代服饰图案》、《中国敦煌历代装饰图案》、《花卉集》及合编《敦煌藻井图案》、《敦煌壁画集》等。

打开我国的地图，在东经95°、北纬40°的地方就能找到敦煌。

它西临新疆、南接青海，是甘肃省最西边的县镇，现已改为敦煌市。它的周围绝大部分是沙漠和戈壁滩，还有有限的绿地和树丛。离敦煌城东南25公里的地方，隐藏着一个小小的绿色点，过去一点也不惹人注意，但举世闻名的莫高窟——千佛洞神奇地隐藏在这里。

20世纪90年代起，随着旅游事业的兴起，敦煌已成为旅游的胜地，敦煌已成了当前时髦的话题，旺季时每日平均有上千人去莫高窟参观，打破了往日的宁静。因此，在新的形势下如何保护好莫高窟珍贵的历史文化遗产，成为当今各级政府及研究院的新课题和新任务。

敦煌境内有两座名山：三危山（祁连山的支脉）、鸣沙山，两山的衔接处是一片宽约七里的坡地，这片坡地的地貌自远古以来就被两山间流出的大泉冲开了一道深而宽的河床，河床的东岸形成起伏不平的沙丘，西岸是陡立如削的崖壁。莫高窟就开凿在西岸的崖壁上。莫高窟的景象引人入胜，带着神话般的奇景。几千年以来祁连山长年积雪形成的大泉河几经变迁，现在只剩下一支珍贵的细流，它就像是为莫高窟而存在着，是莫高窟的生命之泉，养育了莫高窟1500年了，至今呵护着莫高窟这块世外桃源的绿洲和文化遗产。

据现存的几方唐代碑文记载，早期的莫高窟比现在还要壮丽得多，那时就凿有数以千计的石窟（目前有壁画的编号为492窟），窟前都有木结构的窟檐通道相连。

古代的艺术匠师们，像镶嵌宝石般，在这灰色的崖壁上凿起了一座宏伟精美的石窟艺术的殿堂。从现存的仅有六座彩绘的唐宋木结构的窟檐上，我们还可以依稀想象出它盛时的光景。

莫高窟凿岸的崖壁地质属于“玉门系砾岩”，也叫第四世纪岩层。是由河水冲积而成，是大小不等的鹅卵石和沙土的混凝物。它的硬度比较松脆，大小鹅卵石只靠天然的粘合力不大的钙质胶结构黏合着。对凿窟比较方便，但用它进行雕刻就不行了。由此，这种自然的条件决定了莫高窟的特色，只能向壁画和彩塑发展，壁画墙面是在鹅卵石混凝物的表面抹上一层用细土和芦花纤维调成的土层表面。窟外采用木结构的窟檐和走廊相连接。这种石窟群就和中原地区的几处石窟，如山西大同的云冈、太原的天龙山、河南洛阳龙门、河北邯郸响堂山等，用岩石雕刻出来的石刻和浮雕石窟大不相同，中原地区利用了天然地貌发展雕刻，没有壁画，而在敦煌则发展了历代的壁画和彩塑。

莫高窟石窟艺术的特殊价值在于系统地保存了自公元4世纪至14世纪，1000多年间的壁画、彩塑、建筑各个方面，反映了历代佛教、人物民俗生活的记载，是一座完整的中国传统艺术和历史的宝藏。

除了敦煌莫高窟外，世界上尚没有遗存第二份延续如此系统、规模庞大而集中的历代壁画和塑像的艺术遗产，也只有在西北这一特定的地域，由于沙漠的空气干燥、长年的人烟稀少，才得以经历了1000多年保存至今。

但如今随着旅游事业的发展，旺季时节平均每日有上千人去参观，打破了昔日的平静。对此，如何做好“尊重文物、敬畏文物”，保护好莫高窟，切实实施《文物保护法》，是各级政府及敦煌研究院当今面临的新课题，是一项艰巨的任务。

一、敦煌莫高窟历史文化艺术的背景

1. 敦煌的历史

公元前111年汉武帝为了安定西边门户，开辟了河西走廊，即从兰州通往西边的1000多公里的道路，经武威、张掖、酒泉、安西至敦煌，并设置了敦煌、酒泉、张掖、武威四郡和阳关、玉门关二关，由此成为当时由中原地区通往天山南北各地必经的要道，也成为通往西域的一条通道。由此，这里成为东西商贸变化交往的要道，敦煌则成为中国和中西亚各国文化交流和经济往来的前哨和繁荣贸易的重要城镇。

随着西域经济文化的交流，佛教也随之从印度传入中国。公元4世纪初，敦煌就成为佛教传入中国的重要圣地，公元300多年就开始建造了规模宏伟的佛教艺术殿堂。

佛教，是公元前6—前5世纪产生于印度的宗教。释迦牟尼是佛教的创始人。传说释迦牟尼诞生于公元前6世纪，距今约2600年，相当于中国的春秋时代。释迦牟尼的“释迦”是族名，“牟尼”是圣者。释迦牟尼成佛前，姓乔答摩，名悉达多，是印度北部迦毗罗卫国净饭王长子，母亲是拘利族，是天臂城主善觉王的长女。释迦牟尼诞生早于基督500年，佛教是世界三大宗教（佛教、基督教、伊斯兰教）之一。

佛教的教义宣传命运主宰人世、与人为善、普度众生、舍身行善、行善乐施的信仰。长期被历代统治阶级所推广的信仰，成为社会和民众的精神支柱。释迦牟尼的身世故事也变成佛经“经变”故事而传播。行善乐施所有的经变故事都以释迦的化身演变展开。

汉代与西域的交流畅通了，随着佛教自印度的传入被广大的民众所接受，成了极为风行的信仰，成为统治阶级和民众寻求精神寄托的主要信仰。

2. 我国石窟寺的形成

随着佛教的兴起、宗教的礼拜和修炼的形成，石窟寺也随之而流行。

在崖壁上凿建洞窟在我国的古代就有，但石窟寺（Cave Temple）却是佛教的产物。它带有纪念和礼拜的性质，也和汉代流行的石室墓祠有一定关系。中国古代在接受外来佛教的同时，在汉代墓室的基础上发展了石窟寺的形式，成为中国式的佛教建筑形式之一。

在印度，石窟寺的建造始于佛教徒，是为了纪念佛祖释迦牟尼和为信徒“苦练”修行而建造的。

最初始建于约公元前273—前232年印度的阿育王（Asoka）时代，世界闻名的印度阿旃陀（Ajanta）石窟就是这类石窟的代表。

在我国随着佛教的兴起，石窟寺也在我国各地盛行起来，最后形成了我国特有的石窟形式。

石窟寺大都开凿在悬崖绝壁人迹罕至的地方，专供佛教信徒修炼和礼拜用。窟内按程式塑有佛像——一佛二观音或弟子的塑像（雕像），还有以佛经（佛的本生故事）为内容绘出的佛经故事的壁画。

敦煌莫高窟是我国所建造的最早的石窟寺，建于公元336年，比山西的云冈石窟早88年，比河南龙门石窟早128

年。从敦煌起始，佛教的广泛传播形成了分布全国的石窟寺：

北路：甘肃——安西榆林；

张掖马蹄寺；

武威天梯山。

山西——大同云冈；

太原天龙山；

河南——洛阳龙门；

河北——邯郸武安响堂山。

南路：甘肃——天水麦积山；

永靖炳灵寺。

四川——广元千佛崖；

绵阳大足；

嘉定寺处的石窟直至云南剑川的石窟群。

这些遍布全国的石窟寺，在石窟形状、表现的内容及时代的艺术风格等方面，都与莫高窟一脉相承。莫高窟具有一定的代表性，系统地反映了中国古代1000多年间的佛教艺术以及历代人民群众的生活习俗，也向我们展示了我国石窟艺术的兴起、繁荣和衰落的历程。

现在我们重新回到敦煌。人们不禁会问，在这个荒无人烟的沙漠戈壁为什么会产生莫高窟这样的石窟群呢？又为什么能延续1000年的历史，能在这沙漠地带创造出这个奇迹般的佛教艺术的殿堂呢？

下面，让我们了解一下传说故事。

3. 沙门乐僔的传说

根据唐代碑文记载：公元366年有位名叫乐僔的和尚西游到敦煌的三危山下，这时正值黄昏，太阳即将沉落在茫茫无际的沙漠中，乐僔和尚还没有找到夜宿的地方，他正寻思着，忽然在眼前出现了奇迹：对面的三危山出现万道金光，似有千万个佛像在金光中显现，和尚被这一奇景所迷惑，突然意识到这正是佛尊向他显灵的圣地，由此就决定在这里化缘募捐，开始在这里化缘建造了敦煌莫高窟的第一个石窟。

碑文的记载原文：

唐武周（则天）圣历元年（公元700年）李怀让重修莫高窟佛龛碑：莫高窟者，厥前奏建元二年有沙门乐僔，戒行清虚，执心恬静，尝杖锡林野行之此山，忽见金光，状有千佛，造窟一龛……

乐僔和尚所见的“金光千佛”，自然是一种幻觉，我们今日在莫高窟有时还能见到三危山在夕阳下的金色反照。因三危山的地貌属玉门系老年期山脉，山上无草木，岩石呈暗红色，含有矿物质，夕阳反射时呈金色灿烂的色光，乐僔和尚将此奇妙的景象，归之为“佛光”显灵。

由此，乐僔和尚在此建造了第一个石窟，接着，又有另一个和尚法良禅师从东方也来到这里发下心愿，在乐僔的窟旁开凿了第二个石窟。从此，凡是通过这里往西域的商队、善男信女为了许愿还愿都要在此建造石窟，不论大小，都以造窟表示对佛祖的虔诚和信仰。这种风尚延续了1000多年历经10个朝代。

但是，建于公元366年沙门乐僔的第一个石窟至今尚无从确认，仅能从现有的题记考证，得知最早的石窟是十六国北魏时期的，相当于公元386—534年。

4. 莫高窟的年代和规模

自公元366年沙门乐僔和尚建造莫高窟开始，敦煌莫高窟经历了10个朝代（公元366—1368年），即：

（1）十六国　　公元366—385年（19年）
（2）北魏　　公元386—534（148年）
（3）北凉　　公元421—493（72年）
（3）西魏　　公元535—556（21年）
（4）北周　　公元557—580（23年）
（5）隋　　公元581—617（36年）
（6）唐　　公元618—906（288年）
　　初唐　　公元618—712（94年）
　　盛唐　　公元713—762（49年）
　　中唐　　公元763—821（58年）
　　晚唐　　822—906（84年）
（7）五代　　公元907—959（52年）
（8）宋(北宋)　公元960—1127（167年）
（9）西夏　　公元1038—1227（89年）
（10）元　　公元1278—1368（97年）

莫高窟以庞大的规模，保存了自公元4世纪至14世纪延续了10个世纪1000多年的系列历代壁画和彩塑的石窟遗产。

莫高窟的窟群是上下多层重叠状的结构，全长近两公里，经正式编号有壁画和彩塑的石窟为492窟。

如果把这492窟内的壁画展开，连接起来平均高度定为二公尺展开，其长度可达25公里，也就是说：做为观众坐着时速25公里的汽车也需要一个小时才能与这些壁画打个照面。

据粗略统计，保存较完整的彩塑有1400多尊，残缺的有70多尊，残缺而经清代重修的有720多尊，总数为2000尊以上，还不包括数以万计的彩塑（早期小千佛浮雕塑）。

世界上哪里还有如此规模庞大的画廊和彩塑呢？况

且这仅是目前幸存下来的。由此可以想像当年的盛况和规模。

敦煌莫高窟给我们留下的艺术遗产是如此的丰富精美，它永远是我们民族文化艺术的骄傲，是我们民族智慧和创造力的标志。

5. 敦煌藏经洞的发现

莫高窟从开凿到元代终止建造，经历了1000余年。由于历史和地域的变迁，明代以后莫高窟就变得十分冷落，乃至渐渐地被关内人士所遗忘。

明太祖朱元璋于1372年在肃州（今酒泉）以西修筑了嘉峪关，放弃了嘉峪关以外诸地。公元1524年（嘉靖三年）又关闭了嘉峪关，从此敦煌中断了与中原的交往，莫高窟无声无息地躺卧在西北边疆沙漠戈壁滩上数百年。直到公元1900年（光绪二十六年），因在敦煌莫高窟偶然地发现了藏有文献和画卷的密室，莫高窟又传奇般地名震中外，重振了它的声誉，成为世界瞩目的“东方艺术宝藏”，成为西方探险家们的考古勘查队掠取的目标，他们开始涉足到这座已沉睡了几百年的艺术的宝库。

1900年5月26日发生了一件事：当时在那里有一位名叫王圆箓的道士，湖北麻城人，逃荒到敦煌，因穷无所依当上了道士，游历到敦煌后就在莫高窟住下，定居在下寺。王道士颇想在那里有所作为，把化缘来的银钱用来雇人清除洞内的积沙。有一天当王道士监督民工清除莫高窟北端的第16窟通道的积沙时，宋代壁画的墙面因失去了由积沙支撑的力量，以致一声轰响，裂开了一道裂缝，王道士好奇地敲了几下，发现其中是空的，随即打开了这面空墙，竟然看到里面封着一扇紧闭的小门。小门被打开后，奇迹出现了：门内是一间很暗的高160厘米，宽270厘米长方形的暗室，其中堆满了经卷、绢画卷、绣画卷、文书等，一卷卷密密麻麻地堆放着，数不胜数。其中藏有从5世纪到8世纪的各种珍贵文献、书籍，包括北魏、唐代时期的佛经、地志、诗词、信札、账簿、医卜、户籍、契据等等。除汉文外，还有藏文、古维吾尔文、印度文等的经卷和札记。画卷也多是与壁画相同的佛教绢画。这批珍贵史料的发现，对研究我国当时在河西走廊的经济、文化、宗教、民族等社会活动有着非常重要的意义，是一次震惊国内外的重要发现。

据考古学家的分析，这批暗藏在密室的文献画卷，是当年的莫高窟僧人有意秘密封存的。从它密封和伪装的壁画年代和密室内藏品的年代推断，可能是在11世纪初西夏入侵敦煌以前，莫高窟的僧人在逃离莫高窟前，把部分可移动的文献、绘画资料秘密封存的。但是这批僧人一去就不复返，这间密室——藏经洞竟成了永久的秘密。

藏经洞被发现的消息不胫而走，震惊了当时世界的学术界，它的发现和文化历史的价值是无法估量的。其价值不仅愚昧无知的王道士不知道，就连当时的清朝政府也认识不到。当时的有识之士建议把藏经洞的文物统一运往省城保管，但估计需花五六千两银子的费用，就不予考虑了，只由敦煌县发出公文，叫王道士照旧封存原处。从此，这批珍贵文物的命运就操纵在愚昧无知的王道士手中。王道士并没有认真执行封存的命令，而是通过各种渠道把经卷、绢画等国宝出卖流散四方，最终没有逃过西方的考古探险家们的眼睛，他们凭着考古和汉学的知识和嗅觉，接二连三地来到了这荒芜的莫高窟，开始了他们盗宝的计划，把中国价值连城的国宝一批又一批地从藏经洞中劫持一空。

下面列举五批主要盗宝者及其盗宝经过：

1907 年（光绪三十三年）

第一个出现在敦煌莫高窟的盗宝者是英国皇家探险考古队的考古者斯坦因（Mark Aurel Stein）。

斯坦因到了莫高窟，面对藏经洞内的藏品惊呆了，深深地被吸引住了。1907 年的一年中，斯坦因先后四次往返敦煌。1914 年最后又去了第五次，每次都是掠取宝物满载而归。

1936 年，斯坦因撰写并出版了《西域考古记》（*On Ancient Central-Asian Tracks*），中文本是由向达先生翻译的（中华书局印行）。书中第十二章详尽地描述了他到达敦煌莫高窟后见到石窟群的感受。第十三章他毫不掩饰地描述了他如何以对玄奘的虔诚，得到王道士的信任，然后把藏经洞中的宝物一批批取出给他看，最后被允许亲自进入狭小的洞内，饱览了密室的宝物。最后又以马蹄银、修缮洞窟的捐款，作为“中国护法圣人”在那里显圣似的，任意出入密室选择“圣物”。斯坦因描述说：“我激动的心情最好不要表露太过，这种节制立刻收了效，向王道士表现了对遗物的漠视。”

斯坦因成功地从愚昧贪婪的王道士手中先后四次骗取了共 24 箱的古宋本的经卷和五大箱的绢画和绣品画，共 29 大箱。

1914 年，斯坦因再次去敦煌，以 500 两银子向王圆箓盗购了五箱的文字卷本。

据斯坦因在《西域考古记》中叙述，他在莫高窟骗取了“织绣品 150 余方，绢画 500 余幅，经卷（大印本、宋本）6500 余卷”。这确实是一些令人痛心惊叹的数字。这些珍品现在都成为英国大不列颠博物馆的珍贵藏品。

1908年

斯坦因在敦煌盗宝的成功，招来了第二个西方探险考古队——法国的伯希和（Paul Pelliote）探险队。伯希和1908年7月到达敦煌莫高窟，他凭着精通汉文的优势，也表现出对玄奘取经的诚意，自称玄奘并以小恩小惠（罐头、镜子、剃胡刀等洋玩意儿）很快又取得了王圆箓的信任，他在藏经洞内和摄影师鲁艾特，足足蹲了三个星期，终于将藏经洞内尚存的经卷、画卷整个翻了一遍，边看边拍，伯希和凭着他的汉语功力，从藏经洞内挑出为斯坦因所忽略的又很有价值的画卷和经卷共6000余幅，其中有国内已见不到的唐代绢本画（与莫高窟唐代壁画同一版本）。伯希和贪婪地把藏经洞的精华，如吸血虫似地把浓浓的血浆狠狠地都吸干了，最后交给王圆箓的是500两白银和一块怀表！敦煌莫高窟——我们民族的文化遗产，祖先给我们留下的遗产就这样继斯坦因之后再遭劫持！

上述被劫掠的珍宝至今被法国巴黎吉美博物馆作为珍贵藏品收藏。

1912年

日本僧人橘瑞超1912年接踵而来。他是受日本大谷光瑞探险队派遣而来敦煌的。由于同是佛门的信徒、僧人，王圆箓对他更无任何戒备，把藏经洞内所剩无几的珍贵藏品任其挑选。他又从经卷堆里，以及藏在彩塑佛像内的经卷挑出几百份精品，再次掠走！

1915年

俄国沙皇时期的探险考古队鄂登堡也不甘落后，相继来到敦煌莫高窟，他们成为第四批的盗宝者。他们在第一批和第二、三批之后，通过王圆箓轻而易举地把藏经洞内劫后留下的经卷和画绢最后一批盗走。

1923 年

美国的考古探险者华尔纳（WARNER）是第五批来到敦煌莫高窟的盗宝者。此时藏经洞的宝藏已被劫持一空。华尔纳时任美国哈佛大学东方艺术的教授。华尔纳当时这样写道：“要去看一看经过英、法、俄、日本等国的远征探险考古队挖掘后，还剩下些什么?”还想弄清楚中国艺术史上的谜，如唐代壁画使用的是什么颜料，如何制成，为何千年不褪色……

华尔纳把敦煌之行说成是“侦查旅行”，并把重点转向了不可移动的壁画和彩塑。他用了破坏性的卑劣手法，动手用胶布在初唐和盛唐的第 320、321、323、329、331、335、372 窟剥离了 26 块精美的壁画。为此，哈佛大学的实验室还为他提供了一种能够使颜色和壁画分离的化学溶液，准备带回去后再对颜料进行化验。并搬走第 328 窟最完好优美的盛唐彩塑的供养菩萨！现存放在美国哈佛大学的 FORG 博物馆内。

1925 年华尔纳重返敦煌，计划更大规模地在莫高窟剥离壁画，这次终于遭到地方百姓的愤怒抵制，和中国的历史学者陈万里博士的抗议。当地的农民阻挠并驱赶他们，其破坏计划未能得逞。

经过以上各国盗宝者肆无忌惮地掠夺，我们的民族文化——莫高窟艺术遭到令人痛心的劫难。正像当年的八国联军在我们的家园焚烧圆明园一样。先后不到 20 年，各国盗宝者把藏经洞内珍藏的佛经、历史文献、绢画等劫持一空。

价值连城的敦煌经卷和绘画被劫走后，敦煌莫高窟顿时举世闻名。由此国际学术界掀起了研究敦煌艺术和文献的高潮，形成一门新兴的学科——“敦煌学”。

当中国的学者们从法国、英国看到伯希和于1920—1924年出版的《敦煌石窟图象》、斯坦因于1932年出版的《西域考古记》时，才得知我们民族的文化遗产被掠夺，都为之惊叹，由此引起国内学者的关注，但已是“秘藏虽尽，宝窟仍在”。当时任国民政府监察院的于右任先生于1941年到敦煌莫高窟时写下：“秘藏虽尽，宝窟仍在”“斯氏、伯氏去多时，东窟、西窟亦可悲。敦煌学已名天下，中国学者知不知?”由此，在于右任的支持下，开始筹划把敦煌莫高窟归为国有管理。

敦煌艺术是我们民族文化的骄傲，但也经历了一段耻辱的劫难。今天我们作为炎黄子孙，要担负起保护、继承和发扬我们民族的优秀文化遗产的重任！

二、敦煌历代石窟艺术巡礼

1. 壁画艺术的主要内容

敦煌莫高窟是建筑、彩塑、壁画三大部分为一体的综合艺术，今天只侧重介绍壁画的内容。

石窟本身就属于建筑的形式，是设置宗教佛祖塑像和有关佛传故事壁画的殿堂，也是僧侣、善男信女从事活动的场所，更是广大民众了解历史、观赏艺术的场地。

由于不同时代的建造，其历代的艺术形式和风格也随之保留下来，主题的表现形式也在不断地演变，但其基本的格局是：石窟的主体是以佛的塑像为中心，四周布满各种形式的“佛传”、“经变”故事的壁画，顶部以藻井为中心或以平棋建筑装饰图案做陪衬，地面铺有莲花图案的装饰地砖，形成一个犹如进入佛国的仙境。

壁画大体分为以下内容和形式：

（1）佛像画——佛祖、观音、弟子的画像（包括彩塑）。

（2）故事画——佛经中各类有关释迦牟尼前世舍身行善、修行等本生故事。如早期的北魏至隋代的故事画有：

①舍身饲虎（254窟）　北魏

故事表现三个王子出游，路遇一群饥饿的老虎，三王子即萨埵那决心自刎救虎，自刺出血，投身饲虎救饿虎，以至二王子发现弟弟尸骨悲哭，父母起来捡骨起塔等情节，被严密地组织在一个画面上，被饥虎饲食的王子横卧的身姿极为完美。在色彩的运用上，以深棕色为主调，点缀着青绿、朱砂及灰、黑、白等色，构成严肃沉重凄厉的气氛，但并不恐怖。主题突出，人物形态优美，具有完整的装饰风格。

②尸毗王本生（235窟）　北魏

故事的主题是：鸽子被鹰所追逐，鸽子飞到尸毗王面前求救，鹰追至殿前向尸毗王索取鸽子，尸毗王说："我誓愿普度一切，它既来求我，便不能给你。"鹰说："若不给我鸽子就断了我食，我就要饿死，大王既要普度众生为何不度我？"尸毗王听后也觉得有理，鹰也是一条生命，不能救一生命又害一生命，左思右想决心割自己的肉来代替鸽子，鹰说："大王你是施王，对一切都平等相待，如你以自己的肉换取鸽子的命，我只要求和鸽子同样的重量就行了。"尸毗王叫人拿秤，秤盘上一端是鸽子，一端是自己割下的肉，说来也奇怪，尸毗王最后把自己的肉都割尽了也没有小鸽子重。于是他以全身登上秤盘，这时大地震动，鹰和鸽子都不见了，原来这是帝释所化、特地来试探尸毗王。尸毗王身体平复后，陪胜于前，而"尸毗王者，乃今佛身是也"。

这个故事也在单幅画面中出现，构图强调了尸毗王割肉和用天平秤称鸽子的主题，主题一目了然，表现形式明快而大胆，用笔粗壮。画中的尸毗王忍痛牺牲但镇定自若的姿态很优美，和割肉的刽子手的凶相形成鲜明的对照。

③鹿王本生故事（257 窟）　北魏

这幅画的构图形式是横幅手卷式，就如武梁祠的汉画像石的横幅构图，这是我国传统的构图形式。这幅故事画按照内容的展开分段来描述，人物在其间活动，以山峰峦石和树木作为屏隔，每一段情节都加签题说明故事的情节。

“鹿王本生”的内容是说一头名叫“修风”的鹿王毛具九色，是罕有的美丽，牠一日在江边游戏，看见有人落水，呼喊求救，鹿王心地善良，泅水过去救起落水人，那人得救后下跪叩头谢鹿王，鹿王嘱其勿对任何人说起曾在此看到自己，那人指天发誓永保秘密。此时统治此地的国王摩因光，是个忠厚长者，但其王后和致是个贪得无厌的女人，她梦见鹿王毛分九色，角如明犀，便要取鹿皮为衣，鹿角为珥饰，醒来后要挟国王“如得不到它，我将死去”。国王无奈，只得布告全国：“若能获得九色鹿者官封一县之长，并以满钵金银为赐。”那溺水的人看到布告想到：我若告发九色鹿所在，可当县令，金银满钵，终生受用不尽。于是到宫中告发了九色鹿所在地。因他忘恩负义作了恶事，立即全身生癞口发恶臭。此时鹿王正在酣睡，不知国王派人来捉，鹿的好友鸟把它啄醒。此时国王已挽弓向着它，国王身边站着那忘恩负义的人，在这千钧一发之际，鹿王跳到国王前面，说起话来，把如何救起溺水的人，他又如何发誓等等都告诉了国王，国王听后惊叹不已，立即放了鹿王，并通令全国不得伤害它，听任鹿王游食，王后听到国王放走了九色鹿，怀恨心碎而死。

故事是从左右两端开始的，情节集中在“鹿王与国王相对”，突出了故事发展的情节，也是最引人注目的焦点。整个表现手法简明而生动，装饰性完美，色调以土红为底色，石青石绿穿插配置，主题以象牙色突出九色鹿为浅色调，身上以绿色做点缀，表现方法简洁生动而突出。

④鹿母夫人

故事源于在波罗奈国不远的地方，有一座名山，住着两个修道人。一住南窟，一住北窟，山上有道清泉。春天，南窟道人在泉水中洗足，有一头母鹿经过此处饮了泉水，不久就怀孕，将生产时母鹿回到泉水边，宛转哀鸣，生下了一朵很美的莲花，花中睡着一个小女孩。南窟道人出来到了泉水边，看见母鹿舐着莲花中的小生命，母鹿见到道人来了就跑了。道人抱起小女孩，看她容貌端正，只是两足是鹿脚，便生了怜爱之心，用草包裹，抱回住处用鲜果喂养。女孩渐渐长大，十分美貌，南窟道人对她非常钟爱。冬天怕她受寒，窟中的火堆从不熄灭，可是有一天不慎，火熄灭了，便叫女孩到北窟道人处乞求火种。鹿女到北窟去乞求，每走一步地上就现出一朵莲花，她走到北窟步步生莲，朵朵莲花留在她身后。

北窟道人见此就说：若要得火种须从窟前右边绕七周。鹿女为了求火，依言绕窟七周，北窟道人没有给火，却说还须从左边再绕七周。鹿女无奈又绕了七周，才取得火种回南窟。身后留下了一片朵朵的莲花。此时梵豫王到山上来打猎，看到了朵朵莲花十分惊异，就循着莲花找到南窟，发现了这个长着鹿足的美丽少女，心生爱念向她求婚，随后娶为王妃，对她十分宠爱。

国王宠爱鹿女王妃，使其他妃子很不快，因相师占卦，说她已有孕，准生千子，那些王妃更为嫉妒。到了足月，鹿女果然分娩，生了一朵莲花，花有千叶，叶坐一子，果然是一千个儿子。那些王妃就在国王面前挑拨诬陷，说是不祥怪胎。国王气愤之下就把鹿女囚禁起来，把莲花连同千子投入殑迦河中，任其随波流去。

殑迦河下游乌焉耆王发现了莲花千子，便把他们救了起来，收养长大，千子勇武有力，乌焉耆王就仗着他们开拓疆土，兵势很强，一直打到梵豫王国中来。

兵临城下，势莫能敌，梵豫王焦灼万分。被囚禁的鹿女知道后，就向国王进言，说她能退敌。国王已无奈，便让她出来一试。鹿女登上城墙，见城外千员大将，威风凛凛，鹿女向他们喊道："不要做出忤逆的事，我是你们的母亲，你们是我的儿子。"说着解开衣服，手按两乳，一千支乳汁喷出，天性所感，都注入千子之口，于是千子都悟出这个城楼上的女子果真是他们的母亲，便解甲归宗，两国和好，百姓欢乐。为了纪念千子归宗，建起了一座宝塔，而千子之一如来佛后来经过宝塔，还告诉弟子们说："吾于此归宗见亲"，而"欲知千子，即贤劫千佛是也"。历代壁画上的"千佛"都源于"贤劫千佛"的故事。

⑤得眼林故事（285 窟）　西魏

在横向的全壁上以白底色为主调，用生动的构图描述着五百强盗（以一人当百）被官兵擒获受剜眼刑后在山林嚎哭，号天叫地。佛以法力吹"香山药"入五百强盗眼中，眼目顿时复明，诸盗们改恶归善，"放下屠刀，立地成佛"，归依佛法。

⑥苦修图（285 窟）　西魏

描绘修士在深山密林中静心苦修的情景，描述山石树林中野兽奔走饮水，巧妙地以动衬托静……画师们从生活中发挥了高度的艺术概括。

⑦神话故事——出现与佛教无关的《山海经》中的神话故事。

早期北魏的神话如伏羲、女娲、东王公、西王母、女娲补天、青龙白虎、飞廉、雷公、羽人等等，在西魏的285窟表现得异常地生动完美，也反映了佛教与道教思想在形式上的融合。隋唐朝以后类似题材逐渐消失。

⑧维摩诘说法（维摩变）

这类题材是唐至五代常见的主题。

维摩诘是智慧过人的居士，描绘维摩诘文殊师利对坐，文殊是受如来佛派遣前来问疾。文殊在诸大菩萨中智慧辩才第一，所以充当了使者。维摩诘装着生疾，吸引人们和他论道，文殊一来问答便开始了。许多人前来听法，分别列左右方，一组是汉官衣冠、气度雍容的帝王，一组是属番王，服饰没有相同的，大都是当时西域各国的装束。

当维摩诘与文殊往复炫耀时，天女示现，散花于空中。随维摩的论证，空中显现出种种奇迹，佛法的神力，被艺术家惊人的幻想力表现了出来。

唐代壁画中所见的维摩诘和帝王们的绘画技法与风格，与阎立本的《历代帝王图》所见的完全一致。

⑨经变画（盛行于唐、五代）

经变画是以佛经为依据，构图完整的绘画形式。如“西方净土变”、“法华经变”等，画中描绘了作法时的唐代殿堂、亭台、楼阁、乐舞及翱翔的飞天、莲花池、鸳鸯戏水等净土天国的场景，构图讲究完整。以佛祖为中心的对称形式，突出了释迦牟尼及两侧对称坐式的观音菩萨的格局。

⑩供养人画

早期多为小于佛尊的身架，排在佛的下端，男左女右排列，记有“某某某一心供养”题记。唐代以后画像逐渐增大，甚至大于佛像，如130窟盛唐的“晋昌郡都督夫人太原王氏”的供养像，是一幅唐代完美的仕女画像，服饰、头饰真切地反映了当时女装的风尚。

晚唐的出行图也成了供养人画的新形式，反映了当时王公贵族出行的派头，是当年世俗的生活写照。如“张议潮夫人出行图”。五代的98窟突出了窟门两侧的于阗王李圣天及回鹘公主大型的供养像。

2. 敦煌历代的装饰图案

敦煌历代的装饰图案在莫高窟壁画中具有重要的位置，作为建筑、壁画、彩塑的装饰都具有浓厚的韵味和独特的风格，是重要的组成部分。每个朝代都有各自的风格，有机而协调地丰富了壁画的主题内容。历代壁画、彩塑上的装饰图案把整个石窟装点得更加精彩完美，形象地记载了中国装饰艺术的形成、变化和发展的历史。

按照石窟中装饰的部位及不同的用途，暂可归纳为十种类别的图案形式：

（1）藻井　（2）平棋、人字披　（3）龛楣
（4）华盖　（5）背光　（6）佩饰
（7）边饰　（8）单独　（9）地毯
（10）地砖

另外还有其他富丽多样的服饰、头饰、散花、器皿等美不胜收的各类装饰图案。内容多为吉祥纹样，如莲花、卷草、宝相花、联珠纹、四纹、风鸟、如意纹、云纹等。

此外，莫高窟尚有元代的洞窟9个。其壁画大都是密宗教曼荼罗的形状，如465窟的欢喜金刚表情神秘可畏，内容和形式都是前期未见。另有第3窟的千手千眼观音，线条画功绝精，而衣纹则用的是“兰叶描”，顿挫转折劲厉自然，

敷彩则以湿壁画上敷水彩壁画，与其他壁画的画法及用材不同，显得很突出。

莫高窟的历代石窟艺术创造到了元代已近尾声了。明代在此是一段空白。只是在清末由王圆箓翻修过一些前代窟内的彩塑，但手艺低劣，实际上是对原作进行了破坏。

通过历代壁画的内容和形式，具象地反映了自公元300多年到1600多年间，我国历代社会文化、宗教、民俗等的变迁，以及中西文化交流融合的变化和发展，是一部蕴藏着极丰富而多样的形象的历史再现。

当我们来到敦煌莫高窟，巡视感受这492个洞窟（为了保护现已控制参观数量），犹如时光倒流，重新经历体味已成为历史的十多个世纪。现在的敦煌莫高窟艺术对我们来说再也不仅是宗教的力量，而是以其宏伟的石窟群和艺术的魅力在感染并激励着我们对传统文化的崇拜，是我们继承、学习传统文化的重要源泉。

三、“敦煌守护神”——我的父亲常书鸿坚守敦煌四十年的情结

我父亲常书鸿1927—1936年公费留学法国，先在里昂美术专科学校学习油画，毕业后又在巴黎高等美术学院继续学习，成绩优秀。先后在里昂、巴黎获得法国美术学会的金、银质奖。在巴黎偶然发现了伯希和出版的《敦煌石窟图录》。

在他的回忆录《九十春秋——敦煌五十年》一书的第二章“留学法国”（第19页），及“新奇的发现——《敦煌石窟图录》”中，描述了他在巴黎的塞纳河畔旧书摊上新奇地发现了一部《敦煌石窟图录》，是由伯希和1907年从中国甘肃敦煌石

窟中拍摄的壁画和彩塑的图片300余幅，是4—14世纪前后1000多年中的创作。在回忆录中，他写道："这对于当时的我来说真是不可思议的奇迹。因为这是一个倾倒在西洋文化，言必称希腊、罗马，现在面对祖国如此悠久灿烂的文化历史。自责数典忘祖，真是惭愧之极，不知如何忏悔才是！""在这一事实前面，我对巴黎艺坛现状深感不满，决心离开巴黎回国……"1936年父亲受聘北平美专教授，毅然离家先回到当年的北平。

1937年留在法国的母亲带着我回国后，专全家经历了抗日战争的劫难。1940年随着国家艺专迁至重庆后，父亲在徐悲鸿、梁思成先生的支持下，以破釜沉舟的决心于1942年离开家人只身从重庆去了敦煌，一去就是40年，最后被称为"敦煌痴人"，被赵朴初老誉为"敦煌守护神"，至今在敦煌的墓碑上还铭刻着赵朴初的题字。

父亲曾经说过："我不是佛教徒，不相信轮回转世，但如果真的有来世，我还将是常书鸿，还将把自己的生命献给光辉灿烂的敦煌艺术。"这段话成了父亲的永恒誓言。

父亲在《九十春秋——敦煌五十年》中把一生的经历浓缩为八章。其中从第三章到第八章共五章都是回顾他坚守敦煌的历程，他把生命中的大部分时光都交给了敦煌，实现了他作为一个艺术家对祖国文化艺术保护研究的责任和夙愿。

我随父亲在敦煌的岁月是1943—1948年，之前我在酒泉河西中学上学，后因家庭变故，母亲出走后，我只得回到父亲身边，照顾年幼的弟弟和父亲。由此，也就全身心地随父亲在莫高窟与大人们学习临摹壁画，同时自修文化课。直至1948年得机会由父亲安排赴美国波士顿美术学院学习。

父亲在八十八岁时留下最后的宣言：

人生是战斗的连接，每当一个困难被克服，另一个困难便会出现。

人生也是困难的改变，但我决不后退，我的青春不会再来。

不论有多大的困难，我一定要战斗到最后！

相信敦煌的艺术将世代相传、父亲的精神将永驻人间。

（讲座时间：2005 年 10 月）

赵敏俐

“魏晋文学自觉说”反思

赵敏俐，1954 年生，文学博士，教授，博士生导师，中国古代文学学科带头人，首都师范大学中国诗歌研究中心主任。主要研究方向为先秦两汉文学、中国古代诗歌，出版《两汉诗歌研究》、《汉代诗歌史论》、《文学传统与中国文化》、《20 世纪中国古典文学研究史》、《周汉诗歌综论》、《先秦君子风范》、《中国古代歌诗研究——从 <诗经 >到元曲的艺术生产史》等学术著作多部，在《中国社会科学》、《文学评论》、《文艺研究》、《文学遗产》、《文献》及其他刊物上发表学术论文百余篇，先后承担过国家社会科学基金、教育部、北京市等多项教学科研项目，多次荣获国家级和省部级教学与科研成果奖。

在近年来的中国古代文学研究中，“魏晋文学自觉说”是最有影响的一种说法[①]，它甚至成为许多人从事中国古代文学研究中的一个常识性判断。但是，“魏晋文学自觉”的这种提法合适吗？它能很好地揭示中国文学史现象吗？近年来，陆续有人提出了不同的看法，特别是“汉代文学自觉说”的提出，是对“魏晋文学自觉说”的有力反驳。但总的来说，“魏晋文学自觉说”在学术界的影响仍然巨大。我以为，由日本学者铃木虎雄首倡的这一说法并不是一个科学的论断，而鲁迅先生接受这一说法本是一种有感而发[②]，虽然具有一定的学术启发性，但是却不能把它上升为一种文学史规律性的理论判断。这样做的结果会影响我们对汉魏六朝文学的全面认识，也有碍于我们对于中国文学发展全过程和中国文学本质特征的认识，亟须我们对这一说法进行深入系统的讨论。

一、“魏晋文学自觉说”简述

“魏晋文学自觉说”的提出，源于日本人铃木虎雄1920年在日本《艺文》杂志上发表的一篇名为《魏晋南北朝时代的文学论》，后收入他的《中国诗论史》。铃木先生认为，汉末以前中国人都没有离开过道德论的文学观，按此路线发展，就不可能产生从文学自身看其存在价值的倾向。他由此得出结论："魏的时代是中国文学的自觉时代。"[③]作为得出这一结论的主要证据，就是他对曹丕的《典论》一书的分析。铃木先生在这里主要强调了四点：第一，曹丕在《典论·论文》里开始了对于作家的评论；第二，曹丕说文章是"经国之大业，不朽之盛事"，其所谓"经国"，恐非对道德的直接宣扬，而可以说是以文学为经纶国事之根基。这是从道德论的文艺观转向的重要标志；第三，曹丕提出了诗赋欲丽的观点，"这是根据不同的文体说明其归趋之异"；第四，曹丕提出了"文以气为主"的观点[④]。可见，关于"魏晋文学自觉说"的主要根据，铃木当时基本上都已经说到了。但是，由于当时的中国人很难看到铃木的文章，所以，对于中国的学者来讲，最直接接受的还是鲁迅的观点。1927年9月，鲁迅应邀在广州夏期学术演讲会上作了题为《魏晋风度及文章与药及酒之关系》的著名演讲[⑤]。他不仅沿用了铃木"文学的自觉"的说法，而且同样以曹丕的《典论·论文》为主要论证根据，包括对于曹植的分析，都与铃木的说法大致相同[⑥]。以后，"魏晋文学自觉说"逐渐在一些人的论述中出现，但是由于都没有对鲁迅的观点作更多的展开，因而它的影响并不大。也有人提出反对意见，如郭绍虞先生就指出："（曹丕的）这种论调，虽则肯定了文章的价值，但是依旧不脱离儒家的见地。"[⑦]到了20世纪80年代初，经过李泽厚的特别推重，以鲁迅先生为代表的"魏晋文学自觉说"，在学术界迅速产生了重要影响[⑧]。可以毫不夸张地说，正是由于李泽厚对于鲁迅说法的张扬，使得"魏晋文学自觉说"在近20多年的时间里深入人心，大有"风靡天下"之势[⑨]。其后，学者们对于"魏晋文学自觉说"的具体内容也做了比较多的概括与补充，并在时间上也各有修正[⑩]。最有代表性的是袁行霈先生的说法。他说："从魏晋开始，历经南北朝，包括唐代前期，是中国文学中古期的第一个阶段。"这一阶段的一个重要标志就是"文学的自觉"，他认为："文学的自觉是一个漫长的过程，它贯穿于整个魏晋南北朝，是经过大约三百年才实现的。所谓文学的自觉有三个标志：第一，文学从广义的学术中分化出来，成为独立的一个门类。""第二，对文学的各种体裁有了比较细致的区分，更重要的是对各种体裁的体制和风格特点有了比较明确的认识。""第三，对文学的审美特性有了自觉的追求。"[11]袁行霈先生对于"魏晋文学自觉说"这种概括，比起李泽厚的论述更有条理性和系统性，也更为坚实地立足于文学本身，其论述随着由他主编的《中国文学史》作为教育部面向21世纪高校文科教材的大量发行，正在产生着越来越大的影响。

二、"汉代文学自觉说"的挑战

"魏晋文学自觉说"虽然产生着越来越大的影响，但是，由于自鲁迅以来对于"文学自觉"的具体内涵解释的并不清楚，而当代学者对于什么是"文学自觉"本身就存在着理解上的歧义，所以，近年来逐渐有人对这种说法提出了质疑，认为中国文学的"自觉"不是从魏晋时代开始，而是从汉代就开始了。首先提出这一观点的是龚克昌先生。早在1981年，在《论汉赋》一文中，他就认为应该把文学自觉的时代，"提前到汉武帝时代的司马相如身上"[12]。后来，他又专门就此问题发表了题为《汉赋——文学自觉时代的起点》的文章，认为从两个方面可以证明汉赋是"文学自觉时代的起点"，一是"文学意识的强烈涌动，文学特点的强烈表露"，"其次是提出新的比较系统的文艺理论"[13]。

张少康先生在这方面论述的最为系统。他说：“文学的自觉和独立有一个发展过程，这是和中国古代文学观念的演变、文学创作的繁荣与各种文学体裁的成熟、文学理论批评的发展和专业文人队伍的形成直接相联系的。”以此而进行综合考察，“文学的独立和自觉是从战国后期《楚辞》的创作初露端倪，经过了一个较长的逐步发展过程，到西汉中期就已经很明确了，这个过程的完成，我以为可以刘向校书而在《别录》中将诗赋专列一类作为标志”[14]。詹福瑞先生也坚持汉代是中国文学自觉时代开始的观点。他认为，“两汉时期，文士的兴起和经生的文士化倾向，有力地推动了文学的自觉”[15]。同时，詹福瑞还从汉人对屈原的批评入手考察，说明“在汉代，文学已渐趋独立，文学观念也渐近自觉”[16]。李炳海同样以汉赋创作实践的大量事实说明：“辞赋的出现在中国文学史上是一场变革，这不仅因为它是一种新的文学尝试，更重要的它是文学独立和自觉的标志”。[17]

如果进入现代学术界关于“文学自觉”的讨论范围的话，在以上两种观点中，我本人是赞成“汉代文学自觉说”的。之所以如此，是因为即便按袁行霈先生所说的三个标志来衡量，凡是“魏晋文学自觉说”所提出的诸多理论和事实佐证，在汉代我们都可以找到明显的存在。在这方面，龚克昌、张少康、詹福瑞、李炳海几位先生已经从不同角度论述的非常深入，本人在此略作补充。

首先，汉代的文学已经“从广义的学术中分化出来，成为独立的一个门类”，班固在《汉书·艺文志》中把诗赋单列一类，就是一个明显的证据。而由刘向所编辑的楚辞，所收只限于屈原作品和汉人摹仿《离骚》、《九章》之作，这不仅是一种内容上的分类，同时也是一种形式上的分类。可见，汉人已经把诗赋从广义的学术中分开，已经认为它们是一个独立的门类，同时也说明当时人对于文体的区分已经非常细致。

其次，汉人不仅“对文学的各种体裁有了比较细致的区分，更重要的是对各种体裁的体制和风格特点有了比较明确的认识”。在这方面，扬雄就是一个明显的例子。班固在《扬雄传赞》中说：“（扬雄）实好古而乐道，其意欲求文章成名于后世。以为经莫大于《易》，故作《太玄》；传莫大于《论语》，作《法言》；史篇莫善于《仓颉》，作《训纂》；箴莫善于《虞箴》，作《州箴》；赋莫深于《离骚》，反而广之；辞莫丽于相如，作四赋：皆斟酌其本，相与仿依而驰骋云。”⑱可见，扬雄对于“易”、“传”、“史”、“箴”、“赋”等文体及其特点有了明确的认识，并有意识地去仿作。张衡是另一个明显的例子。他曾经作过多种文学作品，也体现了比较明显的文体区分意识。同时，看《后汉书·文苑列传》我们知道，汉代文人使用的文体不仅有诗与赋，还有书、铭、诔、吊、赞、颂、连珠、碑、策、箴、论、笺、奏、书、令、檄、谒文等等多种，每种都有明确的记载。以上事例完全可以说明，汉人不仅“对文学的各种体裁有了比较细致的区分，更重要的是对各种体裁的体制和风格特点有了比较明确的认识”。特别值得注意的是，在汉末蔡邕的《独断》里，不仅把天子号令群臣与群臣上奏天子之文各分为“策书”、“制书”、“诏书”、“戒书”和“章”、“奏”、“表”、“驳”四类，而且对上述文体的性质以及基本写作要求都做了细致的说明。可见，曹丕在《典论·论文》中所说的“盖奏议宜雅，书论宜理，铭诔尚实，诗赋欲丽”，并不是他的提倡和发明，不过是对汉人各种文章体裁风格与创作实践认识的一般性的简要总结而已。

其三，汉人已经“对文学的审美特性有了自觉的追求”。这一点，除了大家所熟知的司马相如关于作赋的论述外，其他赋家的创作也莫不如是，如扬雄在《解嘲》中自言“雄以为赋者，将以风也，必推类而言，极丽靡之辞，闳侈巨衍，竞于使人不能加也。”[19]史称张衡作《二京赋》就是“精思傅会，十年乃成”[20]，这两人作赋时所投入的精力如此之大，如果没有对文学的审美特性的自觉追求，那是不可想象的。可见，即便是以袁行霈先生关于文学自觉说的三个标志来衡量，汉代文学也已经完全达到“自觉”了。结合龚克昌诸位先生的论述，我认为，如果说中国文学有一个自觉时代的起点，这个起点也应该是在汉代，而不应该是在魏晋。

三、对曹丕《典论·论文》的重新理解与评价

考察“魏晋文学自觉说”的缘起，总是与人们对于曹丕的《典论·论文》的理解相关。铃木、鲁迅、李泽厚等人之所以把它看作是魏晋文学自觉的标志，主要有以下几点：第一，曹丕在这里说“文章，经国之大业，不朽之盛事”，这说明他比以往任何时候都更看重文学的价值；第二，曹丕又说过“诗赋欲丽”的话，说明魏晋人已经开始有了明确的文体区分意识和对文学审美特点的认识。下面我们就在重读文本的基础上，分别讨论这两句话的意义。

（一）曹丕在《典论·论文》里所说“经国之大业，不朽之盛事”是指以诗赋为主的“文学”吗？不是，而是“文章”。虽然二者只是一字之差，却有着重大的区别，“文章”的范围远比“文学”要广。在曹丕所列出的八种文体中，在今天我们看来真正属于“文学”的诗赋两类，被曹

丕排在了最后，可见他对“文学”的真正态度。在曹丕的眼中，真正能够让人不朽的并不是诗赋等文学作品，而是可以“成一家之言”的论说文。他在对建安七子进行评价时，没有认为在我们今天看来写出了《七哀诗》和《登楼赋》这样高水平的文学作品的王粲不朽，而是认为只有写出了《中论》的徐幹才会不朽。他在此文中说：“融等已逝，唯幹著论，成一家言。”在《与吴质书》中又说：“伟长独怀文抱质，恬淡寡欲，有箕山之志，可谓彬彬君子者矣。著《中论》二十篇，成一家之言，辞义典雅，足传后世，此子为不朽矣。”由此看来，把曹丕的“文章，经国之大业，不朽之盛事”之说看成是他对“文学”自身价值的重视，显然是对曹丕《典论·论文》的一种误读。

其实，把“文章”看成“经国之大业、不朽之盛事”的观点由来已久，这句话最早来自于春秋时代鲁国大夫叔孙豹的“三不朽”之说[21]，这是今人熟悉的事实。它是春秋以来士大夫人生价值观的基本追求，并被汉人继承了下来，司马迁在《报任安书》中提出的发愤著书说，就是对叔孙豹“三不朽”观点的继承，也是司马迁追求立言不朽的最好说明。扬雄也继承了这一传统观点。我们上引班固在《扬雄传赞》中说“（扬雄）实好古而乐道，其意欲求文章成名于后世”之论[22]，也是汉代文人追求立言不朽的证明。曹丕的《典论·论文》基本继承了司马迁和扬雄的思想，并没有超出二人之处。而且，无论是司马迁，还是扬雄，他们所说的文章不朽都不是专指论说之文，而是指包括诗赋在内的广义的文章。在这一点上，曹丕的观点不但没有比司马迁、扬雄二人进步，反倒有些落后。因为在司马迁所说的不朽之人中，还包括了《诗三百》的作者；扬雄要立言不朽，刻意地效仿古人，其中也包括对于屈原和司马相如辞赋的学习。而曹丕在说到文章不朽问题时，所举的前代例子却是周文王和周公旦，所谓“西伯幽而演《周易》，周旦显而治礼”，在同时代人独举徐幹而不举王粲，可见，在这方面，他甚至还不如司马迁和扬雄。

（二）“诗赋欲丽”的观点是曹丕首先提出来的吗？也不是。鲁迅说：“汉文慢慢壮大起来，是时代使然，非专靠曹操父子之功的。但华丽好看，却是曹丕提倡的功劳。”又说：“华丽即曹丕的主张。”㉓鲁迅先生把“华丽”看成是曹丕的提倡，这是错误的，当今的研究者已经从汉赋的研究中作了很好的证明。追求华丽的辞藻是汉赋写作的基本特征，这一点，龚克昌先生早在二十多年之前就已经有过比较详细的论证㉔。王钟陵也认为，“丽”是汉代这一特定历史时期的审美范畴㉕。詹福瑞认为：“作为一代文士的文学，汉赋是文章之士刻意为文的产物，形式华丽，是作家的有意追求。”㉖事实也确是如此，汉人作赋，所追求的审美标准之一就是文采的华丽。《西京杂记》载司马相如谈作赋时说：“合纂组以成文，列锦绣以为质”㉗，就是对于汉赋的华丽之美的自觉追求。我们看汉人对于诗赋的评价，基本上都要提到“丽”字。班固在《汉书·艺文志》中说：“宋玉、唐勒，汉兴枚乘、司马相如，下及扬子云，竞为侈丽闳衍之词，没其讽喻之义，是以扬子悔之曰：‘诗人之赋丽以则，辞人之赋丽以淫。’”关于汉赋的“丽”的特征，连当时的皇帝汉宣帝也看出来了，他说：“辞赋大者与古诗同义，小者辩丽可喜。”㉘由此可见，鲁迅说汉文华丽是曹丕的提倡，显然是错误的。

总之，通过以上的分析我们可以看出，曹丕在《典论·论文》所谈到的“文章不朽说”和“诗赋欲丽说”，既不是他的首创，他在这几个问题上也没有做出超出前人的新的理论发展，没有比汉代其他文人的文学观念进步，因而自然也没有如铃木虎雄、鲁迅和李泽厚所说的那样，在中国文学发展史上有那样重要的地位和意义。所以我认为，把曹丕的《典论·论文》看成是“魏晋文学自觉”的标志是不妥的。

四、“功利主义”与“文学自觉”的关系

“魏晋文学自觉说”认为中国文学的自觉从魏晋开始，一个重要的理由就是认为在魏晋以前中国人的文学观念基本都是功利主义的，而魏晋以后则开始追求艺术自身的美。功利主义真的与艺术审美不相兼容吗？下面我们从两方面展开讨论。

（一）如何看待先秦两汉时期功利主义文学观的问题

很明显，站在“魏晋文学自觉说”的立场上，从铃木虎雄到李泽厚，对于功利主义的文学观或者说经学都是持否定态度的，认为它们影响或者阻碍了中国文学自觉的发生。但是考察历史我们却发现，中国古代的文学发展，正是从功利主义的自觉走向艺术审美自觉的。由于中国人从先秦开始就一直把“文”、“文章”看成是各种事物的外在显现，在“文”与”道二者当中更看重的是“道”，所以在作文的问题上始终坚持“文以载道”的原则。正因为如此，中国人早就把先秦的圣人之书推崇备至，不但把它们视为道德思想的渊薮，也视为后世文学之楷模。正是在经学的研究中，对于文学本质的认识被大大推进了。

首先，中国古代的文学审美观是在六经建立的过程中逐渐成为体系的。客观地讲，由于在中国文化传统中，“文”本身就是一个具有审美意义的概念，它原指一切有文

采的东西。以文字而写成的文章，从它产生的那天起就包含着美的因素。中国人很早就看到了这一点，所以，即便是在没有明晰的文体意识之前，就已经开始了关于“文”的形式技巧和审美方面的主动追求。这一点，在“六经”中表现得已很明显。《周易·系辞下》曰：“夫易，……其称名也小，其取类也大，其旨远，其辞文，其言曲而中，其事肆而隐。”《礼记·少仪》曰：“言语之美，穆穆皇皇。”《左传·成公十四年》：“故君子曰：《春秋》之称，微而显，志而晦，婉而成章，尽而不汙，惩恶而劝善。”《左传·襄公二十五年》引孔子曰：“《志》有之：‘言以足志，文以足言。’不言，谁知其志？言之无文，行而不远。”由此可见，早在“六经”的写作中，就已经有了审美意识的追求，这其中尤以《诗经》的写作最为明显。我们看《诗经》大小雅的创作，整齐的四言句式，严格的押韵规则，词语的雕琢绘饰，章法的细密安排，风格的典雅庄重，已经达到了那样的艺术高度，如果说这些诗在写作的过程中没有自觉的艺术美的追求，没有精心的艺术锤炼，是可能的吗？

其次，先秦的经书分类，也正是最初的文体区分。《诗》、《书》、《礼》、《乐》、《易》、《春秋》等“六经”，不仅是内容的区别，也是文体形式的区别，还是中国人最早最有系统的文体分类。“《诗》以道志，《书》以道事，《礼》以道行，《乐》以道和，《易》以道阴阳，《春秋》以道名分”[29]；“圣人也者，道之管也。天下之道管是矣，百王之道一是矣，故《诗》、《书》、《礼》、《乐》之归是矣。《诗》言是其志也，《书》言是其事也，《礼》言是其行也，《乐》言是其和也，《春秋》言是其微也”[30]。正是这种经学分类，开启了后世文体的区分。所以，后人也总是把各种文体的产生上推到经书，认为它们是各种文体产生的渊源。

《颜氏家训·文章》曰："夫文章者，原出《五经》：诏命策檄，生于《书》者也；序述论议，生于《易》者也；歌咏赋颂，生于《诗》者也；祭祀哀诔，生于《礼》者也；书奏箴铭，生于《春秋》者也。"[31]刘勰在《文心雕龙·宗经》中也说："故论说辞序，则《易》统其首；诏策章奏，则《书》发其源；赋颂歌赞，则《诗》立其本；铭诔箴祝，则《礼》总其端；记传盟檄，则《春秋》为根；并穷高以树表，极远以启疆，所以百家腾跃，终入环内者也。"[32]除此之外，在先秦的经书中，我们看到了最初的一些关于文体的初步辨析。如《周礼·春官·大祝》："作六辞以通上下亲疏远近：一曰祠，二曰命，三曰诰，四曰会，五曰祷，六曰诔。"[33]这六辞也就是六种不同的文体。《礼记·祭统》曰："夫鼎有铭。铭者，自名也。自名以称扬其先祖之美而明著之后世者也。为先祖者，莫不有美焉，莫不有恶焉。铭之义，称美而不称恶，此孝子孝孙之心也，唯贤者能之。铭者，论撰其先祖之有德善、功烈、勋劳、庆赏、声名，列于天下，而酌之祭器，自成其名焉，以祀其先祖者也。"[34]这说明，先秦人不仅已经把铭这种文体同其他文体作了区分，而且还对这种文体的来源意义以及其写作方法做了明确的说明。在先秦经书中，我们还可以看到，一些应用性文体已经基本成熟，有了大家所遵守的共同规范。比较典型的如盟誓，在《左传》中记载较多，大都有固定的形式，"大致可以看出当时盟誓已经形成一定的样式体制"，而且，"后代的盟誓文的体制大致沿袭先秦盟誓"[35]。可见在先秦两汉经学中，不仅有着丰富的政治哲学思想，也有着丰富的关于文体学的内容。

再次，在经学的发展和经学的研究中，中国人逐渐形成了具有民族特色的文学理论，显示了自觉的文学理论意识。这当中，尤其又以诗乐的论述最有代表性。《礼记·乐记》一篇，就是中国古代最有代表性的艺术理论著作。在《乐记》中，已经有了对于艺术的一般本质的深刻理解，“乐者，音之所由生也，其本在于人心之感于物也”。《乐记》认为艺术是人的内在情感的表现，同时又受国家政治的左右，“是故治世之音安以乐，其政和；乱世之音怨以怒，其政乖；亡国之音哀以思，其民困”。《乐记》认为艺术应该承担起教化的社会功能。“乐也者，圣人之所乐出，而可以善民心，其感人深，其移风易俗，故先王著其教焉。”《乐记》中还对艺术创作中的主体与艺术品之间的关系进行了深入的讨论：“德者，性之端也；乐者，德之华也；金石丝竹，乐之器也。诗，言其志也；歌，咏其声也：舞，动其容也。三者本于心，然后乐器从之。是故情深而文明，气盛而化神，和顺积中而英华发外，唯乐不可以为伪。”[36]《乐记》的这些论述，对于中国古代的文学理论有巨大的影响和指导作用。而关于《诗》的研究，从孔子的“兴、观、群、怨”说等诸多论述到《毛诗序》，形成了系统的中国古代《诗》学理论，其标志就是“风雅”、“比兴”观的成熟，它已经成为中国后世作诗的根本大法与诗学批评的基本原则。可以毫不夸张地说，《乐记》和《毛诗序》对中国后世文学的影响，比起曹丕的《典论·论文》要大得多，在中国文学理论体系的建构上也要完善得多。因此，当我们在谈到中国文学自觉的时候，如果把《乐记》和《毛诗序》这样重要的文学理论著作排除在外，认为它们所讲的都与“文学自觉”没有关系，那就是对中国古代文学理论实际的曲解。

（二）魏晋以后的中国文学是不是摆脱了“功利主义”

让我们还是先从曹丕说起。如我们上文中所言，曹丕在谈到文章可以不朽的时候，所指的并不是诗赋，而是指文王所演的《易》，周公所制的《礼》，退而求其次，也是可以成一家之言的徐幹的《中论》。所以，以曹丕的这段话而得出的结论，说魏晋文学开始了“为艺术而艺术”的一派，应用在曹丕本人身上都不合适，更不用说用以概括“曹丕的一个时代”了。从曹丕以往，我们再看六朝时期那些著名的文学家。曹植本身就说“辞赋小道，固未足以揄扬大义，彰示来世也”。这话固然有些“激愤”情绪，是“违心之论”，但是曹植的终生最高追求是“戮力上国，流惠下民，建永世之业，流金石之功”是毫无疑问的。假如这个理想实现不了的话，他的愿望则是“将采庶官之实录，辩时俗之得失，定仁义之衷，成一家之言”[37]。可见，曹植也不是一个把“为艺术而艺术”当作自己终生目标的人。魏晋交替之际的文学家阮籍，史称“本有济世志，属魏晋之际，天下多故，名士少有全者，籍由是不与世事，遂酣饮为常”，“籍能属文，初不留思。作《咏怀诗》八十余篇，为世所重。著《达庄论》，叙无为之贵”[38]。可见，阮籍也不是一个以“为艺术而艺术”为终生追求的人。那个被钟嵘称之为古今隐逸诗人之宗的大诗人陶渊明，自称“好读书，不求甚解；每有会意，便欣然忘食”。“常著文章自娱，颇示己志。忘怀得失，以此自终。”[39]陶渊明是一个把写文章当作抒写情志以自娱的人，也不是一个“为艺术而艺术”的人。所以，仅从上述诸人的情况来看，说魏晋以后中国文学走向了“为艺术而艺术”的道路，是不符合事实的。

魏晋以后的中国文学并没有真正走向“为艺术而艺术”，自然也不可能摆脱“功利主义”的艺术观。不错，中国文学从魏晋以后，对于文学的艺术审美追求已经达到了一个空前的高度，对于艺术技巧的掌握和运用都远远超过了前代。但是，在魏晋以后的中国文学理论中，也还有一个如何正确处理“文”与“道”的关系。陆机的《文赋》，是中国第一篇讲创作论的大文字，他说写作此文的目的是“以述先士之盛藻，因论作文之利害所由”。其中讲作文之缘起，开篇就说：“伫中区以玄览，颐情志于典坟。”说明为文之由不外两途，一是感物而动，二是本之于对经典的学习。最后说作文章的目的是“俯贻则于来叶，仰观象乎古人。济文武于将坠，宣风声于不泯”[40]。作文的最终目的还是为了载道，而不是“为艺术而艺术”。这一点，在刘勰的《文心雕龙》里表现得特别鲜明。刘勰接受了先秦以来中国人对于“文”的理解，认为“文”本身就是“道”的体现。他在《文心雕龙》的第一篇《原道》中，首先就讲“文”与“道”的关系，为全书立下了总纲。在刘勰看来，圣人所作的经典不仅是“道”的最好表现，也是后世文章体式的渊源与为文的典范：“故论说辞序，则《易》统其首；诏策章奏，则《书》发其源；赋颂歌赞，则《诗》立其本；铭诔箴祝，则《礼》总其端；记传盟檄，则《春秋》为根；并穷高以树表，极远以启疆，所以百家腾跃，终入环内者也。……扬子比雕玉以作器，谓五经之含文也。”[41]

表面看来，《文心雕龙》用了大量的篇幅来分辨各种文体，又用大量的篇幅来讲创作论的具体问题，说明刘勰对于文学的艺术审美特征的格外关注，但是整个《文心雕龙》的主导思想还在前面的五篇。关于这一点，他在全书最后一篇《序志》中又作了明确的交代。他把《文心雕龙》的前五篇称之为“文之枢纽”，把上篇关于文体的论述部分称之为“纲领”，把下篇关于创作论的部分称之为“毛目”[42]，这就告诉我们这三者之间的轻重关系。在讨论中国古代文学自觉观的时候，我们要有一个清醒的认识，即不能把唯美主义的追求看成是文学自觉的唯一标志，时时刻刻记住文学应该承担的社会责任，是自先秦到魏晋六朝人们对于文学本质的一种深刻理解，这也是中国文学自觉的重要组成部分。

魏晋六朝人不仅一直没有摆脱功利主义的艺术观，而且对于那些形式主义的艺术给予了严厉的批判。我们知道，在魏晋六朝关于文学形式的探讨和文学创作实践中，存在着一种唯美主义和享乐主义的倾向，它的极致就是齐梁宫体诗的产生。因为他们背离了中国人关于“文”以载“道”的基本原则，所以受到严厉的批评。从《南齐书·文学传论》的“虽存巧绮”，“本非准的”，《隋书·经籍志》的“文章道尽”，到陈子昂的“寄兴都绝”，李白的“自从建安来，绮丽不足珍”，这些说法，都代表了当时人对于六朝文学的基本认识。

五、汉人的“个体意识”与抒情文学

李泽厚在谈到魏晋时代社会变革时，特别强调“人的主题”和“文的自觉”两点，认为是“两者的密切适应和结合，形成这一历史时期各种艺术形式的准则。以曹丕为最早标志，它们确乎是魏晋新风”[43]。李泽厚的这段论述，是铃木虎雄和鲁迅先生“魏晋文学自觉说”的一个新发展，影响甚大。

我们承认魏晋文学与汉代文学有着时代的不同，但是这种不同，不是用“人的主题”和“文的自觉”可以简单概括的。说汉代只有儒家思想和谶纬经学这样一种思想和学术，也只有“助人伦、成教化”这样一种艺术形态，这种认识显然是不全面的。

首先，文学中“人的主题”早在汉初就表现的非常明显了。我们知道，汉帝国建立之初，儒家思想并没有取得独尊的地位，当时占社会主流地位的思想，反而是黄老思想。作为活跃在汉初的文人，他们继承的还是战国时代士阶层的个体意识，追求着体现个体价值的自由精神。汉代文人的悲剧不在于没有个体意识的自觉，而在于他们一方面认识到个体存在的价值，另一方面又感叹自己在封建官僚政体的压迫之下，永远失去了战国之际士阶层的人身自由与精神自由。所以，哀叹生不逢时，替屈原鸣不平，在老庄思想中寻求解脱等等，就成为汉代文人宣泄个人哀怨、表达个体意识的几条重要渠道。这一点，我们只要看一下王逸编的《楚辞章句》中汉人的拟骚之作的小标题就可以明白。如东方朔的《七谏》中有“怨世”、“怨思”、“自悲”、“哀命”诸节，刘向的《九叹》有“怨思”、“远逝”、“惜贤”、“忧苦”、“闵命”、“思古”、“远游”诸章，王逸的《九思》更有“伤时”、“哀岁”、“守志”等题目。严忌在《哀时命》的开篇就说：“哀时命之不及古人兮，夫何予生之不遘时。往者不可扳援兮，来者不可与期。志憾恨而不逞兮，抒中情而属诗。”[44]可见，他写诗就是要抒发自己那种强烈的生不逢时的个体意识，诗中所表现的就是人的主题。我们知道，赋在汉代基本有两种表现形式，一种是以司马相如的《上林赋》为代表的散体大赋，另一种是以贾谊的《吊屈原赋》为代表的骚体赋。如果我们研究汉代文学而不读骚体赋，就不能说对汉代文人的内心世界有了真正的全面的了解。而骚体赋的主要内容大都是表达汉代文人个体情感的，他们的写作与儒家思想和经学的兴盛都没有多大关系。看一看从贾谊、枚乘开始的赋作，他们是在经学的束缚下进行的吗？根本不是。特别是贾谊的《吊屈原赋》和《鹏鸟赋》，其中所表达的个人哀怨与儒家经学是格格不入的。除了上引摹仿屈原作品的《七谏》、《九叹》、《九思》、《哀时命》之外，更为典型的还有董仲舒的《士不遇赋》和司马迁的《悲士不遇赋》，那种强烈的生不逢时的个体情感表达，早已为大家熟知。甚至是大儒刘歆，当他“志意不得”之时，在《遂初赋》中还这样写道：“攸潜温之玄室兮，涤浊秽于太清。反情素于寂漠兮，居华体之冥冥。”“处幽潜德，含圣神兮。……守信保己，比老彭兮。”[45]面对这些事实，我们还能说汉人没有个体意识的觉醒吗？我们还能说当时人的活动和观念完全屈从于神学目的论和谶纬迷信宿命论支配控制之下吗？仔细阅读汉代文献就会知道，在汉代社会中，虽然主流意识形态是儒家思想，官僚政体也造成了对于个体人格的极大压抑，但是，那些具有独立精神的文人士子，并没有停止反抗，也没有停止对于人生价值的追求和个体自由的追求。而且，正是他们把这些丰富的个体情感表现在骚体赋中，才让我们看见了汉代文人生动活泼的另一个方面。汉代文人个体意识的觉醒，还表现在强烈的人生短促的感受与及时行乐的人生态度两个方面。在这方面，汉代诗歌特别值得我们重视。其实李泽厚也承认：“尽管儒家和经学在汉代盛行，‘成人伦，助教化’，‘惩恶扬善’被规定为从文学到绘画的广大领域的现实功利职责，但是汉代艺术的特点却恰恰是，它并没有受这种儒家狭隘的功利信条的束缚。”[46]以汉高祖刘邦的《大风歌》为代表的汉初楚歌，从一开始就没有遵循儒家的诗学传统。即便是那个接受了董仲舒意见的汉武帝，实行“罢黜百家，独尊儒术”的政策，身为一国之主，他所做的《秋风辞》和《李夫人歌》，也没有遵循“乐而不淫，哀而不伤”的儒家诗学传统，而是直抒人生短促与男女相思之情。西汉时有著名的《薤露》、《蒿里》二曲，按西晋人崔豹的《古今注》所言："故有二章。一章曰：'薤上朝露何易晞，露晞明朝还复滋，人死一去何时归。'其二曰：'蒿里谁家地，聚敛魂魄无贤愚。鬼伯一何相催促，人命不得少踟蹰。'至孝武时，李延年乃分为二曲：《薤露》送王公贵人，《蒿里》送士大夫庶人，使挽柩者歌之，亦呼为挽歌。"[47]西汉无论是王公贵人还是士大夫庶人，在送葬时都要歌唱《薤露》、《蒿里》，这说明，"这个历史时期的人们并没有舍弃或否定现实人生的观念。相反，而是希求这个人生能够永恒延续，是对它的全面肯定和爱恋"[48]。与魏晋文学所不同的是，汉代人对于人生短促的感叹，对于生命的珍惜，并不是因为战乱、荒年、瘟疫以及政治的险恶使他们感受到生命的脆弱，而是因为他们在这个已经被自己所征服的世界中还没有尽情地享受，还没有过足享乐生活之瘾。对于汉代文人来说，他们在现实生活中或者通达顺利，或者路途坎坷。通达顺利时固然希望永远享受这种荣华富贵，在路途坎坷时也照样舍不得自己的生命，愿意在醉生梦死、及时行乐中度过一生。汉乐府中有一首著名的歌曲《满歌行》，从诗中的词句看明显的是文人之作，表现的正是这样的情感。《乐府解题》曰："古辞云，'为乐未几时，遭时崄巇。'其始言逢此百罹，零丁荼毒。古人逊位躬耕，遂我所愿。次言穷达天命，智者不忧。庄周遗名，名垂千载。终言命如凿石见火，宜自娱以颐养，保此百年也。"[49]这首诗非常典型地揭示了汉代文人的复杂心理。

汉代文人个体意识的自觉，特别是关于人生短促、及时行乐等情感的抒发，在以《古诗十九首》为代表的汉代文人五言诗中表现的最为明显。这一点，李泽厚已经有过比较深入的论述。不过，他是把《古诗十九首》当成东汉末年或者魏晋时期的诗来看待的[50]，而我则认为《古诗十九首》恰恰是东汉早中期的产物，把以《古诗十九首》为代表的文人五言诗归入汉末建安以后不仅没有事实的根据，也没有文本上的根据[51]。反过来讲，正因为汉代社会处于儒家思想占统治地位的时代，封建专制政权也极大的压抑了个体人格，才使得汉代的文人士子们产生了特别强烈的个体生命意识。汉代文人的思想情感因此而丰富，汉代文学也因为有了骚体赋、乐府诗、文人五言诗而显得丰富多彩。

六、如何认识汉魏以来中国文学的发展变化

以上重点强调了魏晋六朝文学与汉代文学之间的继承关系，并不是要否定魏晋文学与汉代文学的巨大差异，而是为了证明“魏晋文学自觉说”对一系列“汉代文学自觉”现象的忽略，旨在说明：如果认为中国文学存在着一个从不自觉走向自觉的历史起点的话，这一个起始点也应该从汉代开始而不是从魏晋开始。

但是从另一个角度来说，本人并不太赞成用“文学自觉”这一词语来概括汉魏以来中国文学的发展变化。因为“文学自觉”这个论断的内涵有限，歧义性太大。其中有几个问题值得我们思考，兹提出供学界同仁讨论：

其一，在中国古代，本没有与我们现在所说的“文学”完全相对应的概念，只有明晰的文体观，却没有明晰的文学观。萧统编《文选》的选目原则有“事出于沉思，义归乎翰藻”之说，他所选的这些“文”固然有诗、赋等在今天看来属于纯文学的作品，同时也选录了诏、册、表、书等在今天看来属于杂文学的作品。即便是在今人编写的文学史著作中，唐宋八大家的散文以及清代桐城派的古文，

也都在论述之列。如果用“文学自觉”的观点来看，我们首先就要提出疑问：这些作品是文学吗？应该写进中国文学史吗？回答只能是否定的。如果我们认为它们应该写进中国文学史，那么“文学自觉说”就不能成为一种行之有效的批评理论，因为这种理论既不能用来评价所谓“文起八代之衰”的韩愈，也不能用来评价唐宋古文运动。难道说这些人的文学观是从魏晋时代的“文学自觉”又回到了“文学不自觉”了吗？

其二，鲁迅在说到魏晋文学自觉的时候，特别强调曹丕的时代是“为艺术而艺术”的一个时代，但是仔细思考，在中国古代文学史上，有过这样一个时代吗？我认为没有。如果真的有过这样一个时代，也许齐梁时代最为合适。但是这个时代在整个中国文学史中所占的时间太短，而且往往受到后代的批评。由此而言，在中国文学史上即便是曾经有人倡导“为艺术而艺术”，那也不是中国文学的主流。“文以载道”是中国人对于文学的最基本要求。杜甫之所以被尊为“诗圣”，一方面固然说他的诗歌在艺术上的水平特别高，但是更重要的是因为在杜甫的诗中体现了中国文人忧国忧民的博大胸怀。诗不仅是中国古代文人心中的“艺术品”，更是他们的“思想”和“精神”的特殊表达。它充分说明：如果我们承认中国古代存在着一种所谓“文学自觉”的话，那么这种自觉不仅包含着对于文学形式的追求，更重要的还要包括中国文人对于“文以载道”这一传统的功利主义诗学思想的文化认同。

其三，坚持“魏晋文学自觉说”的一个重要理论支撑点，是强调从魏晋以后加强了对于中国文学形式的探讨，出现了几部有影响的文学理论著作，而这一时期的作家们也的确更加注重文学的形式美，使中国文学在艺术审美方面有了极大的提高，但是所有这些不同可以构成与前代文学的本质区别吗？一个明显的问题是，当我们说魏晋是中国“文学自觉”时代的起点时，就意味着汉代以前的文学都是“不自觉”的，好像中国文学从魏晋以后发生了质的变化，与前代文学有了根本的不同。试问，如果认定中国文学在汉代以前是不自觉的，我们能很好地解释汉赋、汉诗形式美的存在吗？其实，即便是《诗经》时代的诗人写诗，也照样需要在艺术方面的主动追求，要有文字技巧方面的熟练掌握。这些文学现象的出现，虽然我们很难用“自觉”来进行解释，但是我们同样也不能说这些好诗都是古人“不自觉”的创作。可见，“自觉”这个词语，不仅不能很好地解释魏晋以后的“文以载道”问题，也不能很好地解释先秦两汉文学作品的艺术形式美问题。

总之，“文学自觉”这个论断的内涵有限，歧义性太大而主观色彩过浓，因此不适合用这样一个简单的主观判断来代替对一个时代丰富多彩的文学发展过程进行客观的描述。

那么，我们又该如何认识汉魏以来的中国文学发展呢？我以为，最好的方式还是从历史中寻找相对客观的尺度。从汉代开始的中国中古文学，有三个重要的客观标志特别值得我们重视：第一，在封建地主制社会基础上文人阶层的产生，这是中国中古文学发展的一个划时代标志。以《诗经》和楚辞为代表的中国先秦文学，从本质上讲是建立在血缘家族为纽带的世袭社会的文学，是以贵族文人为主体的文学；而中国的中古文学从本质上讲是封建地主制社会的文学，是以官僚文人为主体的文学。汉代正是这一新的政治制度建设的真正开始，自然也是中国中古文学的开始。正是在这种政治制度下，形成了以“读书—仕进”为核心的中国古代的文人官僚阶层。这一阶层此后不仅成为中国古代政治制度的主体，也成为中国中古文学的创作主体。中国中古文学从本质上讲就是以文人官僚为创作主体的文学。从这一点来讲，从汉到唐都没有本质的区别。所不同的只是，由于政治制度的内部变化，不同时代的文人在社会上所处的政治地位各有不同而已。汉代的文人依靠经学的学习和选举制走向社会政治舞台，魏晋南北朝的文人依附于门阀制度之下；唐代文人则通过科举制成为封建社会的各级官僚。他们的文学创作，也正是在各自不同的政治背景之下，反映了各个时代丰富多彩的历史生活。

第二，正是在这个特殊的封建官僚政体的左右下，中国中古文人形成了特殊的文化心态，并对中国中古文学的创作产生了巨大的影响。他们一方面把自己的人生理想建立在辅佐明君建功立业的基础之上，一方面却要受到皇权与官僚政体的体制性压迫因而进行个体性反抗，于是儒道互补就成为中国中古文人的基本思想倾向。佛教在这个时期虽然对于中国的思想界产生过重大影响，但是佛教之所以被中国文人所接受，也正是在中国化的过程中实现的，照样不脱离儒道两端，只是不同的时代各有侧重而已。汉初的文人受道家思想影响较深，儒家思想相对处于弱势；自汉武帝以后儒家思想成为官方统治思想，道家思想又处于弱势。魏晋时代，随着儒家经学的衰落，道家思想在文人思想中成为主导倾向，儒家思想又相对处于弱势。南北朝时期，随着社会政治的动乱与朝代的频繁更替，儒道释三家思想遂呈现出一种复杂的形态。唐代达到了中国中古社会的盛世，文人的文化心态与前代有所不同，但是指导他们的仍然是儒道释三家思想。这也构成了中国中古文人文学创作主题的两极：或者抒写自己关心时政的积极入世态度，追求三不朽的人生理想；或者抒写自己在政治体制压迫下的各种牢骚与不平，追求个体的独立与自由、世俗的生活与享乐。无论是汉代文人、魏晋文人还是唐代文人，大都在这两者之间徘徊。

第三，中国中古文学在艺术形式美方面的追求，同样也与文人集团对于“文”的认识和他们的文化修养有关。他们把“文”作为表达自己思想情感的工具，甚至把以文传世当作自己人生不朽的理想，正是在这一基础之上，他们才会在“文”的形式美方面不断地追求。在汉代，他们是赋体文学的开创者，创立了赋体文学的审美典范；同时也是乐府诗和五七言诗的积极参与者，确立了乐府诗和文人五言诗的基本艺术格局。在魏晋南北朝，他们进一步在文学的形式美方面下功夫，由汉赋逐步发展出了骈体文，他们让五七言诗由汉代文人文学的次要形式而蔚为大国，在辞藻的追求和韵律的探索方面取得了更大的成功，并且有意识地从理论上总结为“文”之道。在唐代，他们不仅完善了近体格律诗，又开创了“词”这样一种新的文体。同时，他们又反过来对于六朝时期艺术形式美的倾向给予适当的反思，中心目的还是为了让“文”更好地发挥表达文人各种心态和文化思想的作用。从汉代文人司马相如到建安时期的曹氏父子，再到唐代诗人杜甫和韩愈等，我们可以清楚地看到这样一条自觉地追求艺术之美的探索轨迹。

我以为，从以上三个方面来认识中国中古文学，结合各个不同时代的历史状况，也许可以比“文学自觉说”更好地理出一条中国中古文学的发展线索，描述中国中古文学的发展过程。它大体可以分为三个阶段：第一阶段为两汉时期，它标志着先秦贵族文学的衰落，是中国文人文学建立的开始，无论是从文体的形式探索还是文学内容的表现方面，都为魏晋六朝文学的发展奠定了坚实的基础。第二个阶段是魏晋南北朝时期，它是中国文人文学成熟的时期，特别是在文学形式和文学理论的探讨方面都取得了卓越的成就。第三个时期是隋唐五代时期，它是中国中古文学的高峰，特别是以唐诗为代表的韵文文学，不仅是中国中古文学的最高成就，也是中国文学史上一座历史的丰碑。

［本文原发表于《中国社会科学》2005 年第 2 期，《新华文摘》2005 年第 10 期全文转载］

（讲座时间：2006 年 1 月）

注释

①“魏晋文学自觉说”在不同学者那里也有不同的表述。日本人铃木虎雄最早的提法是“魏的时代是中国文学的自觉时代”，鲁迅则称之为“曹丕的时代”，还有的学者称之为“建安时代”。相应的内涵也多少有一些细微的不同，但是学术界最为流行的说法是“魏晋时代是中国文学的自觉时代”。所以本文也以此为统称，除了确有必要外，一些内部的细微之处不再做更多的辨析。

②据孙明君考证，鲁迅先生的《魏晋风度及文章与药及酒之关系》乃是有感而发，“不同于那些爬梳史料、精心推敲的科学论文，其间掺杂了许多讥讽时事的成分”。参见孙明君《三曹与中国诗史》（清华人学出版社，1999 年）第 91—92 页。鲁迅自己后来也说过：“在广州谈魏晋事，盖实有慨而言。”(1928 年 12 月 30 日致陈濬信)。

③铃木虎雄著，许总译：《中国诗论史》，广西人民出版社，1989 年，第 37 页。

④《中国诗论史》，第 37—38 页。

⑤鲁迅：《魏晋风度及文章与药及酒之关系》，《鲁迅全集》第 3 卷，人民文学出版社 1981 年，第 504 页。

⑥按：铃木虎雄的文章发表于 1920 年，1925 年又收入作者的《中国诗论史》一书，鲁迅的演讲在 1927 年，二者的前后承续关系比较明显。参见孙明君《三曹与中国诗史》（清华大学出版社，1999 年），第 89—95 页。

⑦郭绍虞：《中国文学批评史》，上海古籍出版社，1979 年，第 43 页。

⑧ ㊸ 李泽厚：《美的历程》，文物出版社，1981 年，第 85、95—96 页。

⑨如王运熙、杨明主编的《魏晋南北朝文学批评史》、袁行霈主编的《中国文学史》、章培恒主编的《中国文学史》都接受了魏晋文学自觉说。

⑩参见孙明君《三曹与中国诗史》，第 101—103 页。

⑪袁行霈主编《中国文学史》第 2 卷，高等教育出版社，1999 年，第 3、4 页。

⑫龚克昌：《论汉赋》，《文史哲》1981 年第 1 期。

⑬龚克昌：《汉赋——文学自觉时代的起点》，《文史哲》1988 年第 5 期。

⑭张少康：《论文学的独立和自觉非自魏晋始》，《北京大学学报》1996 年第 2 期。

⑮ ㉖詹福瑞：《文士、经生的文士化与文学的自觉》，《河北学刊》1998 年第 4 期。

⑯詹福瑞：《从汉代人对屈原的批评看汉代文学的自觉》，《文艺理论研究》2000 年第 5 期。

⑰李炳海：《黄钟大吕之音——古代辞赋的文本阐释》，吉林人民出版社，2001 年，第 16 页。

⑱ ⑲ ㉒《汉书·扬雄传》。

⑳《后汉书·张衡列传》。

㉑《春秋左传集解·襄公二十四年》，上海人民出版社，1977 年，第 1011 页。

㉓鲁迅：《魏晋风度及文章与药及酒之关系》，《鲁迅全集》第 3 卷，第 506、505 页。

㉔龚克昌：《汉赋——文学自觉时代的起点》及《汉赋——韵文史上的奇葩》，后者见龚克昌《汉赋研究》（山东文艺出版社，1990 年）第 351—368 页。

㉕王钟陵：《中国中古诗歌史》，江苏教育出版社，1988 年，第 24 页。

㉗葛洪：《西京杂记》，中华书局，1985 年，第 12 页。

㉘《汉书·王褒传》。

㉙《庄子·天下篇》，王先谦：《庄子集解》，《诸子集成》第 3 册，上海书店影印本，1986 年，第 462 页。

㉚《荀子·儒效》，王先谦：《荀子集解》，《诸子集成》第 2 册，第 84 页。

㉛王利器：《颜氏家训集解》，上海古籍出版社，1980 年，第 221 页。

㉜ ㊶王利器：《文心雕龙校证》，上海古籍出版社，1980 年，第 12 页。

㉝《十三经注疏 · 周礼注疏》，北京大学出版社，1999 年，第 661 页。

㉞《十三经注疏 · 礼记正义》，第 1362 页。

㉟吴承学：《中国古代文体形态研究》（增订本），中山大学出版社，2002 年，第 17 页。

㊱以上并见《十三经注疏 · 礼记正义 · 乐记》。

㊲以上均见曹植《与杨德祖书》，赵幼文校注《曹植集校注》，人民文学出版社，1984 年，第 154 页。

㊳《晋书 · 阮籍列传》。

㊴陶渊明：《五柳先生传》，逯钦立校注《陶渊明集》，中华书局，1979 年，第 175 页。

㊵张少康：《文赋集释》，上海古籍出版社，1984 年，第 1、14、181 页。

㊷ 王利器：《文心雕龙校证》，第 295 页。

㊹洪兴祖：《楚辞补注》，中华书局，1983 年，第 259 页。

㊺费振刚：《全汉赋》，北京大学出版社，1993 年，第 233 页。

㊻ ㊽李泽厚：《美的历程》，第 73 页。

㊼崔豹：《古今注》，《百子全书》本，浙江人民出版社，1984 年影印本，第七册。

㊾郭茂倩：《乐府诗集》卷四十三，中华书局，1979 年，第 636 页。

㊿李泽厚说："我以为，《十九首》及苏李诗实际应产生于东汉年或更晚。"见《美的历程》。

51此处可参看拙作《论班固的咏史诗与文人五言诗发展成熟问题》，载《北方论丛》1994 年第 1 期。

黄苗子

漫谈诗、书、画

黄苗子，生于广东省中山市。小时候在香港就读，喜爱诗画文艺。八岁习书法，受家庭影响。十二岁从名师邓尔雅先生学书。1938 年以后，在广州、重庆、上海等地工作及从事文艺活动。1950 年后定居北京。

长期活动于文艺、美术、书法界，交游甚广。所作美术论文及散文诗词，经常在国内外发表。美术论著有《美术欣赏》、《吴道子事辑》、《八大山人传》及《年表》、《画坛师友录》、《艺林一枝》等；画册有《黄苗子与郁风》夫妇画集等；书法有《黄苗子书法选》、《中国书法精品选——黄苗子》等。还出版过多种散文集及诗集。

其书画，不仅在北京、上海、杭州、广州、台北、香港等地举行展览，还曾在日本的东京、大阪，韩国的汉城、全州，德国的科隆以及英国的伦敦、美国的纽约等地展出。其作品被伦敦大英博物馆、德国科隆东方美术博物馆等公私藏家所收藏。

历任中华人民共和国政治协商会议全国委员会委员（共三届），全国文学艺术界联合委员会委员，全国书法家协会常务理事，全国美术家协会理事等职务。1992 年以后，曾任澳洲昆士兰格里菲斯（Griffith University）大学客座教授，名誉教授。

2004 年 5 月，中国美术家协会授予其“卓有成就的美术史论家”称号。

我们是现代人，现代人有现代人的生活习惯，可是这些生活习惯，和老祖宗却又是一连串“剪不断，理还乱”的血肉关系。这种关系，从坏的方面来说，千年封建（或“专制”）传统，还在神州大地中若隐若现、若有若无地阴魂不散，牵制了我们华夏民族大步前进的脚步；从好的方面说，几千年的文化积累，给华夏民族提供了许多可供人类社会运用、参考、思索、推进的人文和科技方面的宝贵贡献。这个问题是十分复杂的，整个社会是这样，文化问题也是这样。

在今天这个时代、环境、条件下，现代诗、书、画家和古代的相比，有很大的不同，古代的诗、书、画家至少生活简单些，他们骑的是驴子，我们坐的是火车、汽车、飞机；他们不赶时间，我们要争分夺秒；驴子只要供它吃些草料，省钱；不像今天的飞机、汽车，全世界都为汽油涨价唉声叹气。

拿画家来说，今天的画家（指的是国画家），画画还来不及，其中少数人也觉得需要在画上写几个字，或者题几句诗什么的，也明白“诗、书、画结合”这一特殊形式，是我国文化艺术的一个优秀传统。可是当代画家吃饭穿衣之外，要负担孩子学费、膳宿费、补习费、课外学习费……老婆要衣服、化妆品，要首饰，要上超市，要打牌，要出国旅游；自己要买手机、照相机，要会电脑，更要有各种人际关系，要参加这个那个会，要应酬，还要买车、买房子，有人说：他还要学会“八国英语”等等，总而言之，先得挣钱。

这可是现代“社会人”的起码生活要求，你不能让今天的画家像古人一样，骑着毛驴整天悠悠忽忽看风景，“不食人间烟火”就能创作诗书画。整个社会“现代化”，画家在画画卖钱之外，又要挥毫写字，又要作几句诗，这时间和条件，就很难挤出来。所以说，在今日今时，讨论中国画创作中的诗、书、画关系问题，似乎就有点儿赶不上时代，或者干脆说“不合时宜”。

一、笔墨当随时代

我们今天处在电子时代。电子时代，也有大量中外爱好文化艺术的人士，喜欢中国画，喜欢诗书画结合的古代和近、现代国画作品。同时我还想，电子时代，画家要创新、要和时代同步，这是必然的艺术发展道路。所以画廊、拍卖行当中，创新的、现代优秀的中国画也有广阔的市场，这是时代的走向。“适者生存”，是符合当前文化发展规律的。但这创新的道路 ，不能凭空从天上掉下来；毕加索的画，是从欧洲写实主义、印象派，从非洲土人艺术等等加以探索、作为借鉴，消化吸收成毕加索自己风格的。齐白石是从明、清时代的徐渭、八大山人、吴昌硕这些先代水墨画画家中，消化吸收成为自己风格的。早期的毕加索，有很好的欧洲写实画基本功。张大千、黄宾虹、徐悲鸿这些前辈大家，也都各有不同的、深厚的基础，这就是他们给自己铺下后来的创新道路，表现出自己风格的基础。我们今天谈创新，也就只有从学习前人和外国人的丰富成果中，在这个基础上迈出头一步，逐渐地、得心应手地掌握属于自己的技法，完成表达自己感受到的美的创作风格。前辈成功的画家走这条道路，我们也要走这条道路。人们常说“温故知新”，“吸其精华，去其糟粕”，这是人人知道的老生常谈，也是艺术创新的必然规律。

300 年前的大画家石涛说过这句话：笔墨当随时代。什么是“当随时代”？就是说，要跟着时代的风气、需求，去变前人的笔墨。石涛说到做到，在清代初年的画坛中，石涛的画，是站在时代前列的。“当随时代”的道理易明白，但做起来却会碰到复杂的、不易解决的问题。

任何一种艺术，想取得高成就，首先要有功底。有些做学问的年青朋友，常常找我写“书山有路勤为径，学海无涯苦作舟”这两句话，说明勤、苦，是谁都须经历的成功路程。

我们主张文艺要有借鉴，这是因为艺术创作，除了必须的自由奔放的意念或者激情之外，还需要掌握规律的苦功；“掌握了规律，你才有自由”。比方作诗，作什么诗都要讲究声律，讲究音韵，旧体诗词还严格地讲究平仄对仗，这些框框套套苦了许多没有入门的人。再进一步，诗要有诗的语言，有修养、有境界、有触动心灵的感染力等，这才算是能写诗。

王国维《人间词话》举出李白的两句词：“西风残照，汉家陵阙。”王国维说：李白这八个字，“独有千古”。意思是这八个字，写的是眼前景物，却把你带进一个气象恢宏的时空境界：千年前，壮丽的汉家陵阙，引起你对历史的感怀思念，而在西风残照中，又使你觉得眼前人世的萧瑟迷茫。

写出这样美妙的词句，你觉得很容易吗？

二、先把自己用绳子捆住

40年前，有些人胡说什么中国是“中华诗国”，要“人人做诗”，全国要“一年出一个郭沫若”等等。郭沫若这样的诗人，可以像工业生产那样“订造”，而且限期交货，这又是另一种“独有千古”，闻所未闻的事。这些人所犯的各种说不出的综合症当中，“浮夸急躁狂”是主要的，是一种遗传病；在我们的文化领域中，碰到天时不正，就会通过风气扩散，很危险，我想提醒大家，要像防“非典”那样，多加小心！

是人就有感情，有喜怒哀乐激发出来，当然可以做诗，但不能“人人做诗”；做诗先要学诗、读诗、掌握诗的规律，懂得诗的平仄、音韵、对仗，……这些是前人准备好的“捆仙绳”，你首先得用这根绳子把自己捆住，经过一段时间，你就像庄子说的“得鱼忘筌”（“筌”是河里捞鱼的竹篓子），得了鱼，把消化了的“筌”忘掉，便掌握了作诗的门径。

早在五四时代，就有人讨厌这根束缚自己的绳子，有的人主张废掉它，可是这些框套是我国千年以来积累下来的，是在我们民族文化范畴中被公认的审美规律。规律可以因时代而变化发展，但不能“咔嚓”一刀，从此不要。

任何事物，总是不停地在变，我们的诗书画艺术，也在几千年的历史过程中，不断地变，这是自然法则。中国诗从3000年前的《诗经》——那是四字一句开始，到汉代就流行五字一句的古体；到了唐代兴起了五字、七字的律诗、绝诗；到五代、宋以后，盛行词（长短句）；元代又流行散曲。到了明、清，诗人继承了前代人的各种诗词形式，各取所需地发挥自己的风格。都在不同的时代、不同社会环境下，或大或小地演变、发展着。

20世纪初，随着史无前例的社会大变革，长期的封建和闭关自守的旧中国被打翻，五四运动使人们开始认识到白话诗（新诗）更切合时代要求，更能表达现代人的思想感情。但是这种新的尝试需要有一个长时期的实践，就像早年全聚德大师傅做烤鸭一样，反复地调味、斟酌、品尝、改善，才能成为老字号烤鸭店，广大顾客才乐于接受。

当然，建立空前未有的新诗体例的问题，比烤鸭难得多。所以五四运动至今80多年，人们还是一面尝试新诗，一面创作有新内容的旧体诗。这其中诞生了像徐志摩、艾青那样的新诗人；也诞生了像鲁迅、毛泽东、聂绀弩那样的旧体诗人。他们用不同形式，表达出同一新时代的新感觉、新内容。我们举出的这些诗人，不管是写新诗、旧诗，首先都有诗的、文学的修养和功力；徐志摩、艾青在英法留过学，受过欧洲文学的熏陶，他们从外来诗中，摸索出自己的新诗规律。最近我读了徐志摩的《夏日田间即景》，诗很长，我只举出开头的一段：

柳条青青，南风薰薰，
幻成奇峰瑶岛，一天的黄云白云；
那边麦浪中间，有农妇笑语殷殷

瞧！这不正是诗的语言，它像小精灵一样，有节奏、有韵律地在你心头跳跃着吗？徐志摩的诗怎么写出来的？不是单纯地依仗灵感，随便哼出来，而是根据他平日丰厚的中西文化修养，锤炼出来的。

聂绀弩的旧体诗，虽是平平仄仄的旧腔调，却十分融洽地运用现代人的语言表达现代感情；例如他在北大荒劳动时写的《堆磨》诗：“把坏心思磨粉碎，到新天地作环游。”他自比一头老牛，觉得只有推磨这事潇洒风流，然而，他是运动中送到北大荒来“改造思想”的右派分子，在推磨这种劳动中，他心想的是：我这“老牛”送到这里来改造，当然因为思想不好，所以，应当在推磨当中，把“坏思想”磨它个粉碎；所以，要到北大荒这个改造思想的新天地来转圈圈“环游”（他以环游世界的“环游”来形容推磨，亏他想得出来）。有人说：诗人在欣赏自已劳动的同时，又联想到“思想改造”这一伟大运动，既悲凉，又幽默。

聂绀弩的另外两句名句：“文章顺口雌黄易，思想交心坦白难。”也是诗人在十分繁难的旧体诗框套中，自由无碍地表达现代人思想感情的好诗。“思想交心”、“坦白”，都是现代语言，作者信手拿来放在旧诗的框套中，这需要天分和功力，聂绀弩是一位对诗有极深修养的当代诗人。

不是什么口语都可以写成诗，记得50年前，读过“庆祝苏联节日”的一首诗，开头是：“十六加盟合共和，兄弟感情一般过”，这只能算是标语口号式的文字，如果说是诗，那是乏味的、缺乏诗的语言艺术的诗。

三、一口吃不出一个胖子

新石器时代，我国就有岩画、彩陶等等绘画，这里不必多说。

春秋战国时代，已经有画画的专业人才，但他不叫画家，叫做“史”，是听主人吩咐的工匠。庄子曾经讲宋国诸侯宋元君要画画，许多工匠都在旁边伺候着的故事，表现了当时画工的制度。

画和书法配在一起的艺术，公元初就开始有。汉代的画像石，在画旁边往往题几个字；我们现在看到的《〈女史箴〉图》，传说是5世纪初东晋的顾恺之画的（可能是唐、宋摹本），每幅图的旁边，就有写着西晋张华作的《女史箴》的文字。字和画配合得十分完美。记得已在20多年前去世的唐兰先生曾说，在我国画史中，第一位文人画家应当是顾恺之，顾恺之以前的，多数是属于劳动阶层的绘画工匠。顾恺之是士大夫家庭出身，他官至虎头将军，是位博学有修养的知识分子，从顾恺之那个时代起，绘画就逐渐被士大夫知识分子从工匠手中继承发展下来，这样就把绘画提到文化的高层次，满足当时上层社会的艺术要求。直到10世纪的宋代，又继唐代的王维、李思训等之后，诞生了一批如米芾、苏轼、李公麟、赵佶这些能诗、能书的文人画家，取代了工匠们的绘画专业行当。这就是以诗、书、画结合为特点的中国画的开始，以后便成为中国画的主流。

大家都知道启功先生，启先生在十七八岁的时候，画画成绩就很不错。有一次，他的表舅要他画一幅画，说裱好后还要挂在客堂中。可是他又吩咐说："你光画就行了，不要题款，请你老师题。"启老听明白表舅的意思是嫌他的字写不好。这对于年轻的启功刺激很大，从此决心刻苦练字，才成为大家都知道的当代书法家。

这件事说明书法和绘画的相互关系。唐代的美术理论就提出"书画用笔同"的说法，10世纪以后，传统的中国画家，就经常在画上写字题诗。他们主张写字的用笔方法，点划撇捺、结构章法和画的线条皴擦、结构章法是相通的，所以好的画家同时也要写好字，字写不好，配在画上就破坏了画面。

中国的汉字，从3600年以前的甲骨文开始（甲骨文以前，应当有更原始的文字），一直到古籀（金文、大篆）、小篆，到隶书，到现在通行的楷书、草书，始终在一条脉络中按照时代的需要而发展、变化着。书法本来具备两种功能：一种是它的实用性，是人类语言思想的具象表达，另一种是它的艺术性，是中国文人运用抽象的点划撇捺，分行布白，在纸墨工具上把作者喜怒哀乐的内心活动表达出来，使人看了产生共鸣的一种艺术。到了今天，圆珠笔代替了毛笔，打字逐渐代替了写字的时代，它的实用功能被现代化了，书法于是自然而然地逐渐走上一种东方文化独有的形象艺术之路，是势所必然的。“穷则变，变则通”，今天的书法家，在这大变革时代，首先应当沉着地、艰苦地找寻书法之所以成为艺术之根的规律，来创造适合于现代审美观念的书法，这是一个复杂的问题，是传统书法与现代意识形态磨合的问题。

康有为是清末一位改革家，也是一位著名的书法家。他研究了我国历代书法基于时代变革而不停变化的源流，他说：“综而论之，书学与治法，势变略同；周以前为一体势，汉为一体势，魏晋至今为一体势，皆数千百年一变。后之有变，可以前事验之也。”康有为看到几千年封建社会中，书法艺术在不同时代不同环境下的变化。但“后之有变”，却是他料想不到的全世界都处在电子工业时代、科技赶着人跑的“巨变”，来得快而且急。形势逼人，这不只是康有为，谁也“不可以耳目之私测之”（指当时人接触到的狭隘小范畴，猜测不到未来的变化，引自康著《广艺舟双楫》）。

宋代以后的1000多年间，文人画流行，画面上讲究配上与画面和谐统一的书法，题上诗，“诗情画意”的协调，丰富了绘画艺术的内涵，这是传统文人画经过1000多年尝试的结果，是西方艺术史上没有的。

可是，在今天这个急剧变化的时代，怎样在传统方面，“吸其精华，去其糟粕”，为新的炎黄艺术踏出新的道路方向呢？

我个人以为，当前许多艺术工作者们，从20世纪80年代起，就在按着历史步伐去寻找这条道路，而且不少有才华的画家，取得不少成就。有的画家把传统笔墨融化进现代的审美追求中，也有画家把西方技法和传统结合，这些尝试的积累，给新中国书画铺出光明大道。不过我以为，一个时代，一个个人，要有真正的成熟的风格，需要不怕失败地反复探索，付出时间、代价，要“水到渠成”，不能有浮夸急躁情绪或者侥幸心理。艺术史告诉我们：诗、书、画结合的中国绘画风格，从顾恺之开始，是经过一两千年的探索、成熟、演变，走到今天的；五四以来的白话诗摸索了80年，还没有完全接替旧体诗，所以应当相信变革不是很容易的事，“一口吃不出一个胖子”。

时代的大变革，往往在各方面都产生一批“应变而生”的人才。在建国初期，出现了像齐白石、黄宾虹、徐悲鸿、林风眠、刘海粟、朱屺瞻、傅抱石、潘天寿、李可染这一大批有成就的大家。这是因为，时代要变革，人心思变，于是纷纷在不同的生活感受中，在长期的艺术积累下，各自发挥自己的激情，创造出适应时代欣赏的艺术。20世纪50年代初，新中国的诞生，又给予他们辉煌奋发的广阔天地，在绘画方面形成一个黄金时代。但这个黄金时代，并不是突然诞生的，而是沿着历史长河滚滚向前的一个段落，是不能截然割断的，它的孕育、生长，往往发轫于前一代；以齐白石为例：白石老人生于清同治二年（1864），他在湘潭乡下开始刻印作画时，正是清朝慈禧太后垂帘听政的时代；等到他四五十岁，在北京声名初著时，则又是民国大总统曹锟、段祺瑞不停地走马换将，后来又是汉奸傀儡当政；好不容易盼到新中国成立，白石老人才名满天下。因此，现代的精英，正是靠过去的积累而产生的。

也许有人会问：现在为什么没有诞生一个齐白石？那是因为白石老人逝世后50年，世界的变化太大、太快了些，人们处在这瞬息万变的新环境中，从意识形态到生活准则，似乎都有一种措手不及的感觉。艺术反映社会，在急剧的激变中，大家都还在摸索前进，还没有成规可循，所以像白石老人那么成熟的画家，一时还不可能诞生出来。

又有人会说：画画就是要靠天才，只要天分高，就能创作出好作品。这话只说对了十分之三。张大千说过：绘画只要三分天分、七分功力。大千先生的绘画，常常有假，但是我想这句话不假。如果有人对你说：你是当代少有的天才艺术家，不必像别人那么狠下功夫。那么此人是存心“坑”你，至少是对你误导，千万不可上当。

最后，还有一个值得我们思考的问题：画家在今天的商品社会中，怎么把艺术和金钱放在适当位置，解决好这个问题，也就能真正解决我们的艺术道路、艺术方向的许多问题。

（本文根据讲座录音整理，未经主讲人审阅）

（讲座时间：2006年5月）

陈传席

汉文化的分裂、重心转移与森林的关系

陈传席，中国人民大学教授、中国美术家协会会员、理论委员会委员。1982年组织中国美术界第一次国际学术研讨会；同时组织全国第一次三十六家博物馆（院）明清绘画联展。已指导十六个国家的留学生和高级进修生，同时教授本科生、硕士生和博士生。已出版学术著作五十一部，发表学术论文八百余篇。主要著作《六朝画论研究》、《中国山水画史》、《中国绘画美学史》（上、下）、《悔晚斋臆语》、《陈传席文集》（九卷），《陈传席画集》等行世。

一、导论

我讲座的原题目是“汉文化的分向发展和重心转移及与森林的关系”。“分向”也就是分裂，都和森林生灭有关。汉文化的重心由北方转向南方的开始时间，有人说在元代，有人说在南宋，有人说北宋时期已开始转移。总之，这个问题已有人论述过。原因很简单：因为宋元以后，中国的经济重心已南移。那么，经济重心又为什么南移了呢？很少有人论述了。少数人说起，大抵是因为北方战争频仍，破坏了经济发展。这当然是其中的一个原因，但不是主要的。因为，从原始社会到汉唐五代，北方一直是战争不断。黄帝、炎帝和蚩尤（九黎族首领）大战都在北方，南方几乎没有战争，但那时人们还是冒死迁往北方。商周的战争全在北方，南方也几乎没有战争，但北方战争再多，经济仍然很发达，人群仍渐渐向北方迁移，文化重心也一直在北方。何以后来北方的战争能导致北方的落后呢？其实，北方的落后虽然和战争有关，但其根本原因不是战争，而是和森林遭到破坏有关。而且，古代埃及、巴比伦等国文化的兴衰也都和森林兴衰有关。本文主要讨论这一问题。

汉文化转移到南方之前，还有一个分裂时期。所以，汉文化重心转移后，特色也变了，审美趋向也变了，反过来又影响中国的精神状态，整个中国也就变了。

简单地说：汉文化自五代时期分向发展，南方文化不再受治于北方，然后，重心渐渐南移；但不是把北方文化移向南方，而是南方本地文化发展了，超过了北方。同时，中国也就渐渐变弱了。

古代所说的南方，主要指江南，即后来文化最发达的地方——江苏南部、安徽南部、江西北部、浙江一部分，有时也包括今之湖北省南部、湖南省及江西一带。这里曾是苗蛮部落主要活动之地，北方，主要指黄河流域，青海、甘肃、陕西、山西、河南、河北、山东、江苏北部。又有以淮河以北为北方者，主要是以徐州为中心的江苏北部及山东等地。则陕西、山西、河南、河北为中原。秦以前蜀地处中国的最西方，故称西蜀，不算南方。但当汉武帝把疆域扩展到西域后，西蜀已不算最西方。蜀（即四川）和湖北北部，现在看来都在南方。当时因与中原接壤，文化也不算落后。正确地看，应算作西和南之间的地区，总之，不算北方。

二、早期北方比南方更适宜人群居住和文化发展

初期原始社会的文化，在中国南北方以及东西各地皆有，本文暂不讨论。我们从新石器时代晚期谈起，那时最先进的文化就是仰韶文化。比仰韶文化更早一些的有裴李岗文化、磁山文化、大地湾文化，也都代表当时最先进的文化，这些文化都在北方。仰韶文化分布较广，比较集中在以渭、汾、洛等诸黄河支流汇集的中原地区，西起甘肃、青海，到陕西、山西、河南、河北，以至山东部分地区，北在长城沿线及河套地区，南达鄂西北，即黄河中游，亦即中原地区（以及华北部分地区）。总之，都在北方。仰韶

文化被学者们概括为一期半坡类型，二期史家、后冈两类型并存，三期庙底沟类型，四期西王村、秦王寨、大司空村、马家窑等类型。各类型文化也都在北方，也都是当时最先进的文化。仰韶文化以彩陶著称，故亦称彩陶文化，和仰韶文化同时的长城以北的文化以及南方文化，主要还是细石器文化，虽然也有少量陶器，但远不如仰韶文化先进。

1931年，在河南安阳县后冈地方，发现了一个“三叠层”的文化遗址。同年秋，梁思永在这个文化遗址内第一次发现了这个“三叠层”的最下层是仰韶文化，中层是龙山文化，上层是商代文化，从而明确了仰韶文化的相对年代，也解决了很多重大历史问题。上层的商文化即小屯文化，中层的龙山文化即夏文化，下层的仰韶文化即彩陶文化。这个仰韶文化层中陶器一般都是红色的陶片上画红色的花纹，和其他仰韶文化遗址中的陶器有些区别，这种陶器也叫做赤陶。在一段时间内，这种赤陶在中原有很多。这就值得注意了。仰韶文化实际上就是炎黄文化，以黄帝族文化为主，其中一段时间又以炎帝族文化为主，说明炎、黄二族皆在这里发展过他们的文化。黄帝，据《史记·五帝本纪》索隐：“有土德之瑞，土色黄，故称黄帝，犹神农火德王而称炎帝然也。”则炎帝犹火，火色赤，故炎帝亦称赤帝①这个氏族是以赤色为标志的。这赤色也就是炎帝族文化的特征，说明炎帝族在这里生存过。

炎帝和黄帝虽是传说中的人物，但也是有一定的史实为根据的。炎帝即上古姜姓部族的首领，又号烈山氏。烈、炎、赤意思都是相近的。这个部族以赤色为标志，原居中原西部——姜水流域。后向东迁移，发展到中原地区，便在中原定居。古代的迁移十分艰难，之所以要从姜水流域迁移到中原，就因为中原更宜于人群居住和文化发展。如前所述，事实上，考古发掘也证实了这里文化最发达。

是不是南方更适宜人群居住和文化发展，而西部的人不知呢？不是。南方人群也是冒死迁往北方的，这便是明证。据《史记·五帝本纪》以及《山海经》、《左传》、《尚书》、《路史》、《国语》、《大戴礼》、《管子》、《淮南子》、《太平御览》等书，以及范文澜的《中国通史》第一册等记载，居住在南方的人被统称为“蛮族”，其中九黎族最为强大，其首领为蚩尤，兄弟八十一人，各率部落，皆身强力壮，勇敢善战。他们也从南方冒死迁往北方。先到黄河下游地区，即今之山东省及江苏北部，然后又向中原迁移，和炎帝族发生战争，炎帝族抵挡不住蚩尤的九黎部落。蚩尤把炎帝族从河南赶到河北的涿鹿，这时炎帝族联合黄帝族把九黎打败，并擒杀了蚩尤。“九黎族经长期斗争后，一部分被迫退回南方，一部分留在北方，后来建立黎国，一部分被炎黄族俘虏，到西周时还留有‘黎民’的名称。”②“民”的本义是俘虏，金文“民”字像一个裸体人露出双乳，足上戴枷锁。“黎”也是俘虏，故称“黎民”。南方人为什么冒死迁往北方，不在南方做自由人，而到北方当奴隶（俘虏）？就是因为北方更适宜人群生存和文化发展。

黄帝族原先居住在西北方，后来也向中原迁移，为了在中原定居，不得不经历几次大的战争。可见中原对人群的吸引力，原因就是那里最适宜人群居住和文化发展。

范文澜《中国通史》说，当时南方的苗族也逐渐向北发展。黄帝族和炎帝族，又与夷族、黎族、苗族的一部分逐渐融合，形成了春秋时的“华族”、汉以后的“汉族”的基础。“华族”由“百姓”——100个左右氏族领袖（后来的奴隶主）及其氏族成员，以及“黎民”、“苗民”、“夷民”等组合而成，形成的过程都是在北方。伟大而独特的华夏文化也就在北方孕育和发展。

三、早期的文化名人和文化典籍皆出在北方

黄帝族融合炎帝族以及黎、苗、夷等族在南方大发展，发明了舟、车、弓、矢、养蚕织丝、染五色衣裳、作干支、制乐器、造文字，中国进入文明社会。

自黄帝以降，中国早期的文化名人、圣、贤都出在北方。黄帝和炎帝被称为中国人的祖先，出在北方。创造文字、乐器、舟、车、弓、矢、染五色衣裳等杰出人物（或人群）也都出在北方。各种说法的三皇五帝（大多实有其人）也都出在北方。尧、舜、禹也出在北方。《礼记·礼运篇》中所说的“六君子”——禹、汤、文、武、成王、周公，也都出生在北方。夏、商、周、秦、汉诸王朝的中心亦皆在北方。儒家的代表人物孔子、孟子，道家的创始人和代表人物老子、庄子及被称为道家支流的杨朱、宋钘、尹文、彭蒙、田骈、慎到等，法家的先导人物管子、子产、李悝、商鞅、慎到、申不害以及法家集大成者韩非子，刑名家的代表人物邓析子、尹文子、惠子、公孙龙子等，阴阳家的代表人物邹衍，墨家学说的创始人墨子，还有荀子、颜子、曾子以及孙武子等，一直到司马迁，全是北方人。奠定中国各流派思想基础的重要人物全是北方人。南方仅有屈原、宋玉等人，那已经是很晚的事了。而后来最发达的江南特别是江、浙两省一个文化名人也没有。

《诗》、《尚书》、《易经》、《周礼》、《礼记》、《春秋》、《公羊传》、《穀梁传》、《左传》、《孝经》、《论语》、《尔雅》、《孟子》被称为十三经，是奠定中国人思想和文化基

础的最重要的著作，也全出在北方，南方是没有的。

第一部史书《史记》出在北方，作者司马迁是夏阳（今陕西韩城南）人。司马迁不但是伟大的史学家，也是文学家和思想家。第一部研究文字学的著作《说文解字》也出在北方，作者许慎是汝南召陵（今河南郾城）人。之后，所有做学问的人都不能不用《说文解字》，影响是十分巨大的。

文字是国家文明开化的象征，是文化向高深境界发展的基础，又是文化推广的最重要的手段。汉字的产生和成熟也都是在北方。现存较早的文字是甲骨文，全都出于北方（河南），甲骨文已是较成熟的文字，但不是最早的文字。《尚书·多士》云："惟殷先人，有典有册。"殷的先人在夏、在尧舜时就很强大，"有典有册"也就是有书册典籍存世，那么，殷的先人时文字应该是成熟的了。传说中黄帝时仓颉造字，考古发掘中，原始社会的陶器上已有类似文字的刻划符号，有人判断那就是原始文字，正和黄帝时仓颉造字的时间记载相符。这一切都是在北方完成的。后来南方人书写和阅读的文字也都来自北方。北方人的语言，基本上都有相应的文字，而南方人的语言（方言）中，很多是没有相应的文字，至今尚如此。这也说明：南方人的文化最早都来自北方，至少说，南方人用的文字源于北方。从这方面来看，不论南方人后来创造了多少文化，出了多少著作，其基础仍在北方的文化基础之上。

综上所述，奠定中国各类思想基础和文化基础以及文字的创造都出在北方，被称为元典式的典籍也都出在北方，即黄河流域。所以说，黄河是中国文化的摇篮，黄河是中国的母亲河，乃是十分正确的。近几十年来，很多南方学者过分夸大长江流域在早期的文化作用和地位，不是从史实出发，而是从面子出发，乃是毫无意义的。长江流域在宋之后，文化发达超过北方，经济发达更超过北方，但在早期，是远远不如北方的。长江流域的考古发现，比起黄河流域，实在是微乎其微，这是尽人皆知的事实，这已经能说明问题了。北方的孔子的思想对中国人整体性格和意识的塑造起到相当重要而又关键的作用，南方是没有这样的圣人的。如前所述，像老子、庄子、孟子、韩非子、荀子、墨子、公孙龙子以及黄帝、炎帝、尧、舜、汤、文、武、成王、周公这样的人物，南方也是一个都没有；十三经那样重要的典籍，南方也是一本都没有，又怎么证明长江和黄河一样都是中国文化的摇篮呢？中国文化的摇篮只能是黄河。

四、北方早期为什么能成为文化中心

大水（大河流）和大森林是早期人类赖以生存和文化发展的基础，直到今日亦如此。水当然是人类不可缺少的；森林对于人类的价值没有水那么直接，但其潜在的作用是十分巨大的。也许人们还没有清楚地认识到这个问题。砍树、毁树，其直接的恶果是显而易见的，但一时见不到的对文化发展的破坏作用却鲜为人知。世界上文化发达的地区都和森林发达有关，世界上文化落后的地区也都和森林破坏有关。沙漠地区和不毛之地，绝不可能有先进的文化。

据我初步考查，世界上所有的文明古国当时都有著名的原始大森林，而所有文明古国的落后又都和大森林被毁坏有关。巴比伦文明对人类文明产生过巨大的推动作用③。那里诞生过世界上第一座城市，创造了世界上最早的文字、最早的学校、最早的图书馆，颁布了第一部法典，产生了最早的商业银行，流传最早的史诗、神话、寓言……产生世界上最早的药典、最早的农人历书、最早的科学知识，等等，是世界上最早最发达的地区。巴比伦地处两河流域（幼发拉底河和底格里斯河），又叫“美索不达米亚”，《旧约》中称为“天堂”的即此地。据历史学家、地质学家等有关学者研究考证，当年那里到处都是繁茂的大森林。现在我们知道，两河流域乃是世界上最盛产石油和煤炭的地区（如伊拉克、科威特等国），证明远古时代那里是世界上大森林最繁茂的地区和各种动物最多的地区（动物多亦因森林大），否则，现在不会有石油和煤炭。

提起举世闻名的金字塔、狮身人面像等，人们会想到古埃及的文明。古埃及也是世界四大文明古国之一，据有关埃及的著作[④]介绍，当年那里到处都是郁郁葱葱的草木，到处都是茂密的大森林和各种动物，尼罗河贯穿南北。

河流固然很重要，如果没有大森林，文化也是不可能发达的。中国古代早期，地处北方的黄河流域，尤其是陕西、山西、河南、河北等地，到处都是大森林。周、秦、汉、隋、唐的建都地陕西关中、陕南、陕北三大自然区，“均富于森林”，“蓝田猿人时代，秦岭北麓的渭河谷地，遍布原始森林，同蓝田人一起生活着的剑齿虎、剑齿象、爪兽等伴生动物就是一个证明。”“陈家窑时期……从出土的动物化石分析，当时有形体硕大、生性凶悍的森林动物，也有善于奔跑的草原动物。这说明在蓝田时代，关中既有上下连片、一望无际的大森林，也有水草丰茂的大草原。”西周时，各类原始大森林依旧[⑤]。山西、河南、河北等地原始森林也不亚于陕西。不仅历史学家、植物学家、地质学家可以证明，现在的大煤田也可以证实。北方盛产煤炭，南方则没有一个像样的大煤田。陕西的煤储量十分丰富，以铜川为中心的渭河北岸，煤田绵延，有“陕西黑腰带”之称，这里也是古代人群最活跃的地区之一。甘肃的煤储量也是很多的，山丹、阿干镇、窑街的煤矿早已闻名遐迩，还有玉门的石油，也是举世闻名的。山西历来被称为中国的“煤铁之乡”，煤炭储藏量在全国占十分重要的地位，煤田遍布全省三分之二的县市。大同煤矿、太原西山煤矿、阳泉煤矿，都是全国最有名的煤矿，还有古交、汾西、潞安、晋城、轩岗、霍县等，山西的煤田所产煤供给全国20多个省市，并供出口。河南也是全国产煤最有名的省份之一，其平顶山、义马、焦作、鹤壁等大煤田，名气尤大，河南的煤炭也是运销全国很多省市的，并出口国外。河北省也以产煤闻名，其开滦煤矿、井陉煤矿、峰峰煤矿等，都十分有名。山东的煤田主要分布在鲁西（接近中原地区），其中淄博煤矿、枣庄煤矿皆是大型煤田，其次还有兖州、新汶、临沂等煤矿。江苏南部基本上无煤矿，只有北部的徐州有煤矿。中国一直是北煤南运的，说明南方无煤，实际上南方确实没有大型煤田，而北方多煤田，这就证实了北方早期大森林多。煤就是古代大森林在地下长期煤化而成的。

据地质学家研究，成煤的条件不但要有古植物（即大森林），还必须有温暖潮湿的气候条件，“近代研究表明，在气候条件中湿度所起的作用比温度更重要。因为现代无论在低纬度和高纬度，只要是降水量大于蒸发量的地区，都有较厚的泥炭层堆层堆积，干旱条件显然不利于成煤。有利于成煤作用的地理环境是沼泽”⑥。据学者们研究，距今3000年以前，北方气候温暖湿润，多沼泽，比南方更有利于人群生存⑦。南方有长江，但却没有北方那样的原始大森林。文化是现实的一种反映，缺少大森林，就缺少很多形成文化的基因。北方因有原始大森林，大象、犀牛、虎、豹、野猪、野牛等动物也十分众多。据《孟子·滕文公下》云："……园囿、污池、沛泽多而禽兽至。……周公相武王诛纣，伐奄三年讨其君，驱飞廉于海隅而戮之，灭国者五十，驱虎、豹、犀、象而远之，天下大悦。"可见那时到处是虎、豹、犀牛和大象。所以，现代考古发掘出的商、周、战国时期的青铜器，器型、纹饰多大象、犀牛、虎、豹、野猪、野牛等。

河南省简称为"豫"，古为"豫州"，这个"豫"有人考证就是一个人牵着大象的标志⑧。汉许慎《说文解字》释"豫，象之大者"。不论哪一种解释，都说明河南省原是大象最多的地方。大象必须生长在大森林中，这是无疑的。河南地下发掘的商周青铜器中"象尊"也最多。河南的大森林也不亚于陕西。据中央电视台《黄河》电视连续剧解说，北宋时期，洛阳以西、以北的大森林都已被破坏，开封附近的大森林虽也遭到一定程度的破坏，但森林覆盖面积仍占 69.7%，而且那时大森林中仍有虎、豹、野猪、野牛之类凶猛野兽群出没。

因北方雨水多，地温润潮湿，唐代前，"八水绕长安"。长安城内，水衢纵横，大街上有八排树，最多达九排，这在中国建筑史上都有记载。

现在一般人都以为竹子是生长在南方的，北方无竹，或少竹。其实，唐代之前，竹子主要生长在北方，北方也到处是竹子。《史记·货殖列传》曰："渭川千亩竹。"西汉时期，黄河在瓠子决口，天子亲临抢险，"令群臣从官自将军已下皆负薪决河。是时东郡烧草，以故薪柴少，而下淇园之竹以为楗"。天子还作歌曰："……烧萧条兮噫乎何以御水，颓林竹兮楗石菑，宣房塞兮万福来。""于是卒塞瓠子”。砍伐淇园之竹以为楗，堵塞黄河决口，可见当时竹子之多。

魏晋时，北方的“竹林七贤”确实是活动在竹林里的。因竹子生长在温润、潮湿之地，北方当时温润潮湿更胜过南方，所以更宜于竹子的生长。据中央电视台《黄河》电视连续剧解说，唐以前，黄河上很多桥都是用竹子编搭而成的。因黄河周围到处是竹，取材方便，且竹子搭桥轻便。

因竹子多，俯首可取，最早的文字就是写在竹简上的。如前所引《尚书·多士篇》云：“惟殷先人，有典有册。”“册”字就是竹简用皮条串起来的形象。“典”就是把成册的竹简放在高处供起来或被人顶在头上的形象。“删”字是用力将竹简或册上的字刮去，再重写。因为文字写在竹简上，竹简（竹条）狭窄而长，早期的字形因之。篆书以前的字都是狭长形的，而且很多字本来该横写的，也改作竖写。如“虎”字，虎是四足着地，头尾和地平行。但“虎”字却成为直立的形象，变成头向上，四足在一侧，尾着地了。这是因为横写写不下，只好改作竖写。还有“鱼”、“象”、“马”、“鸟”、“犁”等字皆然。⑨看来，中国文化中最重要的部分——文字，也因北方多竹而改变。古埃及和巴比伦的文字因为不是写（刻）在竹简上，就没有中国文字中该横而竖的现象。古埃及和巴比伦文字中“水”就是三条横纹，而不是竖写，其“鱼”、“犁”、“鸟”等字也都是横写，其“足”、“走”、“下肢”等字又是竖写，完全和自然界中的实际现象一致。因为巴比伦的文字写在大泥板上，古埃及的文字写在纸草上（草条排齐联成大片），都不存在狭窄写不下的问题⑩。但巴比伦的楔形文字也因刻在泥板上，下刀重，收刀轻，而形成一头重一头轻的楔形。两河流域因两河冲积的泥土，土质又好，制成泥板材料多，又方便，故用于写字记事，犹如中国当时因北方多竹而用竹简写字记事一样。文化的形成离不开物质的基础，物质的基础也规定了文化的发展。

大森林有调节气候的作用，所以，早期北方比南方更温暖更湿润，农作物也更茂盛，土质也好，所以较之南方，更适宜人群居住，更有利于文化的发展。

中国早期北方有黄河，南方有长江，但北方有大森林，而南方缺少大森林，故北方发达，而成为文化的中心。

五、五代时期汉文化的分向发展（分裂）

从仰韶文化以降至周，先进的汉文化一直是以北方为主，主要在北方产生和发展，战国时各国文化虽少有不同，但基本仍以北方为主，而且总的来说差别不是太大。比如文字有一点区别，但算不上分向发展。秦统一之后，又是统一的发展了。汉之后中国形成三国局面，汉文化有分向发展的趋势。但三国时间太短，而且主要忙于战争，诸葛亮就是“空劳师旅，无岁不征”的。各国还没来的及形成各地的特色，就被晋统一了。西晋被匈奴贵族灭掉，“晋室东迁”，其实是“南迁”，东晋建都在建康（今南京），后代史家称之为“东晋”，其实应该称为“南晋”，因其都城在南方。当时中国形成南北两个局面，但汉文化并没有分裂。北方上层人物“南迁”，把先进的汉文化带到南方，在南方发展，这只是汉文化的南迁，而北方少数民族文化落后不足以和汉文化抗衡。到了北魏孝文帝时，干脆实行“汉化”政策，学习南朝。如果说有汉文化的中心转移，东晋才是地道的转移——汉文化的中心由北方转移到南方，但没有分裂（没有分向发展）。当然，这一次文化中心的转移为南方文化增添了丰富的内容。很大一部分南方文化，即在此基础上发展起来的。隋唐统一后，汉文化的中心又回到北方。

唐末的藩镇割据，使原来的唐王朝产生了变化，后来宋州砀山（今属安徽）人朱温废唐做了皇帝，建梁，开始了五代时期。五代统治的地区主要在淮河以北黄河流域一带。淮水以南，另有九个割据政权，加之割据在山西的北汉，被称为十国。五代十国基本上是淮河为界分为南北两个局面，南方的小国中又以都城在金陵（今南京）的南唐和都城在成都的蜀为大国；北方的梁、唐、晋、汉、周皆北人。

北方经过“安史之乱”、黄巢起义，又经过唐末的其他战争，昔日的繁华已荡然无存了。唐末诗人韦庄《秦妇吟》中有描写战乱的诗句：“……含元殿上狐兔行，行葶楼前荆棘满。……内库烧为锦绣灰，天街踏尽公卿骨。”可见，长安等地已经被糟蹋成什么样子，以至朱温不得不把都城东迁至开封。五代时期，北方战争更多更大，武夫当道，杀人如麻，天灾人祸，民不聊生，致使北方经济和文化遭到巨大的破坏。从五代开始，中国经济和文化的中心渐渐转向南方。五代前，中国的人才多出在北方；五代之后，中国的人才多出在南方。北宋建都北方，但人才也多来自南方。

南方因战争少，几乎没有屠杀之类的残酷大战争，经济稳步增长，文化也随之发展。又因南北对立局面的形成，长江以南、淮河之北各自独立，基本不往来，形成南北隔绝的状态。所以，南方文化受北方文化影响较小，也就形成了南方文化的特色，而不再同于北方文化。也就是说，北方文化在北方发展，南方又形成了南方文化的特色，在南方发展。这就是汉文化的分向发展，也可以说是汉文化的分裂。这方面可以绘画为例证明之。

唐代的绘画中心当然在北方，尤其是京城长安。著名画家阎立本、阎立德、李嗣真、李思训、李昭道、殷仲容、卢鸿、张萱、周昉、吴道子、王陀子、卢伽、王维、郑虔、曹霸、韩滉、毕宏、边鸾、刁光胤等等，几乎都是北方人，也都生活在北方。但五代时，宫廷内一批武夫根本不知绘画为何物，所以，都城内已无绘画。五代时几乎没有花鸟画，也几乎没有人物画，只有一批隐逸之士在山林里画山水画，其中以荆浩最为著名。荆浩自称唐代人[11]，死于梁，他的学生关仝也是梁代人。二人皆隐居山中，躬耕自食，画山水以为乐。荆、关的山水画用刚硬的线条画出外轮廓，然后用短条皴之，皴线轻于外轮廓线。显示出北方石质的特色，雄伟峻厚，风骨峭拔，而且多画长松、巨石、高山、飞泉，石质坚凝，大山突兀，有崇高感。

同时稍后的南方，则有董源和他的学生巨然画南方山水。他们因和北方接触不便，受北方绘画风格的影响甚小，加之自然环境和人的性情之异，画山水多用柔软的线条和润媚的点子，山石的轮廓线不突出，山骨隐显。画中多低矮山丘，平沙浅渚，洲汀掩映，林梢出没，杂树灌木，显示出江南的土质山特色；平淡天真，轻烟淡峦，气象湿润，和北方山水画的雄强浑厚完全不同。

经济的发达必然带动文化的发达。如果因政治原因的隔绝或交通不便缺少交流，那么每一地域必形成地域的特色。汉代的画像砖和画像石也形成了徐州和山东、四川、南阳三地特色，但却没有延续下来。

五代山水画形成了南北不同的特色，成为两个系统，分向发展，都对后世产生了深远的影响。但南方山水最终占了上风。

五代文学以词成就最高。词虽然兴起于唐代，但却成熟于五代而盛于宋。五代北方几乎没有词，南方的南唐和西蜀因当时经济最为发达，而成为词人荟萃的两大基地。西蜀还是“花间派”词的发源地，其词风香软丽密，颓靡苒弱，大多描写女子相思之类，铺红着绿，秀而不实；个别词清丽疏淡，但也带有很重的伤感情调。南唐的词风大抵也和西蜀的差不多，都和北方的文风完全不同。因而，五代时期南方已产生了自己的文风，而且势力很大。这在下节还要论述。

总的来说，北方的诗文，如杜甫的深沉，韩愈的雄浑，主流都是雄强奔放、阳刚大气的；而南方的诗词多是委婉缠绵的。后来南方也产生很多豪放的诗文，但南方诗文豪放中有一种潇洒飘逸的气度，而北方诗文的豪放中却见出深沉雄大的气概。南方的婉约派诗词中有飘逸秀润、委婉缠绵的情调，而北方婉约派的诗文中却有骨髓沉郁之气。五代之前，南北方诗文风格也是有区别的，但那只是支流和主流的区别，南方的特色不足以抗衡北方。五代之后，南北方的特色分庭抗礼，没有主次之分，而且最终是南方的特色居主流。

六、五代之后汉文化重心之南移

还是先从绘画艺术谈起。如上所述，五代北方几乎没有花鸟画和人物画，绘画史上花鸟画两大宗派首领徐熙和黄筌都是南方人。人物画三杰——周文矩、王齐翰、顾闳中也是南唐人。现在重点谈山水画家。

五代之后的北宋，仍建都于开封，北方又成为形式上的文化中心。因而主流绘画仍是继承荆、关等北方派的风格。但董、巨南方派的绘画在南方仍然享有盛誉。北宋时在南方的官僚文人大多对董、巨推崇备至。如沈括在《梦溪笔谈》、米芾在《画史》中都给予董、巨最高的评价。[12]米芾更说："董源平淡天真，唐无此品，在毕宏上。近世神品，格高无比也。"[13]米芾的画就是学董、巨的。一直到南宋初的著名画家江参，都是董、巨的嫡传。到了元、明、清时代，中国主流画派几乎都是董、巨的传派。[14]元黄公望说："作山水者必以董为师法，如吟诗之学杜也。"[15]明董其昌说："南北苑画为元季大家所宗，自赵承旨、高尚书、黄子久、吴仲圭、倪元镇各得其法而自成米满。最胜者，赵得其髓，黄得其骨，倪得其韵，吴得其势……"[16]董其昌的"南北宗论"也以董源为"南宗"实际领袖。"南北宗论"风靡明末及清代、近代画坛。"南宗"被称为"正宗"，凡学董、巨者被称为正宗，不学董、巨者被目为"邪派"。至清，王鉴说："画之有董巨，如书之有钟王，舍此则为外道。"[17]王原祁说："画之有董巨，犹吾儒之有孔颜也。"[18]王时敏更称之为"董巨逸轨"。[19]黄公望、董其昌、王时敏、王鉴、王原祁都是左右当时中国画坛的最重要的人物。他们的画也都是师法董、巨的。显然，南方画派已占有中心地位。而且五代之后，画家和画派也多出在南方。五代时期，荆、关、董、巨四大家，南北各半。北宋时因建都北方，南方画家也趋于北方；南宋时因建都在南方，画家多趋于南方。但到了元代就不同，元代虽建都北方，画家仍以南方人居多。赵子昂、钱选、"元四大家"——黄公望、吴镇、倪云林、王蒙，以及师法"李郭派"的"四大家"——曹知白、朱德润、唐棣、姚彦卿等全是南方人。高克恭的画风也是在杭州时大变的。明代大画家也基本上出在南方。“明四家”、“青藤白阳”、董其昌、陈继儒、“清四家”——“四王”以及“四僧”等也全在南方。明清时大大小小画派全出在南方。第一个画派——“浙派”及“吴门派”、“松江派”、“武林派”、“金陵八家”、“江西派”、“娄东派”、“虞山派”、“新安派”、“姑熟派”、“宣城派”、“京江派”等全在长江中下游地区，北方一个画派也没有。而且北方也几乎没有大名家。少数北方画家也是到南方发展后才成名的。如陈卓，是从北京到了南京，才成为“金陵八家”中最重要的画家之一。即便这样到南方才成名的北方画家也是十分少的。有名的画家基本上都出在南方。而且在北京宫廷的画家也多是南方去的。如明代宫廷画家李在、周文靖、商喜、倪端、林良、吕纪、陈端、马轼、吕文英等都是南方人。清康熙年间，宫廷组织画家绘制《南巡图》，也是从南方请来王石谷主其事的。查《中国美术辞典》[20]明清画家约 526 人，其中外国 4 人，皇族 7 人，不明南北者 1 人，北方籍画家仅有 22 人，且多在南方成名，南方籍画家 492 人，又基本上是江、浙二省的画家。而且大名家都是南方人。北方的 22 位画家中像宋荦、岳正、傅山都算不上是专门的画家。其最有名的只有崔子忠、陈卓、张路，其他都是鲜为人知的小家。像“元四家”、“明四家”、“四王”、“四僧”、陈淳、徐渭、陈鸿绶、任熊、任伯年、赵之谦这样的画家，北方一个也没有。民国时期，在北京主盟画坛的大名家陈师曾、姚芒父、金城、陈半丁、齐白石、黄宾虹、徐悲鸿等也都是南方人。

再谈文学。我根据现行几本流行的《中国文学史》[21]统计：隋朝的大文人都是北方人，如最有名的卢思道、杨素、薛道衡，都是北方人。

唐代大诗人大文人也差不多都是北方人。文学史上的

“沈”、“宋”，沈佺期是河南人，宋之问是山西人。王绩是绛州龙门（今山西河津）人，王勃是绛州龙门（今山西河津）人，杨炯是华阴（今属陕西）人，卢照邻是幽州范阳（今北京附近）人；骆宾王是浙江义乌人（也在北方成名），陈子昂是梓州射洪（今四川射洪）人，一直在北方；孟浩然是湖北襄阳人，储光羲是山东兖州人，王维是太原祁（今山西祁县）人，高适是河北沧州人，岑参是江陵（今湖北荆州）人，王昌龄是京兆长安（今陕西西安）人，李白祖籍陇西成纪（今甘肃静宁西南），少时到蜀，年轻时又到北方，杜甫是巩县（今河南巩义）人，元结是河南（今河南洛阳）人，顾况是海盐人，刘长卿是河间（今属河北）人，韦应物是长安人，卢纶是河中蒲（今山西永济）人，李益是陇西姑臧（今甘肃武威）人，韩愈是河南河阳（今河南孟州南）人，柳宗元是河东（今山西永济）人，卢仝是范阳（治今河北涿州）人，王建是许州（今河南许昌）人，白居易是太原（今属山西）人，后迁今陕西渭南，元稹是河南人，刘禹锡是洛阳人，贾岛是范阳（今北京附近）人，孟郊是湖州武康（今浙江德清）人，李贺是福昌（今河南宜阳西）人，李商隐是怀州河内（今河南沁阳）人，杜牧是京兆万年（今陕西西安）人。

中国文学史上所列的这些文学“阵容”基本上都是北方人。到了晚唐，南方人开始增多，但仍不如北方人多，如韦庄是长安人，司空图是河中（今山西永济西）人，韩偓是长安人，温庭筠是太原人，皮日休是襄阳（今属湖北德清）人，陆龟蒙是浙江人，聂夷中是山西永济人，杜荀鹤是安徽石埭人，罗隐是浙江人。

到了五代，文学史上记载的又几乎都是南方人，其中有北方人，但也在南方发展。如蜀地“花间派”名家：韦庄、薛昭蕴、牛峤、毛文锡、牛希济、欧阳炯、鹿虔扆、阎选、尹鹗、李珣、和凝、孙光宪等。南唐词人李璟、冯延巳、李煜等。

到了宋代，情况就大变了。诗文的名家几乎都是南方人，北方人渐少了。宋初还有北方人柳开和王禹偁，一是大名（今属河北）人，一是济州巨野（今属山东）人，其后就不同了。梅尧臣是宣州宣城（今安徽宣州）人，苏舜钦是绵州盐泉（四川绵州东）人，欧阳修是吉州吉水（今属江西）人，王安石是抚州临川（今属江西）人，王令是广陵（今江苏扬州）人，曾巩是江西南丰人，苏洵、苏轼、苏辙皆眉山（蜀）人，晏殊、晏幾道是抚州临川（今属江西）人。陈师道是彭城人，秦观是高邮人，贺铸是山阴（今浙江绍兴）人，周邦彦是杭州人，曾畿是赣州（治今江西赣州）人，范仲淹是苏州人，张先是乌程（浙江吴兴）人，柳永是福建崇安人。

南宋初的“济南二安”——李清照（易安）及辛弃疾（幼安）是北方人，但也在南方活动和从事创作。其后，范成大是苏州吴县（今属苏州）人，杨万里是吉水（今属江西）人，张孝祥是蜀人（一说是乌江人），陆游是越州山阴（今浙江绍兴）人，姜白石是江西鄱阳人，吴文英是四明（今浙江宁波）人，王沂孙是绍兴人，蒋捷是江苏宜兴人，陈允平是浙江鄞县人，张炎是临安（今浙江杭州）人，“永嘉四灵”徐照、徐玑、翁卷、赵师秀，皆温州（古称永嘉郡，今属浙江）人，刘克庄是莆田（今属福建）人，戴复古是台州黄岩（今属浙江台州）人，文天祥是吉州吉水（今属江西）人，刘辰翁、胡铨是吉州庐陵（今江西吉安）人，陈亮是婺州永康（今属江西）人，叶适是温州永嘉（今属浙江）人，朱熹是江西婺源人，严羽是邵武（今属福建）人，林景熙是浙江平阳人，郑思肖是福建东江人。

此外，自宋以降的文学流派如“江西诗派”、“台阁体”、“吴中派”、“唐宋派”、“茶陵派”、“公安派”、“竟陵派”、“吴江派”等，也都是南方人的文学流派。

唐代的文学名家基本上都是北方人，宋代的文学名家基本上都是南方人，经过一个五代变化就如此之大。

最明显的是“唐宋八大家”，唐二家全是北方人，宋六家全是南方人，而且江西三人，蜀三人。江西和蜀皆五代时南唐和蜀的故地，此二地也是五代时最富强的地方。文化发展的基础由此可见。

综上所述，早期中国，文化和文化名人全出在北方。后来文化最发达的江南地区一个名人也没有，一部经典也没产生过。五代之后，文化名人又多出生在南方，尤以江浙二省最多。北方也有文化名人，但很少，而且一流的大家几乎没有。北方在五代之后，已失去了文化中心的地位，南方成为中国的文化中心。

七、汉文化分裂和中心转移的根本原因——森林被破坏

唐以前几千年间，北方一直是中国的文化中心，是主流文化的基地。五代时期，南北文化分向发展，然后文化中心转移到南方。其根本原因是北方经济衰败，而南方经济繁荣了。北方经济衰败原因之一是北方战乱太多，但这不是最根本的原因。我在开始便谈到，唐以前，各种大型战争也都在北方，并没有导致北方的落后。因为战争一停止，生产恢复是很快的。

北方落后的根本原因是森林遭到破坏，世界各国皆如此。森林繁盛则文化繁盛，森林破坏则文化随之落后。巴

比伦和埃及在其大森林繁茂时，文化也居世界领先地位；后来，大森林被破坏后（森林被破坏的原因众说不一，总之是被破坏了），其文化也就随之落后了。一位研究过刚果（布）历史的学者说：“刚果（布）有一段历史时期文化十分发达，那段时期，大森林也十分繁茂，后来森林遭到破坏，其文化也迅速衰落了。”㉒

北方的大森林是怎样被破坏的呢？

前已述，中国北方在唐以前到处是繁茂的大森林（原始大森林）。所以，南方、西方、西北方的各部落人群都冒死迁往北方，在北方发展，在北方建都，政治中心也一直在北方。夏、商、周、秦、汉、魏、西晋、隋、唐、五代也都建都在北方，达官贵人也多居北方。这些王朝要建大宫殿，建大都市；将军、丞相等各类大官僚，也要建造豪华官邸、府舍。古代建筑被称为“土木工程”，梁、柱、楼板、斗拱、门窗等都要用木料，做大木梁、大柱必须砍伐大树。年年建楼房，年年砍伐。改朝换代时，也是大破坏时，项羽“烧秦宫室，火三月不灭”㉓。这就等于火烧森林三个月。当时谚云“蜀山兀，阿房出”，连蜀山上的树都被砍光，为了一宫房，耗林多少啊！当然，战争中烧森林，搭桥铺路等也要砍树。北方从有城市始至唐大约有300年历史，砍伐森林的时间至少说有2000年，这2000年中主要是建房、建宫殿而砍伐大树。需要砍伐多少森林啊！

据专家们研究：刘邦建汉后，皇都由咸阳迁到长安（今陕西西安），大兴土木，秦岭北坡，森林被砍伐殆尽。581年，杨坚建立隋朝，皇都也在今之西安，建大兴城，当时是世界上最大的都城。杨坚命十数万人入南山伐木，越过秦岭，伸到柞水县境，很多役夫便在沿途定居下来，竟使柞水县形成了今天“十之五为南方人，十之四为北方人，十之一为土著人”的人口结构。秦汉时，秦岭山脉自西向东，都是森林覆盖。西端有“褒斜林木竹箭之饶”，东端的华山也有茂密的森林，这一带“崇山隐天，幽林穷谷”，多有檀柘，尤以巨松驰名。秦岭之南的巴、蜀地区，亦有“山林竹木疏食果实之饶”。由于南山木材蓄积量多，其木材巨大，不但供给京都长安大兴土木之用，还源源不断地外运，连千里之外的洛阳，其宫殿梁柱也要采自南山。《汉乐府·艳歌行》里记述当时情况：“南山石嵬嵬，松柏何离离。上枝拂青云，中心十数围。洛阳发中梁，松树窃自悲。斧锯截是松，松树东西摧。特作四轮车，载至洛阳宫。观者莫不叹，问是何山材？谁能刻镂此，公输与鲁班。被之用丹漆，薰用苏合香。本是南山松，今为宫殿梁。”都说明了陕西曾经有很多很大的森林（原始大森林），而后都惨遭砍伐。㉔

北方人厚葬风气，由来已久。汉代以孝治天下，厚葬之风大兴。消耗木材的速度也是十分惊人的。史书载“齐国好厚葬，布帛尽于衣衾，材木尽于棺椁，桓公患之”㉕。管仲说：“材木尽则无以为守备。”㉖“材木”也就是林木，也就是森林。据考古发掘，湖北随县曾侯乙墓，仅木椁就用171根长条方木垒成，仅木椁就用木料378.633立方米，折合500多立方米，又填塞木炭6万公斤以上，还有木棺等不计在内。㉗又如四川新都战国木椁墓，木椁全为楠木，仅椁木一项，就用了特大楠木近100立方米。㉘一个墓中仅木椁一项就消耗这么多木材，一年共消耗多少森林啊！几千年又消耗多少树林啊！所以，齐国的好“厚葬”，以至“桓公患之”。汉代厚葬之风更炽，东汉中山简王刘焉安葬时“大为修冢茔，开神道，平夷吏人冢墓以千数；作者万余人。发常山、巨鹿、涿郡（皆地河北）柏黄肠（木名，柏木黄心）杂木，三郡不能备，复调余州郡工徒致者数千人。凡征发摇动六州十八郡……”[29]一座墓葬消耗木材竟“三郡不能备”，要发动“六州十八郡”，需要多少木材，又要砍伐多少森林！不仅王侯之家厚葬，连普通老百姓之家也尽可能厚葬，棺外加椁，还用黄肠木题凑，出土的西汉大葆台燕王墓，仅题凑的黄肠木就用 14000 根。[30]一个墓仅此一项就消耗一个大森林，千年又要消耗多少?!

孟子说：“牛山之木尝美矣，以其郊于大国也，斧斤伐之，可以为美乎？是起日夜之所息，雨露之所润，非无萌蘖之生焉，牛羊又从而牧之，是以若波濯濯也。人见其濯濯也，以为未尝有材焉，此岂山之性也哉。”[31]大意是说：牛山上的树木曾经是很茂盛的，因为它长在大都市的郊外，老用斧子去砍伐，还能够茂盛吗？……新条嫩芽长出来，牛羊又吃，所以变成光秃秃了。原始人以渔猎为生活的主要方式，以后则渐变为农、畜牧业为主，北方本来到处都是大森林，农业、畜牧业的兴起，也是以砍伐森林为基础的；不但砍伐，还在焚烧大森林，使之变为农田或放牧之地。据专家研究，《周礼》中说的“夏官师掌孟春焚牧”，就是焚烧森林以作牧地。《诗经》“载芟载柞，其耕泽之”，《韩非子》“焚林而田”，《盐铁论》“伐木而种谷，焚莱而种粟”等，都是指焚烧森林，砍伐树木，开辟农田。据《湖南方物志》云：“沅湖间多山，农民惟植粟，且多在冈阜，每欲布种时，则先伐林纵火焚之。”可见，焚林伐木一直是在森林地带开辟农田的途径。古代焚烧森林，任其大火蔓延，损失是无穷的。[32]

古代狩猎是人们的生存手段之一。《尔雅》中有“火田为狩”。春秋战国之前，狩猎的方法主要是用火烧森林，把野兽烧死，然后捡而食之。《列子·黄帝篇》载“赵襄子率徒十万，狩于中山（火畋曰狩），藉芀燔林（焚烧森林），扇赫百里”。[33]一次狩猎，火烧森林，扇赫百里。而类似的狩猎，在古代是十分常见的。前引《孟子·滕文公下》云：“周公相武王诛纣……灭国者五十，驱虎、豹、犀、象而远之。”也是放火焚烧大森林，把虎豹等驱走，但对森林的破坏程度，也是可想而知的。

古代修栈道，耗木量也是巨大的。秦昭襄王末年已经“栈道千里，通于蜀汉”。[34]当时的军用山道主要是修栈道，上中下三排巨木，均取材于当地。欧阳詹《栈道铭》谓之“可构之木无穷”，左思《蜀都赋》中谓“良木于褒谷”，本来大栈道旁都是大森林，栈道修成后，森林也就光了。有人去考察，栈道四周极目望去，连一棵大树也找不到。[35]汉代的大将军赵充国在临羌等地作战，“前部士入山，伐林木六万余枚”。[36]一次小的军事行动，就伐木六万。类似行动不知多少。

综上所述，古代的战争，大兴土木，狩猎厚葬（虽然全国皆厚葬，但达官贵人多在北方，仍以北方消耗木材最多），焚烧、砍伐森林变为农田等等。这些大型的坏林行为差不多都在北方。所以，北方的森林遭到破坏最严重。汉以前，北方大森林最多，汉以后就少了。[37]从汉代的画像石和画像砖上的狩猎图看，汉代的狩猎多是弓箭和猎犬为主，烧山的就少见了。汉代北方的森林已大减，不能再烧了。

至于战争坏林就更严重。文献记载战争中用火攻，把森林草原烧光，比比皆是。诸葛亮火烧博望坡，陆逊火烧刘备联营八百里，更为众人所知。晋文公怀念介之推，找不到他，便放火烧山，希望介之推见火从山中跑出来。结果介之推被烧死山中。古人动辄烧山，例子随处可见。“焚”字就是“林”下“火”，可见那时用火烧林是常事了。大森林的损失就可想而知了。

现在的陕西有大片的黄土高原，山西的太原到大同途中，有大片一毛不长的黄土地，完全没有大森林。除了黄帝陵之外，也没有大树林。但在古代，尤其是周秦之前，那里却全是大森林，前已叙述过了据意大利学者安东尼奥·阿马萨里研究，“中国那时基本上还不是黄土高原，而只是由果树林、栎树林、柳树林、柏树林和竹林覆盖的土地”。[38]他还考证，“帝”字本意乃是立在覆盖四方土地的森林中央的最高处上。可见那时，人群也居住在森林里，森林越大，人群的生活空间也越大。所以，早期的人群都冒死从南方、西方、西北迁往中原地区，因为那里到处都是大森林。

原来大森林连成一道一道的“绿色长城”，一望无际，浩渺无垠，长松巨木，遮天蔽日，挡住了西北的风沙。汉之后，大森林没有了。风沙吹来，渐渐改变了中原的肥沃土质。《史记·货殖列传》记载：“关中自汧、雍以东至河、华，膏壤沃野千里，自虞夏之贡以为上田。”“齐带山海，膏壤千里，宜桑麻……”“燕、秦千树栗……河济之间千树萩，陈、夏千亩漆，齐、鲁千亩桑麻，渭川千亩竹……”自大森林被破坏后，“沃野千里”渐渐变成了黄土高原，土质越来越劣，甚至有些地方一毛不长。在一个农业的国度里，土质不佳，后果是不堪设想的。由于森林的调节作用，原来黄河流域的温度也和今日长江流域的温度一样，甚至北方更潮湿。由于失去了大森林的调节作用，五代之后，北方气候转寒。到了12世纪初，北方森林进一步破坏，北方的气候加速转寒，很多草木（包括农作物）都已不能在北方生长了[39]，北方也就更加贫瘠。

树木植被、土质遭破坏，又造成水土流失。据有关部门统计，陕西省在殷周时期，因森林多，1300 年间才发生旱灾 12 次，即平均 110 年才发生一次，雨涝几乎不成灾。秦至元代，森林已遭间歇性大破坏，1600 年间发生旱灾 296 次，平均 5.5 年一次，雨涝灾难 141 次，平均 11 年一次，风灾 55 次，平均 29 年一次。明至民国，森林植被全被破坏，560 年间发生旱灾 317 次，平均不到两年即发生一次。雨涝灾 352 次，平均 1.7 年一次，风灾 86 次，平均 6.6 年一次。[40]河北、山西两省，唐代每百年间发生水灾 2.8 次，旱灾 6.6 次。到清代每百年间水灾 56 次，旱灾 32.2 次。[41]水灾、旱灾、风灾的增加皆因森林被破坏，使北方更加贫瘠。

在一个贫瘠的土地上，不可能产生先进的文化，甚至保不住固有的发达文化。北方落后了。相比之下，南方先进了。北方有文化的人或有一技之长的人也就渐渐南迁，充实了南方，北方就更加落后，南方也就更加先进。南方本来文化落后，五代时产生自己的足与北方对抗的文化，北方的文化人又从北方带去先进的文化，充实南方文化，北方文化在南方土壤中也渐渐变为南方文化，南方文化也就更加先进。元明清以来，南方文化反居中国文化的领先地位，甚至被称为“正宗”的地位，如绘画中的“南北宗论”等等。总之，中国文化的中心已转移到南方。

以上所说的大森林被破坏，挡不住西北的风沙，因而造成中原土质变劣，继而贫瘠。经济落后带来文化落后，这是明的一面。我总觉得森林或绿化和文化的兴衰更有一种潜在的不可分割的关系，不仅仅是经济问题。但要讲清楚这个问题就比较困难，甚至还要进行科学的试验。但我作过几十年的调查，凡是树木多绿化好的地方，人的头脑比较起来普遍聪明，凡是树少绿化不好（包括绿的时间短）

的地方，比较起来，人的头脑平均聪明度就差。唐以前，北方人平均来说比南方人聪明。北宋之前，南方的气候不如北方宜人，长江支流还多次结冰，且冰很厚。[42]五代之后，南方人总的来说比北方人聪明。前述早期文化名人多出于北方，五代之后，文化名人又多出于南方，便是例证。还有近代的文化名人陈独秀、胡适、鲁迅、郭沫若、毛泽东、瞿秋白、郁达夫、林语堂、齐白石、黄宾虹、徐悲鸿等等，也差不多都是南方人。北方人也有，但少之又少。唐以前，黄河流域的绿化不但多，而且绿的时间也长，据专家研究，那时黄河流域当属亚热带或近于热带地区，不但竹、梅等亚热带植物众多，且农业种植可以一年两熟，绿的时间自然长于现在。[43]

有一种说法，北宋时期有一股冷空气北上，把大树和其他植物都冻死了，造成北方的落后。[44]我认为这一说法值得商榷。我曾去陕西的黄帝陵作过考察，那里有上万株大松柏，最大者六个人才能合拢过来，据说是全世界最大的一棵柏树。这些树传为周代人所植。据可靠记载，这批树的种植时间早于西汉初，为什么至今没有被冻死？而且那一块土质也较好。因为黄帝是中国人的祖先，砍树、烧树都不会砍烧到黄帝陵上，故一直被保护下来了。如果不是因为历代砍伐，陕西应该到处都是这样的大树林，中原也到处都是这样的大树林。那么黄河流域就不会遭到西北风沙的侵害，肥沃的土质就不会变劣，经济和文化也就不会落后。可见森林植被对人类文化的重大作用。今人如果继续砍树，破坏植被，大自然的报复不会亚于古代。

（讲座时间：2006 年 6 月）

注释

①见《大戴礼记·五帝德篇》。

②参见范文澜《中国通史》第一册第10页。

③关于巴比伦的有关问题，参阅华东师范大学出版社2001年出版的《巴比伦》。

④如华东师范大学出版社出版的《埃及》。

⑤参见周云庵《陕西古代林业资源》，载《农业考古》1990年第2期。

⑥见《中国大百科全书·地质学》，中国大百科全书出版社1996年版，第389页。

⑦参见竺可桢《中国近百年来气候变迁的初步研究》，载《考古学报》1972年1期。

⑧见胡厚宣《气候变迁与殷代气候之检讨》，载《中国文化研究汇刊》四卷上册第35页，1944年。

⑨参阅许进雄《古事杂谈》，台湾商务印书馆1991年版。

⑩参阅《世界历史》第二章，人民教育出版社出版，安徽人民出版社1978年重印本；以及《巴比伦》，华东师范大学出版社2001年出版。

⑪荆浩《笔法记》中有："如水墨晕章，兴我唐代。"

⑫参阅陈传席《中国山水画史》第三卷第五章。

⑬见米芾《画品》。

⑭参阅陈传席《中国山水画史》"元、明、清部分"。

⑮见《佩文斋书画谱·论画六》。

⑯见董其昌《画旨》。

⑰见沈子丞编：《历代论画名著汇编·染香庵画跋》，文物出版社1982年版，第295页。

⑱王原祁：《麓台题画稿》，见安澜编《画论丛刊》（上），人民美术出版社1989年版，第222页。

⑲见《历代论画名著汇编·西庐画跋》，第289页。

⑳上海辞书出版社1991年版。

㉑中国社科院主编《中国文学史》、游国恩等人主编的《中国文学史》以及复旦版《中国文学史》等。

㉒此据卫建林先生转告。

㉓见《史记·项羽本纪》。

㉔㉟㊱㊸参见周云庵《陕西古代林业资源》，载《农业考古》1990年第2期。

㉕㉖见《韩非子·内储说上》，上海人民出版社1974年版《韩非子集释》，第584页。

㉗见湖北省博物馆《曾侯乙墓》（上），文物出版社1989年版，第12页。

㉘见《四川新都战国木椁墓》，载《文物》1981年第6期。

㉙见《后汉书》卷四十二《光武十三王·中山简王焉列传》。

㉚见大葆台汉墓发掘组：《北京大葆台汉墓》，文物出版社1989年版，第20页。

㉛见《孟子·告子上》。

㉜参见尚定周、潘介满：《历史上的中国林业》，载《农业考古》1994年第1期。

㉝见《列子集释·黄帝篇》，中华书局1979年版，第68页。

㉞见《战国策》卷五《秦第三·蔡泽见逐于赵章》。

㊲《汉书》卷六十九《赵充国辛庆忌传》，中华书局点校本，第2986页。

㊳［意］安东尼奥·阿马萨里《中国古代文明》，社会科学文献出版社1997年版，第24、25页。

㊴㊵㊶㊷参见胡厚宣《气候变迁与殷代气候之检讨》，载《中国文化研究汇刊》四卷上册，1944年。以及竺可桢《中国近百年来气候变迁的初步研究》，载《考古学报》1972年第1期。

㊹我在东南大学演讲时，一位博士生提出这个问题。

厉以宁

自主创新与民营经济

厉以宁，教授、博士生导师。江苏仪征人。1951 年考入北京大学经济学系，1955 年毕业后留校工作至今。现为北京大学社会科学学部主任，北京大学光华管理学院名誉院长、博士生导师。第七、八、九届全国人大常委，第七届全国人大法律委员会副主任，第八、九届财经委员会副主任；第十、十一届全国政协常委，经济委员会副主任。代表作有《论加尔布雷思的制度经济学说》、《关于经济问题的通信》、《社会主义政治经济学》、《经济学的伦理问题》等。

一、中国经济增长的持久性

最近几年以来，我们的经济始终是以8%到10%甚至更快的速度增长，这是高速增长。究竟是什么原因造成的？为什么中国经济能够连续这么多年都以这么高的速度增长呢？而且增长率大体上是稳定的呢？

大体上是四个原因造成的：

第一个原因是政府投资的带动。到现在为止，在我们经济增长中起主要作用的仍然是投资，而投资中很多是政府投资。投资一个大项目绝不是一年投资就能完成的，一个项目可能要连续若干年的投资。现在可以看出，全国是一个大工地，从东北满洲里一直到云南的西双版纳，整个中国到处是工地，这个投资热带动了经济增长。

第二个原因是，消费在升级，居民的需求走向多样化。现在人们对消费的概念已逐渐改变，是要求安全、要求舒适，无论是住房、交通工具，还是休假、旅游，等等，都是如此。此外，需求的多样化，比如说对子女教育的重视，对医疗保健的重视，这些也都是增加了消费。所以，虽然到现在为止，投资是带动经济增长的主要因素，但消费也起着一定的作用，因为消费也在稳步地增长。

第三个原因，当前的中国正处在大规模固定资产更新的阶段，因为大家都知道，现在很多企业的设备都是20世纪 90 年代初引进、购买的，当时对环境保护的要求不像现在这么严格，当时对资源消耗率的降低也不像现在这么重视，现在的情况就不一样了，环保的要求越来越严格，假定不能符合环保的要求就会被罚款，最后被淘汰出局；如果对资源消耗率的下降不重视的话，也会被淘汰出局，至少在竞争中处于不利的地位，那就是企业竞争力的下降。因此企业都想更换设备，所以大规模的固定资产更新在最近一个阶段带动了经济增长。

第四个原因，就是民营经济正在蓬勃兴起。到 2005 年底，据统计我国的 GDP 中，国有经济和国家控股经济所占的比重是 35%；外商投资，包括港澳台投资，占 GDP 的比重 15%，剩下 50% 都是民营经济。也就是说，民营经济占了半壁江山。民营经济在国务院 2005 年 3 号文件（俗称非公经济三十六条）公布以后，增长很快，而且它的投资的增长不是国家能够直接控制的，国家只能够根据政策加以引导。

由于以上四方面的原因，中国经济近几年来一直保持高速增长的态势。

这里有两个问题需要向大家解释一下。一个问题是，有些外国经济学家对中国的情况不太了解，他们有过一种言论，说中国的 GDP 是不可信的，是掺了水分的，中国的 GDP 没有这么多。这就是说，中国的 GDP 有虚报的成分。实际上他们是不了解中国情况的。实际上，中国的 GDP 不是虚报了，而是少报了。怎么说是少报了？这是由统计方法所决定的。举两个例子来说。第一个例子，比如家庭服务员，也就是家庭保姆，在国外，他们的收入都要计入 GDP 的。美国著名的经济学家萨缪尔森（Paul Samuelson）曾说过这样一句话，“当你和你家里的保姆结婚以后，GDP

将下降”。这句话是什么意思？因为保姆是要取工资的，她的工资计入GDP，保姆跟主人结婚了，照样洗衣做饭，可是他不再付工资给她了，所以保姆和主人结婚以后，GDP将下降。但是在中国家庭保姆工资不计入GPD。中国的保姆人数有多少没有准确的统计，可能有几千万人，这些人的收入都不打入GDP的。第二个例子，国内现在农民自己盖房子，农村邻居之间互助盖房子，村民集体盖房子，都是不计入GDP的，这同发达国家不一样，因为发达国家的农村盖房子，是找建筑公司来盖的，所以盖房子要计入GDP。这两个例子足以说明，由于我们统计方法上的原因，实际上有一部分该计入GDP的没有统计在内，但这并不影响增长率。为什么不影响增长率呢？因为去年也没报，前年也没报，年年未报所以对增长率没有影响。

为什么国外有些人说中国的GDP是多报了呢？主要的根据是：国有企业因为数字出成绩，然后领导人就可以升官，所以说国有企业都是能多报就多报。这个现象是存在的，但不是普遍的，但问题不太大，因为多报、谎报、虚报总有一定的界限的，不能无缘无故地突然多报，不然很容易被查出来。而民营企业则能不报就不报，能少报一点就少报一点，因为多报要多交税，所以能少报就少报。当然并不是所有的民营企业都这样，但这种少报的现象还是相当普遍的。刚才讲过，国有企业跟国家控股企业的产值占GDP的35%，民营经济占50%，这是2005年底的情况，2006年以来民营经济所占比率还要更大一些。有的国有企业多报一点，不少民营企业少报一点，一抵销，可能还是少报的多。所以说，可以相信我们的GDP并没有掺水。

要说清楚的第二个问题是：现在报刊上经常出现这样的数字，说我们的GDP大约占全世界的GDP是5%，而我们的能源消耗要占到全世界能源消耗的20%，可见中国的能源浪费多严重，等等。这可信吗？不可信。为什么？因为这两个数字是不可比的。GDP是按照现行汇率折合成美元计算，而能源消耗是个实物量概念，全世界消耗多少亿吨石油，中国消耗了多少亿吨，全世界消耗了多少度电，中国消耗了多少度电，全世界用了多少吨煤，中国用了多少吨煤……正是这样计算出来的，这些是实物量的概念。一个是美元折算的汇率的概念，一个是实物量的概念，不可比。假定我们换一个角度来看？那可以这样说，如果按照购买力评价来计算，那就不是这个比例了。什么叫做"购买力评价"？购买力评价是国际金融学汇率决定理论中的一种。汇率由什么决定的？其中一种解释叫"购买力评价"。比如，日本人为什么需要美元呢？因为日本人要到美国去买东西，美国人为什么需要日元？因为美国要从日本买东西，对外贸易就是这样展开的。购买力评价就是说：一块美元在美国能买多少东西，一块日元在日本能够买多少东西，两国购买力之比就构成了两国汇率之比，美元同日元的汇价，按购买力评价是这么算出来的，可见，购买力评价理论是从对外贸易的角度来说的。现在，外国的学术机构对中国的人民币汇率的评价跟美元评价应该是多少呢？有不同说法，有的说1:3，就是说1美元应该等于3人民币；有的说1:2等等。不管怎样，关于中国GDP占世界GDP的5%，而能源消耗占世界20%说法不可信。我们的技术总的说来比较落后，节约能源的工作做得不够好，但不会差那么多。另外，也要考虑到，能源不仅是用于生产，能源也用于生活消费。中国有13亿人口，日本1亿多人口，美国3亿多人口。中国13亿人口都要做饭，都要洗衣服，要用煤，要用电，冬天要取暖，所以人均能源消耗多一点，也反映了中国人口多的现状。

进一步说，中国的高速增长还会持续多久？现在根据经济学界的一般的认识，至少可以再维持15年到20年。理由何在？这是因为，世界经济发展大体上可以分成四个阶段：第一个阶段叫做前工业化阶段，就是工业化以前的阶段。在前工业化阶段的时候，农业占的比重很大，工业和服务业占的比重很小。大家知道，农业本身是不可能持续高速增长的，所以第一个阶段经济增长率是低的。第二个阶段，就是工业化前期。在工业化前期，农业在GDP中的比重逐步下降，工业的比重迅速增加。工业是可以高速增长的。在工业化前期，如果投资是充足的，市场是广阔的，经济可以维持高速增长。但服务业在这个阶段增长得不快。接着就转到第三个阶段，即工业化后期。在工业化后期，农业比重继续下降，工业虽然在增长，但工业在GDP中的比重趋于稳定，而服务业的比重逐步增加，最后上升到三个产业中的第一位。在第四个阶段，即后工业化阶段，农业的比重已经降到很低了，但保持稳定。工业居第二位，也趋于稳定，而服务业继续发展，上升到第一位。这个时候，发达国家的服务业要占到GDP的70%左右。这一时期，经济不可能高速增长，能够中速增长，就是4%、5%的速度就算不错了，很可能是低速增长，即低于3%。今天的发达国家处在第四阶段，所以他们的经济不可能出现高速增长，能保持低速、中速就不错了，而中国呢，中国现在处在什么阶段？中国正处在工业化的中期，就是从第二阶段向第三阶段过渡时期。所以处在工业化中期的中国经济还有高速增长的前景，也就是说今后20年，也许30年，我们的经济仍然可以保持7%以上的高速增长。

二、中国经济持续增长所遇到的障碍和对策

刚才讲了，中国经济可以高速增长。实际生活中，持续经济增长会遇到四大障碍。

第一个障碍是环境的制约。任何经济增长都会造成环境的破坏，如产生大量废气、污水、固体废物，或者不注意环境造成水土流失等等。这些问题如果不解决，我们的环境将承受不了高速持续增长的负担。

第二个障碍是资源供给的制约。资源供给，现在学术界的讨论集中在三个方面：第一，中国的面积虽大，可是好多地方是沙漠、高山等，真正可利用的土地面积有限。13 亿人口需要耕地，要生产粮食、油料作物、棉花，还要种一些经济作物，土地资源有限。第二，淡水资源有限。中国的淡水一向是不够的。北方水少，下雨少，所以常年干旱。南方就是水多，也有问题，水被污染了，水脏了，所以说淡水供给对我们来说是一个大问题。淡水资源问题不解决，会影响持续的高速增长。第三，矿物资源。我们的矿物资源不丰富，我们油、气、铁、还有其他的一些矿藏，人均储量都是较低的。要大量从外国进口。我们的购买将影响世界矿产品市场的价格。这个问题不解决怎么办？所以，资源的制约实际上是土地资源在制约，淡水资源在制约，矿产资源，包括油、气、铁等等，都在制约。

第三个障碍，农村购买力增长缓慢。刚才已经说过，到现在为止，投资仍然是拉动经济增长的主要因素，但是真正的增长要靠什么呢？要靠消费的带动，因为居民消费是最终消费，投资所引起的消费是中间消费；投资虽然消耗一些东西，但是最后还要再生产东西，再卖掉。居民的

购买则是最终消费，而居民购买中最大一块是农民的消费，但农民的购买力没有提高。所以从长期来说，这是阻碍着经济持续发展的。

第四个障碍，就是自主开创还不理想。长期以来，有些人沾沾自喜，认为我们已是世界制造业中心了。其实这跟我们的大国地位是不相称的，因为很多的出口商品是贴牌生产的。就是说自己没有品牌，替外商加工，结果只能收取到一点加工费，利润被谁赚了？被外商赚了，他们有品牌，他们拿品牌赚钱。比如说穿的衬衣，可以看到很多衬衣是名牌衬衣，可是这个品牌是人家的，我们是替人家加工，他们拿到国际上去卖大价钱。我去东北考察的时候，有人告诉我，这里生产的机床销到日本去了。后来我去了解了，的确是这样。机床的确销到了日本，可是日本为什么买中国生产的机床？他把这当原料看待，机床到了日本以后，稍微改造一下，关键的部位是日本的，从日本再输出，打的是日本的牌子。

这样下去是不行的？这里有几个数字告诉大家一下：我国和世界发达国家的技术差距很大：中国出口产品中拥有自主知识产权的品牌不到10%；中国对外技术依存度高达54%；中国国内拥有自主知识产权的和拥有核心技术的企业只占企业总数的万分之三；中国出口量中57%来自外资企业；中国企业的研究开发费用只占企业销售收入的0.56%，国外至少1%以上，多数是1.5%，有的还达到2%。这告诉我们，这就是我们持续增长的障碍之一。技术上不能拥有自主知识产权，怎么行呢？

对环境的制约，主要采取三个措施：第一，加大环境监管的力度。第二，大力发展循环经济。简单地说，就是说废水要回收再利用，废气要回收再利用，废物要回收再利用，第三，在全国范围内开展环保工程，环保工程包括治山治水、治江治湖、植树造林、种草、水土保持、改造盐碱地，防止沙漠化，等等，这项工程规模庞大，但只有这样，环境才能承受经济增长的压力。

对于资源问题呢？着重在两方面：一方面是节约资源，能源消耗率要降低，资源消耗率要降低，土地要尽量地充分利用，包括要严格审批土地；另一方面要大力发展科技，从科技中寻找新资源，使资源得到更好地利用。例如，目前海水淡化工程已经取得了很大的进展，海水淡化成本大大降低了，他们说还要再降低，这样，商业运用就没问题了，而且它还有一个副产品，即促使盐化工工业兴起。又如，要节约能源。现在国内正在开展大的项目，比如说风力发电，还有太阳能发电，路灯的照明在农村已经应用了，家里装太阳能可以取热水。现在主要这些都可以节省能源。科技是第一生产力，科技进步了，可以开发新资源，可以更好地利用现有的资源，还可以不断发现潜在的资源。

怎样提高农民的购买力？办法之一是一要让农民组织起来，二要利用科技帮助农民提高产量。把农民组织起来，并要在科技力量的帮助下利用新技术。有人告诉我，中国的一头牛怎么用？卖牛肉、卖牛皮，完了。美国的牛是怎么利用的？美国除了卖牛肉、卖牛皮之外，牛最宝贵的部分是牛的内脏，牛的内脏拿去制药，产值要比牛贵好多倍，而中国的牛杂碎都吃掉了，包括羊杂碎也吃掉了，没有很好地利用起来，如果好好利用，产值就上去了，而且对于发展制药工业非常有好处。还有，中国人吃河豚，在江苏的镇江、扬州一带都吃河豚。一条河豚卖多少钱？一两千块钱或者再贵一点。日本人也吃河豚。但是对河豚的利用不是这样，他们利用河豚的血、河豚的内脏，炼河豚毒素，河豚毒素卖到好几万元一克。这就是说要充分利用。现有资源，提高加工值。从制度上，则要靠农业专业化合作组织，靠土地使用权的合理流转。

三、自主创新的迫切性

自主创新主要是一个制度问题。我调查了很多国有企业，实际上国有企业的自主创新是不如民营企业的。现在自主创新的成果中，70%是民营经济所提供的，为什么国有企业不如民营经济呢？主要有三个问题：第一，国有企业的领导人感到自主创新跟自己的利益没有太大的关系，因为自主创新是要冒风险，万一试验不成功的话他是要承担责任，所以说不是上面来任务，或者他的确有十足把握，这才搞，一般的能不搞就不搞。而民营企业不是这样，民营企业自己承担盈亏责任，他认为尽管我冒风险，但是前景看好，失败了，再试验，最后出来的成果是我的。所以国企和民企的机制不一样，这是它们的第一个区别。第二个区别，国有企业在跟外国合作进行研发的时候，手续太麻烦，层层报批，外商也感到层层报批说不定不成功，民营企业没有这个问题，它可以跟外商一起谈合作，我可以买你的专利，可以租你的专利，还可以跟你合资再办一个厂，做试验，你拿技术我出钱，试验成功以后我们两个一起使用，这样的话，就容易搞。第三个区别是，国有企业的科技人员没有积极性，他们认为，我辛苦搞了，最后我得了什么好处？如果试验不成功，我要承担责任。除非上面交任务了，这是国家项目，国家拨经费了由你搞，自己不会主动搞。但民营企业不一样，他们采取了很多激励机制，灵活的机制，如股权奖励等。

我曾经讲过一个故事，是我自己看《水浒传》的一个心得。《水浒传》有一段关于林冲发配的，发配路上经过了柴进大官人的庄园，柴进留他住下。柴进的庄上有一个教头姓洪，这个洪教头趾高气扬，瞧不起人，别人给他介绍这是东京80万禁军教头豹子头林冲，洪教头却说现在混饭吃的教头太多了，他如果真有本领敢跟我比吗？林冲不愿意比。林冲越不愿意比，他就越狂妄自大，连主人柴进都看不过去了。柴进说这位洪教头是新进到庄上来的，就是告诉林冲，这人刚来，你别在意我的面子，你有本事跟他比。林冲就跟他比了，可是林冲打了一两个会合就跳出来不打了。林冲为什么不打了？他说我认输了。洪教头说你还没有施展武艺呢。他说我是犯人，我带了枷，带枷怎么能施展武艺呢？后来柴进让差人把枷解开了。林冲施展武艺，几棍子就把洪教头打翻在地。洪教头满面羞惭，离庄而去。这个故事告诉我们，我们的国有企业，论科技人才不比民营企业差，但自主创新却不如它呢？因为国有企业还带着枷呢，还没解下来。所以下一步要自主创新必须要把国有企业的枷解掉，让他施展能力，如果国有企业在“带枷”的问题能够解决，我们相信这个自主创新问题能够很快地开展。

四、怎样充分发挥民营企业自主创新的潜力

民营企业有潜力，要进一步发挥。现在分几个问题讲：

第一个问题，从小业主意识到现代企业家意识。因为中国的民营企业不是旧社会资本家的延续，而是改革开放以后兴起的，他们是社会主义事业的建设者，但其中很多人都是从小商小贩，或者是农民出来的，所以小业主的意

识很浓。当然对中国的民营企业来说，小业主是一部分人，另外一部分人是从海外留学回来的科技型的创业者，他们也在搞民营企业。但是整个小业主意识不同程度地在每个人身上都会存在，主要是有小富即安的思想，就是说我的企业搞到现在也差不多了，有一定的市场份额了，每年也有一定的利润了，何必再花心思来扩大呢？这跟现代企业家不一样。现代企业家一定要懂得“肥水流入外人田”的道理。如果死抱着“肥水不入外人田”这样一种传统想法，企业是没有办法做强做大的。

可以举一些例子。一个企业要发展，比如说，同外国合资，或者是购买外国的专利，在这种情况下要付给外国人，如果是合资的，要让外方持有一部分股权。不能这么想我的企业已经这么大了，我的好处干吗要分给你？要懂得，只有这样企业才能做得更大，自己得到的份额就会更多。所以“肥水流入外人田”是必要的。又如，假定一家工厂，有一些批发商进货，你该怎么看？不要只看“我从你那里能赚多少钱”，而要看“你从我这里能赚多少钱”。如果老是盯着“我能从你那里赚多少钱，赚得越多越好”，企业没法做大。如果看“你能从我这里赚多少钱”，那就好了，因为你赚得越多，生意越好，我越高兴，你以后会不断进货，不断地扩大对我商品的购买，所以你从我这里赚的钱多，我才高兴。这就是“肥水流入外人田”。

在这个问题上，一定要破除传统的观念，就是说，这个企业是我创办的，是我这个家族创办的，以后我这个企业是要代代相传的。这也是一种小业主意识。家族制可以存在，而且家族制是起过一定作用的，但家族制有它的局限性。企业规模大了，就不能用从前家族企业的那种管理方法了。要转型为现代企业制度。况且，下一代是不是一定能够接班呢？那不一定，因为企业的经营好坏要把控股权和管理权分别对待。控股权和管理权不是天生合而为一的。第一代为了运作，可以这么做。第二代是不是一个做企业家的料？他也许做工程师、做技术人员更好。他是不是一定能把企业经营好，这就要看其他的因素。所以说，控股权和管理权可合可分：合是有条件的，分也要根据情况来运作。应该把有管理才能、经营才能的人吸引到管理层里面来，这就是现代企业制度。现在可以看到，很多家族企业已经改了，改为家族控股的公司了。家族控股公司聘的总经理不一定是家族成员，谁能干我聘谁，这样就能把企业做得更好。

一定要懂得什么是新经济。现在到处都用这个词，说知识经济就是新经济。这句话也对，但是不准确，至少不全面。新经济 = 技术创新 + 资本市场。没有资本市场，技术创新不可能产生巨大的影响。在国外常有这样的情形，几个大学毕业的年轻人、几个科研机构工作的年轻人，自己组建一家小公司，有自己的发明创造，有专利，就被投资基金看中了，被风险投资公司看中了，参股进去，并把企业推到创业板市场上市，一上市，企业成倍地扩张了。美国硅谷的那些企业不就是这样成长起来的吗？国内最近上市的一些民营科技型企业也是这种情况。要充分利用资本市场。一定要考虑到中国的股市已经发生巨大变化。中国的股份制和证券市场是全世界绝无仅有的。为什么这么说？因为其他国家都是在市场经济发展过程中自然形成的股份制、自然形成的证券市场。中国不是这个情况。中国是从计划经济体制向市场经济体制转轨过程中出现股份制和证券市场的，当初的阻力多大呀！我是 80 年代初就参加了这项工作，股份制改革阻力之大，现在的人很难想像。

一些老经济学家反对，说它不符合社会主义原理；一些老干部担心，说国有企业改为股份制了，上市以后，那岂不是社会主义生产资料公有制没了吗？阻力非常大。

怎么办呢？当时只有实行双轨制。所以我在 1986 年《中国经济体制改革》杂志发表的文章中指出，中国的股份制改革要把存量股份化跟增量股份化区别开来，先推出增量股份化。增量就是新发行的股票在证券市场出售，让大家来买，这是增量。存量暂时先不动，以后再推行。这样终于推出了股份制。有些从国外回来的留学生不懂这个道理，认为中国的股份制设计得不伦不类，跟西方完全不一样。你不知道，如果按你的办法来搞，一开始就同国际接轨，可能到现在还没有股份制呢！80 年代这一关是很难过的。就是说，增量先上市再说。这就是双轨制，双轨制存在了十来年。

到了本世纪初，双轨制的矛盾越来越暴露了。经过十来年的时间，最大的问题在哪里呢？最大的问题在于国有股一股独大，存量不动，是大股东，一般都占 70%、80%，还有占到 90% 的。股东会没法开，没人来，小股东来有什么用？在深圳开企业调查会的时候，有一个人说："我参加过股东会，我虽然只是很小的股东，但我要看看股东会是什么样的，我去了。我去了就有两个股东了：一个是国家的大股东，另一个是我，是个小股东。会就开了，我就听着，我也没投票，投票也不起作用"。可见，一股独大，机制没有转换，还是跟过去的机制一样，而且一股独大的漏洞、黑幕很多，加上当时证券监管的法律法规没有出台，监管没有到位，矛盾越来越多。在这种情况下该怎么办？到了本世纪初的时候，中国的股份制面临第二次改革，也就是股权分置改革。我当时发表谈话说，这是中国股份制的背水一战，这关能过去的话，中国股市走入坦途了，这一关如果过不去，好多年之内就不要再谈中国股市了。那个时候是股市惨跌，跌到了1000点。当时有的经济学家不理解，为什么国有股持有者要把一部分好处让给那些流通股的持有者？这不是把国家股的利益分给流通股的持有者了吗？这是股权分置改革中很重要的一环。当时，很多经济学家都认为当初国有企业上市的时候是发了招股说明书的，招股说明书上讲明国有股暂不上市，由于上市公司做了国有股暂不上市的承诺，所以股票溢价才那么高，1∶6、1∶8、1∶10、1∶12，甚至还要多。如果说国有股就要上市，不会有这么高的溢价，别人也不会来买。今天国有股要改为全流通了，要上市了，存量要流通了，这就违背了当初的承诺。按照《中华人民共和国合同法》，表明了你违背了当初的合同，违背了合同怎么办？用调解方式处理，给受损失者一定的补偿。所以必须给流通股持有者以补偿，不补偿是不对的。至于补偿多少，由市场决定10送2，10送3，10送4……各个企业不一样。终于中国的股权分置改革迈出了一大步。2006年5月份的时候，在江苏的江阴市开两岸证券市场论坛。我在会上作了发言，当时的股市才1300点左右，我说大局已定，因为已走入了正规，前景看好的。又经过了几个月，中国股市总算走上了正规。今后，中国资本市场要多层次化，有了主版，有了中小企业版，有了创业版，还要开展场外交易系统，让未上市的股份制企业的股票进入流通领域。此外，也要发展地方性的产权交易市场。通过这些交易平台，能够使资金流向那些有自主创新的、有自主知识产权的企业。

对股市，应当说，在资本市场发展的过程中，一定要加强监管。如果放松监管，内幕交易出现了，黑手操纵出现了，侵占股民利益的行为也出现了，那不是我们忙了半天又前功尽弃了？因此必须严格按照现在的法律法规对股市进行监管。股市是中国宏观经济的晴雨表。过去那么多年，股市并不是宏观经济的晴雨表，什么呢，因为中国的股市曾经是双轨制的，双轨制下的股市不可能成为宏观经济的晴雨表。现在并轨了，并轨以后，中国的经济看好，股市也是看好的。任何股市都有波动，但要防止黑幕交易、暗箱操作、侵占股民利益行为发生。从小业主意识到现代企业家意识，其中重要的一点就是会不会利用资本市场。现代企业家是善于利用资本市场的。利用了资本市场，自主创新就会加快，企业就能够做强。企业不一定要做大，但企业一定要做强，小而强也行，大而松松垮垮，大而弱是不行的。不要贪大，但要图强。

第二个问题，人才引进和激励机制。民营经济现在遇到一个困难，就是缺少人才问题，引进人才的政策不配套。不少企业家说民营经济没有人才。可以招聘呀，不行。为什么不行？他们举了三个理由：第一，税收不公平。这是指，每个企业职工的工资都要扣个人所得税。外资企业发工资是计入成本的，实际上按照国外的一些规矩，这里的企业所得税是企业代缴的，因为它计入成本。国有企业要扣个人所得税是3000块钱作起点，3000块钱以下免个人所得税，3000块钱以上再交。过去民营企业是800块钱，现在改到1600块钱。那就是说，民营企业的科技人员进来，个人所得税率就比较重。所以在他有可供选择机会的时候，首先选外资企业，然后选国有企业，第三才选民营企业，引进人才的第一个困难。第二，要调户口困难。民营企业要进人，不存在机关的编制，户口可以暂时不转。但是人事档案问题调不来，放在人才中心去了，这些问题没有解决。没有户口，在当地不好买房子，还有孩子上学难等问题。第三，社会保险问题。科技人员在国有企业，不管怎么样，社会保障这一套是齐备的，老人退休后生活没有问题。民营企业怎么办？这个问题要解决。

民营企业要发挥优势。民营企业在激励机制上比国有企业灵活，要发挥这个优势。有不少民营企业家是科技人员。他们说科技人员不是看现在工资多少，这不是最主要的方面。最主要的方面是看将来的发展前景如何。如果给我们股权奖励，企业发展大了，我们的前景会越来越好。民营企业是自主创新的主体，国有企业是自主创新主体一样。政府起什么作用？政府主要起三个作用，一是服务者，政府是替你服务的。二是规划者，因为政府站得高，看得远，它知道全国各产业的情况，各种科研的情况，它看得很清楚，哪个部门需要重力扶植发展的，它是一个规划者，然后它可以出一些点子，可以出一些政策，让民营企业循着国家要求的方向发展，所以政府是服务者、规划者。三是重大项目的组织者。很多重大项目不是单个企业能完成的，我们过去在这方面有很多经验，比如说人造卫星上天、宇宙飞船这些重大项目不是哪一个企业能搞的，必须是由国家组织的，民营企业可以参加。一定要实行投标招标制度，让大家都有这个机会来参加。国家给的重大的科研项目是在公平竞争条件下来给予的，民营企业作为竞争者。现在民营企业反映："这方面做得不够，等招标会开完了我才知道消息。"此外，要实行产学研相结合。高等学校、科研院所要跟企业三者结合在一起。因为新产品进入市场要通过企业，不是从高等学校直接进入市场的。企业也要和科研单位结合。现在有的民营企业正在争取成立博士后流动站，博士后流动站在一些国有企业和大的民营企业已经建立了，还需要有更多的。

这里还需要指出，企业一定要懂得品牌效应。品牌是一个国家国内市场的防波堤，是打入国际市场的敲门砖。如果国内企业只是贴牌生产，自己没有品牌，结果只能作为一个加工者，大部分的利益归人家得了，品牌要靠不断创新来维持，而不是一劳永逸的。因此要重视知识产权的保护问题。对于民营企业来说，要注意以下两点：一是不要盗用别人的自主知识产权，盗用了别人的自主知识产权，将来会陷入无穷无尽的打官司纠纷之中，如果你败诉了，名誉扫地，经济又损失，时间还耽误了。要尊重他人的知识产权，不要侵犯他人的知识产权；二是要保护自己的知识产权，出现纠纷，要通过法律来解决。知识产权的保护总有一定的期限，永远保护就没有继续创新了，在一定期间内要保护，但是要不断地创新。

五、切实解决民营企业的融资难问题

民营企业家反映：民营企业贷不到款。原因何在呢？过去银监会不重视给中小企业贷款，现在改了，出台了很多政策，就是说，小企业也可以得到贷款。银行愿意做大企业贷款，很方便，大企业一笔贷款好几千万，小企业20万、30万、50万，还有3万5万的，银行没有那么多精力搞，成本太高！所以要把大笔贷款和小额贷款分开：大银行贷给大企业，中等银行贷给中等企业，小银行贷给小企业。还有，过去长期存在信贷员终身负责制，这是不合理的。有些民营企业的效益挺好，银行干吗不贷款给他们呢？这个问题很复杂。假定是十个国有企业来贷款，到时间，十个都没有还，给贷员可以打报告上去，说他们是国有企业，现在遇到了困难，是否再延期一段时间？假设贷款给十个民营企业，九个都还钱了，有一个没还钱，上面就来查了：干吗贷款给它呀？你跟它是什么关系呀？你得了它什么好处啊？查得没完没了，信贷员终身负责，就怕了，多一事不如少一事，能不贷就不贷。这就是贷款中出现的问题。比这更大的问题是：中国到现在为止，中小银行太少，中小银行中真正为民营企业服务的更少。我去日本考察过，日本的中小企业专门有地区性的中小银行给它贷款。这个问题需要进一步研究。

关于资本市场，刚才已讲过了。关键是要鼓励中国的企业能够更多地上市，到国外上市还不如到国内上市，中国并不缺外汇。应该注意到这样的问题，就是好企业应该留在国内上市。国内想买好企业股票买不着，不少到国外上市了。要把好企业留下支撑国内的证券市场，这是需要注意的问题。

对于风险投资、创业投资，要鼓励发展。这是鼓励企业自主创新、增强自主创新能力的很有力的手段。

总之，我们要把民间资本从体外循环纳入到体内循环。体外循环表现在什么地方？地下金融、高利贷等。体外循环风险大，要想办法把民间资本从体外循环转入体内循环。融资问题如果是解决了，我相信民营企业的自主创新问题也比较好解决。

六、民营企业自主创新中的公平待遇问题

非公经济三十六条已经出台了，领域的准入是公开写在三十六条上面。法律没有禁止的，民营企业都可以进入。但仍存在一扇玻璃门。什么叫“玻璃门”？就是可以看得见

里面了，可是一走进去还是会碰。这一领域还是不让进入。这个问题必须结合中国当前情况加快改革。行业垄断必须打破，行业垄断不打破的话，玻璃门始终存在，因为它保护本行业利益，不让民营企业进来，说什么现在条件不成熟，能够延长多久就延长多久，延长行业垄断就等于延长垄断利润。此外，地方保护主义也必须打破。地方保护主义的理由是本地企业竞争力不强，外地的民营企业进来了，不是把本地企业摧垮了？行业垄断跟地方保护都是不利于国民经济的。行业垄断使创新停滞，地方保护主义只看到现在的情况，不从长远看，其实，引进外地民营企业以后，本地的企业得到了改造，经济实力不就上去了吗？

记得全国政协经济委员会调研组曾在广东开过多次民营企业家座谈会。企业家在会上发言，是这么讲的："不管家猫野猫，逮了耗子就是好猫。"我说："邓小平没这么说，邓小平说的是不管白猫黑猫，你怎么换成家猫野猫？民营企业不能把自己比作野猫，别人把你看作野猫也是错的。"大家都是中华人民共和国的公民办企业，都在工商局登记的，你们怎么是野猫呢？但实际上，不让民营企业进入，就是把民营企业当做了野猫——你不是正统的，你是入另册的野猫！这些观念都要转变。这样，民营企业才能在自主创新方面做出更大的成就。

一定要有预警的机制。有的民营企业发展得很好，突然就垮掉了。它垮掉了不要紧，引起一大批人下岗了，失业了，所以民营企业要有一个预警机制。它自己有，政府也应该有。自己发现哪些财务指标是不行的，要注意了，再不注意就要出大麻烦。摊子铺得太大了，资金链一断全盘皆输，政府也要给它警告。在国外的宏观经济调控中最轻的一条就叫"打招呼"。经济学教科书写的"打招呼"是指，现在经济还没有达到这一点，但告诉你有几个指标不行，你要注意，不然你要出大问题。早一点发预警比较好。民营企业有时贪大，头脑发热，资金链一断，债务一严重，一下子就垮了，所以要有预警机制。

最后，民营企业自身应该对宏观形势有清楚的认识和通盘的考虑，要站得高，看得远。比如说汇率问题，国内经济学界基本上已有一个共识，即汇率大幅度升值可能对中国的冲击太大，可能会引起社会的动荡，但人民币小步升值是利大于弊的。要知道只要人民币升值，出口企业多少会受影响。但利大于弊。利在何处？一是进口原材料价格和设备价值降低了，二是对企业来说，要懂得，今后的竞争主要在于提高自己的竞争力，靠的是降低成本，改进管理，创立品牌，疏通营销渠道，这个是最要紧的，不能够依赖被扭曲的人民币的汇率。否则，企业就错过了机会。错过机会是最大的损失。所以说大家应该有一个认识，人民币的小步升值是利大于弊的。

问：有人说印度的经济在20年到30年的时间内可能会超过中国的经济，您对这种评论有什么看法？

答：我到印度考察过，印度经济近几年来的确发展得是比较快，我们去参观他的钦奈的软件中心。印度的软件有几个中心：班加罗尔、钦奈等。钦奈过去的名字叫马德拉斯。我们还参观了印度沿海地区，考察怎么把海水用于灌溉的问题。印度重科研，印度的高等学校比较发达，因为印度的正式官方语言有十来种，能够全国通用的也就是英文，大学全是英文教学，这是它的优势。但是我的看法是，印度是和中国还有一段距离。为什么？印度人自己挺骄傲的，他们跟我说，听说你们的上海快赶上我们的孟买了？我心里想，上海不知道要比孟买好多少！

关键的问题在于：印度的软件是以出口为主的，它卖软件给外国，替外国人加工，它的高科技跟国内传统产业没有结合在一起，它的传统产业一般很落后。印度是我们的竞争对手，但中印在很多方面会成为合作伙伴。我相信世界上这两个最大的发展中国家，即使是竞争对手也不可怕，中国有中国的优势，它不能替代，它的优势我们也不能替代，要互相学习，双方都有潜力。我们希望中国和印度能很快发展。

问：我想问一下您预计2007年中国经济发展的总体格局是怎样的？还有就是，2007年我国经济领域有哪些问题将会成为社会所关注的热点？

答：2007年经济增长率可能还是会保持在9%以上这样一个高增长率。我们应更加注重经济增长的质量，因为光考虑经济增长率是不够的，经济增长的质量一定要提高。经济增长的质量怎么衡量呢？比如说，对环境的污染要减少，对资源的消耗率要降低，自主知识产权应该掌握得更多一点。我们现在正处在工业化的中期，我们离工业化的结束还有一段距离，什么是工业化完成的标志呢？根据世界各国的经验，对一个大国来说，是先进的成套装备制造业的兴起。这个是一个国家完成工业化的标志，我们离这个还有距离。现在中国处在固定资产大规模更新的阶段，一提到固定资产大规模更新，就建立新厂，旧厂更换机器。到德国去买？到法国去买？到日本去买？到意大利去买？很少想到在上海买、在天津买、在哈尔滨买。因为中国的成套设备技术先进程度不如人家。今后，我们应把重点放在振兴装备制造业上，一定要有自己的先进的成套装备制造业。

问：中国的外汇储备很多，这对中国的经济发展有什么影响？

答：经济学界有两种意见。一种认为外汇储备太多。因为根据国际上的惯例，三个月的进口量加上到期的偿还外债的数额就够了，这样，我们也许有六七千亿美元就够了；太多的外汇储备会增加人民币在市面上的数量。外汇怎么来的呢？外汇是企业创汇得来的。企业创汇后，把外汇卖给中央银行，中央银行留作外汇储备，人民币就出笼了。外汇储备太多就是人民币在外面流通太多，从而增加了通货膨胀的压力。加之，外汇储备太多，是一种资源闲置，资源闲置对国家来说是效率的损失。如果用外汇，买外国的国债存着，外币贬值了岂不又是损失？所以这一派主张不要那么多外汇储备。另外一派意见恰恰相反，他们认为外汇储备多，有什么不好？这代表国家实力。何况中国有13亿人口，13亿除以外汇储备，每人的人均外汇储备有多少？人均的外汇储备就没有那么多。日本2006年有八九千亿美元外汇储备，日本才1亿多人。他们的人均外汇储备比我们多得多。

不久前，我在一个会议上谈了第三种意见。我认为，我们的外汇储备总是应该保持世界第一位，因为现在我们已经是世界第一位了。如果今后又降到第二、第三、第四位，在老百姓的心里会产生什么影响？他们不一定懂经济学，他们只是认为外汇储备怎么减少了，国力是不是下降了，等等。他们对国民经济产生疑虑。所以既然中国外汇数量已经占第一位了，就不要人为地改变了。但第一位跟第二位之间应保持一定差距。现在中国的外汇数量比日本大概多出15—20%，就保持这样的差距吧！你增加我也增加，你减少我也减少。我始终占第一位，领先于你百分之15—20%。这样，中国老百姓心里感觉好，而且也有利于中国今后在国际竞争中的地位。如果外汇增加比这个差额更多，怎么办？多了就要用。怎么用？抓紧时间“走出去”，趁早更新设备。更新设备最要紧，更新设备便于在技术创新方面始终走在世界前列。

问：现在国家把经济发展模式从原来的又快又好的发展转向了又好又快的发展。但是很遗憾地看到，连续两年我们国民经济总量的GDP能耗递减的目标没有完全实现，部分的原因归咎于这种经济发展模式下，由于地方的利益，经济结构调整一直没有到位。您能不能就此进一步点评一下？

答：中央的方针是对的，把“好”字放前面，实际上就是重视经济增长的质量，经济增长质量包括环境的承受程度、资源的消耗率跟自主知识产权的掌握程度，这个方针是对的。为什么这两年资源消耗方面和环境方面做得不是太好呢？对地方的考核应该是综合考核，而不能单纯是GDP考核。单一增长率指标考核，会带来各种各样的问题。所以，也应特别强调政府职能的转换。政府职能的转换表明政府应该更好地作为公共管理者，作为服务者，这样，它一定会监管它的环境质量，监管节能减排。今后，即使经济速度下来一点，但只要经济增长质量好了，这是值得高兴的事情。

问：粮食问题是中国政府一直非常注重的。过去有一句关于粮食的话：“手中有粮心里不慌。”现在消费者不存粮成为常态，城里人家无存粮心里不慌了，乡下人手里有钱也不存粮了。种粮的人，价高多种，价低少种，不敢多种，也不会不种。我的意思是说，对于粮食整体形势，该怎样判断？再一个是说，对于玉米加工成燃料油的问题，是大力提倡好还是适当就好？

答：用玉米做燃料油这件事，不要热，否则玉米会挤占其他作物的耕地。玉米主要是作为饲料，可以进一步说，对任何事情都不要过热，特别盲目搞这搞那，将来又会出现新问题。粮食价格的上涨有很多因素，一个因素是国际上由于歉收，粮价在上涨，所以说中国的粮价上涨受到国际上的影响。第二，目前，粮价上涨实际上带有一定程度的恢复性，因为前几年粮价在跌。粮价上涨对还同粮食生产成本上涨有关。柴油价格上涨了，化肥价格上涨了，塑料薄膜价格上涨了，所以对农民来说，粮食价格也应该保持平衡，关于粮食整体形势，要注意两点：一是，中国是一个13亿人口的国家，粮食自给度应该至少保持在95%；二是，在今后一个阶段中，仍然要加大科技兴农的力度，单位面积产量还可以提高。袁隆平搞的那一套，能够用3亩地产4亩地的粮食，这多好啊！现在用袁隆平的种子能亩产到1200斤。我今年夏天在北大荒考察，北大荒农场有一片地，最高产量是1亩地产850多公斤，也就是1700斤一亩。如果这种地越来越多的话，粮食形势就更好了！

（讲座时间：2007年1月）

金正耀

考古与当代科技

金正耀，1956年出生于湖北省安陆市。1977年在武汉水利电力学院动力工程系化学专业学习，获理学学士学位（1981）；1982年在中国科学技术大学习自然科学史专业，获理学硕士学位（1984）；1985年在中国社会科学院研究生院宗教系学习，获哲学博士学位（1988）。

1984年入中国社会科学院世界宗教研究所，先后任副研究员、研究员；2006年任中国科学技术大学科技史与科技考古系教授、博士生导师；校科技考古实验室负责人。1991年7月至1992年7月、1993年11月至1994年12月先后任美国 Smithsonian Institution 客座研究员；1992年8月至1993年8月任日本学术振兴会博士后特别研究员；1996至1998年参与日本国立文化财研究所日本文部省国际共同研究基金项目“中国出土青铜器的自然科学研究”，为中方主持人；1999年3月至9月香港中文大学中国文化研究所访问学者；2002年10月至12月美国国立美术馆视觉艺术研究中心 J. Paul Getty 基金访问教授。国家重大文化建设项目《中华大典》常务编委、《物理化学典》主编。主要学术领域：同位素考古、科技史和中国青铜器研究。主要著作：《中国铅同位素考古》，《道教与炼丹术论集》，《道教与科学》，《中国的道教》，《中国道教史》（合著）。发表科技考古和道教研究中、英、日文论文近百篇。

我今天讲的主要有四层内容：一是20世纪90年代以前的科技与考古；二是当代科技能为考古提供哪些新武器；三是渗透与受容——近年来考古学的新变；最后讲考古如何走近社会公众。

20世纪90年代以前，科技与考古的关系，可以引用夏鼐和王仲殊先生合写的一篇文章里的一段话来了解当时考古界的看法。在夏鼐和王先生的这篇文章里面，把考古学分为四个重要的分支。史前考古学、历史考古学、田野考古学，在这三大主要分支之外，用了特殊考古学这么一个分支，用它来涵括剩下所有的考古学分支。并举例解释，所谓特殊考古学，就是按研究对象不同而分的。比方说美术考古、宗教考古学，一些跟科技有联系的，像航空考古、水底考古学（现在叫水下考古）等。所以，在这些主流考古学家的眼中，特殊考古学是跟科技有关系的，是考古学当中一个很小的侧支。在这篇文章里面，夏鼐先生谈到与考古学有关学科是这么定位的：在自然科学方面，自然科学这些学科主要是协助研究，研究遗址所在地，以及对遗址的勘探，对遗物成分和性质的分析，测定它们的年代等等。90年代以前，在主流考古学家的眼中，对于科技与考古的关系就是这么定位的。

夏鼐先生对于中国考古学的贡献是非常巨大的，同时王仲殊先生也是大家十分尊敬的前辈学者。90年代以前考古学家的这种定位，实际上是与20世纪90年代以前科技与考古这两个领域的实际状况有关。

我讲的当代，实际上主要是指20世纪90年代以后。我个人认为中国整个学术界，包括人文社科很多领域，在90年代前后有一个大的变化。所以，我使用“当代科技”一词来进行论述。

当代科技能为考古提供哪些新武器呢？最近十几年科技的发展有哪些新成就呢？我想有三个方面的进步。一个是年代学，同位素测年、释光测年等等。比如同位素测年有碳十四，还有其他借助于地质学上的铀系测年法和铷锶测年法等等一系列的现代测年手段，都是属于同位素测年的。另外热释光和光释光等运用于陶瓷器、沉积黄土的测年技术的应用，都使年代学有一个很大的进步。

第二个就是应用于考古学上的遗址的靶区定向、定位以及大尺度地域调查这种信息集成技术方面的进步。当然我们也知道在实际的考古工作当中，像洛阳铲这种传统的工具是跟现代的工具在配合使用的。比如在大的地域范围内怎么去把握一个遗址所在的地貌，它的周边的地理环境，这些都用到了把遥感技术与全球定位系统、地理信息系统集成起来进行研究。比如3D卫星影像导览系统，有Google Earth这个软件，大家在网上都可以找到。它跟实地考察、遗址考察结合起来，能够使实际的遗址达到精确的定位。因为卫星导览系统，有时候由于卫星角度问题，用这个软件下载的图片并不是每一个地域都那么清楚。这样一些研究者就把实际考察跟这个软件的应用结合起来，就能获得很好的效果，而且可以把以前的历史图片资料都利用起来。另外用于各种地面物探和化探的技术，在今天也有了快速进步。

关于X射线技术的应用与考古遗物分析，这个技术在

90 年代以前很早就应用了，最早是国外应用于中国青铜器的 X 光照相。现在的 X 光透视仪器有了更好的进步，人可以在远距离操作，非常方便，不受尺寸的限制，任何器物都可以直接放进去。运用这些现代技术就很容易看出整个器物的形貌，内部结构的显微形貌，以及是否进行过修复等。X 光技术还可以发现或提取文物很多非常重要的信息，但是，我们同时也看到 X 光照相技术有一个问题，就是文物整个照下来以后，有时两面有重叠，这样辨认起来就有一些困难。那么，我们就有了更进一步的技术研究、技术手段，那就是 CT 断层扫描。经过 CT 扫描这种手段能帮助我们获得更多文物所携带的考古信息。

第三就是渗透与受容——近年来考古学的新变。主要是出现在两个大的方面。一个是 20 世纪 90 年代以前科技与考古基本上是两个独立的学科。但是在 20 世纪 90 年代以后，科技不仅渗透到考古当中，而且还出现了建制性的发展。首先在高等教育中设置了专门的科技考古专业，另外在一些国家级的科研院所，和比较著名的大学都建立了相关的科技考古的机构。一个学科开始设专业，出现专门的机构，就等于它有了学术上的合法性。这就跟以前科技只是一种协助这么一个定位，是一个质的不同，这是 90 年代以来出现的新变化。社科院考古所和北大都有科技考古部门，中国科技大学也依托微尺度物质国家实验室这么一个平台建立了科技考古实验室，都可以开展科技考古的研究工作。

新变的第二个方面，就是高科技的渗透使当代考古学在观念、理论结构等方面都在发生深层次的变化。表现如下：一是在以前一些考古发掘中容易被忽视的方面，我们现在都有了“文物”的概念，比方说遗址中的土壤。这样我们所有考古遗物的种类范围就大大地拓宽了。另外一方面就是促进了一些新的学科领域的发育。我们出现了很多新的学科领域，比如资源考古学。这些新兴学科领域的出现，对一些重大的研究课题进行研究，运用新的科技手段，提供新的研究视角，带来了新的突破。

在这里介绍一下新的学科领域，就是资源考古学。建立一门资源考古学，是我们在古代铜业资源研究实践中迫切感受到的学科发展的实际需要。

首先讲资源考古学的研究领域和学科定位。资源考古学的研究对象是考古材料中与各种自然资源密切相关的部分，另外也要研究古代文明特定地域范围内自然资源的分布，也要研究古代社会经济形态结构与资源要素的关系。这个资源要素就包括资源、资源开发利用、资源流动，出产地，还有资源配置，资源的采取与成本、距离成本。这距离成本是一个综合性的，它包括运输，包括相关交换支付的成本，古代还有一定政治成本。另外也要研究古代文明的发展与资源要素的关系，这就是这门学科的研究对象和范围。资源考古学的方法首先是现代自然科学的方法，包括资源的自然属性评价和经济特性评价，还有区域资源调查等等，这是自然科学方法。另外还有田野考古方法，比方说矿山考古。田野考古方法要与历史文献学结合。第三大类方法就是实验考古学，比方说地质与地质化学示踪等等。资源考古学作为一门新学科，它的方法就是以上几个学科领域方法的一个复合体。

在学科性质上资源考古学属于考古学，或者说是考古学的一个分支；但就研究所依据的资料特性和方法而言，它又具有自然科学属性，是现代自然科学向历史方向延伸的部分。

资源考古学的任务和研究意义。资源从古至今都是人类生存的物质基础，是一切人类文明发生、发育的物质基础。资源考古学研究不仅要恢复古代资源开发、资源配置和利用的历史原貌，而且还要探索人类文明史上资源与资源利用方式的演变轨迹，以及资源与资源利用方式影响人类生存空间和文明发展的一般规律。这是它的学术任务。

以商代为例，首先资源考古学它要研究商代青铜业的金属资源的开发活动。它研究使用的方法，是包括现代资源科学的自然属性、经济特性评估，还有资源产地的问题、资源流通问题、资源的转化以及产品消费的问题等等。它所用的方法有历史文献研究方法、田野考古方法、实验室分析方法。第三种方法的对象是古代资源开发活动留下的不同性质的遗物资料。比方说，历史文献研究指向的是文字记录，古代金属开发活动很多有文字记录，我们知道在《二十四史》里面的《食货志》都有这样的资料。但是在商代，最直接的资料是甲骨文，商代是个特殊的时代，没有多少文字资料可以供我们利用。在十几万片的商代甲骨文当中我们没有任何关于金属资源的直接信息。迄今发现的甲骨文中唯一一个带金字偏旁的字，右边是一个马字，跟金属资源完全无关，跟青铜资源没有关系。当然，商代的资源开发活动也应该在古代矿山留下痕迹，比方说开采遗迹、冶炼遗迹。开采活动的遗迹遗物包括矿垌，还包括留下的巷道支护、采掘工具等等。还有冶炼遗迹遗物的矿渣、炼炉等等。

商代古矿山的情况我们目前仍然了解不多。我们可以知道，中国的矿产资源，以铜矿为例，是有几个大的成矿带的。一个是东川，云南东部，四川南部这一带，滇东这个地区。另外就是长江流域的湖北、江西、安徽铜陵这一带的成矿带是个大成矿带，另外一个在秦岭地区，包括中条山地区。这几个大地区，实际上目前发现的商代开采的矿山只有一个江西瑞昌的铜岭，湖北铜绿山只有周代开采的证据。但是，显而易见，商人开采、利用的矿山绝对不会只有这两座，而且这两个都离商统治者的中心地区有千里之遥，是非常遥远的。所以，古代矿山遗址遗迹的发现，带有极大的偶然性，要有“运气”。这个原因就是因为越是早期的矿山开采活动越是在矿山的浅表部位进行，很容易被后来的开采活动破坏，现在也就很难发现早期的开采遗迹。所以，古人对于金属资源的开采活动留下的最直接的古矿山方面的实物资料和考古证据，可以期待，但是不能依赖。

但是，从古矿山冶炼以后的产物，比方说金属锭，它的位置是变化流动的，金属锭从矿山冶炼场址，然后在资源运输流通的途中，最后是运到铸造作坊。目前发现的商代金属锭数量非常有限。我们要是单以它作为资料，不能帮助我们获得一个全貌。但是金属锭在性质上是铜器的原料，古人把它运到铸造作坊以后再铸造成器物。从这个意义上来讲，它是记录古代金属资源开发和利用活动的重要实物资料。如同植物考古学、环境考古学把土壤看做是实物记录资料一样的，青铜器本身也记录了古人的开采开发活动。现存台湾的青铜“鹿鼎”是很有名的，它发现于安阳的一座墓里面。从矿山到器物，中间虽然有一系列过程，有时候两者有地域的差异，但是我们仍然可以把青铜器看做是和金属锭一样重要的实物资料，它有很多的信息等待我们提取。

我们怎样来利用青铜器提取我们所需要的关于古人资源开发的资源考古研究的资料和信息呢？安阳和郑州这些

王都的青铜器我们要进行研究。但是，我们也可以选一个在地理上更有独立性的地理单元，来做一个案例研究。比如在成都平原。因为成都平原四周都是高山，在地理上最有相对的独立性，一直到唐代，李白还有“蜀道之难，难于上青天”的感叹，所以它交通不便的问题历史上始终是存在的。那么，如果要对成都平原上古时期的金属资源的开发活动进行研究，我们第一没有文字资料，因为像《华阳国志》，记载都是比较晚了。第二，在四川盆地周边的这些山地，虽然现在的地质勘探我们已经发现了很多矿业资源的资料，比方铜矿、铅矿、锡矿，但是也没有早期的古代矿山资料的发现。幸运的是 1986 年发现了三星堆遗址，90 年代又发现了金沙遗址，我们可以通过对成都平原上这两个遗址的铜器的研究，来了解四川盆地周边地区对金属资源的开发利用的情况。

三星堆和金沙遗址是震惊国际学术界的考古大发现，三星堆遗址中引人注目的青铜人像、神像和立人像，都具有鲜明的地方特色。我们利用铅同位素示踪方法，研究青铜器里面所含铅的同位素组成来提取它的矿山信息。三星堆 50 多件青铜器的铅同位组成都属于高放射性成因铅，这是一种同位素组成非常特殊的铅。金沙遗址青铜器有三分之二，其铅同位素组成跟三星堆青铜器完全一致，但也有三分之一的器物含有比较常见的那种铅同位素组成的铅。对金沙遗址的铜器做成分分析，就会发现它的金属材质是多种多样的，有红铜器、铅青铜（铅铜合金）、铜锡铅三元合金、铜锡合金等等。金沙遗址和三星堆遗址的高放射性成因铅，铅 -206、铅 -204 的比值都是大于 19 的，而中国的铅矿绝大多数都是小于 19 的，这是非常特殊的。金沙青铜器三分之二的器物都含有高放射成因铅，其他是普通铅，这项比值的范围，是 18 到 15 点几。金沙的器物当中只有十几件器物是普通铅的范围的。也就是说，三星堆青铜器和大多数金沙遗址出土青铜器的铅同位素比值分布范围是在高放射成因铅区域范围，而中国绝大多数金属铅矿数据的分布范围都在普通铅区域。金沙遗址，还有三星堆遗址出土青铜器的铅同位素组成，在全球范围内都是非常特殊的，非常罕见。只有美国密西西比河上游地区有若干个这样的铅矿，但是那里的铅矿的同位素组成数据跟我们青铜器中的还是有差异的。

我们通过对铅同位素质谱的分析，发现了这样一个重要的科学事实，就是西南地区商周时期开发利用的金属资源的铅同位素具有一个独特的、非常鲜明的指纹特征——高放射成因铅。这有什么意义呢？我们知道郑州和安阳分别是商朝前后期的两个王都，同时它们也是商王朝前后期的铜业生产中心，也是当时青铜金属资源及制品——青铜器的流通网络的核心。在商代，青铜业的生产能力反映了王朝的综合国力。铜业金属资源的供应充足与否，是商王朝国力国势盛衰变化的一个晴雨表。著名的考古学家，哈佛大学教授张光直先生认为夏商周三代王都的搬迁都是随着矿山而迁的，矿产用尽就再次迁都。所以古书里面有“迁前八后五”，商朝从建国前后就迁了十几次都。解读张先生的观点，我认为，一方面在青铜时代，那个时候“国之大事，在祀与戎”，祭祀和战争都要用到大量的青铜金属资源，用大量的青铜器。所以，张先生对这一点是有非常深的理解的，其观点实际上体现了他对铜业金属资源重要地位的认识，这对我们今天的研究富有启发意义。但是，另一方面，张先生的这一假说也存在着严重的误区，就是距离成本决定了一切，这种评估实际上是有很大的误区的。

因为王都的搬迁是一件非常大的事情。所以，从资源考古的角度来看，距离成本只是资源获取成本构成之一，另外还有资源的采取和转化成本等等，这些都应该估计在内的。比如著名考古学家石璋如先生早年的工作，就是以五十里、一百里、两百里画同心圆，以安阳为中心来研究安阳时期铜业资源的供应情况。像石先生他们的这些工作都是在查阅了《二十四史》、《地方志》等文献记载后进行的。这些前辈学者所做的为我们现在的工作提供了很好的基础。

我们对中原地区黄河流域遗址的青铜器也做了大量的分析工作，比方说郑州商城出土的铜器，这是二里岗下层文化当中早期的铜器，是目前发现最早含高放射成因铅的商代铜器。也就是说，具有西南地区金属资源指纹特征的商代铜器，早在二里岗下层就出现了。而在二里头时期是没有的。经过研究发现，三星堆、盘龙城，还有湖南窖藏的这些商代青铜器，以及新干发现的商代青铜器，都含有高放射性成铅，经过分析我们可以得出结论，无论是国内考古遗址还是流出国外的中国古代青铜器，只要是商代青铜器，就有大量的器物含有这种西南金属资源指纹特征。

在分布的地域和年代范围方面，在长江领域只有四川，成都平原的金沙遗址，相当于商末周初了，还在出含这种高放射性成铅的器物。而在黄河流域的其他地区，一进入周代，就是殷墟四期以后，中原的铜业生产再也没有用西南的这种含高放射性成铅指纹特征的金属资源了。我们还考察了从西周一直到东周的几乎所有重要考古遗址，但发现只有在商代，殷墟三期以前，在使用这种高放射性成铅金属资源。

关于商代铜业资源的研究，田野考古发现了最直接的证据——瑞昌铜岭，远在长江以南。从这个直接的证据可以了解，实际上商代所利用的铜业资源可能都不能简单地从距离成本来考虑。

同时，我们也可以把铅同位素示踪研究跟以上田野考古的这些工作进行比较，这两方面的成果都非常重要。一方面来讲，田野考古对我们大多数来说是富有直观性的，可以清楚地判断年代。虽然甲骨文里面没有关于铜录山的记载，也没有关于瑞昌铜岭的记载，但是因为有这些实物资料，我们可以判断周朝人、商朝人曾在此开采铜矿，它具有直接性、直观性。而直观性和直接性在所有的证据当中是最有力的。至于我们的资源考古学运用了现代科技的手段，虽然有一部分学者在批评所谓科学话语霸权，批判科学至上的说法，实际上在考古学领域科学至上这个问题是不存在的，我们的很多考古学家到现在，仍然对现代科技的有些内容还是半信半疑，因为它太不直观，所涉及的知识背景对于他们来讲又太过于陌生。所以在直观性和直接性方面，现代科技取得的证据是跟田野考古证据不能相比较的。但是铅同位素示踪研究，是一种自然科学的研究，有它的特性，就是可重复性。也就是任何一个专家，只要用同样的方法去检测同样的器物，得到的结果就是同样的，这是它很重要的一个特性。同时，它还可以显现某一金属产地原料资源供应王都青铜生产的年代范围，还有在整个铜业资源供应中它所占规模的变化情况。田野考古是没有办法完全解决不同时期、不同来源的矿山利用的历史变化的。通过铅同位素研究，我们可以将不同历史时期矿山开发及供应的变化，勾勒出一个轮廓。

在具体的某一历史时期，已开发的金属资源的地域性分布、开发规模的变化，以及整个商王朝不同地域之间资源流通网络的形成，都是资源考古学运用现当代科技手段所获得的一些成果和认识。通过铅同位素研究，我们得出具有高放射成因铅指纹特征的金属资源出自西南地区的结论，商代对这一资源的开发利用，是在殷墟三期以前，它应该是商王朝的国势强盛期。在这个时期，商朝人的活动空间是最大的，他们可以从很遥远的地方获得金属矿产，表明在当时商王朝的实力是最为强盛的。有研究者认为，殷墟四期铜器的质量不如安阳前期，可以与我们的结论相互印证。

那么，为什么我们以殷墟三期作为一个判断界标呢？以在安阳发现的郭家庄 M160 墓葬为例，那是妇好墓之后最重要的发现。首先它也没有被盗过，是完整的。另外，它收藏的器物是妇好墓之后件数最多的，而且规模很大，是一个高级贵族的墓葬。通过这个墓葬青铜器的研究，我们发现，墓主生前所使用的铸造品质非常优良的青铜礼器，有相当一部分器物含有西南地区金属矿产这种指纹特征——高放射性成铅。但是，到了墓主下葬的时期，陪葬的冥器，就再也没有高放射性成因铅了。所以我们可以推断，在 M160 墓主的生平活动期间，西南地区的这种矿产的供应应该接近尾声了。所以，我提出一个观点，就是 M160 既是西南地区矿产停止供应安阳铜业生产的一个年代的界标，同时也是商王朝在安阳时期国势国力盛衰变化的一个年代界标。这些推论是当代科技手段——同位素质谱分析技术最直接的学术成果。

接下来谈一下考古学的新变，当然不止上面的这几个方面。最近涉及的“国家（中华）文明探源工程”，都用到了现代科技的手段。当代科技固然有了非常快速的发展，但同时它在文物和考古研究领域也遇到了前所未有的挑战，也出现了新的课题。比方说释光测年，能够判断瓷器、陶器的年代，媒体上报道说，香港科技大学的一位教授测了香港很有名的经济学家张五常的一件瓷器，是用同一件仪器测的一件器物，先前测的说那个器物是年代很久，是重要的文物，但是最近测的结果，好像变成一个新的东西，不是文物了。所以在媒体上炒作的非常厉害。实际上热释光的测年，固然现在的仪器进步，精确度提高了很多，但是由于大家对它的科技原理不断了解，也能造假，把这个仪器骗过去。像这些问题，就是科技再进步，要想完全解决也是十分困难的，探索是没有止境的。但是，我们仍然为近年来考古学出现的一些新变化，为科技考古走向建制化所带来的一些新的气象感到欢欣鼓舞。

接下来谈一下考古如何走近社会公众的问题。这是一个比较大的话题，现在有很多现场直播，这种直播可能带有很大的偶然性，没有挖出东西来，大家很失望，可能就没有收到预期效果。应该多吸收国外考古界好的做法。安徽最近在六安双墩发现的汉王大墓，有着“黄肠题凑”的高规格，考古所准备将其打开。如果可以的话，应该像国外考古学界一样，从棺材外部钻一个孔进去，用内视镜看看棺材内部的遗物的分布情况，甚至可以提取里面空气的样品，水的样品，进行科学分析。这样也有助于为当代的传媒科技提供更多的资讯，可以让人们知道需不需要进行现场转播，或者怎么控制时间，两种手段结合起来，应该是很好的工作。在国外有很多这种成功的例子，比方说埃及帝王谷的63号大墓的发现，就是采用了这些技术，都有惊人的发现，收到很好的传媒效果。

朝日新闻社上个月刚刚发布一则新闻，报道说，有关方面把所有历史考古学家关于某一重要建筑遗址的分布、结构，各个房间的用途的研究成果做了一个软件，这个软件与GE，就是卫星定位系统、地理信息系统、GPS地理定位结合起来，旅游者买了这个软件，手机屏幕上就会显现你所进入的宫殿的情形。根据考古学家和历史学家的研究成果来恢复这个宫殿原来结构和里面的陈设，为了增加生动性甚至可以有一些模拟当时人的活动等等。所以，旅游者拿着它，可以走遍这个遗址，这是具有很大的经济开发价值的。这种传播，就是把手机技术、全球定位系统的技术等等，各方面的信息集成。这实际上是当代科技的一个巨大的进步，体现了最新的成果。

考古、公众与当代传媒科技，这个话题，实际上有三个方面的内容。一个是作为参与角色的传媒科技，具有前所未有的高效、强势的话语能量，这二者是相关的。它的这种强势不是一种法律上的强势，或者是一种其他性质的力量的强势，它实际上是一种高效的传播。这种强势是通过高效来表达出来的。我们人人都有话语权，因为法律赋予了我们这种权利。这种能量实际上表现的是一种话语能量，所以就非常可怕。就像我们前面讲到的日本开发的这种技术，如果说开发者正确地理解了考古学家的成果，把它结合到软件里面，那么它传播的就是一个准确的知识。假如他没有准确的理解，那么它就变成了一个哈哈镜，照出来的是一个歪斜的、扭曲的、不正确的历史图像，它可能会误导公众。所以，一方面当代传媒科技的重要性日益凸显；另一方面，它就像一把双面刃的利剑一样，负面的东西也使我们不得不提高警惕，因为只有在这方面时刻保持警觉，才能更好地在公众和考古学之间架起桥梁来。

考古要走近公众。考古走近公众主要是要通过考古发现，古代人类活动的复原，要启迪我们的心智，启迪民智，这是它的文化功能和教育功能。当然我们也会指出来，现在存在的问题很多，越是有地位、有成就的考古学家，越是不愿意做这样的工作，这就很难让普通公众认识考古学的庐山真面目，认识它全部的内涵，所以还有很多的工作要做。

公众走近考古，是随着社会整体的发展，国力的增强，以及对文化遗产事业、文物考古工作的认识和重视来实现的。但是，公众走近考古，最重要的是民族认同。考古工作主要讲的是老祖宗的东西，是远古的，通过它可以看得出中华民族的形成过程，可以加强我们的民族认同感，这是它的一个作用。还有一种就是文化的认同，作为一种在今天的世界上还具有旺盛生命力的中华文明而言，远古是文明的童年，是我们中华文明的童年。所以，我们现在走近考古是倾听中华文明童年的声音，这样我们可以对中华文明发展的整个谱系有更清楚的了解，可以加深我们的文化认同感。而民族认同和文化认同感又是我们今天建设和谐社会的一个重要的精神基础。

我今天就讲到这里，谢谢大家！

（讲座时间：2007 年 1 月）

道　布

少数民族语言文字与少数民族语言生活

道布，中国社会科学院民族学与人类学研究所研究员，中国社会科学院荣誉学部委员。1934 年 11 月 15 日生，辽宁省凌源县人，蒙古族。1957 年毕业于中央民族学院语文系蒙古语专业，后分配到中国科学院少数民族语言研究所从事蒙古语研究工作。1959 年以来主要从事我国蒙古语中部方言的调查和研究。1975 年以后搜集、整理和研究回鹘式蒙古文文献资料。1982 年以来兼做民族语文政策研究。1984 年参加《中国大百科全书》语言文字卷编写工作，任民族语文分支副主编。现任《民族语文》杂志编委，曾任国家语委兼职委员。主要论著：《回鹘式蒙古文文献汇编》(蒙古文版)，民族出版社 1983 年；《蒙古语简志》，民族出版社 1983 年；《道布文集》，上海辞书出版社 2005 年。

国家图书馆对我来讲有着非常重要的意义。早年我经常到当时的北京图书馆（国家图书馆前身）借阅书籍，可以说在这里学到的知识比在大学校园里学到的还要多，使我受益匪浅。

我70年代初从“干校”回来以后，有那么三四年时间，几乎每天都来国图，就是在这个分馆（现国家图书馆古籍馆的一部分，位于文津街）看书，学习。我觉得这是一个非常好的学校，不需要注册，当然也没有文凭，但实际上学到的知识是非常丰富的。所以我特别高兴能在这里做一个讲座，我愿意把我学到的知识，拿出来与大家分享、交流。

引言

首先讲一下为什么选择“少数民族语言文字与少数民族语言生活”这个题目。

第一，中国是一个多民族国家，民族多，语言多，文字也多。但是社会上一般对这个问题了解并不多。中国的语言丰富多彩，这是我们国情的一个重要特点。要全面了解国情，就应该了解一些少数民族语言文字的情况，了解一些少数民族的语言生活状况。

第二，作为一个多民族的国家，必须搞好民族团结，各个民族要和谐相处，这样才能够共建我们共同的美好家园，共同保卫祖国的大好河山。为了实现民族团结，需要有一个好的民族政策。民族语文政策是民族政策的一个重要组成部分，具有很强的政治敏锐性。虽然民族语文工作是分散在社会各个层面上分头进行的，但是这个问题如果处理不好，无论哪一个具体环节出现了问题，都会刺激民族感情，引起一些麻烦。而且从国外的经验也可以了解到，可以通过民族语文政策来调整民族关系。所以多了解一些少数民族的语言文字情况，多关注一些少数民族语言生活状况，是有利于搞好民族团结的。

第三，当前我们国家正面临着构建社会主义和谐社会的历史性任务。富强、民主、文明、和谐，是社会主义现代化建设"题中应有之义"，而语言和谐是社会和谐的一个方面。在一个多民族国家中，各种语言的使用范围、使用程度是不一样的，或者说是不平衡的。在这里我不用"不平等"这个词，因为实际上是"不平衡"，并不是权利的不平等。有的语言在社会使用上处于一种强势地位，也就是说它的使用人口多，使用领域广，使用层次高；有的语言是处于弱势地位，也就是说它的使用人口少，使用领域窄，使用层次低。所以促进语言生活和谐有序的发展，是一个不可忽视的现实问题。大家都知道少数民族语言文字的使用是处于一种弱势地位的，这样就需要政府和社会大力扶持，所以大家多了解一些少数民族语言文字的情况，多关注一些少数民族的语言生活状况，对构建社会主义和谐社会是很重要的。

少数民族的语言构成情况

中国是一个多民族国家，有56个民族，其中55个是少数民族。民族多，语言自然也多，但是民族跟语言不是一对一的关系，不是说我们有 56 个民族，我们就有 56 种语言。

民族是具有共同语言、共同地域、共同经济生活以及表现于共同文化上的共同心理素质的人的共同体。也就是说一个民族要具备四个特征，也可以说是四个标志，或者说四个条件：语言、地域、经济、文化。其中首先提到的就是语言，可见语言是民族的一个重要标志。但是共同的语言只是构成一个民族的充分条件，并不是必要条件。什么叫充分条件、什么叫必要条件呢？举例来说，有甲必有乙，甲就是乙的充分条件；无甲必无乙，甲就是乙的必要条件。那么语言作为民族的一个重要标志，它只是一个充分条件。

许多民族都有自己的语言，但是，有一些民族跟别的民族是共同使用一种语言的，并非一个民族跟另一个民族使用的语言就完全不同。这种情况并不妨碍他们民族身份的认定，例如回族、满族、畲族，现在都普遍使用汉语、汉文，但是这些民族他们还有其他方面的民族特征，可以与汉族和其他民族区别开。

另外还有一种情况，即有些少数民族内部存在不同的支系，不同的支系使用不同的语言，所以有一些少数民族即便是在民族内部也没有一个共同的语言，例如瑶族。我们过去一直说瑶族使用三种语言，而最近又有一些学者进行了调查，发现瑶族内部还有一些人使用别的语言，所以现在说，瑶族内部使用了五种语言。

除此之外还有一些人，他们的民族成分没有定下来，或者已经定下来，但是他们有自己独特的语言，这些人的语言跟民族身份也不一致。所以中国少数民族语言的数目比少数民族的数目多得多。

那么到底中国少数民族语言有多少种呢？老实说，这是一个到现在为止还没有一个标准答案的问题。大家心里一定会觉得有点可笑，说你们搞民族语言研究的，国家给你们那么多经费，你们用那么多的时间，搞了几十年到现在还弄不清楚，你们也实在太成问题了。实际上这是一个比较复杂的问题。

现在国内有多少语言呢？回答的说法很多，几乎是不同的学者会给出不同的说法。以下介绍两种说法，供大家参考。

一个是《中国大百科全书·语言文字卷》（1988 年版）中的说法是 63 种。

一个是《中国的语言》（2007 年商务印书馆出版）中列出的是 123 种少数民族语言，加上汉语就是 124 种。

两者相差将近一倍，为什么会出现这种情况呢？原因有两个：

一个是调查的广度即调查面的问题。在不同的时期里调查的广度不同，当然调查到的语言数量就不一样，早年调查的少一些，后来又陆续调查了一些新发现的语言。这有一个逐步深入、逐步开展的过程。《中国大百科全书·语言文字卷》的数据，基本上是反映到"文革"后（即 80 年代初）这个时间段调查到的语言的情况；而后一个数据是一直反映到前些年为止的一个数据。

另一个原因是研究深度的问题。迄今为止在语言学界（不仅是中国，包括欧美）还没有一个大家都能接受的判定什么是语言，什么是方言的标准。大家很容易想到我们是不是可以拿听得懂、听不懂作为判定语言和方言的标准呢？这显然不行。例如中国的汉语，有人说是七大方言，有人说是八大方言，有人说有十个方言区。那么如果一个上海人只懂吴语，一个北京人只懂北京话，两个人对话显然是不可能的，彼此是听不懂的。广东话跟北京话也是彼此听不懂的。如果你说听不懂就是不同的语言，这恐怕汉族都不能接受。所以用听得懂、听不懂作为标准显然是不行的。那么如果用一些学术性的标准，比如音位系统的差别，词汇的差别，语法的差别等等作标准，我们又如何掌握这个量呢？就是说什么样的差别程度算是不同的语言了呢？这个也没法说。把握尺度的宽严不一样，得出来的语言的总数也就不一样了。掌握得严一些，语言的名称就列得少一些；掌握得宽一些，列出来的名称就多一些。我们现在国内的学者最宽的就到了123种，而国外有一些人，说中国有200多种语言，这显然是把很多汉语的方言也看成是语言了。

不过可以指出一点，《中国的语言》这部最新著作给出的这123种语言当中，其实有很多语言是属于所谓濒危语言（约有几十种），就是使用人口极少，而且使用人口高龄化。高龄化到什么程度呢？基本都是五六十岁以上的人才懂这种语言。那么这种语言就处于一种后继无人的情况，年轻人不使用，甚至于都不懂了。据现在我了解的情况，其中有一种语言，懂得这种语言的最后一人已经去世了，就是说这种语言已经不存在了。所以这123种语言虽然给出的数据最新，但也不是没有问题。大家有一个模糊的概念就可以了。

为了把问题说得比较概括，便于大家掌握，我们可以借助“语言系属”这个概念做进一步的介绍。语言系属是一种发生学的概念，这个发生学就是比附着生物学在语言学中的一种术语、一种概念。设想语言是一个历史范畴，它源远流长。我们在现实当中看到有些语言彼此之间有很多相似之处，有很多共同的成分，例如听起来语调、声调感觉差不多，例如都有平上去入，也可能有一些词听起来不但音相近，而且意思也一样。这就让人们联想到它们在历史上可能是同一个来源。于是经过比较研究，就列出了反映语言之间亲疏关系的谱系分类表，就像家谱、族谱一样，哪些语言彼此关系很近，哪些稍微远一些，哪些语言是没有关系的。有关系的就属于同一个语系，关系近的就属于同一个语族，没有渊源关系的就是不同的语系了。

按照这个学说，中国的少数民族语言大部分分别属于汉藏语系和阿尔泰语系。上边提到，中国少数民族语言数目有两个说法，一个说法是比较少，一个说法是比较多。那么属于汉藏语系语言数目的说法是大概有 30 多种到 70 多种语言。属于阿尔泰语系语言数目的说法比较近，最少的是 19 种语言，最多是 20 种语言。另外还有一些少数民族语言属于南亚语系和南岛语系。个别语言属于印欧语系。

汉藏语系中除去汉语之外还包括三个语族，分别是藏缅语族、侗台语族（在前些年我们一直将它叫做壮侗语族）、苗瑶语族。这三个语族的名称基本上都是各取其中比较著名的语言作代表来命名，方便大家记忆。藏缅语族语言主要分布在中国的西南部地区；侗台语族语言主要分布在华南一带；苗瑶语族语言主要分布在中南地区和华南地区。当然这三个语族之间的一些语言在分布上也有一些重叠。

阿尔泰语系语言，我们一般都叫做北方语言，也分三个语族，分别是突厥语族、蒙古语族、满—通古斯语族。现在突厥语族当中，在国内最具代表性的语言就是维吾尔语、哈萨克语；在国外，比如说在中亚地区一直到土耳其，这一大片地方都是突厥语族语言分布的地方；蒙古语族当中有代表性的语言当然是蒙古语了，还有一些语言如达斡尔语，还有青海、甘肃这些地区的一些少数民族语言也属于这个语族；满—通古斯语族语言当中最有代表性的语言就是满语，不过现在满语已经不使用了。现在还在使用的与满语很相似的一种语言是锡伯语，在新疆察布查尔锡伯族自治县。还有使用比较多的语言就是鄂温克语。现在使用鄂伦春语、赫哲语的人很少了。突厥语族的语言主要分布在新疆，甘肃和青海也有一些。蒙古语族的语言主要分布在内蒙古，新疆、甘肃和青海也有一些。满—通古斯语族的语言主要分布在东北的黑龙江省和内蒙古的东北角。从地图上看，阿尔泰语系的三个语族依次分布在中国的西北、华北、东北，也就是我们常说的三北地区。

南亚语系语言大部分分布在境外中南半岛。南亚语系有四个语族，其中有一个语族叫做孟高棉语族，在国内有大概十种少数民族语言属于这个语族，比较著名的是佤语。

南岛语系的语言也主要分布在境外，它也分四个语族，其中有一个语族叫做印度尼西亚语族。我们国家台湾的高山族，有16种语言，就是属于印度尼西亚语族。

属于印欧语系的语言只有一种，就是塔吉克语。它属于印欧语系的伊朗语族。

下面介绍一下少数民族语言的使用人口。少数民族人口与少数民族中使用本民族语言的人口不完全一致。有些少数民族已经不说本民族语言了，例如回族、满族、畲族，他们都使用汉语；还有一些少数民族，他们有自己的语言，但并不是民族内部每个人都说自己的语言，有一部分人已经不使用本民族的语言了，这种情况是相当多的。

从语言使用人口看，使用人口在100万以上的少数民族语言有15种；使用人口在10万以上，100万以下的少数民族也有15种；使用人口在1万以上，10万以下的少数民族语言有21种；剩下的这些少数民族语言使用人口都在1万以下，有些语言的使用人口只有几千人、几百人，甚至几十人。这些具体的情况可以参见黄行先生撰写的《中国少数民族语言活力研究》这本书（中央民族大学出版社出版，2000年）。

将少数民族语言按使用人口分成这几个数量级，可以让我们很容易想到处于不同数量级上的语言，其使用范围和使用程度必然是有差别的，少数民族的语言生活状况也必然会有一定的差别。现在中国的少数民族总人口是1亿零500多万，在这些人中使用少数民族语言的人口有6000多万，约占少数民族总人口的六成。在这6000多万的少数民族语言使用人口当中，又有90%是集中在15种语言上。这15种语言分别是：蒙古语、藏语、维吾尔语、哈萨克语、朝鲜语、壮语、彝语、苗语、布依语、侗语、哈尼语、白语、傣语、黎语、勉语。可见少数民族语言使用人口的分布很不平衡。我们认为对这个特征应给予足够的重视，这对于贯彻执行民族语文政策，制定和实施语言规划具有重要的现实意义。民族语文工作要从实际出发，根据不同的情况区别对待，实行分类指导，所以对语言的使用人口我们一向是很重视的。

少数民族的文字情况

结合少数民族文字的使用范围和使用程度以及历史情况，我们可以将少数民族文字分成六个类型：

第一类是蒙古、藏、维吾尔、哈萨克、朝鲜五种文字。

这五种文字很多人都听说过，或者是见到过。它们都是拼音文字，但它们的字母来源是不同的，书写的方式也不同。例如蒙古文是从上到下竖写；维吾尔文是从右向左横写；朝鲜文是从上到下竖写也可以，从左到右横写也可以。这五种文字都有比较悠久的历史，其规范程度也都比较高，在本民族内部通行。除了民间应用之外，还应用于行政、教育、出版、广播、影视、信息处理等社会领域，其使用范围比较广泛，使用层次也比较高，例如全国人民代表大会、政协会议都有这几种语言的同声传译，重要的文件，还有选举票上面都有这几种文字的译文。大家在看新闻联播时或许能注意到，我们国家重要领导人的讲话，常有这五种文字的译本，并由民族出版社出版发行。这五种文字都属于民族自治地方通用的文字。

第二类少数民族文字也是拼音文字，历史也比较悠久，但是它们的使用范围有限，一般只能在本民族内部的某个方言区使用，也就是说在其民族内部还不能通用。这类文字的规范程度不太高，使用的领域也比较窄，除了民间使用以外，在教育领域只能用于小学低年级的双语教学，在行政领域使用的不多，一般就是政府部门的公章，政府部门门口挂的牌子，开会时候挂的会标、标语等使用这些文字，除此之外就很少使用了。出版物的数量和种类都不多。属于这类文字的有西双版纳傣文、德宏傣文、锡伯文、四川凉山的规范彝文（规范彝文的使用范围和使用层次比两种傣文和锡伯文略高一些，全国人民代表大会和政协会议的重要文件也有规范彝文的译本，使用的选举票也有规范彝文）。

第三类，19 世纪末 20 世纪初，一些外国传教士到中国西南边疆地区传教，他们为了传教的需要就帮助傈僳族、景颇族、拉祜族、苗族（主要是苗族的滇东北次方言地区）设计了几种拼音文字。有的文字是以拉丁字母为基础，有的字母形式比较独特。这些文字主要是用于传教，一些福音书、赞美诗就是用这些文字出版的，后来也逐渐传播到民间，民间世俗生活当中也有一些应用。

第四类是受汉字影响，在一些少数民族当中产生的方块字，又叫做土俗字，例如壮族的方块字、苗族的方块字、白族的方块字、瑶族的方块字。这些文字的字形、字音、字义都缺乏规范，用字也因地、因人而异，所以不能在本民族内部通用。用这类文字写成的作品主要是以手抄本的形式在民间流传，现在这些文字都基本不使用了。

第五类也是民间已经不再使用的文字，例如纳西族的东巴文，现在除了少数的老东巴，还有语文研究工作者，旅游点的一些专业人士（他们主要为了做一些旅游项目，引起大家的兴趣）还能够写一些之外，一般群众基本上都不认识，不会写，也不会读。历史上的契丹文、女真文、西夏文、八思巴文、古突厥文也都是属于这一类，现在已经不再使用。

第六类，20 世纪 50 年代，在政府的领导下，根据少数民族代表人物和少数民族群众的要求，曾经组织专家、学者和少数民族知识分子相结合，共同开展语言调查研究，然后共同拟定文字方案，为 10 个少数民族创制了 14 种拉丁字母形式的拼音文字。这 10 个民族是壮族、布依族、苗族、侗族、哈尼族、傈僳族、佤族、黎族（海南岛的黎族）、纳西族、彝族。为什么给 10 个民族创造了 14 种文字呢？因为苗语的方言分歧很大，说苗语的人口也相当多，苗族本身没有一个全民族通用的口头的共同语，也就是说苗语没有一个普通话，所以只能够针对不同的四个方言分别设计文字方案，这四个文字方案分别在四个方言区使用，即湘西苗文、黔东苗文、川黔滇苗文、滇东北苗文这四种方言文字。哈尼语的方言差别也比较大，所以给哈尼族的哈雅方言和碧卡方言也分别设计了两种文字方案。这 14 种文字方案当中只有壮文是经过国务院批准正式推行的（1957 年批准），其余的各种文字方案现在还处在试验推行阶段。但试验推行一阵之后，现在势头减弱了，没有继续再做深入工作。黎文方案研制出来以后，当时根据干部群众的反映，也没有试验推行。后来又给景颇族的载瓦支系的载瓦语设计了载瓦文方案，给青海的土族设计了土文方案，给四川的羌族设计了羌文方案，这三种文字刚开始的时候，做了一些试验推行的试点，后来也放松了，到现在也是处在试验推行阶段。

这六个类型包括多少种文字呢？由于这些文字存在使用程度不同等原因，不好等量齐观，所以不太好给出一个确定答案。现在正在使用的文字有一种说法，是有 22 个少数民族使用 28 种少数民族文字，其中 12 种是历史上形成的传统文字，其他的 16 种就是 50 年代以来新创制的少数民族文字。

下面再介绍一些少数民族文字的来源情况，向大家展示一下少数民族文字多姿多彩的一面，我个人认为对研究人类文字史是很有价值的。

拼音文字的字母，大多数是有共同来源的，例如蒙古文、满文、锡伯文的字母，它们看起来都很相像。满文跟蒙古文的一个区别在于满文的右侧有点、有圈，所以叫做有圈点满文。这些点、圈是一种附加的符号，点表示元音发音的特征，圈是用来表示辅音的不同发音方法的一个附加符号。我们到故宫、北海看每个殿门口上面的匾，写的就是这种有圈点满文。锡伯语跟满语是很接近的，差别不大。而满族现在已经不使用满语、满文了，那么仍然活着的，还在使用的就是在新疆的锡伯族当中。所以如果现在想学满语、满文，找一个锡伯族人当老师是很理想的。蒙古文的字母又是来源于古代维吾尔人的回鹘文字母，回鹘文字母又来源于粟特文字母（粟特文，在唐朝叫做“窣利文”。玄奘法师《大唐西域记》中记载，这种文字是“竖读其文”，即从上往下书写），这种粟特字母，又来源于古代的阿拉米字母。阿拉米字母是公元前6世纪通行于近东地区（即现在的黎巴嫩、叙利亚、伊拉克一带）的一种字母。现在的蒙古文、满文，还有古代的维吾尔人使用的回鹘文都是来源于阿拉米字母。起源于古代阿拉米字母的这些少数民族文字，再向上追根溯源，又与西方的拉丁字母、希腊字母、基里尔字母（即俄文字母）有共同的关系，都起源于古代的腓尼基字母（腓尼基字母于公元前11世纪产生于地中海东岸，现在黎巴嫩一带）。所以从古至今，东、西方有很多拼音文字的字母是一个大家族。文字是文化的重要载体，字母的传播跟文化的传播关系密切，这是值得研究的课题。

下面讲一下藏文字母。据文献记载，藏文字母的楷书来源于古代印度梵文的兰札字体。元朝忽必烈时期，国师八思巴（藏族高僧，萨迦派喇嘛）创制了元朝的国字八思巴字，这种八思巴字是建立在藏文字母基础上的。藏文是横写的，而八思巴字是竖写的，这大概是因为从回鹘文演变来的蒙古文竖写，八思巴考虑到这个传统，他也将横写的藏文字母竖起来，让它跟蒙古族先前使用的文字系统接近。元朝灭亡后，在西藏地区的寺庙当中也一直有用这种八思巴字母来拼写藏语的情况。

藏文字母与傣文字母（西双版纳傣文和德宏傣文）是有共同来源的，都起源于印度（傣文字母起源于古代印度的婆罗米字母）。这种字母在中国得以传播，不但南方有，在新疆也有，又是一个字母的大家族。

以下介绍朝鲜文。朝鲜文也是拼音文字。其字母是15世纪中叶朝鲜族的音韵学家集体研制出来的，最初叫做“训民正音”。这种文字是1444年颁布的，又叫“谚文”。前面介绍的那些文字的字母都是腓尼基字母或者古印度字母这两个大家族流传下来的。腓尼基字母是从象形文字演化、发展出来的，经历了由表意到表音的过程。而朝鲜文完全是学者精心设计出来的，系统性非常强。例如元音字母笔画上就有明显的对称性，如 *a* 跟 e，一竖在右边点一点这是 *a*，在左边点一点就是 e，*a*、e 对称。一横在上面点一点就是 o，在下面点一点这就是 u。竖着的这一画就表示是 i，横着这一画就表示是 e，非常的严谨。辅音字母例如唇音 b、p、m，都是一个方块，象征嘴的形状，唇音；那么舌尖音 d、t、n、r 都有一个拐弯的笔画，表示是舌尖音；g、k，也都有同样一个笔画，表示后头的舌根。这样一套一套，系统性非常强。所以我觉得朝鲜族的文字确实是朝鲜民族值得骄傲的一种文字，那是一种文化表现，在人类的文字史上堪称一绝。如果说文字有科学性，那么朝鲜文的科学性是最强的。

纳西族的东巴文也是非常有意思的，从东巴文的文字性质来说，它是比较原始的，处于一种图画文字和象形文字之间的阶段，或者说它兼有图画文字和象形文字两种性质。“东巴”是纳西语的一个词，是“经师”的意思。东巴经是横的长条形，每一行有几个格，每一个格子里写若干个字，这些字都是图画象形文字，看起来就像小人书一样，有的东巴经还加些颜色，是区别意义的。现在收藏东巴经最多的是美国的国会图书馆，其次就是我们国家图书馆了。地方上，云南丽江一带也有很多收藏。这种文字的特点是只写表示实词的字，没有表示虚词的字（一种语言如果只有实词，没有虚词，就不能完成一个句子，它的意思就不能被清晰地表达出来），而且字体多变，一个形体往往可以同时表示几个意义，所以读的时候不好把握，一般人是不容易读懂的。这种比较原始的文字，无论从它的独创性看，还是从它的文字制度上看，都是非常值得研究的，有很高的学术价值。

彝文是彝族使用的音节文字，历史悠久，史称爨文、倮倮文等。这种文字有象形字，有指事字，也有会意字，还有同音假借字，看起来有点像金文、甲骨文的样子。彝文别体很多，原来各地的写法不统一，到20世纪70年代，彝语文工作者从近万个原有的彝字当中选出了819个字，分别代表不同声调的音节，形成了适用于四川凉山地区的彝语北部方言的规范字，这就是彝文规范方案。现在试图在贵州和云南也用这一套方案，正在试验当中。

在少数民族文字当中还有一类是仿照汉字制成的，一般叫做土俗字、方块字。这类字有些是从汉字的楷书搬过来的，字形完全一样，有些是在汉字楷书基础上加减一些笔画，稍加改造制成的，也有一些字是自己创造的。这类土俗字、方块字的用法大概有两种，一种是音读，一种是训读。所谓音读就是将汉字的字形、字音一起借过来，表示少数民族语言当中的一个词，但是意义可能不同，即音同，义不同；所谓训读就是把汉字的字形和字义借过来，对应于少数民族语言当中的一个词，它的字音按少数民族语言来读，与汉字的发音不同，也就是义同，音不同。这类土俗字乍看起来很像汉字，但是如果拿汉字的字音和字义来理解它是行不通的。历史上古代的少数民族契丹族、女真族、党项族也都借鉴汉字，仿造汉字楷书的模样分别创制过契丹字、女真字和西夏字，这几种文字跟上面说的土俗字是不一样的。土俗字是从汉字当中借过来，或者稍加变化的，它还是依据了汉字的，而契丹字、女真字、西夏字这些古代少数民族文字，它只是在风格上或是体式上接近汉字，可是没有一个字跟汉字相同。到现在为止学术界还没有将契丹字完全解读出来，想要解读它是非常困难的；西夏字笔画非常繁复，看起来有点像以前道教道士画的符，但是这种文字现在已经解读出来了。这是因为这种文字的文献中有西夏字跟汉字对照的一些工具书，例如《番汉合时掌中珠》就是汉字跟西夏字对照的，它的字义、字音都写得很清楚，所以以它作为根据就能将大部分西夏文解读出来了；女真字也跟汉字相近，这种文字的解读情况介乎契丹字和西夏字之间。

总而言之，少数民族的文字是丰富多彩、千姿百态的，其文字制度是各式各样的，充分体现了中华文明的多元性、开放性、创造性和多样性，有很高的研究价值。现在我们人手很少，即便是专门的研究机构也抽不出几个人来研究少数民族的这些文字，有很多问题还没有解决，还有很广阔的研究空间留给后人来开拓，如果有对研究少数民族文字感兴趣的朋友，可以在这方面下一番工夫，能够做出很好的成绩来。

少数民族的语言生活状况

世界上多数国家是多民族国家，单一民族国家比较少。

在多数国家当中各种语言在使用范围和使用程度上都是不平衡的，这种不平衡性是由许多历史原因和现实生活条件决定的。在多民族国家内部，民族关系比较稳定的时候，人们对这种语言使用上的不平衡性基本上都能够平静地对待，彼此相安无事，习以为常。但是，一旦民族关系紧张起来，人们就会对语言使用的不平衡性，对语言使用的差别产生抱怨，拿它来说事，将其作为一种民族不平等的表现，来追求非语言的政治目标，这在国外是有过的。例如在加拿大、比利时、东巴基斯坦（现在的孟加拉），还有解体前的苏联都发生过这种事情。加拿大主要是官方语言的争端，英语跟法语的争端持续了很长时间，直至上世纪下半叶，逐渐得到解决。比利时也发生过官方语言的问题。东巴基斯坦在分离之前，关于定什么语言是国语产生过争端，他们当时的政府定乌尔都语作为国语，乌尔都语是西巴基斯坦的主要语言。而东巴基斯坦以孟加拉语为主要语言，他们就说应该把孟加拉语也定为国语，但政府不答应，那么群众就闹事，后来军队镇压，酿成了流血事件。苏联解体前，戈尔巴乔夫搞公开性辩论的时候，有些少数民族就提出语言地位问题，认为斯大林以来对少数民族语言是压制的。解体以后又在一些共和国里出现过语言歧视，主要是排斥俄语。所以在多民族国家中，各民族之间的语言关系和谐不和谐就成为政治稳定不稳定的一个晴雨表。有的国家比较重视解决语言纠纷，从调节语言关系入手进而缓解了民族矛盾。关于语言生活我就先介绍这些国际背景供大家参考，这对大家了解我们国家的语言生活状况会有一定的帮助。

新中国成立以来，一直实行民族平等和语言平等的政策，政府对少数民族语言文字的使用和发展给予了大力扶持。首先《中华人民共和国宪法》保障了各民族都有使用和发展自己的语言文字的自由，同时《宪法》又规定国家推广全国通用的普通话。这两款规定相辅相成，构成了符合中国国情的基本语言政策。各民族都有使用和发展自己的语言文字的自由，这个表述体现了各民族的语言文字在法律上都享有平等的地位，少数民族的语言文字受到国家的尊重，在我们中国是禁止语言歧视的。同时也保障了各民族都有选择使用符合自己需要的语言文字的自由，这种选择既可以理解成群体性的，也就是说整个民族选择使用哪一种语言文字是有充分自由的，也可以理解成是个人的，个体的，也就是说我个人愿意选择使用什么语言文字，有我的自由。当然这里面包括选择使用全国通用的汉语、汉字的自由。所以中国从法律上保证了少数民族跟汉族一样都享有平等的权利和充分的自由。汉语的普通话不但是汉族各个大方言区之间的一个共同使用的通用语言（因为方言区之间只有使用普通话才能彼此沟通），就是在汉族和少数民族之间，少数民族彼此之间，也需要有一个大家共同使用的通用的语言，也就是这个汉语普通话，这样彼此才能够沟通。长期以来汉语、汉文就承担着这个使命，所以少数民族跟汉族一样，对汉语普通话的声望是一致肯定的。少数民族长期以来都有学习使用汉语普通话的迫切要求，确实也有相当多的人掌握了普通话。所以我们国家的语言政策是受到少数民族拥护的，是符合国情、顺应各民族实际需要的。

以上讲到的《中华人民共和国宪法》上的两款规定，给少数民族发展自己的语言文字创造了自由平等的宽松环境。有传统文字的民族，像蒙古、藏、维吾尔、哈萨克、朝鲜，在翻译、出版、教育、新闻、广播、影视、古籍整理、信息处理等各个领域、各项事业上，都获得了前所未有的发展。拿蒙古族来说，新中国成立前只在沈阳有一个出版社，在北京有一个出版社，而现在内蒙古就有十几家出版社。同时蒙古、藏、维吾尔、哈萨克、朝鲜这五种文字在规范化、标准化上也有很大的提高。还有一些原来文字不完备的少数民族改进了文字，傣族的西双版纳傣文和德宏傣文都经过改进。

现在少数民族学习使用汉语文的积极性越来越高，少数民族语言文字的研究事业也有很大的发展，从中央到地方，建立了一系列的研究机构，还有一些大专院校设立了少数民族语文专业。从20世纪50年代以来，开展了大规模的少数民族语言调查和后续的一些深入调查。现在少数民族语言文字的研究，无论是基础研究，还是应用研究，都取得了很多重要研究成果。现在的研究领域从描写语言学逐步扩大到比较语言学、社会语言学、文化语言学、计算语言学和试验语言学等等，并且在这些方面我们都取得了比较好的成果。

所以总的看来，中国各民族之间的语言关系是和谐的，民族语文政策执行得是比较好的，各民族对于自己的语言生活状况基本上还是满意的，这是一个总的估计，总的评价。在国际上来看，我们也还是做得比较好的，是成功的。

下面介绍一下一些具体领域的情况。首先谈一谈双语人和双语问题。我们国家很早以来就形成了以汉族为主体，多民族交错聚居和互相杂居的分布格局，汉族的分布差不多遍及全国，在局部地区不同的少数民族或者是比邻而居，或者是互相杂处。少数民族跟汉族，少数民族彼此之间，长期密切交往，在这个过程当中，各民族都或多或少地出现了一批双语人或者是多语人。当然在北京是不明显的，到边疆的省份就知道，很多汉族群众是掌握少数民族语言的，甚至很多汉族的妇女还穿少数民族的衣服，因为少数民族服装比较好看，她们跟少数民族来往就受到影响，所以你到边疆地区看到有一些穿少数民族衣服的，那不一定是少数民族，可能是汉族。

由于语言使用的不平衡性，在这种社会环境当中弱势语言的使用者，也就是少数民族他们往往自发地努力学习强势语言，学习汉语汉文，而强势语言的使用者学习弱势语言的要求一般是不如少数民族那么强烈。但是不管怎么说，在汉族中间和少数民族中间兼通民汉两种语言的双语人还是相当多的。这些双语人在沟通民族关系、开展经济交流、互相吸收文化、引进先进事物上都起着桥梁作用，这些双语人在社会生活中是作出了重要贡献的。根据20世纪80年代我们研究所组织的一次全国规模的语言使用情况调查结果测算，在55个少数民族总人口中，大约有一半左右的人已经不同程度地掌握了汉语，在有传统通用文字的少数民族当中，也有相当多的人使用汉语汉文，受教育程度越高的人掌握汉语的水平也越高，这是总体情况。具体到一个民族情况有所不同，就是说情况是不平衡的。在不同的民族当中，双语人的分布有很大差异，有的民族全民族都是双语人，全民族都是既说本民族语言，又说汉语。现在双语人口比例比较低的（即低于民族人口20%）有维吾尔、哈萨克、藏、独龙、门巴、傈僳、景颇七个民族。低于30%或者接近30%的还有普米、拉祜、佤、苗、侗和瑶族当中的布努支系。也就是说在这些民族中多数人还是以本民族的语言作为交际工具，过的是单语的生活。

在我国，政府、人大、政协、检察院、法院的公务活动当中经常使用的少数民族语言文字有十几种：维吾尔、哈萨克、藏、蒙古、柯尔克孜、锡伯、彝、景颇、朝鲜、傣等等。公务活动的级别越低，少数民族语言文字使用频率就越高，执行公务的场合层次越高其使用频率就越低，也就是说主要在基层使用。在教育领域，从小学、中学一直到大学，在各个层次上都作为教学语言使用，并且编有成套教材的只有蒙古、藏、维吾尔、哈萨克、朝鲜五种文字。有些语言只在一部分小学低年级使用，进行辅助教学。课本是汉文的，老师讲的时候，汉语讲不明白就用少数民族语言讲，这类语言有 17 种，在此就不一一列举了。在新闻出版领域，使用的少数民族文字有 17 种，这 17 种文字的使用程度是不同的。品种和印数比较多的是蒙古、藏、维吾尔、哈萨克、朝鲜五种。据 1999 年统计资料显示，全国出版少数民族文字图书的出版社有 37 家，各种文字合起来全年的出版物总数达到 4591 种，总印数达到 6000 多万册，杂志有 185 种，印数是 1000 多万册，报纸有 81 种，印数有 1 亿零 486 万份。涉及面也比较广泛，有文学艺术、文化教育、医药卫生、科学技术、政治法律、哲学宗教等方面。广播领域也使用了很多少数民族语言，蒙古、藏、维吾尔、哈萨克、朝鲜，这是中央台每天都播放的，在北京都能听到。在内蒙古、新疆、西藏、辽宁、吉林、黑龙江、广东、广西、四川、云南、甘肃、青海等地方台每天也都有少数民族语言的广播节目。电视上，内蒙古、新疆、西藏、青海、广西五个省级电视台用少数民族语言播放电视节目。在自治州专区和县级的电视台、电视站也有十来种少数民族语言的电视节目。电影方面，制作或者是配音涉及 23 种语言。至于戏曲文艺几乎每个少数民族都有自己的节目，都有自己的演出活动。宗教方面也是使用少数民族语言文字比较多的一个领域，例如伊斯兰教、佛教、基督教、道教等（道教在少数民族当中也有传播）。除了大的宗教以外，还有一些原始宗教，例如萨满教也是使用少数民族语言的。经济领域的情况与上面所说不同。因为经济部门除了传统的自然经济，像农业、畜牧业之外，现代工业、交通运输业、服务业，在这样一些企业一般都不按民族来设置、划分，所以使用语言要求有高度的通用性和规范性，一般都是使用普通话，使用汉文。所以少数民族语言在经济领域使用程度是比较低的。在信息处理领域中，少数民族语言遇到了新的挑战，目前只有蒙古、藏、维吾尔、哈萨克、朝鲜、柯尔克孜、彝、傣、壮这些民族的语言文字信息化取得了一定的成果，开发出了一批应用软件，有了自己的电子出版系统、办公自动化系统。但是由于少数民族语言文字信息处理成本高、市场小，软件开发各自为政，兼容度差，资金投入不足，所以进展比较慢，远远落后于汉语文的信息化水平。

下面讲一下少数民族语言的活力问题。少数民族语言文字的使用跟汉语文的使用是有一定差距的，那么这个差距的情况怎样呢？如果用一些数字化的说法来表述，就叫做说法活力。大致分为三组：

第一组活力值范围在225—287之间，也就是相当于汉语活力值的56%到71%，这包括蒙古、藏、维吾尔、哈萨克、朝鲜五种语言。这五种语言的使用人口都在100万以上，都有通用的传统文字，都有较大的使用本民族语言的民族聚集区，语言文字在社会各个领域当中使用程度也都比较高，语言文字本身的规范化、标准化和信息化的水平也都比较高。从目前看，它们的使用范围和使用程度基本上保持稳定的态势。

第二组活力值在44—141之间，相当于汉语活力值的

14%到35%，这里面包括柯尔克孜、傣、锡伯、彝、壮、景颇、载瓦、傈僳、苗、拉祜、布依、佤、纳西、侗、哈尼15种语言，这些语言的使用人口相差很大，有的是1000万以上，像壮族，有的在100万以上，有的在10万以上，有的是几万人。有的有传统文字，像锡伯、柯尔克孜，有的有新中国成立以后经过改进或规范的文字，像傣、景颇、彝。其他语言新中国成立前基本上都没有文字，是新中国成立后才有了新创制的拉丁字母为基础的文字。这一组语言的使用范围和使用程度都明显低于第一组，活力值只有一半。操这些语言的少数民族选择使用汉语文的人越来越多，双语人的比例比较高，差不多是一半或一半以上。在这种情况下，推行新创制的文字难度是比较大的，群众积极性不高，因为一半的人都掌握了汉语文，他们觉得学习汉语文更有用，更愿意学习使用汉语文。

第三组活力值是在1—40之间，仅相当于汉语活力值的1/10，甚至不到1/10。这一组中有的语言使用人口也比较多，也有达到100万的，像白、勉、黎三种语言都是达到100万以上的；使用人口10万到40多万的有8个；使用人口在1万以上10万以下的有14个，其他的都是从几百到几千人不等。这一组语言除了土族在20世纪80年代在一个方言区试行过新创制的拉丁字母形式的文字方案，羌族在90年代试行过拉丁字母形式的文字方案以外，其他各种语言都没有本民族文字，普遍使用汉文。分布在新疆的几个人数很少的少数民族，像乌兹别克、塔吉克、塔塔尔都使用当地通用的维吾尔文。这一组语言的少数民族都是跟其他民族杂居，即便有聚居区也是比较小的，人口的分布状况和没有文字是语言活力值低的重要原因。

与语言活力相关的还有一个热门话题，叫做濒危语言问题。有的专家说，目前我国有20多种语言使用人口都在1000人以下，有的几百人，有的几十人，而且使用这些语言的人也高龄化，后继无人，所以就把这些语言列入了语言的行列，认为这些语言已经进入濒危状态，过不了多少年这些语言就会消亡。这个问题从20世纪90年代以来，在国际上一部分语言学家当中就成了一个热门话题。联合国教科文组织召开过专家会议，我们国内也有一些学者热心研究这个问题，有的学者也参加过他们的会议。有的学者撰写了专著，我们国家有关部门的官员也对这个问题发表过讲话。

现在估计人类现存的语言有五六千种。这个问题也是说不清楚的，我刚才讲了语言划分没有一个公认的标准，所以这五六千种当中是包括语言和方言的。随着经济全球化趋势的日益加强，交通和传媒现代化的速度不断加快，原来相对封闭的社会迅速走向开放，强势语言的传播势头越来越强，弱势语言的使用人口不断萎缩。所以有人估计，世界上现存的五六千种语言当中，大概有80%到90%将会在21世纪里消失。他们认为语言的消失，其意义不亚于地球上物种的消失。联合国教科文组织在2001年通过了一个宣言，叫做《世界文化多样性宣言》，强调要保护语言多样性。政府有关部门的官员也发表过讲话，指出建立和谐的语言生活，首先要对语言多样性有充分的认识，从现在人类的发展来看，有些语言消失、濒危、衰落是无法阻挡的，对那些已经无法延续其生命的语言，要抓紧时间调查记录，做好保存的工作。

最近这些年，调查记录、保存濒危语言的工作在我们国家也已经展开了，并且已经出版了一些专著。语言的消失并不是从今天开始的，古已有之。比较著名的像匈奴语、鲜卑语。我认为，语言的消失与生物界物种的消失性质是不同的，一种是自然现象，而另一种是社会现象，其意义是不可等量齐观的。

以下简单地讲一下语言态度问题。现在少数民族学习使用汉语汉文的积极性越来越高，他们愿意让自己的子弟进入使用汉语文教学的学校。但是在这种形势下，作为执行语言政策的部门和官员来说，应该注意还是要坚持贯彻我们既定的民族语文政策。就是要保障少数民族有使用、发展自己语言文字的自由；同时提倡推广普通话，鼓励少数民族和汉族互相学习语言文字。因为即便在少数民族普遍掌握了汉语文的情况下，少数民族语言文字也还有一定的使用空间，还有它的需要。语言文字不单纯是一种交际工具，它同时还是一种民族的象征，是一种文化的载体。正如大家所知，一些少数民族的文学作品翻译成汉语汉文以后，很难保持它的原汁原味，掌握双语的人比较容易理解其中的差别。所以有一些少数民族的名著翻译成汉文后，一些少数民族的知识分子对这种汉文的译本有意见，不满意，认为没有把它的原汁原味传达出来。少数民族语言文字还有它使用的空间，还有它的需要，不要放松了少数民族语言文字的学习使用。我们应该保障少数民族语言文字使用的自由，还要给它创造条件，还要扶持它。我们国家现在经济形势越来越好、财力越来越充分，做到这一点并不是很困难，这是我个人的一点看法。

（讲座时间：2007 年 1 月）

张家龙

逻辑与哲学

张家龙，江都市浦头镇人，1938年6月生。研究员，教授，博士生导师。现任中国逻辑学会会长，国家社会科学基金哲学评审组专家。1961年从北京大学哲学系毕业，留校攻读哲学系数理逻辑专业研究生。1965年8月毕业至今，在中国社会科学院哲学研究所工作，历任中国社会科学院哲学研究所研究员、逻辑学研究室主任、社会科学院研究生院教授、博士生导师，中国逻辑学会副会长兼秘书长。

从事西方逻辑史、现代逻辑和逻辑哲学的研究。先后出版《公理学、元数学与哲学》、《数理逻辑发展史——从莱布尼茨到哥德尔》、《模态逻辑与哲学》等个人专著。主编《逻辑学思想史》。与他人合著《形式逻辑原理》、《西方逻辑史研究》、《逻辑百科辞典》、《逻辑与知识创新》、《逻辑哲学九章》等。主要译著有《简明逻辑史》（任第一译者）、《逻辑学的发展》（任第一译者）。1987年8月出席了第八届国际逻辑学、方法论和科学哲学大会。1988年10月至1989年5月受国家教委派遣，作为高级访问学者在加拿大阿尔伯特大学哲学系进行访问研究。1993年8月出席第19届世界哲学大会。1993年获中国社会科学院第一届优秀科研成果奖。1996年获中国社会科学院第二届优秀科研成果奖。

逻辑与哲学这个题目太大了，我今天只是从几个案例来分析一下逻辑学在哲学当中的用处。

首先我想谈一谈逻辑学的性质。逻辑学在世界上有三大源头，第一个是古希腊，第二个是中国，第三个是印度，叫做世界三大逻辑源头。印度逻辑学主要是佛教的逻辑，后来没有得到充分发展，整个现代逻辑学是从古希腊发展而来的，发展到今天叫做现代逻辑，这就成为全人类共同的财富。这就好比数学，世界各国都有数学，我们中国有数学，印度也有数学，但是整个世界的数学学科是从古希腊这个时代，从欧几里得几何发展到今天的，所以现在的数学已经成为我们全人类共同的财富。从西方的传统来说，逻辑学的创始人是古希腊伟大的哲学家和逻辑学家亚里士多德，当时他给学生讲课，后来他的学生把讲课内容汇集成一本逻辑著作，叫做《工具论》。《工具论》一共有六篇，《范畴篇》、《解释篇》、《前分析篇》、《后分析篇》、《论辩篇》和《辩谬篇》。《范畴篇》主要讲范畴的问题；《解释篇》主要讲命题；《前分析篇》主要讲三段论的推理，也就是现在大家熟悉的三段论推理；《后分析篇》主要讲科学的逻辑；《论辩篇》主要讲论辩的一些问题，词项在命题中位置的一些问题；《辩谬篇》主要是反驳当时一些诡辩。所以，亚里士多德逻辑学说——《工具论》奠定了我们整个逻辑学发展的基础。当时在古希腊只有一门科学——哲学，各种科学都包括在哲学里，逻辑学当然也不例外。根据亚里士多德的思想，逻辑就是工具。

亚里士多德的逻辑经中世纪发展到近代，就比较成熟了，形成了古典形式逻辑。到了19世纪末、20世纪初，德国数学家和逻辑学家弗雷格和英国数学家和逻辑学家罗素创建了数理逻辑演算，这不同于亚里士多德的逻辑，叫做经典逻辑演算。从此开始了新的逻辑发展，而弗雷格和罗素创建的经典逻辑演算就成为了现代逻辑的基础，在这个基础上又发展成为现代的逻辑，主要是数理逻辑和哲学逻辑这两个大的门类。从弗雷格和罗素开始，逻辑就成为了一门独立的科学，得到了飞速的发展。

就数理逻辑而言，逻辑演算是一个基础，逻辑演算就是讲命题演算，命题和命题之间的一些推理；逻辑当中的另一种演算叫做谓词演算，就是带有量词“所有”、“至少有一个”的这样一种推理，也是完全用数学化、符号化的方法来进行的演算。这种演算是现代逻辑的基础，在这个基础上，现代逻辑、数理逻辑主要有四个大的门类。第一种叫公理集合论，集合论是数学的基础，就是讲集合。人是一个集合，茶杯也是一个集合，就是一类一类的东西。数学上的集合是抽象的集合，而且是采用公理化的方法来研究的，所以叫做公理集合论，这是数理逻辑的一个部门，它是逻辑和数学的交叉。第二种叫模型论，就是研究一个数学的形式系统、一个逻辑的形式系统跟它的一个解释的关系，就是我把符号解释成一个什么东西，模型就叫解释。第三种叫证明论，就是研究数学和逻辑证明的一种理论。数理逻辑当中还有第四论，叫递归论，就是研究可计算性理论，这个和计算机的关系很密切。数理逻辑就是和数学交叉，总共四大论。

20世纪后半期，在弗雷格和罗素创造的经典逻辑演算的基础上，产生了非经典的逻辑演算，这些演算有一个特点，和哲学概念都有着密切联系，所以也称之为哲学逻辑或哲理逻辑。现在非经典的逻辑演算或者叫哲学逻辑已经是一个庞大的学科群体，发展得相当快。比如研究必然性和可能性的逻辑叫模态逻辑，跟伦理概念、道德有关的叫道义逻辑。我们平常的逻辑叫二值逻辑，而非经典逻辑当中有一种多值逻辑，比如一个命题可以取三个值，甚至取无穷多个值，这就叫多值逻辑。还有一种和时间有关的时态逻辑，过去、现在和将来这样一种逻辑。还有一种直觉主义逻辑，直觉主义学派是数理逻辑当中的一个学派，他们创造了一种跟我们现在的二值逻辑不太一样的逻辑。逻辑系统或者任何一个数学系统当中都不能包含逻辑矛盾，但是非经典逻辑演算当中有一种逻辑，在这个系统里可以允许包含局部的矛盾，这就叫做弗协调逻辑。这些都叫做非经典的逻辑演算，门类很多。我们现在所说的逻辑学主要就是指数理逻辑和哲学逻辑这样两个大的门类，统称为现代逻辑。

亚里士多德传统逻辑这种古典形态的逻辑还是叫做古典逻辑，已经被作为历史研究的对象。我们现在的大学把古典的形式逻辑和古典的归纳逻辑合开成一门课程，叫做普通逻辑。普通逻辑不是一个逻辑学科的名称，只是我们高校开的一门课程，课程名称不能和学科名称混淆。现在大学里都开设了普通逻辑的课，讲亚里士多德传统的逻辑内容，还有从培根的归纳法、古典归纳逻辑创始以来的那些古典归纳逻辑的内容。当然，现在逻辑学主流不是现在高校里讲的普通逻辑，而是现代数理逻辑和哲理逻辑。联合国教科文组织有一个科学分类，把逻辑学放在基础学科里，和数学、物理学、化学、天文学、生物学、地理学并列为七大基础学科，所以逻辑学的性质就是基础学科。联合国教科文组织的分类很科学，逻辑学作为和数理化天地生并列的七大基础学科之一，它是基础的基础。所谓基础就是在各个方面都可以有应用，它本身是一个学科，但是因为它是基础，所以就可以应用于各个方面。这和亚里士多德的思想是一致的，亚里士多德说逻辑学是工具，所以我觉得逻辑学的性质是一个工具性学科也是基础性学科。正因为它有工具性、基础性，所以逻辑学在哲学、数学、计算机科学、人工智能、法学、语言学、经济学、行政管理学、心理学、认知科学等学科中有着广泛的应用。

它的应用性很广，与各个学科的关系也很密切，所以从事各个方面工作的人学逻辑学都很有好处，特别是从事哲学工作的人，必须要学习一点逻辑。逻辑学本来就是在哲学的怀抱里成长起来的，现代逻辑形成以后独立成为一门学科，得到了飞速发展。现代西方有几种哲学学派，分析哲学、语言哲学和逻辑哲学，都离不开现代逻辑。如果你要研究西方哲学，如果不学习现代数理逻辑和哲学逻辑，那你就不可能深入研究分析哲学、语言哲学和逻辑哲学。学习和研究西方哲学，不靠逻辑学是不行的。研究马克思主义哲学也要学一点现代逻辑。我可以举几个例子说明这个问题。既然逻辑跟哲学有这么大的关系，它是一个基础学科，逻辑工具特别是逻辑分析方法对各门哲学都是有用的，那么对马克思主义哲学也是有用的，所以我觉得搞马克思主义哲学也要学逻辑。前面这一段是序言，就是漫谈，把逻辑学的性质、大概的情况说一说。

下面谈谈逻辑在哲学当中的应用。首先是逻辑分析方法对于分析哲学命题的作用。哲学由一个个命题组成，这些命题的精确含义究竟是什么，如果我们搞不清楚，发生了误解，就会发生一些无谓的争论，所以我们必须对哲学命题进行分析，而分析就离不开逻辑。举一个例子，马克思主义哲学中有一条原理，事物是相互联系、相互制约的，或者事物是普遍联系的。这个原理究竟说的是什么意思，怎么去理解这个原理？在我看来，这个命题应当用逻辑方法来分析。什么叫做普遍联系？什么叫做相互联系，相互制约？这是指事物之间的一种关系。世界上的事物除了本身的性质以外，就是一种关系，存在于这个关系当中，这个命题就是讲事物具有普遍联系这样一种关系。

既然是事物，事物之间就有一个量的区别，是所有的事物还是有的事物，还是某个事物？所以，根据量的区别和关系，这个命题就可以有四种情况：第一种，所有事物与所有事物都有联系，任何事物与任何事物都有联系；第二种，有的事物和所有的事物联系；第三种，有的事物与有的事物联系；第四种，所有事物或任何事物总要跟有的事物联系。用逻辑分析方法来分析这个命题，只能有这四种情况，所有的和所有的，有的和所有的，有的和有的，所有的和有的。究竟哪一种情况是对的、是我们正确的理解呢？任何事物跟任何事物都有联系，这显然是一种错误的理解，是一种诡辩，是不对的；有一种事物跟任何一种事物都有联系，大概找不出这种事物来；第三种理解是有的事物跟有的事物联系，这是对的，有一事物总要跟一种事物联系；第四种理解是任何一种事物总要跟某种事物联系。第三、四种理解都是对的，我们取哪一种？第三种理解比较弱一些，只是说有的事物跟有的事物有一些联系，我们说事物是普遍联系的时候，省去了量词和量词之间的区别，实际上是第四种解释，应当说世界上任何的事物总要和有的事物联系，总要和某种事物联系，这才是事物普遍联系的一个精确的含义，如果我们把它理解成为任何事物和任何事物联系，那肯定是错误的。这就需要一种逻辑的分析方法、一种量词的分析工具，我们用符号来表示会更加清楚，这是第一个用逻辑分析方法分析的哲学命题。

第二个命题，马克思主义哲学中有一条叫做实践是检验真理的唯一标准。这个命题要离开逻辑是分析不清楚的，必须要用逻辑分析方法才能把它的精确含义分析出来。说实践是检验真理的唯一标准，这个意思很复杂。首先，这个命题是一个用并且联系起来的命题，是一个复合的、复杂的命题。实际上这个命题就是指实践是检验真理的标准，并且任何非实践都不是检验真理的标准，这样后面这句话就把唯一性表示出来了。可是前面一句话，实践是检验真理的标准，又有很多种理解，实践跟真理之间就有一种检验标准的关系，实际上也是一种关系的命题，讲的是实践跟真理两者之间的关系，有检验标准的关系，反过来就有被检验的关系。所以，实践是检验真理的标准，理解起来实际上就有八种，实际上有八句话，可以分析成八种情况。

八种情况里面当然有错误的理解、有正确的理解，我们来看看选择什么样的理解才是原来实践是检验真理的唯一标准的含义。实践与真理之间有量的关系，是所有的实践还是有些实践？真理也有这个问题，是所有的真理还是有的真理？把这些量的区别组合起来，再加上一个检验，一个被检验，主动和被动的关系，合起来有八种。第一种，所有的实践是检验所有真理的标准，或者任何实践是检验任何真理的标准，这句话不对，数学实践不会检验政治的真理；第二种，任何实践是检验某个真理的标准，这是对的；第三种，某个实践是检验所有真理的标准，这个不行；第四种，某个实践是检验某个真理的标准，这也是对的。

现在反过来从被检验的关系说，第五种，任何真理都要被任何实践来检验，这肯定不对；第六种，任何真理都要被某种实践来检验，这是对的，第六种跟第二种理解是对称的，第二种说的是任何实践是检验某个真理的标准，第六种是任何真理都要被某种实践检验；第七种，有一种真理被任何实践所检验，这个不行；第八种，某个真理总是被某一个实践所检验，这也对。

我们用逻辑分析的方法分析实践是检验真理的标准，得出八种理解。这八种理解当中哪些是我们想要的，是原来命题的含义呢？这里面有四个是正确的，二、六、四和八。四和八用的量词总是说某个实践是检验某个真理的标准；八说某个真理总是被某一个实践所检验，命题比较弱，弱化了原来的命题，虽然它是对的，所以我们把四和八去掉。第二个命题说任何实践是检验某个真理的标准，所有的实践总可以去检验某个真理；第六个命题说某个真理总要被某种实践所检验。用第二个还是第六个？我们看原来的命题，实践是检验真理的标准，这句话的本意强调的是什么？它强调的是真理离不开实践，所以我觉得用六比较好，就是把强调放在真理上，任何真理总是逃不掉某种实践的检验。但是如果把这个命题理解成第二种，说任何实践是检验某个真理的标准，这也是对的。所以说逻辑分析方法的用处很大，你只要做出一个判断，只要做出一个命题，你的含义是什么，我们都可以用逻辑分析方法来做一种分析，看看究竟是对还是错，特别是一些理论。刚才我举例学习哲学命题，逻辑分析方法当然也可以用于分析其他理论。

第二个方面我想说说逻辑分析方法在分析哲学概念和哲学理论当中的作用。大家学过哲学，知道有一个很重要的概念就是“存在”。“存在”是哲学中一个很基本、很重要的概念。哲学中还有一个叫做“上帝存在”的本体论证明，中世纪有一位天主教哲学家对“上帝存在”做了一个本体论证明，后来还有很多天主教哲学家，甚至科学家也做了“上帝存在”的证明，就是把“存在”这种性质赋予上帝，遭到许多哲学家和逻辑学家的反对。大体上是说上帝具有一种存在性，他本来是永恒、全能的，而永恒、全能的东西是存在的，所以上帝就存在了；本体论上它是存在的，它不能不存在，给他这么一种证明。德国著名哲学家康德提出，你证明了上帝存在，而上帝是一个主词，存在是一个谓词，也就是说你把谓词的存在性直接赋予上帝。康德提出，存在不是一个谓词，把“存在”赋予上帝没有意义，它不能给主词添加任何属性，也就是“存在”这个词不能作为谓词。

大家读一读恩格斯的《反杜林论》，德国哲学家杜林提出一个观点，“世界的统一性在于存在”，恩格斯对他进行了批判。恩格斯认为，世界的统一性不是在于存在，而是在于物质性。他认为存在只不过是一个非常空的概念，只是说某种东西存在，物质东西存在，精神东西也存在，不能说是一种性质。实际上恩格斯的观点和康德相同，也就是存在不能作为一种属性来赋予给主体。就是说，只要我们单单说某个东西存在这样一个简单的事实之外，世界上整个千差万别的现象就会存在于我们的面前。世界上千差万别的现象统一性在哪里？在于物质性，而不是在于简单地说它存在、说它不存在。这是从哲学角度来说，不能给主体增添一种性质，它只是任何一个东西所共有的一种简单的性质，它不能给主体增添真正的性质。

后来数理逻辑创始人罗素认为，从逻辑上来说，存在不能用于个体事物的名称。比如说上帝，他是一个个体，虽然它是不存在的个体。也就是说，存在这个词不能用在个体事物的名称上面，不能说某某东西存在，不能说上帝存在，不能说鲁迅存在，当我们想要说鲁迅存在的时候，把存在这个词用来描述鲁迅从逻辑上来讲是不正确的，而应该说《阿Q正传》的作者存在。也就是说，存在这个词不能用在专名上，只能用来描述一个摹状词，“《阿Q正传》的作者”是摹状词，摹状词是描述鲁迅的，“存在”这个词就可以用在这个摹状词上。《阿Q正传》的作者存在，用“存在”这个词来说《阿Q正传》的作者，这句话是什么意思？就是恰好有一个人写《阿Q正传》，这句话的含义就是这样。所以罗素从逻辑上给“存在”做了这么一种分析。“存在”可以用在一个摹状词上，摹状词确实是描述个体的一个语词，但是我们不能把存在这个词用在专名上。所以说《阿Q正传》的作者存在是对的，它的意思是恰好有一个人写《阿Q正传》，从逻辑公式上可以把它写出来，是可以符号化的东西，而且可以在数理逻辑里面进行推理、推导；而鲁迅存在这种说法就不行了，把它符号化以后从逻辑上来讲是没有意义的。所以对于上帝存在本体论证明可以从哲学和逻辑两个方面进行反驳。

刚才说了存在的概念，就是用逻辑分析方法分析存在的概念，还可以解决一个叫做“一个不存在的东西它存在”这样的哲学问题，一个难题。我们往往需要描述一些不存在的东西，我们说不存在的东西它存在，比如金山，就是由金子构成的山，实际上金山在这个世界上是没有的，只有金矿，没有纯金的山；所以说金山存在，实际上没有金山，说飞马存在，实际上没有飞马，说麒麟存在，实际上也没有麒麟。这些都不存在，我们往往需要用存在这样一种词去描述那些不存在的东西，那么从逻辑上就可以解决了。实际上，当我们说这些不存在的东西时，这些不存在的东西应该就是摹状词。比如说金山存在，这就是一个摹状词，金山描述的东西是不存在，但是我们可以说金山存在。这句话是什么意思呢？就是恰好有一座山具有金子构成的性质，这是这句话的命题含义，可是这个命题是假的，说金山存在这个命题是假的，我们可以说它有意义，但它是假的。所以从逻辑上对存在这个词做了这样一个分析之后，就可以把"一个不存在的东西存在"这个问题解决了。当我们说金山存在的时候，金山存在这个命题是一个假命题，但是它有意义。

我们接着分析专名与摹状词。鲁迅是一个专名，《阿Q正传》的作者是摹状词，摹状词就是由一个个体的性质来描述这个个体的语词。专名与摹状词的问题是分析哲学、语言哲学和逻辑哲学当中一个很重要的问题。专名和摹状词不同，为什么不同？比如说鲁迅是《阿Q正传》的作者，你说专名跟摹状词就是一回事，那你可以作一个代入，代入以后就变成鲁迅就是鲁迅，这句话是同语反复，这就没有意义了。可是原来我说的这个命题，鲁迅是《阿Q正传》的作者，这是一个文学史上的事实，它给了我们一种信息，所以这样就可以看得很清楚，专名跟摹状词不是一个东西，不是一回事儿。鲁迅是《阿Q正传》的作者，这句话实际等于三句话合成。什么意思呢？至少有一个人写《阿Q正传》，至多有一个人写《阿Q正传》，并且写《阿Q正传》的人就是鲁迅，是这三句话组成。所以，从逻辑上给专名和摹状词做分析，就可以把鲁迅是《阿Q正传》的作者这句话的意思分析得很清楚，它是三句话的合成，专名和摹状词是不同的。这种专名和摹状词的区别，在现在分析哲学、语言哲学和逻辑哲学里面有很多研究，在西方哲学里也是一个很重要的专题，当然我讲得很简单了。

专名和摹状词不同，但是他们也具有相同的东西，都叫做指示词，指示一个东西。专名的作用是单独指示一个个体；摹状词的作用是用一个个体的性质来指示一个个体。他们都叫指示词，总要指示外界的一个事物、一个个体。逻辑当中有一种模态逻辑，就是研究必然性、可能性的逻辑，也用来分析专名与摹状词的问题。模态逻辑里有一种语义学，就是带有必然性、可能性的一种命题，做出一种语义解释，用的是可能世界的概念。所谓可能世界就是一种可能的状态。一个命题必然真是什么意思？说一个命题必然真，就是在一切可能世界是真的，就是在一切可能状态下都是真的，这个命题才叫必然真。一个命题可能真是什么意思呢？就是在某一个可能世界是真的，也就是说在某一个可能状态下是真的，这叫做可能真。用模态逻辑这种语义解释来分析专名和摹状词就是这样一种情况。专名是一种固定指示词，它在一切可能世界里面，也就是说在一切可能状态下都是指称同样一个个体，比如鲁迅，在现在的状态下指称鲁迅，在过去状态下也是指称鲁迅，在未来状态下也是指鲁迅。如果我们把地球算作可能世界当中的一个，那么鲁迅这个个体到火星上也是指鲁迅个体，所以鲁迅这样的专名就变成了一种固定指示词，就是在一切可能世界里面都指称同样的个体。《阿Q正传》的作者是一个摹状词，它在我们这个状态下才指称鲁迅，可是是不是在另外一种状态下，《阿Q正传》的作者不是指称鲁迅呢，可以指称鲁迅以外的其他人呢？这是可以的，因为这种可能的状态我们是可以设想的，所以摹状词“《阿Q正传》的作者”就不是一种固定的指示词，跟鲁迅的专名就不一样。

《阿Q正传》的作者在别的可能世界里面可以指称别的作者，所以用这种模态逻辑可能世界的语义解释来分析专名和摹状词，使我们更清楚它们的不同。

大家都知道金星有不同的名称，在我们中国叫做启明星、长庚星，启明星早上出现在天空，长庚星傍晚出现在天空。另外跟金星同样的还有两个名称，一个叫晨星，一个叫昏星。晨星跟昏星是摹状词，不是专名；启明星是一个专名，也是金星另外一个专名，长庚星也是金星另外一个专名。晨星是用来描述金星的性质的，晨星在英语里叫"the morning star"，也就是早晨的星，很清楚是一个摹状词，所以晨星跟专名不一样，它是一个摹状词；昏星同理，昏星在英语里叫"the evening star"，是傍晚的星。晨星和昏星都是摹状词，晨星不等于启明星，昏星不等于长庚星，因为启明星和长庚星都是专名，是金星的专名，它们都是固定指示词，在一切可能世界里都是指称金星这个个体。可是晨星和昏星就不是一个固定的指示词，它在一切可能的世界里并不都是指金星，也许晨星在另外一种可能状态下就不指称金星，也许晨星在另外一种可能状态下并不一定是早晨时间出现，因为这种可能状态是我们可以设想的。什么是可能状态？就是不包含逻辑矛盾的一种状态，我们都可以设想，从逻辑上来说都可以成立。所以我们认为晨星和昏星不能够在一切可能世界里指称同样的金星。启明星等于长庚星，这是天文学所发现的必然真理，但是说晨星等于昏星就不是必然的，所以这两个是不一样的，专名和摹状词是不一样的。

第三个问题是本质主义的问题。马克思主义讲本质主义，但是什么叫本质，在逻辑当中可以用逻辑的方法对本质问题加以解释和分析。马克思主义认为，事物的本质跟现象是一对辩证法的范畴，本质就是事物的内部结构，事物发展的一种必然性、规律性，所以马克思主义在讲辩证法的范畴时把本质等同于规律性和必然性。具体什么是本质，怎么样来确定一个事物的本质，马克思主义哲学没有多讲。现在我们从逻辑上来讲什么叫本质，什么叫本质主义。

事实上，最早主张本质主义的是亚里士多德。亚里士多德是一个本质主义的哲学家，他认为任何事物都有本质。怎么确定一个事物的本质呢？用一种定义的方法，可以揭示一个事物的本质，这是亚里士多德的基本思想。比如说人，人这种事物是一个类，怎样去揭示人这一事物的本质？亚里士多德说要用一个属，就是比人更大的类，这就是动物，加上大类之下的各个小类之间的区别、差别来下定义，这叫做属加上一个种差，属是一个比较大的类，人是一个比较小的类，在属下面有很多小类，人、马、骡等各种小的类，这种小类之间的差别就叫种差，就可以揭示人的本质，这是亚里士多德的一个基本思想，用属加种差来定义那个小的类。人是什么呢？亚里士多德说，人是一个能获得知识、有死亡的一种动物。动物是一个属，是一个大的类；能够获得知识，还要死亡，这是人的一个种差，这就叫做属加上种差。实际上种差这个定义亚里士多德下得也并不是很对，动物也有死亡，所以死亡并不是人区别于其他的动物类的特有的一种属性。亚里士多德的意思就是说，人是能够获得知识的动物，也就是属加上种差。他的本质主义，就是属加种差的一种本质主义，揭示本质就是靠属加种差，这看起来不大行。虽然这个定义是对的，也就是人是获得知识的动物，但是说这是人的本质就不一定是对的。

模态逻辑就是研究必然性和可能性的一种逻辑，它有一种语义学，就是可能世界的语义学。从模态逻辑可能世界语义学来分析本质是什么，一个事物的本质也就是事物的一种内部结构。本质是事物所必然具有的一种属性，这种必然具有的属性就是内部结构，而这种内部结构是在一切可能世界当中不变的，这才叫做本质。在一种可能状态下，这种属性会变，那它就不可能是一种本质，必须要在一切可能状态下不变。比如说黄金是原子序数为79的金属，金属内部的结构在一切可能状态下都不会变，不管在任何一种可能世界里面。我们也可以用比较形象的比喻说法，黄金在我们地球上的原子序数是79，到火星那个可能世界里面它也是79，到遥远的星球那种可能世界里它的原子序数照样是79，所以原子序数79这样一种内部结构就是黄金的本质，它在一切可能世界当中都不会变。还有水，大家都知道水是氢二氧，氢二氧就是水的内部结构，也就是水的本质，它是在一切可能世界里面都不变，在地球上水是氢二氧，如果有一个孪生地球，它照样还是氢二氧，火星上已经发现了冰冻的水，它也是氢二氧，所以这种内部结构就是一个事物它所具有的本质，这种结构在一切可能世界都是不变的。所以我们现在用模态逻辑的可能世界语义解释来分析这种本质，就使本质的问题得到了比较清楚的说明。它引进了可能世界这样一种概念作工具，作为一种分析哲学问题的工具。

刚才说的是黄金和水，都是自然的种类。还有一种是社会中的人，刚才说到亚里士多德对人有一个定义，那么我们应当对人下一个什么样的本质定义呢？社会中人的本质是什么？也照样是人这一类事物的内部结构。人是处于社会生产关系当中的动物，这是一个人的内部结构，这种内部结构在任何可能状态下都是不变的。亚里士多德说人是能够获得知识的动物，他的定义不能逮住事物的本质，因为其他很多动物也都能获得知识，像海豚、猩猩都可以。我们用模态逻辑的可能世界语义学就能够逮住事物的本质，解决什么叫做必然性的问题。在一切可能世界里都不变的一种性质才能叫做必然性、才能叫本质，如果有反例那就不行。所以我们就用这种可能世界的语义解释来研究本质、本质主义的问题，现在也是在分析哲学、语言哲学、逻辑哲学当中研究比较多的问题。用的方法基本上就是模态逻辑可能世界的语义学方法，这样就可以把本质问题阐明。

现在从模态逻辑当中发展出一种模态集合论，刚才我已经说过集合论是模态逻辑的一个分支，就是把事物分成集合来进行研究，对集合之间的关系进行推理。那么模态集合论是什么意思呢？就是把模态逻辑和数理逻辑当中的集合论结合起来进行研究。模态集合论有几种原理，取得了很重要的成果。模态集合论当中有这么几个原理，集合就是把它看作事物的类，给定一个类，什么类里有什么样的分子，对于这个类来讲就是一个本质，一个类的成员资格，什么东西作为这个类，这个类存在于每一个可能世界当中都是同样的，所以对于一个类来讲，它的成员资格是固定的。在我们的可能世界里，一个类由两个分子组成，由两个具有某种性质的分子组成，到另外一种可能世界里面也是这样。所以一个类里究竟包含什么样的东西，具有什么样的成员资格，这是固定不变的，这是模态集合论里的一条公理，是用数学化、逻辑化的形式表现出来的。

在一个可能世界里有这个类，在另外一个可能的世界里有另外一个类，如果他们是同样的分子、同样的成员，那么这两个类就是相同的。所以有这两个公理就可以得到这样一个结论，一个类的本质在不同的可能世界里决不会改变，一个类的内部结构在不同的可能世界里绝不会改变，因为这个类和另外一个可能世界里的类的分子是同样的，成员是同样的，那就是同样的类。它包含什么样的成员就是一个类，在一个可能世界里包含具有某种性质的分子这样一种资格，到另外一个可能世界里也是不会变的，也就是说规定一个类是由规定这个类的成员的资格来决定的，在每一个可能状态下是不变的。所以，根据模态集合论的这两条公理，实际上就可以说明一个事物的本质，任何事物的本质在任何可能的世界里都是不变的。所以模态集合论实际上也加强了我们对本质主义的分析，这是从数理逻辑方面加强对本质主义的分析。自然种类、社会种类都有其本质，是在任何可能世界里内部结构都不会改变的本质，是一种必然的属性。

第四个问题讲全体与部分的辩证关系。欧几里得几何里有一条公理，全体大于部分，全体等于部分的总和。现在我们来看一看自然数的集合，1、2、3、4、5、6、7、8、9……直至无穷，这是一个集合。再从自然数里找出一部分来，2、4、6、8、10……直至无穷，这是偶数的集合。现在形成两个集合，一个是自然数的集合，一个是偶数的集合。我要问，自然数的集合和偶数的集合，这两个大类，哪一个集合的元素多？实际上是一样多，因为这是两个无穷的集合，1、2、3、4、5、6、7、8、9、10……直至无穷；2、4、6、8、10……也直至无穷，一样多。

可是偶数的集合是从自然数集合里面拿出来的，从直观来说，偶数的集合应当是自然数集合的一半，但事实并非如此。因为我们用有穷的观点来看无穷才产生这个问题，从无穷的观点来说，因为它直至无穷，是永远数不尽的，这样全体就等于部分，而不是全体大于部分。这从我们平常直观来看一般是不好理解的，特别是从自然数里面抽出一个偶数的集合来，不好理解。伽利略当时发现了这个问题，非常困惑，偶数的集合拿出来以后怎么可能和自然数的集合一样多呢？他想不通，所以现代历史上就把这个问题叫做伽利略之谜。

后来德国逻辑学家康托尔创建了集合论，用一个逻辑概念“一一对应”来解决伽利略之谜。为什么自然数集合和偶数集合是同样的大小，是一样的个数，他用一一对应的方法来解释。从自然数里拿出一个1，偶数集合里就有一个2对应，自然数里有2，偶数里有4，自然数里有3，偶数里有6，这就是一一对应的概念。他说一一对应是无穷集合的一个很重要的性质，无穷集合一一对应以后，个数就会一样多，因为可以一直对应下去，直至无穷，就叫一一对应，这就解决了问题。无穷和有穷的情况不一样，有了无穷的集合，就不能用有穷的观念来看无穷的集合，否则就会产生不可克服的矛盾，全体会等于部分。实际上，全体等于部分在无穷集合里是非常自然的事情，所以有了康托尔一一对应的概念以后，就可以把自然数的集合、能够一一对应起来的集合都叫做可数的集合。可以数，怎么数？就是用一一对应的办法来数，自然数是可数的，1+1+1，按照+1的办法来数，有了自然数的集合，把它作为标准，自然数就叫做可数的集合，可以数。凡是可以和自然数集合一一对应的都可以数，奇数也可以数，也是一种可数的集合，1、3、5、7、9……直至无穷的集合，也是可以和自然数一一对应的集合，凡是能够对应起来的都叫做可数的集合。那么这个集合的个数有多少？那是无穷大的数目，用一个字母来表示就是$\aleph$，就是希伯来字母表示自然数的集合的大小。

关于无穷的问题很复杂，后来人们发现自然数集合是最小的一种集合，1、2、3、4、5、6、7、8、9、10……有没有比自然数集合更大的集合呢？有。实数的集合就比自然数集合大得多，实数是有理数和无理数的集合，那么这个集合要比自然数的集合大得多。自然数集合可以用一一对应的办法来数，实数的集合是不可数的，没有办法数，因为它的无穷比自然数的无穷要大得多。怎么来描述实数呢？可以取一条线段，它上面的点就是实数的集合，这就是无穷的集合，就是比自然数不知大多少的集合。按照集合论的理论来说，还有比实数更大的集合，我们可以构造这种集合。从集合论给出定义以后，它就给我们提供了一种解决无限问题、无穷问题的方法。用集合论的观点可以解决全体和部分的问题，也可以解决无穷与大小的问题。现在讲哲学都要讲无穷观、无限观、无限和有限的辩证关系。这个“无穷”究竟有多大？实际上无限或者叫无穷也分成不同的层次。刚才说到无穷的两个例子就是两个不同的层次，一种是可数的层次，像自然数那样，可以和自然数对应起来，是可数、一一对应的；一种是不可数的层次，在不可数的层次当中还有无穷的层次，这就是集合论给我们的结论。集合论就是研究不同无穷层次当中集合的大小、集合的运算等，所以从集合论的观点来说，它的理论丰富了我们对于无穷的一种看法。

关于无穷的问题，黑格尔曾经提出说，无穷可以比较其大小，这是黑格尔在他的著作《大逻辑》里提出的著名观点，无限可以比较其大小，也就是无限有不同的层次，无穷不是一个无穷，无穷有好多种无穷，可以有不同大小的无穷，无穷像楼梯一样，楼梯的等级也是无穷的，这是黑格尔提出来的观点，这在马克思主义里面没有提出来。黑格尔从哲学上所说的无穷可以比较其大小，确实在康托尔德集合论里也得到了说明，黑格尔提出的这条原理实际上就相当于集合论里的一条公理。无穷可以比较其大小，相当于集合论里的选择公理，这很有意思。所以，我们要研究无穷的这些问题，还是要学一点集合论，这可以开阔我们的视野，可以把无穷这个问题研究得深透。这就是我所说的无穷问题，是哲学上很重要的一个理论问题。

第五个问题，也是哲学和逻辑当中一个很重要的问题，叫做悖论问题。数学史上一共产生过三次数学危机。第一次是在古希腊时代，无理数的发现引起了第一次数学危机。正方形的一边和它的对角线不可公度，也就是没有公因数，就发现了根号2，发现了无理数，这是毕达哥拉斯当时提出的问题，这个问题就是关于无理数发现的数学危机。第二次数学危机是微积分的危机，也就是无穷小量的危机。无穷小量究竟是什么？这是当时有关微积分的争论。19 世纪末 20 世纪初产生了第三次数学危机，就是发现了悖论，在数学和逻辑当中的悖论。在 19 世纪末 20 世纪初发现了各种各样的悖论，什么叫悖论呢？就是一个命题，你肯定它的真就会得到假，你肯定了它的假就会得到真，就发现了一种自相矛盾，这就叫做悖论。

当时在 19 世纪末、20 世纪初发现的悖论是各种各样的。一种跟语义学有关的悖论叫做“说谎者的悖论”，实际上这种悖论在古代已经发现。它的意思是，比如我现在说一句话，我现在说的这句话是一句谎话，我在当下这个时候就说了这么一句话，如果你肯定了我这句话是真的，那是谎话，我在说谎；但是你说我不是在说谎，那就是说我现在说这句话不是谎话，而是真的，这就是由真可以得假，由假可以得真，这就是“说谎者悖论”，这在古代就已经被发现了。20 世纪初的时候又发现了很多和这些悖论类似的悖论。

还有一种在集合论里、在数学里发现的悖论，由罗素提出，叫做所有不是自己分子的类所构成的类。现在我解释一下这个集合论的悖论，就是说有些类、有些集合可以做自己的分子，有一些类则不能。比如说人类不是一个人类，也就是人类不是自己的分子，可以思考的东西是一个类，可以思考的东西也是可以思考的，所以可以思考的东西这个类就可以作为自己的分子，这是两种不同的类。比如说图书馆，图书馆的书有目录，有的图书馆总目录被编在总目录里面，也就是说总目录就是自己的分子，可是有的图书馆总目录并不放在总目录里面，所以总目录就不是自己的分子，所以可以有两种类。我们要构造这样一个类，这个类是怎么构造成的呢？就是所有不是自己分子的类所构成的类，把所有的、不是自己分子的类搜集起来构成一个类，这个类就叫做所有不是自己分子的类所构成的类。假定我构造成功了，就是把所有不是自己分子的类构成一个大类，那么它自己是不是自己的分子呢？这个大类是不是自己的分子？如果说这个大的类是自己的分子，再看这个定义，所有不是自己分子的类所构成的类，定义就是说它不应当是自己的分子；而这个类又是怎么构成的呢？不是自己分子的类才能构成这样一个类。反过来说，如果这个大的类不是自己的分子，看刚才的定义，所有不是自己分子的类所构成的类，那就是说它又成为自己的分子。这就叫做悖论，你肯定它是自己的分子它就不是，你肯定它不是自己的分子它又是，这就叫罗素悖论。

这样的悖论很多，一个是像说谎者悖论这样的，叫做语义悖论，和语义有关；另外一个和逻辑数学有关，叫做集合论悖论。在数学和逻辑学当中出悖论那是不得了的事情，特别是集合论出了悖论，出了罗素悖论就不得了了，基础就动摇了，所以必须加以克服。当时罗素把自己发现的悖论告诉了数理逻辑的奠基人弗雷格，弗雷格惊呼，科学大厦的一块基石被动摇了。弗雷格要证明从逻辑可以推出算术，他正在做工作、正在写书的时候，罗素把悖论告诉了他，他觉得这个问题很大，因为逻辑里面出了悖论，对他整个的推导都将产生很大的影响。所以在悖论发现之后，很多数学家和逻辑学家致力于解决悖论的工作。第三次数学危机之后，解决悖论的方案很多，终于把各种各样的悖论解决了，从而使得逻辑学和数学得到飞速发展。解决悖论必须要用很多逻辑方面的高超技巧，提出各种各样的新理论。

我简单介绍一下解决悖论的一些方法。比如怎么解决语义悖论？逻辑学家塔尔斯基提出一种语言层次理论，可以解决语义悖论。解决像说谎者悖论这样的悖论，语言要分成层次，当你说这一句话的时候，你是在这一个层次里说；当你说这句话是真或者是假的时候，真假概念是在比它高的一个层次里头，是第二个层次。比如“我现在说的这句话是一句谎话”这句话，是在第一个层次里说的，当我再说“我说的这一句话是谎话是真话”的时候，“是真话”这一句已经跑到第二层里了，所以层次上是不一样的。“我现在说的这句话是一句谎话”是在第一个层次里面，“我现在说的这句话是谎话是真话”这一句话是在第二个层次里面，第二个层次和第一个层次之间不一样，它不会发生矛盾，只有我们把它放在同一个层次里时才会产生一种自相矛盾，这就叫做语言层次理论。所以不能把“我现在说的这句话是谎话是真话”放在第一个层次里面，如果放在第一层次里面就会跟第一个层次里面的话发生冲突，既真又假的冲突，放在第二层次里面就不会和第一层次发生矛盾，这是语言层次理论，它可以解决说谎者悖论。当然这一套逻辑技巧、形式技巧上的分析是很复杂的，简单地说就是这样。

其他还有好多理论可以解决语义悖论。比如认为说谎者悖论这样的语句是没有根的语句，是无根的语句。比如说“我现在说的这句话是一句谎话”这个语句没有根。什么叫“没根”？比方说“今天天晴”这句话，今天天晴这句话是真的，然后就是“今天天晴这句话是真的是真的”，它是一个层次，语言是有层次的，“是真的”要返回到第二句话中，也就是今天天晴这句话是真的是真的，返回到第二句话去今天天晴是真的，要知道这句话是真的就要返回到今天天晴这句话，今天天晴这句话是真的就要看事实，今天天晴这句话是有根的。可是“我现在说的这句话是一句谎话”，它没有根，它不像“今天天晴”这句话有一个事实，有一个根和它相对。所以这也是一种解决语义悖论的方法，说它是无根的语句，说谎者悖论这个语句是无根的语句。

另外怎样解决集合论的悖论呢？康托尔建立集合论的时候，他那套集合论还比较朴素、比较直观，还没有非常严格数学化。后来经过几位数学家的努力，为了排除像罗素这样的集合论悖论，他们就建立了一种公理化的集合论，就把集合论加以公理化，从公理出发，规定什么样的东西才是集合。这种公理化集合论，它的公理实际上规定了集合是什么样的东西、什么样的集合才能存在，根据这些公理什么样的集合才能够进行推导，这叫公理化的集合论。公理化的集合论就是一种釜底抽薪，从根本上把那些产生集合论悖论的语句都排除掉了。根据公理化的集合论，像罗素悖论这样的语句根本就不是集合，也就是说所有不是自己分子的类所构成的类根本就不是一个集合，只是一种真类而已，不能放在集合里面来进行推导。所以公理化集合论根本的方法就是釜底抽薪，从根本上把这种悖论语句排除掉，公理当中有一条就是要排除像罗素悖论这样的一种语句，就是说规定这样一种类根本就不是公理集合论里面的集合，所以就不会存在悖论。

现在公理化集合论在数学当中应用得很好，特别是在高等数学里面，它是数学的基础。我们的小学数学好像已经引用了集合的概念，所以集合论确实是数学的基础。第三次数学危机以后公理化集合论建立起来，直到现在没有新的悖论被发现，也就是说，公理化集合论排除了一些悖论以后我们没有发现新的悖论，所以现在我们尽管大胆放心地使用。也许将来某天会在公理化集合论里出现悖论，这是可能的，但是现在没有发现，那我们就可以放心大胆地去用。第三次数学危机以后，为了解决悖论，逻辑学和数学得到了飞速发展，经历了各种各样的排除悖论的理论；在排除悖论理论的基础上，也建立了各式各样新的逻辑方法、逻辑理论。

逻辑学在哲学当中的应用很多，悖论问题里面有很多哲学问题，有各种关系需要进行哲学分析，所以现在有一种专门研究悖论的逻辑哲学，这是一个很大的课题。总之，逻辑学的各种方法在分析哲学命题、哲学概念、哲学理论当中起着很重要的作用。我们学逻辑有助于学习哲学，可以加深我们对哲学的一些理解。应当说学习逻辑可以发展我们原有的哲学理论，如果想要发展原有的哲学理论，不学习逻辑是困难的。这也是我做这个演讲的目的所在。

（讲座时间：2007 年 1 月）

黄明信

藏历新年与农历春节日期的异同

黄明信，1917 年 12 月生于湖北沔阳，成长于北京。1938 年毕业于清华大学历史系，20 世纪 40 年代在藏族地区著名的拉卜楞寺学习、研究藏传佛学、藏族文化八年之久，考得然监巴 rab - vbyams - pa 学位，50 年代在中央民委参事室、民族出版社藏文室主持政策文件的翻译和一些民族遗产的整理出版工作。1958 至 1978 二十年为农业一级工。1978 年参加《藏汉大辞典》编写工作。中途调到北京图书馆少数民族组。经过数年的实践制订了《北京图书馆藏文古籍编目条例详细说明》，成为全国各处同行的重要范例。研究成果甚多。其中与这次的讲题有关者有：《藏历的理论与实践》（民族出版社 1978）、《藏历漫谈》（中国藏学出版社 1994）、《西藏的天文历算》（青海人民出版社 2002）。

今天我要讲的题目是“藏历新年与农历春节日期的异同”，只是讲日期的异同，而不是讲两种节日的风俗习惯。

为什么我选这么一个题目呢？因为藏传佛教的题目太大，讲的时候深浅不易掌握。而且今年（2007 年）的藏历新年跟农历的春节刚好在同一天，大家对这样的一个题目可能比较感兴趣。关于藏历我所不知道的比我知道的要多得多，这个题目小一点，我犯错误的可能性也要小一点，大的错误也自信还不至于有，小的错误甚至有一些外行的话，也许会出现一些。如果有，请大家指正。

以前一般的人很少注意藏历，开始注意到藏历是 1955 年第二次全国人民代表大会的时候，毛泽东主席向达赖喇嘛、班禅额尔德尼庆贺藏历木羊年的新年（这一年藏历的元旦跟农历的春节不一致，所以引起了大家的注意），那时有一张照片，登在报纸的头版上。那张照片在藏区是非常珍贵的，听说有人愿意用一头牛换这张照片。2006 年，藏历火狗年一月一日是新年，农历是丙戌年二月初一，相差一个月（因为丙属火，戌属狗，所以丙戌年跟火狗年是一个意思）。2007 年，藏历火猪年一月一日是新年，农历则是丁亥年正月初一，藏历的新年跟农历的春节正在同一天，没有差别。有人会问这是怎么回事，究竟是相同还是不相同。其实这个问题我在过去一些书、文章里已经讲过了，现在我也没有什么新的内容。不过社会上还有一些误解，所以我再讲一下，也算是讲一点科普知识吧。

回答这个问题，可以从2001年到2007年之间藏历新年与农历春节的异同进行考察。

藏历新年	公历	农历	农历比藏历
铁蛇年一月一日	2001年2月24日	辛巳年二月初二日	晚一个月零一天
水马年一月一日	2002年2月13日	壬午年正月初二	晚一天
水羊年一月一日	2003年3月3日	癸未年二月初一	晚一个月
木猴年一月一日	2004年2月21日	甲申年二月初二	晚一个月零一天
木鸡年一月一日	2005年2月9日	乙酉年正月初一	正相合
火狗年一月一日	2006年2月28日	丙戌年二月初一	晚一个月
火猪年一月一日	2007年2月18日	丁亥年正月初一	正相合

从这个表里可以看出来，藏历新年跟农历的春节同与不同有四种情况，一种是晚一天，一种是晚一个月，一种是晚一个月零一天，还有一种就是不晚，正相合，只有这四种，除此之外没有第五种。

出现这些情况的原因有四个：一、设置闰月的方法不一样；二、安排月的大小的方法不一样，月的大小有29天、30天两种；三、安排朔望与日期的方法不同，就是“望”是不是一定在十五，“朔”是不是一定在初一，这个方法不一样；四、计算一天开始的时间不一样。

第一点，设置闰月的方法不一样。现行的藏历的主体是《时轮历》，现行的农历的主体是《时宪历》。在这个上面我加一个限制词，就是“现行的”，即现在所实行的。因为历史上，藏历在11世纪以前的情况我们知道一些，但不完整，藏历的历书是怎么能够推算出来的我们不清楚。现在所说的农历，就是《时宪历》是17世纪才开始用的，在这以前汉历有好多种历法，元朝的时候有《授时历》到明朝改名《大统历》，在唐朝的时候有《麟德历》、《大衍历》

等好多种。我们现在所讲的同与不同，就是与《时宪历》的同与不同，不牵扯以前的问题，要牵扯到以前的问题那就更复杂了。

《时轮历》跟《时宪历》都是阴阳合历，可是各有特点，不完全一样。阴阳合历就是说它不是纯阳历，也不是纯阴历。阳历只管地球绕太阳运动的周期，它不管月亮的圆缺。阴历只管月亮的圆缺，它不管太阳运动的周期。有人将农历叫阴历，但是农历是兼管二者，有阳历的成分，也有阴历的成分，所以将其叫做阴历是不准确的。《北京晚报》上刊登过一篇文章讲农历跟阳历。它的意思好像是说：农历有二十四节气，二十四节气的知识是用来指导农业活动的，它是根据太阳的位置来定的，所以农历是阳历，不是阴历。不是阴历这句话是对的，而它是阳历这句话不能这样讲。我们现在讲农历、旧历，还有其他的名字，如夏历。之所以叫做“农历”，是因为它是指导农业时节的，比如说关于种麦子，有一句谚语叫做“白露早，寒露迟，秋分种麦正当时”。为什么叫夏历呢？因为它的新年是在冬至以后的第二个月。汉族的历法在夏、商、周三朝不一样。夏朝的历法，新年是在冬至以后的两个月，就是子丑寅里的，寅月，正月也就是寅月。周朝的历法，新年是在冬至所在的那个月——子月；商朝的历法，新年是在冬至以后的一个月——丑月；我们现行的历法，就是汉族所说的旧历，是以冬至以后的第二个月为新年，所以叫做夏历。

《北京晚报》说阳历这个阳，不应该是阴阳的阳，是西洋的洋，它举的例子说洋火、洋灰这类名字，这个“洋”字就是外来的，就是从西方来的，所以叫洋什么什么。这话也不太正确，因为什么呢？西洋历法这个名词不是到这个时候才有的，而是明朝末年、清朝初年就已经有了。明朝末年传教士利玛窦带来西洋的历法，那是16世纪丹麦人第谷系统的历法，17世纪传到中国。明朝末年有位有名的大臣叫徐光启，他将利玛窦传来的历法翻译、编辑出来了，叫做《西洋新法历书》，可是《西洋新法历书》明朝没有来得及实行，到清朝初年采用了，给它起名叫做《时宪历》。我们现在所说的夏历就是清朝初年开始用的《时宪历》，那是国家颁布的。

阴阳合历的一个重要特点就是有闰月。为什么要有闰月？因为朔望月，就是月的长度是29.5306，29天半。12个朔望月的长度是354.3672，简单地说就是354天半，可是一个回归年的长度是365.24。365比354多11天，也就是过三年就多30天，所以就多一个月了，那么就必须要增加一个月，才能够使年跟月的周期均衡，加上的这个月就叫做闰月。怎么个闰法呢？最简单的办法就是三年一闰，三年一闰在藏族来讲过去也用过，在11世纪的时候，藏族的天喇嘛·意希欧（lha－bla－ma－ye－shes－vod）曾经教给他的臣民一个闰月的口诀："逢马、鸡、鼠、兔之年，闰秋、冬、春、夏之仲月"，就是说马年闰仲秋，鸡年闰仲冬，鼠年闰仲春，兔年闰仲夏。那么12年里头安置4个闰月，实际上就是三年一闰。三年一闰是一个很粗的闰法。《时轮历》的闰的周期比它要精密得多，《时轮历》的闰月的周期是65年24闰。比它更精密的是19年7闰。这19年7闰来源是很古了，汉族可能是春秋的时候就有，外国有好多国家也有过。虽然19年7闰比65年24闰要精密，但也不是完全没有问题，事实上不可能有绝对精确的闰周，因为这两个周期没有最小公倍数。后来发明了"无中置闰"（没有中气的那个月就置闰），才永远地、彻底地解决了这个问题。藏族的历算家也知道这种方法，称赞说"无中气置闰”是聪明人的办法（sgang - bral - zla - shol - mkhas - pavi - lugs）。

什么叫“无中气置闰”呢？农历一年有24个节气，所谓节气是节后面应该有个顿号，节跟气。就是说回归年份24段，这24段里头分两组，12个一组叫做节，12个一组叫做中气，跟月亮的圆缺没有关系，完全是阳历。立春、惊蛰、清明、立夏、芒种、小暑、立秋、白露、寒露、立冬、大雪、小寒，这12个是节，雨水、春分、谷雨、小满、夏至、大暑、处暑、秋分、霜降、小雪、冬至、大寒，这12个叫做中气，合起来叫做节气。农历中规定，月份的名称是按中气所在的那个月来定的，就是说第一个中气是雨水，含着雨水的那个月就叫做正月。第二个中气是春分，春分所在的那个月就叫做二月，以下可以类推，一直到大寒所在的月就是十二月。

节与节，或者中气与中气相隔的时间不相同。现在我们为了使问题简单一些，采用它的平均数，平均数是30.4368，叫做平气（跟平气不同的就是定气，我们现在不详细讲了）。30.43，就是30天半，而一个朔望月平均是29天半，于是相差一天，一个长一点，一个短一点。这就会出现朔望月的头跟尾都在一个平气之内的情况。这29天半正在这30天半的里面，它的头儿在30天半的前面，它的尾在30天半的后面，朔望月正在中间。这种情况出现的时候，一个平气之内，两头各有一点空隙。这个平气的前一个中气在这个朔望月的前一个月里面，后一个中气又在这朔望月的后一个月里边，那么这个朔望月里就没有中气了。没有中气的时候这个月就没法命名了。那怎么办呢？就只好作为上一个月的闰月。举个例子来说，2006年农历丙戌年7月30是处暑，8月2日是秋分，这第八个月就没有中气，所以就闰七月，就是这个道理。

《时轮历》跟《时宪历》设置闰月的原理是相同的，可是设置的方法跟“历元”（开始计算的起点叫“历元”）不相同。就是说《时轮历》跟《时宪历》闰月的设置不一样。

第二个不一样就是月的大小，29 天还是 30 天的安排不一样。《时宪历》安排月的大小的方法有一句话：“以前朔与后朔相较，日干同者前月大，不同者前月小。”这话怎么讲呢？举个例子说，因为日的天干是以 10 为周期，地支是 12 为周期，前后两个朔日的天干不同，就意味着期间的天数不是 10 的整倍数，就不会是 30，那么就是 29 了，29 天就是小月。例如 2007 年农历丁亥年，正月朔就是正月初一，这一天的天干地支是癸未，它的天干是癸；二月初一是壬子，它的天干是壬。一个是癸、一个是壬，两个不一样，所以就正月小。三月初一是辛巳，日干还是不一样，所以二月又小。四月初一是辛亥，而三月初一是辛巳，这两个日的天干都是辛，相同的，所以三月大。

《时轮历》的方法跟这个不一样，非常特殊。《时轮历》里的每个月都有 30 日，可不是都有 30 天，日跟天不一样。在这儿的这个“日”是序数单位，“天”是数量单位。缺日、重日是《时轮历》里一个很大的特点。根据重日、缺日来定这个月的大小。比如说是重一天、缺一天，互相抵消那就是整 30 天。如果是重一天、缺两天那就是少了一天，就 29 天。那么什么叫缺日跟重日呢？举例来说，初四以后是初五、初六，《时轮历》里头有的时候没有初五，初四以后就是初六。还有的时候是重日，就是初四以后是初五，两个初五叫重日，然后才是初六。一个好像跳过去了，缺掉了，一个是重复一下，有这么两种情况。日期重有重一天的、有重两天的，也有不重的，这是三种情况。日期缺有缺一天的、有缺两天的，也有不缺的，也有三种情况。那么一共是九种情况，即有重一的、重二的、不重的，有缺一的、缺二的、不缺的，三三得九。这九种情况里面就有三种是 30 天，那就是大月，有两种是 29 天，那就是小月，还有三种不可能。

为什么有这个重、缺日呢？重、缺日是为了调节太阳日跟太阴日的关系而设置的。太阳日就是我们普通所说的一天，太阴日是《时轮历》中特殊的一个概念术语。太阴日有传统的定义，就是月亮黑分、白分，也就是上弦、下弦，增损十五分之一的时间长度，或者说是月亮在空间运行弧长的三十分之一所需要的时间长度。这个原理我现在不能很详细地去讲了，有兴趣的人可以看看我的书，《西藏的天文历算》。一个平太阴日是 0.9843 个平太阳日，简单一些可以说是 0.98 个太阳日，不过这只是一个平均数。由于月亮运行的轨道不是正圆形，而是椭圆形的，所以即便在相等的角度，它的弧度的长短也不是完全一样的，因为它是椭圆形的，它的圆心不是在正中间而是在两边的心。月亮运行快的时候太阴日比太阳日要短，最短的时刻是相当于 0.9 个太阳日。在《时轮历》中就是叫 54 个 chu－tshod，现在藏语里面小时就叫做 chu－tshod，其实在这个历法中 chu－tshod 的意思不是小时，而是相当于 24 分钟。相当于 24 分钟的 chu－tshod，离 15 分钟的一刻比较近，离 60 分钟的小时比较远，所以我把这 chu－tshod 翻成“刻”。为了跟汉族的“刻”区别，我又加上一个字叫“水刻”，它是根据铜壶滴漏的水来起的名字，所以叫做“水刻”或者是“漏刻”。月亮慢的时候太阴日就比太阳日长，最长的时候是相当于 1.066 个太阳日。每个太阴日开始的时刻跟结束的时刻，可能落在太阳日里任何一个不同的时刻，计算的时候是用它在太阳日里面所处的时刻来表示的。

《时轮历》中规定，太阳日跟太阴日有一定的对应关系，每一个太阴日最后结束的时候，它所在太阳日的日序应该是跟太阴日的日序相同，于是就会出现两种情况：一种是太阳日比太阴日长，那么有时候会有两个相邻的太阴日结束时刻都在一个太阳日里边，这个时候太阳日的日序应该是按这个太阴日的哪个日序去定呢？历法中规定它是按照前一个太阴日的日序去命名，于是就缺少了跟后一个太阴日相对应的那个太阳日的日序数，缺少的那个太阳日的序数于是就变成缺日或者空日。另外一种相反的情况，就是太阴日比太阳日长，就造成一个太阳日里边没有一个太阴日结束的时刻落在里边，也就是说这个太阳日缺少一个跟它相应的太阴日的日序，于是这个太阳日的日序就没法命名了，就把前边一个太阳日的日序给重复一下，于是就变成重日。可是要注意，这个闰日，重日跟闰年、闰月没有关系，闰日的道理跟“无中气置闰”的道理是相似的。

《时轮历》中重日、缺日这个算法在其他的历法中很少见，所以引起了一些误会。比如天津科学技术出版社出版的《中国天文学简史》里头说，宗教统治者还规定不吉祥的凶日要除去，吉祥的日子可以重复，从而造成了藏历日序的混乱。在黑暗的封建农奴社会里，藏族劳动人民在生产实践中创造和使用的藏历，就这样被反动统治阶级篡改成了宣传宗教迷信的工具。这个书是 1979 年出版的，那时“左”的影响比较大，这个错误也不足为奇。到了 20 世纪 80 年代中期，这个问题本来已经弄清楚了，可是它坏的影响还是存在的。比如说 2002 年增补本的《现代汉语词典》中仍然在说：为了使十五那天一定是月圆以及宗教上的理由，往往把某一天重复一次，或者把某一天减掉，例如有时有两个初五而没有初六等。为此我写了一篇文章，《对于几种辞书里“藏历”条释文的评论》，刊登在《中国藏学》2006 年第二期上，大家如果有兴趣可以看一看。

过去在藏族社会里固然确实有人把这个日期的重、缺跟人类社会的吉、凶、祸、福联系起来，可是这毕竟是某些人利用本来是用科学方法推算出来的重日、缺日来进行迷信的附会。实际上不是先有了吉凶，然后根据吉凶来定重、缺，而是滥用重、缺来定的吉凶，汉历中也有吉、凶、祸、福，还有宜出行、不宜动土诸如此类，这与历法的科学性是没有关系的，我们不能因果倒置，因噎废食。

第三个原因是朔望日日序的安排不同。现在藏历的规定“望”，就是月亮最圆的时候必须在十五，汉历就不然了，月亮最圆的时候不一定是在十五，在《时宪历》中有时候在十六。由于朔望月的长度不是 30 天，是 29 天半，那么从朔到望平均大概是 14 又四分之三天，它不是整整的 15 天，藏历里“望”一定在十五，那“朔”就不一定在初一了。而汉历规定的这个“朔”必须是初一，那“望”就不一定在十五，“十五不圆，十六圆”就是这个缘故。这也是藏历的初一跟汉历的初一有时候相差一天的原因。

第四个原因是一天开始的起点不一样。这 24 小时本来是轮流的，起点是人为规定的，什么时候算这一天的开始呢？藏历里面有一句话，说天亮了能够分辨掌心的纹路是一天的开始。农历是以夜半的子时，也就是现在钟表上的零点为起点。从子正，就是零点到天明这一段时间，《时宪历》里把它算在前一天里，汉历里算在后一天。比如我们现在说昨天夜里两点钟，实际上在《时宪历》里说应该是今天，我们说昨天夜里两点钟那是不对的。天明比夜半的子正更便于直观，天明看掌纹这是眼睛直接可以看得见的，而半夜的子正是要经过推算的，它不是那么直观能看出来的。不过天明的时刻能够看见掌纹的时间是随着季节而变化的，冬、夏不一样，它没有子正那么精确。还有的历法里是从月亮落山的时候算起的，各民族各种历法算法不完全一样。

以上讲的都是月、日、时，没有讲到年。现在我顺便谈谈藏历中特殊的纪年方法。我们现在所用的公历（所说的公历是欧洲的格里历），它的纪元是从耶稣降生那年计算的。那么1949年以前怎么记录呢？就是以辛亥革命以后的第一年1912年为中华民国元年。在中华民国纪年以前使用的是皇帝年号的纪年方法，例如文成公主进藏，是在唐太宗贞观十五年，公元641年。可是在元朝以前一个皇帝可以有好几个年号，几年就变一个。例如唐高宗就有14个年号：永徽、显庆、龙朔、麟德、乾封、总章、咸亨、上元、仪凤、调露、永隆、开耀、永淳、弘道。所以如果知道某一个皇帝的年号的几年，想要知道它确切的时间，就必须到历史年表中去查，想要计算是不可能的，很不方便。

藏文史书中使用的是另一种方法，它叫做 rab - byung，汉文写做饶迥，它比皇帝年号纪年方法要方便得多。这种方法用火、土、铁、水、木五行，五行各分阴阳，阴火、阳火，阴土、阳土，阴铁、阳铁，这样就是二五得十来表示十个天干。十二个地支用十二种动物来表示，这是很多民族都用的。天干与地支结合起来，就成为60年一个周期，正如我们大家所知汉族就是60年一个甲子，这60年的甲子跟藏族的这个 rab - byung 的思路是一样的。我认为 rab - byung 十个天干用五行跟阴阳来表示，这只是名称的不同，不是实质的区别，这个不算是藏族的特点，倒是计算 rab - byung 的次序来纪年，这是藏历的一个特点。这个 rab -

byung不是从甲子年开始的，它是从火兔年开始的，这一点跟甲子年不一样。藏族的《时轮历》是从印度来的，在印度这60年每一年有个名称，第一年是rab－byung，所以这个周期也叫做rab－byung，正如汉族所讲60年一个甲子，甲子的头一年叫甲子，这60年一个周期也叫一个甲子，这个道理是一样的。这个rab－byung翻成汉文可以翻成“胜生”，就是特别好的生产、生活，相当于丁卯年，所以这个周期我们也可以把它叫做胜生周，也可以将它叫做丁卯周。这个胜生周是以《时轮历》传入西藏的那一年，即公元1027年开始的，这是比较晚了。这是第一个rab－byung。那么1987年，就是第17个rab－byung的开始，2007年，就是rab－byung的第21年。这种方法用一个简单的公式就能将它换算成公历，非常方便。举个例子来讲，我用ABC的A代表丁卯周（胜生周）的序数，B代表《时轮历》里年的序数（即这一年在《时轮历》的六十年里面是第几年），C代表公历纪年的年份，那么C＝（A－1）×60＋B＋1026（因为它是从1027年开始的）。例如第17个rab－byung的火猪年，它在那60年里是第21年，（17—1）×60＋21＋1026＝2007。

有人看到这个周期也是60年，但不是从甲子年开始的，就不能理解了，就将其说成是：喇嘛教的强制推行给藏历的发展造成了恶劣的影响。藏历的干支纪年法，本是从阳木鼠年开始，叫做“迥登”（即木鼠之意）纪年。可是封建农奴主为便于宗教统治，从公元1027年起强行用喇嘛教的“饶迥”（即火兔之意）纪年法取代“迥登”纪年，以阴火兔年为首年。这是有人这样说，这种说法是完全错误的，只能说是对藏历的无知。

虽然rab－byung这种方法比较方便，可是也有缺点：

第一，《时轮历》以丁卯年为60年周期的开头，究竟不如以甲子年开头更易于被更多的人接受。

第二，以相当于公元1027年为纪元，太晚了，以前的就得倒推为纪元前多少多少年，不大方便。

汉族过去纪年使用皇帝的年号，元朝以前一个皇帝可以有几个，甚至十几个年号，想知道其距今多少年，必须查年代表，非常不便。当全国不统一，例如南北朝、五代十国时，就更困难。辛亥革命时曾经有人建议使用"黄帝纪元"，没有被采用，而使用了"民国纪元"，以1912年为中华民国元年，1949年中华人民共和国成立后改用公元，现已普遍，用者称便。最近有人又重新提出用黄帝纪元，以公元2007年为黄帝纪元的4705年。如果这个说法被接受，那么第一个甲子就可以定在相当于公元前2678年的那一年。公元2007年就可以表述为第78个甲子的第25年，$78 \times 60 + 25 = 4705$。不过这只是一个初步的设想。

以下我想讲讲藏历跟汉历的关系。《现代汉语词典》（2002年增补本）和《中国大百科全书（精粹版）》（2002年第四册）上都说藏历跟汉历基本上相同，这种叙述是不准确的。从我们以上所讲的这些可以清楚地看出来，藏历跟夏历二者都是阴阳合历，这是重要的共同点，可是藏历有很鲜明的特点，绝对不能说跟夏历基本相同。我今天选择这么一个题目就是要纠正这种错误的说法，至于它是不是唐朝从内地传过去的，这一点我有不同的看法。

藏族跟汉族从7世纪开始就有密切的文化交流。一些历史书籍中具体地记载了唐代的文成公主和金城公主进藏时传入中原文化。其中有很多汉文的书翻译成了藏文，但其中没有讲到历算的。而藏文的许多史书里都说其中有历算，而且说是曾经派人到内地去学习过历算。有个汉族的历算学大师叫杜哈日那波（du－ha－ra－nag－po）（不知道他汉文的原名，藏文里这么提这个名字），他曾经进藏，至于那时传入西藏历算的具体内容，我们没有可信的资料。藏历经典著作《白琉璃》的第二十章，列举了从汉文编译的这方面书籍有100多种。可是根据已故西藏天文历算研究所的所长崔臣群觉（tshul－khrims－chos－vbyor）说，他也多方面寻找过，可是找到的被认为是唐代的历算书只有两种，但经过研究也还都不是汉族的历算。

藏文里面讲五行算的虽然很多，可都不是汉文的原貌。举几个藏族学者关于这件事情的记述。

一位是兼通汉藏的学者，第二世阿嘉呼图克图（他是塔尔寺的寺主，18世纪人）。他曾有段话意思是说：汉族的公主到西藏，开始翻译出来这是可信的。可是后来，西藏政权陵替，当初传递的一些书难免就散失了。布顿大师（西藏有名的历史学家，编撰审订了藏文《丹珠尔》）编纂大藏经目录没列这一类，布顿大师知识渊博，但在他的其他撰述中也没有只言片语提到汉历。研究《时轮历》的大师浦巴·伦珠嘉措，还有粗尔派大师拔乌·祖拉程瓦等一些很有学识的大师，都对此没有肯定，也没有反驳，即没表示态度。这大概是因为后世将过去翻译的东西篡改过多的缘故，所以他们也不好表态。

还有段话意思是说：由印度的梵文翻成藏文、由汉文翻成藏文的经论，跟藏族人本身自己的著作文风不一样，翻译出来的东西那种语法、语调是可以看得出来的。就是这些号称从汉文中翻译出来的五行占算的书，它的文笔无一具备翻译之风，也没有一个能找出汉文原文是什么书的，全不可信，靠不住。

《文殊供华论》中说，汉文的皇历编制法不准越出皇历衙门（指钦天监）的门槛。

第六世色多（19世纪下半叶人，塔尔寺的一位活佛），他说得最清楚。其意是说：文成公主带来的就是五行占算，可是由于翻译的人专业知识比较差，所以翻译的东西不精确，有好些错误，后来又有人加以篡改，还有伪托把他自己写的东西，伪托什么人译的，面目全非。藏文里边所说的汉历叫五行算法是靠不住的，实际上汉族的历法从汉武帝的时候就很丰富了，一直都有传承，每年都颁行宪书《时宪历》的历书后来就叫做“宪书”，我们小时候街上卖宪书，他就是卖年历的）。年历每年出来之后都翻译成满文、蒙古文，不过这时宪书只载月的大小，有没有闰月，还有干支、节气、二十八值宿，十二建除，以及吉凶宜忌，而至于历法的原理，积年、积月、积日，还有太阳跟月亮的行度，不均匀运动的数值等方法都秘藏于皇帝的内府，僧俗百姓不可能得到，所以西藏也没有得到。他的这些话带有很遗憾的意思。

还有一位20世纪藏族历算大师叫做钦饶诺布（1962年去世），他在《皇历历书编制法》重刊本的尾跋中说：“迨由国法历禁，汉师缄口，乃讫第十三胜生周好学者多方觅求，始在安多初见译本。”这段话是说由于汉族的国法很严厉地禁止历法的传播，所以汉族研究历算的人闭口不敢说，一直到第十三个rab - byung，也就是到19世纪的中期，对历法有兴趣的人用很多方法各方面找寻，才在安多（指甘肃、青海这一带的藏族地区）见到汉历的编制法翻译成藏文。实际上在这之前的120年，《时宪历》就已经传入蒙藏了，可是因为它的数学原理比较复杂，藏族的学者一时接受不了，后来经人将其简化成《时宪历精要》，藏族才懂得这个《时宪历》，这是乾隆年间的事情。可是它只是在蒙古族、藏族，甘、青一带有了，传到拉萨就更晚了，到19世纪末年才传到拉萨。

还有一位藏族学者才旦夏茸（全国政协委员，1987年去世）。他在《汉历释义》中说：“唐代两位公主曾把汉族的算术译为藏文，但只是八卦、九宫、气运等这一类内容，藏语称之为‘那孜’（黑算）。至于日月食的算法则作为皇宫内的秘诀，不得外传。”藏历中的白算是属于科学、天文学这一部分；关于吉凶祸福那一部分，叫做黑算。就是说唐代公主曾把汉族的历算之术译为藏文，但只是八卦、九宫、气运这一类的内容。因为八卦、九宫、五行这是一种简单的循环，它跟天文没有多大的关系。至于日月食的算法，则作为皇宫内的密授，不得外传。一种历法是不是精确，怎样才能进步，主要是靠日食、月食记载下来，根据过去的历法推算出来的日食时间不太准确，于是就要修改，一步一步才越来越准确。可是怎么样推算日食、月食，在过去是皇宫里面密授的，不能外传的。

以上所说四位藏族的学者讲到这个问题都异口同声地说汉历的关键部分迟迟没有进入西藏。至于为什么皇宫密授，不准外传，汉师缄口，这个原因他们没有说。关于这个问题我们可以从汉文史书中找到原因。

《旧唐书·职官志》中有一句话，说“凡玄象器物，天文图书，苟非其任，不得予焉”，就是说天文仪器、天文图书这一类，如果你不是从事这方面工作的人，你就不能参加。《旧唐书》第三十六卷里还说：“开成五年（840）十二月敕：司天台占候灾祥，理宜秘密。如闻近日监司官吏及所由等，多与朝官并杂色人等交游，既乖慎守，须明制约。自今而后，监司官吏并不得更与朝官及诸色人等交通往来，仍委御史查访。”这段话的意思是：开成五年皇帝下了一个敕令，说司天台（掌管观测天文的单位）预告吉祥、天灾应该是秘密的，听说最近监司官吏（管天文历算的人）和他的下属，跟其他的政府官员们有交游，这不合乎谨慎、守本分的工作的本身，应该有所约束。从今以后，搞天文历算的人跟其他的人不得交通往来，而且选定了御史来查访此事，如果查出来就要受到惩罚。可以看出，对于政府官员尚且这样防范，对于平民百姓就更厉害了。

《宋史》中也有相关的记载，大意是说，皇帝下令，各州将懂得天文的人送到京城来，从这里面选拔一些进入天文台，其余没有选进去的就“黥配海岛”，“黥”就是脸上刺字，发配到海岛，最远的地方，回不了家的。也就是说，你要么进入了绝密部门你就失去了自由，要么你就流放到海岛监禁起来，你说谁还去学习呢，谁敢去研究啊。

到了明朝，这种禁忌达到更荒谬的程度，沈德符在《万历野获编》里记载，明朝初年，14 世纪的时候，学天文是很严厉的禁止的，习历者流放，造历书的人就是死罪。可是历法跟天文观测究竟是有区别的，明朝以前并没有绝对禁止民间研究历法，而明朝的皇帝连历法也是这么严厉地禁止，以至于在民间就没有人敢学。100 年以后到明孝宗（弘治年间），这种禁令就放松了，“命征山林隐逸能通历学者以备其选，而卒无应者”。

那么，汉族的皇帝为什么要这样严厉地禁止人们学习天文历法呢？关于此陈遵妫先生解释说，“历代的封建统治者，常常利用占星术来巩固其政权，同时又怕别人利用占星术来推翻他的政权，因而力图把天文学垄断在自己的手里，严禁司天监官员与外边人往来，严禁民间私习天文，注视那些对星象进行独立研究的，严禁天文书籍在民间流传”。

英国知名学者李约瑟，在《中国科学技术史》中分析这个问题说：“天文学是古代政教合一的帝王所掌握的秘密知识。……对于农业经济来说，作为历法准则的天文学知识具有首要的意义。谁能把历法授与人民，他便有可能成为人民的领袖。……人民奉谁的正朔，便意味着承认谁的统治权。”“由于历法与政权有密切的关系，所以每一王朝的官吏似乎都以警惕的眼光注视着那些对星象进行独立研究的天文学家或著作家，因为他们可能暗中为密谋建立新朝的人编制新历。新的王朝一建立，总要用新的名称颁布新的历法。”明朝就是这样，明朝用的历法实际上就是元朝的那个《授时历》，可是他又用了新的名称叫做“大统历”，表示是跟过去那个不一样。“从很早以来，中国天文学便因国家支持而得到好处”，这句话很有意思。我们说皇帝禁止历法外传这是很坏的事情，可是他说这也有好处。好处是什么呢？中国的天文学家得到国家的支持，专门有钦天监，而这一点是外国的天文学家所没有的，也正是他们所羡慕的。他以一个外国人旁观的眼光来看其中的利弊，这是很辩证、很中肯的。

由此可见，藏族历算学家异口同声所说，汉族历法知识的关键部分，不准越出钦天监的门槛，所以藏族学不到，这是符合事实的。汉族的帝王怕别人利用天象推翻自己的政权，但是其他的民族并不全都这样。例如蒙古族就没有这种禁忌，忽必烈的一个重要谋士刘秉忠（13 世纪人），他出山之前曾讲授过数学和天文历算。《授时历》的创立者郭守敬，还有王恂，都是他的学生。令人奇怪的是，藏族的佛教领袖八思巴的生卒年跟王恂很接近，八思巴对于《时轮历》有他自己的著作，在全集里面有四五种，也就是说他对于《时轮历》是很有研究的。而且他多次来到大都，受到元朝皇帝的崇奉。八思巴见到郭守敬跟王恂的机会很多。《授时历》在中国历代颁行的60余种历法中是最精密的一种，在世界天文学史上，在13、14世纪的时候它也是水平最高的，为什么在八思巴的著作里，就看不出他接触过《授时历》呢？

我的回答是，《时轮经》不是单纯讲天文历算的，它在宗教上有很高的地位。它的第一章是讲《时轮历》，后边就讲修证的方法。其主要的目的是要在日、月食发生之前准确地推算出来，以便到时候下工夫去修证，以求得天人相应，内外结合，达到修证的最佳效果（而汉族认为日食、月食是很坏的事，皇帝遇日食、月食时，就要斋戒、沐浴，还要下诏罪己，说是自己犯了错误，要忏悔，说日食、月食是老天对他的一个惩罚）。这对于它里边所讲的天文历算的知识的传播起了很大的推动作用。藏文书中关于《时轮历》的典籍就我个人见到过就有二三百种（这并不是说我都详细看过了），我所见到的还只是一部分，不是全貌。另一方面也正因为其宗教地位很高，所以这种历法就被神圣化了，没有人敢动它了，僵化了，对于其他历法的传播就起了阻滞的作用。《时轮历》并不是水平很高的一个历法，就是11世纪它传入的时候，印度的历法比《时轮历》高的也有，汉族的历法就更不用说了。可是当时为什么接受了《时轮历》呢？就是因为当时他没有汉族的历法，所以虽然这种历法水平比较低，他也接受了。接受之后，开始的时候是起了一个推动的作用，后来就变成了一个阻滞的作用。历史上由进步变为落后的事例很多，这也是合乎辩证法的。

关于元代藏汉文化交流很频繁，为什么没有引进先进的《授时历》，我暂时就做这点解释，今后希望还有人进一步研究。

（讲座时间：2007 年 2 月）

讲座丛书

第一编

◎周和平 主编

文津演讲录

WEN JIN YAN JIANG LU

之十二

NLCPH

國家圖書館出版社

图书在版编目(CIP)数据

文津演讲录之十二 / 周和平主编. —北京:国家图书馆出版社,2014.5

(讲座丛书第一编)

ISBN 978-7-5013-5251-7

Ⅰ.①文… Ⅱ.①周… Ⅲ.①社会科学—文集 Ⅳ.①C53

中国版本图书馆 CIP 数据核字(2013)第 293970 号

书　　名 文津演讲录之十二

著　　者 周和平　主编

编辑小组 赵大莹　曹菁菁　孟化　戴季

责任编辑 初小荣

出　　版 国家图书馆出版社(100034 北京市西城区文津街 7 号)
(原书目文献出版社 北京图书馆出版社)

发　　行 010-66114536　66126153　66151313　66175620
66121706(传真)　66126156(门市部)

E-mail btsfxb@nlc.gov.cn(邮购)

Website www.nlcpress.com→投稿中心

经　　销 新华书店

印　　装 北京华正印刷有限公司

版　　次 2014 年 5 月第 1 版　2014 年 5 月第 1 次印刷

开　　本 880×1230(毫米)　1/32

印　　张 9.75

字　　数 227 千字

印　　数 1—1000 册

书　　号 ISBN 978-7-5013-5251-7

定　　价 45.00 元

前　言

国家图书馆古籍馆，曾经被众多的读者亲切地称为“老北图”，在20世纪50年代，就因成功地举办学术讲座而为社会各界人士所称道，老舍等一代文化巨匠都曾作为这里的主讲人传道授业、答疑解惑。2001年新年伊始，国家图书馆分馆（现古籍馆）为继承“老北图”的优良传统，为适应知识经济时代对图书馆扩展文化功能，全方位、多角度传播文化信息的客观要求，举办了以传播中华传统文化为主旨的名人系列讲座。昔日曾亲耳聆听老一辈学界泰斗教诲的莘莘学子，如今也作为各学界的骄子走上这神圣而庄重的讲坛。

数年来，我们举办了文史、政经、音乐、美术等系列讲座数百场，听众数万人次。从他们渴望的目光里，我们感到了肩上的重任；从他们满意的笑容中，我们感到了由衷的欣慰。许多专家学者和读者通过讲座，成了图书馆的朋友，他们对我们的工作提供了可贵的指导和无私的帮助，而更多的人则经此渠道记住了国家图书馆，记住了国家图书馆古籍馆。这是对我们工作的最大的褒奖。

为了感谢各界朋友的支持，我们选出部分讲座内容，汇集成册，系列出版，给主讲人和听讲者一个留念，给不巧未曾听讲者一份补偿，也给我们的工作一个小小的总结。

所选讲稿，主讲人多为年近古稀的学界名流、文坛泰斗。他们用毕生心血，焚膏继晷，皓首穷经，故而成绩斐然，蜚声士林。

当然，这里所选的部分，并不能代表更不能涵括讲座的全部内容，而且我们自己所做的努力，在全面提高中华民族的文化水平这一宏伟大业面前，也显得微不足道。但我们坚信，只要我们锲而不舍、矢志不渝，在中国文化事业的发展史上，将会留下我们探索的足迹。

编者

目录

邓小南

“祖宗之法”与北宋前期政治

邓小南，北京大学历史学系人文特聘教授、博士生导师，中国古代史研究中心学术委员会主任，北京大学学术道德委员会委员。兼任国务院参事、中国史学会副会长、中国宋史研究会会长。主要研究方向为宋史。著有《祖宗之法——北宋前期政治述略》《宋代文官选任制度诸层面》《课绩·资格·考察——唐宋文官考核制度侧谈》等，主编《政绩考察与信息渠道：以宋代为重心》等。在国内外学术刊物发表研究论文百余篇。

今天很高兴有机会来文津讲坛，谈谈我对北宋前期政治的一些想法。

我们首先把整个的“祖宗之法”和北宋政治的脉络，做一个简单的梳理。今天要讲到的问题其实是四个方面，其中主要谈到的是前两个问题，即对于宋代历史的再认识和宋代“事为之防，曲为之制”的防弊原则。第一个问题是提供一个整体的观察背景，第二个问题就是我们要讲的“祖宗之法”的核心，即什么是宋代的“祖宗之法”，这个“祖宗之法”有什么样的精神原则。后两个问题，我们会简单地谈一下，一个是当时的人——宋代的人，对于宋代的“祖宗之法”，对于他们当时的政治有什么样的理解和认识；另外，就是在宋代政治史发展的过程中，后来的人有哪些反思和批评。

说到宋代前期的历史，首先需要对中国古代的朝代有一个大致的了解。中国传统社会从公元前 221 年进入秦朝，开始进入帝制时期，皇帝成为至高无上的统治者，一直到清王朝的灭亡，这中间有两千多年的历史。在这样一个漫长的过程中，宋代是处于哪一个阶段呢？如果以帝制时期大致上是两千年计，那宋代正好差不多是在一千年的转折这样一个时段上。宋代的历史基本上是三百多年的时间。今天要讲的是北宋的前期。为什么要回顾宋代的历史呢？近代以来，很多国学大师都从他们对时代的关怀，从他们的学术立场出发，对于中国古代的各个历史时期，包括宋代有深刻的观察，也有一些概括性的表述。

严复先生是近代以来启蒙主义思想家的代表人物，他在20世纪初写给熊纯如的一封信里就说道，“古人好读前四史”（“前四史”是指《史记》《汉书》《后汉书》和《三国志》），为什么呢？严复先生说主要是因为“前四史”的文字比较好。但是假如想要研究人心的变化、政俗的变化，那么他觉得赵宋一代的历史是最值得关注的。为什么叫赵宋呢？因为宋王朝的统治者是赵匡胤这个家族，所以历史上习惯把这个时期称之为赵宋。严复先生说，赵宋一代的历史“最宜究心”。我们暂且不去讨论它为善为恶、是好是坏，就从中国社会的发展脉络上来观察，可以看到中国近代以来的面貌，其实是宋代所塑就的，也就是说“为宋人之所造就，什八九可断言”，可以看到宋代和近代中国、当代中国之间的一种血脉上的联系。

钱穆先生是一位国学大师，他也有很多的讲法涉及宋代。历史其实就是看变化，他“论中国古今社会之变”，认为最主要的变化发生在宋代。宋代以前大体上可以称之为古代中国，宋代以后就是后代的中国。日本学者内藤湖南也有类似的说法。现在国际汉学界非常流行的“唐宋变革说”，其实是把宋代视为中国历史上从中世迈向近世的开端。这些都是对于宋代历史意义的重要观察。

陈寅恪先生在20世纪40年代曾经指出，华夏民族的文化，历经数千年的演进过程，在宋代达到了登峰造极的巅峰状态。

有一位旅美的中国史学家黄仁宇，他出过一本书叫《万历十五年》，当初影响非常大。他还有另外一些通史性的著述，像《赫逊河畔谈中国历史》《中国大历史》等。在《赫逊河畔谈中国历史》这本书里，他分章分节地叙述中国历史上的各个主要朝代。在讲到宋代的时候，开宗明义地说："中国历史中主要的朝代每个不同，而尤以赵宋为显著。"他讲到了一些宋朝历史上看似非常矛盾的现象。一个最简单的例子，宋代的开国君主是赵匡胤，赵匡胤是何种人物呢？他其实是职业军人出身，一个禁军统帅。中国古代的各个朝代，真正马背上得天下的君主并不少，从刘邦到朱元璋、努尔哈赤这些人，都可以说是马背上得天下的，但是很少是职业军人出身。在主要王朝中职业军人出身的君主只有赵匡胤。但是赵匡胤这个天下不是靠武力打来的，他反而不是一个马背上得天下的君主。在他当政期间，以及他所建立的这个王朝发展的300年中，偏偏是军事上的力量不振始终受到批评、受到诟病，是赵宋最主要的弱点。这种现象究竟是怎么造成的？类似的问题在宋代的历史上有很多，给我们提供了非常广阔的思考和研究的空间。

第一个问题是，"宋代历史再认识"，从时间、空间和基本评价这些角度来看，我们可以对这个时期有什么样的再认识。

首先，从时间的角度来讲，现在做历史研究都是提倡做长时段的探索，就是说要在历史发展、演变的长过程、长脉络中，去寻求某一个时间点，它特殊的历史意义和它的地位。如果做这种长时段的探索，会注意到历史上各个时期之间的延续，各个时期之间的关联；另外，会注意到各个时期之间的变迁，或者说各时期之间的转型。

从延续和关联的角度来讲，钱钟书先生在20世纪50年代的时候，参与了《中国文学史》宋代部分的写作，他说，在中国文化史上有几个时代是一向相提并论的，说到文学会说唐诗宋词，会把唐宋连在一起讲；说到绘画会说宋元文人画，会把宋元联系在一起讲；讲到学术思想会说汉学、宋学，不管是讲到文化史上的哪种发展脉络,都会说到宋代。这是从延续的角度来看。

从变迁的角度来看,刚才曾经提到日本学者内藤湖南提出来的“唐宋变革论”。“唐宋变革论”从上世纪初期以来影响国内外的汉学界,几乎影响了一百年。最近这些年,不光是有人把唐宋之间的变革作为一个讨论关心的热点问题,另外也会考虑到宋元之间,或者是宋明之间的延续和它的变革。研究中国思想史的葛兆光先生,曾经在《历史研究》上发表了一篇文章,文章的题目就叫“‘唐宋’抑或‘宋明’”,在长时段中,唐宋联系在一起考虑,或是把宋明联系在一起认识,凸显出来的内容或许会不同。讲到唐宋,会把宋代看成是一个变革期的收束阶段;讲宋明,则会把宋代视为一系列新发展的开端。

1982 年美国宾州大学教授郝若贝(Robert Hartwell)写了一篇很重要的文章,他把公元 750 年,也就是“安史之乱”前的一段时间,一直到公元 1550 年,就是明代的中叶,这八百年的历史作为一个研究的单元。从此以后,这种长时段的探索,就受到了学界普遍的关注。2004 年哈佛大学出版社出版了一本书叫 *Song Yuan Ming Transition*,就是讲宋代到元代,再到明代,这种变迁的脉络是怎么走过来的。这些都是从时间上来看,是一种长时段的探索。

宋代的历史通常被称作“两宋”,即北宋和南宋。北宋是指国都建在开封的一段时期(960—1127),后来开封被女真民族建立的金王朝占领,北宋王朝覆亡。王朝一路南撤,迁到了现在的杭州,称为临安,意思是临时安顿在那里,首都南迁了,所以后来的历史就被称为南宋,合称为两宋。今天我们要讲到的并不是整个宋代的历史,而是北宋前期的历史,大致上是太祖、太宗、真宗、仁宗这样一个历史时段。对于其后的历史，会多少有一点涉及，在第一个大问题里涉及对于宋代的整体认识，作为一个主要的背景。

从空间的角度来看，根据北宋时期的疆域图可以看到，如果和汉唐时期的旧疆域做一个比较的话，它并不是严格意义上的统一，或者说它所完成的不是彻底的统一。汉唐原有疆域西部北部的大片地区，实际上都不曾在宋的统治之下。所以从疆域来讲，或者说从空间上来讲，宋代所完成的并不是真正意义上的统一。

北宋的统一，是在什么基础上实现的呢？这里有一幅图，反映的是五代十国的形势。如果把它和北宋的疆界轮廓比较一下，可以看到基本上是同样的地区。宋代并不是直接继承唐的天下，而是继承了五代十国的天下。五代十国，在北方，以开封、洛阳为政治中心，有前后相继的五个朝代；在南方有先后出现的九个小国，加上在太原的一个北汉，通称为十国。五代十国是从唐代后期藩镇割据的状态之中发展过来，是一种上上下下非常彻底的分裂割据的局面，在当时并立的政权之多，可以说在中国历史上是罕见的。宋代的统一，是在这个基础上完成的，主要是农耕地区的统一。也就是说，从疆域面积来讲，宋代的统一并不是彻底的统一；但是另一方面，我们也应该注意到，宋代的统一，其纵深度，它对于地方的控制力度，要远远超过它前面的王朝。

举例来说，汉代是怎么灭亡的？汉代并不是灭于黄巾起义的，黄巾起义之后，它还维持了一段时间。它真正的覆亡发生在董卓、曹操、袁绍等人"群雄并起"的过程中，这些人本来就是汉王朝在后期扶植起来的地方军阀势力。唐代是怎么灭亡的？唐代不是灭于黄巢起义，它是被宣武节度使朱温取而代之，它也是灭于自己扶植起来的地方军事势力。而这样的状况，宋代以后再也没有了，也就是说宋代通过中央集权，对地方实行了比较有效的统治。这也就是说从疆域的广度而言，宋朝所完成的并不是真正意义上的统一，但是它对内统治所达到的纵深的层面和控制的力度，应该说是前朝所难以比拟的。

我们现在看到的是一幅叠压图，是宋代的政治地理疆域和自然地理区域的叠压。从左下角的图例可以看到，这三个大区都是根据自然地理状况划分的。第一个区域——东部季风区，指的是从东部海洋吹来的季风最远能够达到的区域。我们可以看到，它是沿着大兴安岭，经过蒙古高原、阴山山脉，然后再到青藏高原的东部，一直延续下来，它大体上和四百毫米的降水线是重合的。这条线以东以南的地区，基本上是农耕民族活动的地区。当然在北方的高寒地带，只有一些粗放的农耕，以及渔猎之类的生产活动。第二个大区，是西北干旱区，传统上是游牧民族活动的地区。第三个区域是青藏高原区。红色曲线是北宋的疆域。北边的这一条就是现在的拒马河，也称作白沟。白沟之所以会形成为宋辽之间的分界线，和当年石敬瑭割让幽蓟十六州给契丹人有关。后周世宗时，部分收复了关南十县地。所以这一条线是在比较强烈的人文政治背景下形成的。而在北边、西北边和西边分界的地方，我们可以看到疆域的分界线和自然地理的界线有高度的重合。这提醒我们注意，如果当时农耕、游牧各个民族之间，彼此力量比较均衡的时候，那么农耕民族就很难把统治触角伸到游牧地带去，反过来也是一样，游牧民族也不容易把触角伸入到农耕地区来。而当农耕民族，或者游牧民族的力量壮大的时候，自然地理的这样一个界线，就限制不了他们。比方说，汉唐强盛时期，或是蒙古民族勃兴之后，就明显突破了这样的限制。

宋代的历史是在这样一个大的背景下发展的。所以我们可以看到，尽管今天要讲的“祖宗之法”是讲宋代的内政问题，但宋代的内政始终是处于外部压力之下的内政。现在通常会说，外交是内政的延伸，其实从某种意义上也可以说，内政是外交压力下的选择。那么这种压力，对于当时的人，对于当时人的观念，对于当时的一种政治的格局，究竟有什么样的影响呢？

我们举一个来自史料的具体例子。南宋人李焘所作的《续资治通鉴长编》里有一段叙述，讲的是景德元年（1004）宋辽“澶渊之盟”的情形。“澶渊之盟”发生在宋真宗时期。当时辽军南下，到了澶州（即今河南、河北交界的濮阳），宋和辽之间产生了一次军事碰撞，在这一过程中，双方达成了一个协议，叫做“澶渊之盟”。盟约中，双方互相承认是兄弟之国，宋方承诺要给辽方“岁币”，边境地带开设贸易榷场，等等。除去具体条款之外，当时的人还注意到什么呢？从李焘的叙述里可以看到一些征象。《续资治通鉴长编》的注文，把双方缔盟的国书都录在这里。它说某年某月某日，“大宋皇帝谨致誓书于大契丹皇帝阙下”，对方则是说，“大契丹皇帝谨致誓书于大宋皇帝阙下”。

这在我们现在看来没有什么奇怪，兄弟之国嘛，反正都是互相平等的称谓。但是在当时对于人们所理解的“天下”、“中国”的秩序格局，是有非常强烈的冲击的。像“天下”“中国”这样的概念，先秦的时候就已经有了，但是“中国”在当时是与周边相对而言，从核心向周边辐射，是一个文化的概念、秩序的概念，或者说是想象的空间。而到了此时，双方的誓书里边都强调各守疆界，我们看到，当时的“中国”，从一个秩序的概念，变成了有特定的疆域限制。在这样一个疆域之中，也就凸显出了它的主权问题。从中国古代的历史发展来看，特别是从当时人的观念来看，这是很大的变化。从“时间”发展中观察“空间”认识的变化，宋代是一个关键的时期。另外，过去都是说“天无二日”，“普天之下，莫非王土”，只有一个皇帝，只有一个天子。而现在，在大宋皇帝的旁边，又出现了一个大契丹皇帝，而且是大宋皇帝亲口承认的“大契丹皇帝”。这事实上是对于既往秩序观念的严重冲击，在中国历史上有着非常深刻的影响。

在这样的一种时间和空间背景之下，古代中国关于民族、国家、天下的认识，以及关于“朝贡体制”、“华夷之辨”的概念，都是在宋代发生了非常重要的变化。葛兆光先生有一篇文章叫做《宋代“中国”意识的凸显》，就说“中国”这个意识其实早就有了，但是在宋代凸显出来一些不同的含义。当时宋代自我中心的天下主义遇到了挫折，和兄弟民族建立的周边政权，彼此之间是一种对峙的、鼎峙的形势，不是四方辐辏的朝贡局面了；在这种情况之下，自我中心的民族主义开始兴起。文章里把这种“中国”意识视为近世以来民族主义思想的一个开端，一个渊源。

宋代《春秋》学比较发达，对正统论有很多的讨论，这都和当时面临的敌国、外患这样一种背景有直接的关系，都希望证明中原王朝的政治合法性，要寻求一种有力的解释。这些年，西方的汉学界也有很多相关的研究，比较早的一部是*China Among Equals*，1983 年在美国加州大学出版社出版，其中讨论在周边政权环立的情况下，“中国”如何存在与发展。书名副标题说的“Middle Kingdom”，就是指“中国”，作者把“中国”翻译为“处在中间位置上的王国”。2007 年出版的*Unbounded Loyalty*，主要是讲辽代的情形，也提到了宋辽的关系，特别是在“澶渊之盟”之后，宋辽之间开始有了明确的边界线。这与中国历史上过去的中原王朝和周边民族政权之间的关系有非常大的差别，过去的边界基本上是流动的，不确定的。2008 年底出的一本书，是一位德国学者 Kuhn 写的，它是讲儒家学说统治下的中国，也讲到了持续不断的外部军事的压力，迫使宋代的人们产生了一些新的观念：关于什么是中国，什么是中国人，有了新的认识。哈佛大学的教授包弼德(Peter Bol)，写过一篇文章，主要是从地理和文化的角度来讨论“中国”这个概念。他不同意把“中国”翻译成为“Middle Kingdom”，他认为“中国”应该翻译成“Central Country”。“Central”是中心的、核心的意思，也就是说“中国”有一种文化上、制度上、政治上、文明上的辐射。

总的来讲，在这一个历史时期里，相对于宋朝来说，周边的这些民族政权都成长为比较成熟的政权，不再是附属性的。对于整个中华民族的历史来说，事实上这是一个非常重要的发展契机。当时中原王朝的核心地位和领头作用，主要表现在政治制度、社会经济和思想文化方面，对于周边民族王朝发生着巨大和深远的影响作用。既然宋代当时是处在一种敌国环伺的状态下，它不再是天下一统的了，那么怎么看待这样的一个历史时期呢？

从中学的教科书，一直到现在的大学通史教材上，对于宋代的基本评价，就是所谓的“积贫积弱”。认识框架一直延续了几十年的时间。对于这种认识框架，是不是有其他不同的看法呢？在这里举几部西方汉学家的著述予以说明。

第一部，*Pattern of the Chinese Past*，是讲中国历史的发展模式。这是一位长期在英国和澳大利亚任教的英国史学家 Mark Elvin 写的一部书，主要是从社会经济的角度入手，观察中国历史的发展脉络，不是仅限于宋代的。他说从经济发展的角度来看，真正所谓革命性的变化，是发生在 12 世纪前后。我们知道，当时正处于中国历史上的宋代。当然对于 Mark Elvin 的这种论断，也有不少学者提出辩驳意见，但是这部书在西方汉学界的影响一直到现在还是非常深的。第二部书有中文的翻译本，书名叫《蒙元入侵前的中国日常生活》，由江苏人民出版社出版，是讲南宋社会生活史的。作者是法国著名的汉学家谢和耐，这部书篇幅很小，但是对宋代有很高的评价，大家可以自己去翻翻看看。第三部是费正清（Fairbank）和他的同事一起写的，名字叫《中国：一部新的历史》（*China*：*A New History*）。所谓"新的历史"当然体现在很多方面，但是有关宋代的认识角度也是比较新的。这本书的跨度包括了上下几千年，所以篇幅很大，其中有一章，题目叫《中国历史上最伟大的时期》。中国历史上最伟大的时期，我想很多中国学者可能会选汉代，有的人会选唐代，但是这部书中说的是北宋和南宋。看来，对于所谓"积贫积弱"，国际汉学界的一些代表性学者有非常不同的看法。

那么这种认识上的差异是怎么形成的呢？我曾经写过一篇很短的小文章，讲"宋代历史再认识"，就是说为什么国际汉学界的一些论断会和我们的认识有如此巨大的反差。我个人觉得，值得注意的是我们对于宋代历史的认识，基本上是近代以来才形成的。人文学者在观察历史的时候，都会有一种内心的感悟，有一种民族情结和人文诉求。近代以来的中国，因为饱受列强的欺侮，所以人们有非常强烈的民族情怀，而且也有非常强烈的要自立于世界民族之林，建设强国，不受人欺负这样的一种愿望。从这种立场出发，我们所憧憬、所喜欢的是像汉唐那样的盛世，而像宋代周围被敌国环伺的这样一种环境，这样一种发展的背景，则使我们感觉压抑。而欧美、日本的汉学家，他们没有这样的一种情怀，他们考虑问题的角度，重在观察那个时期的文明对于周边和世界文明形成的一种牵动力量。他们从这样的角度出发，跟我们对于一种盛世的期待，内心的体悟是非常不同的，因此影响到认识上的不一致。

具体到宋代这样一个历史时期，从它的政治发展脉络来讲，究竟有哪些方面的特点呢？有些内容是经常会被提到的，比方说宋代的士大夫政治。宋代有一位做过宰相的人叫文彦博，他在宋神宗的时候，曾经说，皇帝是要与士大夫共同治理天下的，也就是说把士大夫的位置提到了很高的程度。士大夫是什么人呢？以前有一种概括，就是一方面是读书有知识的，另一方面又是做官的，他们在仕途生涯里有所作为。具备这两种身份的人，我们称之为士大夫。西方会把它翻译为 Scholar - official，也是这两层含义的综合。

陈植锷是原杭州大学的一位教授，现在已经去世。在他的一部书里就说道，在中国传统社会里儒家文化一直是占主导地位的，但是儒家文化的传承者，他们作为一个群体在政事活动中能起到决定性的作用，是到北宋前中期才开始出现的状况。

余英时先生在《朱熹的历史世界》一书里，也说到士大夫作为一个政治主体在权力世界里发挥他们的突出作用，始自北宋前中期。他说这是北宋政治史上一项具有突破性的大原则。

所以像陈寅恪先生曾经说，中国历史上有两个时期言论最为自由，一个是六朝，一个就是宋代。也有一些当代的研究者称宋代是知识分子的黄金时期，就是说政治文化环境相对比较开放。

这个时期的士大夫或者说这些儒家的代表人物，他们都有一些共同的追求，就是所谓的“内圣外王”。内圣是指在内心要通过修养达到一种圣贤的境界，外王就是对于天下、国家的治理，对于外部的秩序，要建立一种王道的秩序，一种理想的君君、臣臣、父父、子子，上下尊卑、秩序井然的社会秩序。这一时期，因为这些人的共同追求，所以也被称之为新儒家集体觉醒的时代。在当时的士大夫看来，治学和从政不是两件事，从某种意义上可以说“学而优则仕”是当时的追求，他们是把治学和从政联系在一起的。

这样的一批人，他们的知识结构比较淹博，能力素质和价值追求都不同于前人，综合能力比较突出。复旦大学中国文学史专家王水照先生在他的《宋代文学通史》里就曾经说这批人是一批复合型的人才。所谓综合素质，就是说这些人既能够在政治舞台上叱咤风云，又能够经办具体政务；既在文章、诗词、文学、史学等方面有突出的造诣，也在经学方面有对于儒家经典的重新阐发，体现出深厚的功力和影响。

可以和前代做一个比较，比方说唐代有很重要的政治家。李世民做皇帝的时候，最主要的政治家是房玄龄、杜如晦、魏徵等人，唐玄宗的时候，有姚崇、宋璟，他们在处理国家政事方面有突出建树，但是如果说到诗词歌赋，说到文章、经术，却很难看到他们有什么重要的作为。而像李白、杜甫这样一流的文豪，在诗歌方面有超越前人的丰碑式的建树，但是说到处理政事的能力又很难讲。看上去他们都具有某一方面的特长而非全才。而宋代，像范仲淹这样的人，推行“庆历新政”，在政治舞台上有一定影响，同时我们都熟悉他的《岳阳楼记》，他是很好的散文家，《渔家傲》这样的词作也脍炙人口，而且对于《易经》等都有研究著述。像欧阳修，北宋前期的文坛宗主，“唐宋八大家”之一，而且也有史学上的著述，有《易童子问》这样的经学著述；同时也做过副宰相，在朝廷参与主持政务。像王安石也是一样，一方面是“唐宋八大家”之一，另一方面也有很好的诗词作品，而且还被称为当时新儒家的一个开创性的人物。他作的《三经新义》，在当时作为“荆公新学”，有很深远的影响。更重要的是，他是一个政治人物，一位改革家。像司马光也是这样，不仅有《资治通鉴》，还做过宰相。所以我们可以看到，宋代有一批这样的综合性人物，有多方面的成就。钱穆先生说到，这个时期出现了一批“以天下为己任”的士人。胡适先生在他的《口述自传》里，把这个时期称为“中国的文艺复兴时期”，他指的是公元11世纪以来开创了一个革新的世纪。

宋代文人追求的格调，与唐人有些不同。举个简单的例子来看：吟咏庐山的诗作，古往今来很多，我们以李白和苏轼的篇什为例。

咏庐山

李白：
日照香炉生紫烟，
遥看瀑布挂前川；
飞流直下三千尺，
疑是银河落九天。

苏轼：
横看成岭侧成峰，
远近高低各不同；
不识庐山真面目，
只缘身在此山中。

两位作者都是一代文豪，他们的创作都是一流的篇章，但若仔细品味，两首诗还是有着意念上的区别。李白的诗作有一泻千里的气势，体现着雄浑的山川意象与浪漫的情怀；苏轼的这一首，遣词造句平平淡淡的，没有任何华丽的词藻，却在平淡之中寄寓着哲理的思考与追求。可以看出，唐人的诗作常于咏叹山川意象，而宋人的诗作则更加注重人文的思考。我们可能看到过这样的说法，说宋人跟在唐人后边，这是宋人的不幸，好诗都让唐人作过，宋人很难再作出好诗来了。事实上，宋诗还是具有非常重要的特点的。钱钟书先生就曾经说过，唐诗擅长的是风神情韵，而宋诗注重的是筋骨思理。所以像李白这首诗，我们面对高山大川的时候，几乎会脱口而出;而苏轼这首诗就不同,面对自然界或是社会人生的各类事务,我们可能同样会受其启发。从这些方面可以看到宋人对于唐人成就的继承,也能够看到一种流变,看到他们的不同。

宋代的各类成就,能够从不同的角度观察到。像李约瑟《中国科学技术史》里说:"每当人们在中国的文献中查考任何一种具体的科技史料时,往往会发现它的主焦点就在宋代,不管是在应用科学方面,还是在纯粹科学方面都是如此。"为什么会如此呢?这和宋代新儒学的复兴,当时"格物致知"的追求及当时士人的济世情怀是有直接关系的。

中国历史对于世界文明发展的牵动力应该说是非常大的。我们熟知的"四大发明",其中印刷术、火药、指南针三项,其技术都是在宋代完备起来,而且是在宋代向外传播到世界各地去的。像英国的启蒙主义思想家培根、像马克思都说到这三大发明对于预告资产阶级社会的到来所具有的重大意义。马克思指出,"这是预告资产阶级社会到来的三大发明。火药把骑士阶层炸得粉碎,指南针打开了世界市场并建立了殖民地,而印刷术则变成了新教的工具和科学复兴的手段,变成对精神发展创造必要前提的强大杠杆。"宋代文明尤其是其科技成就,对于当时的世界文明也有所贡献。

总的来讲,从唐代到宋代经历的一些发展变化的过程,我们应该从什么角度去概括它呢?葛兆光在《道教与中国文化》里,陈来在《宋明理学》一书中,都从他们的研究角度,谈到了对于唐文化和宋文化不同典型意义的认识。这样的一种变化,或许可以概括为一个走向"平民化、世俗化、人文化"的趋势。所谓的"化"讲的就是一个进程,并不是说它已经达到了,也不是说它已经臻于完善了,而是体现着这样一种历史趋势。

对以上内容做一个小结。应该说宋代处于中国历史上一个很重要的转型期,它面临着很多的新问题、新挑战,实事求是地说,它并不是中国古代史上国势最强盛的时期。但是它在物质文明、精神文明方面都有很多突出的成就。这些成就对于人类文明的发展作出了积极的贡献,有着牵动的力量,所以它无愧于中国历史上一个文明昌盛的阶段。我们观察不同的历史时期,要从它特有的现象和问题入手,这样才能在中国的整体历史发展脉络中去把握历史上中国的走势。

现在我们讲第二个问题,“事为之防,曲为之制”,这其实就是“祖宗之法”的核心内容。下面还会讲到“祖宗之法”是怎么提出来的,它的核心内容包括什么,它的这种原则是如何被付诸运用的。

宋太祖赵匡胤是通过“陈桥兵变”“黄袍加身”的。在“黄袍加身”之后,他就发布了即位诏书,其中有这样几句话:“革故鼎新,皇祚初膺于景命;变家为国,鸿恩宜被于寰区。”值得注意的是“变家为国”这四个字,过去他身负的责任可能就是他一家之事,而现在他从一家之主变成了一国之主。“陈桥兵变”并不是一个偶然的事件。“变家为国”,一方面是赵匡胤苦心经营的结果;另一方面“变家为国”也是沉重的责任与负担,它伴随着赵匡胤走过了他的一生。后来的帝王也是在这样一种负担和挑战之下度过的。

在当时人看来,“陈桥兵变”这一事件有什么意义呢?从宋人的论述里,大多数都是说它易乱为治。宋代建立之前,政局混乱,北方前后相继的有五个王朝,十四个皇帝,一共是五十三年,王朝更替像走马灯似的频繁。赵匡胤作为一个禁军统帅,摇身一变成了皇帝,当时的人没有理由相信这个王朝能够延续下来。从后梁开始,每个皇帝都想巩固自己的统治,但是没有成功,五个朝代、十四个皇帝都没有成功,出身于军事统帅的赵匡胤有什么理由能够成功？所以当时的人认为，这就是第六个王朝又开始了，这个王朝能延续多少年是很难说的。但是赵匡胤这个王朝却巩固下来了，而且延续了将近三百二十年之久。所以这就变成其后一个持久热议的话题，就是为什么能延续下来，宋代的人们也一直都对这个问题抱有很高的成就感。

南宋中期的理学大家朱熹在和他的学生谈话的时候也说到这个问题。他的学生说，太祖受命做皇帝，为什么能够延续下来呢？那是因为太祖把五代不好的法度，所谓的弊法都彻底地改掉了，所以他这个王朝，能够易乱为治，能够统治得很稳定。朱熹说不是，宋太祖赵匡胤只是去其甚者，把五代的法度里那些最不好的东西取消了，而其他的法令条目多仍其旧，能够延续的都没有动。然后朱熹又说，“大凡做事的人，多是先其大纲，其他节目可因则因，此方是英雄手段”。朱熹的话其实很浅白，很容易懂，他就是说能做成事的人，都是抓主要的问题，抓住大纲，其他的事情暂时忽略不计，姑且放在那儿，这样的人才是真正有手段的，这样的人才能成就英雄的事业。

赵匡胤在当时抓的“大纲”是什么呢？他要成就的英雄事业是从什么地方开始的呢？其实他是从一种政治秩序的建立开始的。赵匡胤为了上台，在军队里多年经营人脉，包括“义社十兄弟”，即拜把兄弟，都在禁军的各个统率部门里。他做了皇帝以后，首先当然是清除异己，除掉那些反对他做皇帝的人。接下来的问题，就是当年拥戴他做皇帝的义社兄弟要怎么办。这些人过去都是跟他“比肩同气”的，上下没有什么区别，而现在他成了皇帝，对他来说，最重要的就是要拉开君臣之间的尊卑距离，建立起一种君臣之间的政治名分，形成“君君臣臣”的政治秩序。

右面是一幅《蹴鞠图》，蹴鞠就是踢球。后边中间的是宋太祖，前边最右正在踢的这位是他弟弟，后来的宋太宗。周围是当时的智囊赵普、武将党进、石守信和亲信楚昭辅。以前这些人摸爬滚打都在一起，而现在则要拉开距离，要建立一种君尊臣卑的政治秩序。而且，不仅是对于这些禁军统帅和高官要建立政治秩序，对于当时的宦官、后妃、外戚、宗室等都要逐渐地建立起一种政治秩序。这个政治秩序建立的过程，其实就是宋代前期的统治逐步稳定下来的过程。

后排左起：楚昭辅、宋太祖、赵普
前排左起：党进、石守信、宋太宗

宋代前期的统治如何能够稳定下来呢？可以看到，在赵匡胤之前，五代的历代帝王，都作过这个努力，都想要稳定他们的统治。赵匡胤做禁军统帅，谁把他提拔上来的呢？是后周的第二个皇帝周世宗。周世宗这个人具备雄才大略，因英年早逝，所以没有把他的理想都付诸实现。周世宗也很提防什么人可能会篡夺他的帝位，特别是他后来身体不好，而他的儿子又很小，所以为了能使帝位有一个比较平稳的过渡，他得给他儿子奠定一个稳固的辅佐班子。他采取的方式既有制度建设，也着意清除异己，即使潜在的异己他都要事先清除。如何清除呢？他把周围看上去“方面大耳”的那些军事将领都除掉了。方面大耳有什么含义呢？这就是所谓的“天庭饱满，地阁方圆”，这都是有帝王相的。在赵匡胤做了皇帝以后，曾经问他身边的人，你们看我长得怎么样？其实他也是方面大耳的，而且就在周世宗身边，却没能被除掉。他的意思是说，周世宗这种手段并不成功，稳固政权不能靠这种方式。赵匡胤走的路子跟周世宗不完全一样。经过了五代前期五十多年的反复以后，后来的统治者逐渐学得聪明起来，或者说比较理性了。北宋初期所采取的措施奠定了王朝统治的基调。可以说宋代的“祖宗之法”奠定了一个相对理性的治国基调。

赵匡胤是军事统帅出身，不太善于高谈阔论，相对来说比较务实。司马光的《涑水记闻》记载了这样一件事情，宋初的开封城显得比较简陋，需要扩建，太祖皇帝要亲自视察规划，赵普跟他一起去。赵匡胤就指着内城南门朱雀门上面写着的“朱雀之门”四个字，问赵普说，为什么不直接写“朱雀门”，还要在中间加一个“之”字呢？赵普就跟他说，“之”字是语助词。太祖听了以后哈哈大笑，说“之乎者也，助得甚事”。真的要办事的时候，之乎者也助得上吗？能有什么帮助吗？

正是因为宋太祖理性而且比较务实的趋向，所以使得宋初的过渡相对来说比较平稳。比方说“杯酒释兵权”，他对于周围包括引起他猜疑的人，不是像刘邦、吕后当年“狡兔死，走狗烹”，也不是像周世宗那样逐一肃清可疑对象，而是采取了比较波澜不惊的一种手段。而他自己也是在这种“变家为国”的过程中，完成了从军阀到帝王的身份转换。

《续资治通鉴长编》里有这样两件小事情，都是在宋太祖做皇帝的第一年发生的。有一天罢朝以后他坐在朝堂后边的便殿里，看上去不高兴，周围的人就问他怎么了，他就说你们以为这个天子很容易当啊，刚才我决定一件事情，现在想起来判断有误，所以一直郁郁不乐。可以看到，军事统帅习惯于战场上瞬息万变，通常决策迅速，但他作为一个皇帝觉得有的事情做得过于仓促了。

另外有一次,他在后苑里拿弹弓打鸟雀,忽然外边报臣僚有急事请见。于是他赶紧召见来人,结果报告的就是一件普通的事,没什么紧急的。赵匡胤很不高兴,就问他这点事情有什么了不起,那个臣僚回答说,我觉得比你打鸟雀还是更为重要。这令皇帝更加气忿,还敢顶嘴,他就拿起玉斧掷去,打掉那人两颗牙。而那个人呢,弯下腰,慢慢地把牙捡起来揣在怀里。赵匡胤就更生气了:你还把牙揣在怀里,你想到什么地方去告我啊,还想留个物证。那臣僚就说,我没有地方去告陛下,但是早晚有史官会把这件事记下来。史料记载说是“上悦”,意为赵匡胤很高兴;其实据情理推想,他应该是很尴尬,而不是高兴。但是不管怎么样,他还是很理性的,觉得人家的意见有道理,于是“赐金帛慰劳之”。可以看到,在那样的一个过程里,赵匡胤本身也经历着一种身份转变的过程。

赵匡胤做皇帝十七年就去世了,他去世以后,后人在翻检他留下的书信及写过的条子时,发现里边有写给赵普的一百多封信,其中说道,我和你们共同平定祸乱取得天下,我们创立的这些法度子孙若是能够世世代代传下去,那么这个王朝就会长期稳固下来。

所谓他们创立的法度,就是后来所说的“祖宗之法”。一般来讲,第一代创业君主称“祖”,第二代是“宗”,所以“祖宗之法”主要是指本朝创业君主立下的法度。

宋太祖的去世非常突然,所以有“金匮之盟”、“斧声烛影”这样一些说法。他去世以后,宋太宗继位。太宗即位是受到一些人质疑的,因为当时太祖两个儿子都已经成年了,大的已经二十四岁,小的也十八岁了,但是帝位却传到了他弟弟的手里。宋太宗即位以后,也发布了即位诏书,这在某种意义上是一个安民告示,是宣布他的政策趋向的。他说道："先皇帝创业垂二十年，事为之防，曲为之制，纪律已定，物有其常。谨当遵承，不敢逾越。"核心内容就是说他要继承赵匡胤的一套做法，而这一套做法的实质是什么呢？就是"事为之防，曲为之制"。这八个字其实是指防微杜渐的原则。"事为之防"就是指每件事都要预先进行防范；"曲为之制"，这个曲是委曲周全的意思，就是要对每件事做出详尽的制约。这八个字合在一起，就是防微杜渐，从根本上来说是防范弊端的政策趋向，它是一种防弊之政。这样的祖宗法度，防弊之政，在宋代后嗣帝王看来，就是本朝的"家法"。

"祖宗之法"、"祖宗家法"，其实就是指太祖、太宗以来的一套以防微杜渐为基本原则的法度。在宋太宗的时候把防弊之政推到了极端，他特别警惕防范的主要是内患。他说外忧容易应对，而内患则直接威胁到政权的安定，所以他为宋代的国策奠定了的基本精神和原则，就是"守内虚外，强干弱枝"。可以看到，后来宋代历史上很多的问题就是从这里生发出来的。

宋太宗是北宋的第二个皇帝，他的儿子是宋真宗，真宗的儿子是仁宗，仁宗自己没有儿子，他过继了一个，就是英宗。从这第三位、第四位、第五位皇帝的即位诏书里可以看到，虽然文字的表述不太一样，但是都有一个共同的精神，就是"谨奉成规，不敢失坠"。这其实是继承了宋太宗即位诏书里的基本说法。这类表示，当然我们可以认为不过就是一些套话；但实际上套话也是在特定的历史背景下产生的，反映着一个时期的主流政治导向，也是有其认识意义的。

真宗是宋代第一位长于深宫的皇帝，他的伯父宋太祖和他的父亲宋太宗，基本上都是五代战乱中培养出来的精英人物。当时的臣僚为了让这位长于深宫的皇帝了解民间疾苦，而且让他的统治手段不要过分地逸出于正常的统治轨道，想出了一些方法来予以限制。王旦在真宗朝做过十几年宰相，王旦曾经对皇帝说，陛下你要坚守的就是祖宗时候的典故。典故就是“故事”，祖宗立下的成规，祖宗制定的范例，你要按照这些去做，如果典故里没有规定的你不能做，不能违反祖宗制定的规矩。

欧阳修给王旦写的神道碑里也说，宋代到真宗朝已经是第三代帝王了，祖宗的那些法度都传留下来了，所有的事情要尽量按照祖宗时期的方式来做。可见在真宗的时候，这些祖宗典故、祖宗法度、祖宗故事就越来越频繁地被提到了国家政事的台面上。

真宗去世的时候仁宗还小，所以真宗的皇后，即后来的刘太后就临朝称制，垂帘理政。戏剧里的“狸猫换太子”说的就是这个刘皇后，其实她没有那么恶劣。仁宗不是她亲生的儿子，却是她从小养大的。仁宗前期有两个年号，一是“天圣”，一是“明道”。“天圣”，指二人圣，一个女主，还有一个小皇帝；“明道”则是日月齐明，阴阳并举。

那个时候，北宋培养起来的士大夫，相对来说已经比较成熟了。忽然换上一位女性，一个女主到了权力的巅峰，这些士大夫都提高了一份警惕，这一份警惕也是吸取历史的教训。我们知道武则天篡了唐的天下，变成大周，武则天就是唐代第三位皇帝唐高宗的皇后，而她也是在临朝称制期间，奠定了后来称帝的基础，变大唐为大周了。所以此时的士大夫都绷紧了弦，盯着朝中的政事，经常会有各种各样的批评、建议。这段时期本来是一个非常时期，所谓的“非常”就是女主当政。而在这段非常时期中，却成就了北宋王朝后来正常的统治秩序。士大夫能比较充分地发言，有相对良好的统治氛围。刘太后去世以后，仁宗亲政，亲政后他才知道自己不是刘太后亲生的，深感震撼，在当时他也希望在他的政策趋向上和太后有一个分割。因此,在这个时期“祖宗之法”就开始被频繁而正式地提出。

“祖宗之法”或者说“祖宗家法”并不是成文的法典,而只是一套精神号召和施政原则。宋人对“祖宗之法”的认识与解释,其实是很不一样的,应该说是一种言人人殊的状况,说法可能有不同的角度,而所有的说法都不能涵盖“祖宗之法”的全部。这样的一种状况,使我们注意到,“祖宗之法”在那个时期是一种做法和说法的集合。有很多就是一些人的提法,也有很多是概括了祖宗以来的做法,这些集合起来就是“祖宗之法”。“祖宗之法”没有固定条款,它并不是成文法,而是法度原则的集合,就是当时人冠予的一种集合性名词。当然它首先指的是太祖、太宗时提出来的法度,但是后来像真宗、仁宗时的一些做法,也被后来的帝王视为“祖宗之法”。应该说“祖宗之法”是动态积累而成的。“祖宗之法”包括国家的方略、治世的精神、政策措施及各种章程,是一个发展而成的综合体。

“祖宗之法”的内容,类似于一个层层套叠的同心圆,它的核心应该说是防弊之政,防微杜渐,“事为之防,曲为之制”,这个核心是很清楚的。但是它的边缘很有弹性,其外延解释可能相当不同。

如果说“祖宗之法”是防弊之政,那么它通过什么方式来实行它的防微杜渐呢?就是说它怎么能够把防微杜渐落在实处呢?从宋人的解释里可以看到,主要的基点,或者说车轮的两轴是“立纪纲”与“召和气”,纪纲(纲纪)就是制度;和气,是指天地之间的阴阳交感,自然运行的和谐之气。从欧阳修、沈义伦、郑清之以及吕中的说法里能够看到,当时的人认为,国家的政事需要保持均衡。有了这两端,才能保证平稳发展,这是“祖宗之法”的核心内容。

从当时的制度设置来看，也能够观察到，这种制度和纪纲是怎么设置的。唐代前期的三省制，就是唐代前期的中央政治机构，有三个主要部门，三省的长官都是宰相，他们在政事堂共同商议国家大事。中书省负责出令，就是起草政令；门下省负责审核批覆，如果中书省草拟的政令审核通过了，就到尚书省去执行。可以看到，这种格局体现着分工和制衡的原则。它怎么分工？怎么制衡呢？决策和执行分工，而且它的程序一环接续一环，政令文书一步一步走，在总体程序的不同环节上由不同的部门把关，有了这样的分工就会有一种彼此之间的制衡，不容易让权力把持在某一部门。

宋代的制度也有分工，也有制衡，但它的"纪纲"制度和唐代不完全一样。皇帝是至高无上的，这都一样，最高的议事、决策机构变成了御前会议，而非政事堂。御前会议皇帝亲自参加，与各个部门的首长共同议事。所以这时直接向皇帝负责的部门增多了，不像原来是一种垂直的、层级较多的金字塔状态，这个时候相对来说结构方式比较"扁平"。宋代前期的主要中枢机构包括负责行政的中书门下、负责军政的枢密院，这两个部门合称为二府。同时还有负责财政的三司和负责监察的御史台。宋代的分工制衡方式，是以事任为中心，不同事任分属不同机构，以这种方式防范权力的过度集中。也就是说它的制衡方式和前代不一样了，但仍然是非常强调制衡的，不能让权力掌握在某一个部门的手里。

文书为什么重要呢？中国古代的政令都是以文书为载体的，政令——红头文件——的下达是通过官方的文书下达，所以文书很重要。宋代的上行下行文书，途径是很多的。官僚机构有报告有建议，官员个人也有机会向皇帝进言。进言的途径，可以通过两府，就是中书和枢密院，由宰相呈递，也可能直接递到皇帝那儿去。特别要说到的是，在文书递进的过程中，监察官员，就是所谓的言路之官，随时可以提出意见。可以说，当时有多途的信息渠道。

另外，在宋代，皇帝有时候也会写个条子，不经过正规部门下达，而是直接递到某一部门或官员，通常称之为“内降”，其中有不少是皇帝的特批“恩泽”，对此外朝会有所抵制。外朝官员通常认为敕旨必须是通过宰相的，是要通过有关部门下发的，皇帝直接递出来的这些材料不能算作是圣旨。所以对这些有很强烈的质疑，特别是北宋的前期和中期。

所谓纪纲的问题，它一方面强调集权，另一方面也是有制衡的，纪纲是和制度联系在一起的。吕中的《大事记讲义》说：纪纲有四个方面的规矩：大臣管主要的事情；给舍负责起草与审查，有纠正的义务；台谏负责监督朝内的百官；监司是派到地方上去的监察部门，他们负责监察地方上的百官。国家的纪纲和制度是靠这样一个系统组织起来的。仁宗的时候，有人劝他应该大权独揽，仁宗回答说，我们这个国家是有规矩的，天下的事情不能从我一个人这儿，从内廷颁出。

认识确实很不错，但说是这样说，仁宗自己能不能这样做到呢？《宋史·杜衍传》中有一条材料。杜衍在宋仁宗的时候做过枢密使，管军政，包括军事人员的除授、宦官的除授、外戚的升迁等，都归枢密院。所以枢密院经常会拿到从皇帝那儿递出来的“内降”条子。这些条子递出来以后，就送到杜衍这儿，杜衍把这些条子都“寝格不行”，一个一个地摞在那儿，等到攒够十几个了，他就都退还到皇帝那儿去。有一次谏官欧阳修“入对”，到皇帝那儿去对话，宋仁宗问他说：外人知不知道杜衍把这么多我给他写的条子都封起来给我退了回来？然后仁宗又说：其实外边的人不知道，有求于我的人多得很，我经常跟他们说，我给你们批了没用，杜衍那儿卡着也是发不下去，所以在我这儿止住的比杜衍封还的还更多呢。他的意思就是说，我也努力了，我也尽量地把那些条子都堵在这儿，不给他们写那些特恩的条子。

第二个例子。仁宗当皇帝四十多年，他谥号“仁”，也是因为耳朵根比较软，人比较仁厚。至和、嘉祐，这是他晚年时候的年号。后宫比较下层的嫔御位次经常升不上去，她们就成天缠着仁宗。仁宗就说，前朝没这规矩，我也没办法啊。这些人老缠着他，仁宗就说，你看我说你们也不信，那我就试着写个条子吧。于是给她们写了，政府部门的官员就拿着条子找皇帝奏告，说找不到相应的规定，没法给她们晋升。于是嫔御中有人就说，别那么麻烦了，你就直接写晋升什么官，让外廷按着去做不就是了，也不必查前朝有没有这规矩。后来仁宗就拿了彩笺，在上边写了某官某氏特转某官。到了该发薪俸的时候，这些人拿着皇帝写的条子去领钱，说自己已经升级了，请增加俸禄。有司拿到条子不敢遵用，说还得要重新请示。结果这些人回来就又去找仁宗，说你看你写的这些条子怎么都不好用呢？仁宗“笑而遣之”，所以当时人都说“咸服仁宗之圣断”。

再看宋神宗。神宗是王安石变法时的皇帝，一直被认为是比较刚烈，比较有个性的。神宗时，在陕西打西夏用兵失利，五路出兵全军覆没，此事对他的打击非常大。那谁对这事负责呢？前线将官有的被俘，有的战死，神宗就写了一个条子批给宰相，“令斩一漕臣”，漕臣就是负责转运供应粮草的官员。粮草供应不上去，这是当时军事失利的一个重要原因，所以条子上说，要把转运使杀了。第二天上朝，宰相蔡确奏事，皇帝就问昨天批出去要把某某人杀了，是不是已经执行了。蔡确回禀“方欲奏知”，刚想跟您报告。皇帝说这还报告什么，宰相就说祖宗以来未尝杀士人。有这样一种说法，说宋太祖的时候有一个誓碑，上面刻了祖宗的遗训，说是不杀士大夫，不杀进言的人。誓碑有没有是另一回事，但是至少祖宗以来很少轻杀士人，尤其是公罪（公务执行的重大失误），处分会处分，但是很少杀。宰相就说不想让神宗开这个头，神宗沉吟久之，就说那行，“可与刺面，配远恶处”，脸上刺上字，发配到又远、气候又恶劣的地方去。副宰相章惇说，要是这样还不如把他杀了。皇上问什么意思，这几个人就说，“士可杀，不可辱”，不能在人脸上刺字，这是莫大的羞辱。皇上声色俱厉地说：“快意事便做不得一件！”章惇还又接了一句：“如此快意事，不做得也好！”

从以上两件事情可以看到，祖宗以来的一些规矩法度，确实对后来的帝王构成一定的限制。臣僚限制皇帝的手段是很有限的，士大夫们以祖宗的做法来限制后来的皇帝，这是他们手中的一柄利器。另外可以从这里看到当时的“立纪纲”与“召和气”，这两端是结合在一起，二位一体的。

第三个问题，我们简单地说一下宋人对于“祖宗之法”是怎么理解的。研究历史上的问题，经常会碰到一些“无字碑”——例如武则天陵墓前，给人很多思考和诠解的空间。当然遇到的有字碑更多，包括文献和材料，但是有字碑同样也值得追问与思考。因为文字记载都是当时人书写的，也都包含着当时人的追求和理念。

应该注意到所谓“本朝史观”的问题。当朝人说当朝事，这是我们后来研究历史的人离不开的。我们现在研究宋史，肯定要看宋人怎么写宋代史事。但是宋人写宋史是有避讳的，而且也是有溢美之词的。其中既有当年的史实，也有当时人的包装。我们现在就要把这包装很小心地剥离开。这包装其实就是所谓的本朝史观，当朝人怎么看当朝史。

本朝史观也不是宋代才有，比方说唐太宗的事迹，通过两《唐书》《资治通鉴》可以了解很多，更集中的材料是《贞观政要》。而《贞观政要》完成于唐玄宗时期，公元728年，当时距离唐太宗去世的公元649年，正好是八十年，所以这是太宗去世数十年之后的人来写太宗朝的历史。《四库全书总目提要》里说书里记载的太宗事迹，有很多跟别的书对不上。但这并不影响《贞观政要》在历史上被重视，为什么呢？因为《贞观政要》寄托着8世纪的政治家、史学家对于政治清明的理想，他们理想中的盛世应该是什么样子，他们理想中的开明君主应该是什么样子。他们经过了从唐高宗到武则天这样一个重大反复之后，回过头去看唐太宗时期的历史，所以《贞观政要》包含着当时人对政治的解释和追求。

宋代当然也是这样。有个例子是关于《三朝圣政录》的。三朝就是太祖、太宗、真宗，仁宗时的石守道，就是石介，他是所谓的"宋初三先生"之一，也算是新儒学的先驱。他当时编了《三朝圣政录》，"圣政录"，顾名思义是只写好事的，把祖宗时候的嘉言懿行，好的事情都集中到这里。他写完以后，想要把书进呈给当时的皇帝仁宗，事先给他的一些朋友看看，征求一下他们的意见。他给韩琦看（韩琦后来是做过宰相的），韩琦看了以后说，其中有几件事情不能这样写。第一件事情，"太祖惑一宫鬟"。太祖在后宫喜欢一个宫女，结果他上朝就上得晚。古代上朝是很早的，王禹偁的《待漏院记》说天还没亮的时候，宰相就都打着火把从家里出来，到待漏院等着，天一亮宫门就要开了，百官就要上朝了。上朝对皇帝来说是很辛苦的事情，所以《长恨歌》里的唐明皇，也是"春宵苦短日高起，从此君王不早朝"，就是晚上耽搁得太久了，早晨就起不来了。太祖喜欢后宫这位女性，结果晚上睡得晚，早晨就起得晚了。所以群臣就有意见，太祖也觉得自己做得不对，可是回到后宫就又忍不住。他就想，怎么能让这件事情一了百了呢？于是等那位宫女睡熟之后，把她杀了。石守道把这件事情写到《太祖圣政录》里。他认为太祖不沉溺于女色,从谏如流。但韩琦说:“此岂可为万世法?”这样的事情怎么能作为后来帝王仿效的榜样呢,如果以后再喜欢别的宫女,那就不胜其杀了。石守道非常佩服韩琦的见识,于是把诸如此类的事情都删去了。

这里我想提醒大家注意的,就是说“祖宗”的形象是塑造出来的。当然它可能有一些事实作为依据,但在呈现过程中是有加法,有减法的。“加法”就是有后来的渲染,有放大、溢美之词;减法就是涂抹,有一些事情被遮蔽、被删掉了。这件事情如果不是后来记载在韩琦的言行录里,我们现在从关于宋太祖的记载里根本看不到。那能不能说韩琦是阿谀奉承呢? 其实也不是这样。当年写《圣政》主要不是为了前世帝王,而是为展示给后世帝王看的,是要给后世帝王树立榜样。台湾大学的王德毅先生和香港大学的许振兴先生都说,《宝训》《圣政》是宋代帝王学的教材,它是让后世帝王照着这个样子去做。祖宗形象的塑造,在当时人的心目中是为了垂范后世,为了做万世效法的榜样。

宋人关于“祖宗之法”的记载,有真相,也有一些是经过了包装后反映出来的一些“映象”。有的真是当年的做法,也有一些不过就是说法而已,所以对于这样的一些内容要用分析的眼光来认识。

总的说来,在帝国时代皇帝具有至高无上的权威,如何对于皇帝的权力形成制约,“祖宗之法”在一定程度上提供了一种路径。“祖宗之法”使现世的法度笼罩在礼制、伦理的体系之下,具有双重的权威;它实际上由士大夫们参与提炼形成,却以“祖宗规矩”的神圣面目出现,对于后世帝王可能构成某种约束。在“祖宗之法”提出之后,逐渐凝固化,本是君臣共同创行的“祖宗之法”,转过来又束缚了新的一批精英人物的头脑，它内在可能有的创新因素反而得不到发扬，使宋代政治呈现出因循求稳的态势。

最后要讲的一点（第四个问题）是，对于“祖宗之法”，宋人也有不同的认识，有人主张“法祖宗”，也有人认为“不足法”。反思和批评，来自于相对清醒的一些士大夫。北宋灭亡以后，南宋人有很多思考。包括朱熹就曾经说，靖康年间金人的军队长驱直入，河北地方根本就没有抵御的能力，就是因为本朝鉴五代藩镇之弊，不让地方上有强大的军事力量。结果革了藩镇之权，兵也收了，财也收了，赏罚刑政一切都收了，金人的军队打过来，地方上不可能在短期内动员出能够抵御的力量，所以“靖康之祸，虏骑所过，莫不溃散”，成为惨痛的教训。

叶适也曾经说过“有大利必有大害”，“祖宗之法”在内政相对稳定的同时，也带来了严重的不利影响。它是一种“禁防纤悉”的做法，防微杜渐，把地方上的官员捆得手脚不能展布，不能有自己的创造，不能有自己的作为。所以叶适说这是“一代之法度有以使之矣”，这都是南宋人的说法。实际上在北宋中期，王安石对于“祖宗之法”就有非常尖锐的批评。王安石是一位性格刚强的人，而且政治上的改革意识很强。他在早年就作过《登飞来峰》这样的诗，表示“不畏浮云遮望眼，自缘身在最高层”。这种要求，眼光远大，而不是鼠目寸光，因循守旧。在他做参知政事（副宰相）和做宰相之后，跟宋神宗一起推进了“熙宁新法”，也就是“王安石变法”。在变法期间提出，“天变不足畏，祖宗不足法，流俗之言不足恤”，亦即所谓的“三不足”，第一次正面地对于“祖宗之法”提出了批评意见。对于“祖宗之法”，不奉行者多得很，阳奉阴违者也比比皆是，但是敢于在朝堂之上正面提出“祖宗不足法”的，那还只有王安石一个人。“三不足”是不是出自王安石之口，学界有不同的认识。因为宋神宗曾经亲自问过他，是否知道“三不足”之说，王安石发觉宋神宗很不高兴，于是就说不知道。有的学者认为“三不足”是政敌给他扣的帽子，而不是他自己说的。但是不管怎么样，王安石当着宋神宗有大段的解释，他说“至于祖宗不足法，则固当如此”，正面肯定了祖宗时期的做法不足固守，是要因时而变的，能够这样堂堂正正地提出来，在宋代的历史上只有王安石。

钱穆在《国史大纲》里说，像范仲淹庆历新政、王安石变法，这些革新政治的抱负，虽然都失败了，但是他们做人的这种精神，这种意气，一直为后人所师法，直到最近期的中国。最近期的中国，钱穆先生是指20世纪三四十年代的中国。

1972年，日本首相田中角荣访华，当时毛泽东主席曾经征引王安石“三不足”的事例跟他说，你到中国来访问，美帝不赞成，苏修不赞成，你们国内也有人不赞成，你这就是“人言不足恤”。2008年，温家宝在当选新一届总理的记者招待会上，也引述“天变不足畏，祖宗不足法，人言不足恤”，表达矢志改革的决心。

可以看到，宋人留下来的这样一种精神遗产和宋人当年的一些思考和一些努力，都还影响到我们今天。

明天就是元宵节了，在这儿借此机会送大家一首王安石的诗作《元日》。当年王安石写这首诗，也是为了迎春的，特别在最后有两句，“千门万户曈曈日，总把新桃换旧符”。新的一个农历年也开始了，旧符也换成新桃了。就我们自己的国家、民族、人民来讲，其实也是一个希望与挑战同在、机遇与艰辛并存的新的一年的开端，祝大家阖家美满，心想事成。

吴宗国

唐代官吏的培养和选拔

吴宗国，1934年生于南京市，祖籍江苏如皋。北京大学历史学系教授，博士生导师。1958年北京大学历史学系历史专业本科毕业后留校任教，长期从事中国古代史的教学和科研工作。先后任北京大学历史学系中国古代史教研室主任、《中国大百科全书》第二版中国历史学科隋唐五代史分支主编，以及中国唐史学会理事、北京历史学会理事、点校本“二十四史”及《清史稿》修订工程审定委员。研究方向为隋唐史、中国古代政治制度史。主要著作有《唐代科举制度研究》《中国史纲要（增订本）》上册隋唐部分、《隋唐五代简史》，主编有《中国封建王朝兴亡史》（隋唐卷）《盛唐政治制度研究》《中国古代官僚政治制度研究》等。

大家好！很高兴能够给大家介绍一下唐代官吏的选拔和培养的问题。官吏的选拔历来都是每一时期的一个重要问题，官吏的培养更是直接影响到官吏的素质。按照什么样的要求、什么样的标准，怎么样去选拔官吏，这里实际上就包含了官吏的培养问题。今天，我主要从几个方面来介绍这个问题。

第一个问题就是唐朝对官员素质的要求，实际上就是当时官员的标准。

按照什么标准选拔官吏、任用官吏，在各个不同时期是不一样的。东汉以后，由于豪强世族的发展，门第就成为选拔官吏的主要标准，你能不能做官，做多大的官，就看你家里门第的高低。所谓门第的高低就是当时他的经济地位和政治地位，他的祖上有多少代做官，他们家的经济实力和政治实力怎么样。门第高的可以做高官，门第低一些的可以做低一级的官吏，没有门第就不能做官。这种情况在南北朝时期就开始发生变化了。南北朝时期，随着豪强世族的衰落，按照军功、才学来选官的这样一些原则被逐步提出来。南齐末年，后来的梁武帝萧衍就提出了唯才是举，西魏的苏绰提出了不限资荫，就是按照才能而不按照门第去选拔官吏。

隋朝建立以后，在官吏的选拔上迈出了几大步：

第一步，取消了九品中正制。选官就不限资荫，在选拔官吏的时候不看你的门第，而看你的才能，并且明确地提出了才学的标准。

第二步，取消了州郡长官辟举佐官的制度。从汉朝以来州郡的长官都是由中央任命的，但是底下的这些属官都是他到任以后在当地征辟，由当地的人士担任。一开始，在西汉初年还是看地方上有哪些贤能的人，把这些人选拔出来。后来随着豪强大族势力的强大，选拔的都是这些豪强大族的人，后来豪强大族担任地方佐官就变成了他们控制地方行政的一种办法、一种手段。豪强世族能够长期存在，这和他们在政治上掌握了地方政权有很大的关系。隋朝为了防止地方官和地方豪强势力相勾结，还做了一些规定，比如刺史、县令任期三年，三年以后就要轮换。另外还规定地方官的父母和十五岁以上的儿子不能带到任上，目的都是为了防止地方的豪强通过各种办法和地方官勾结起来，来控制地方的行政。

第三步，开始实行科举制度。科举制度是从西汉以来的察举制度脱胎而来，成为国家纯粹按照才学的标准选拔官吏的一种办法、一种考试制度。察举是要由地方推荐的，而且不一定要经过考试，而科举可以自己报名且必须经过考试。这样就为一般的百姓进入官场打开了一扇大门。

唐朝继承和发展了隋朝的选官制度，在选官上有许多新的创造。比方说创办了各级学校，科举制度也一步一步发展成熟，并且逐步地成为首先是高级官员然后是中级官员的主要来源。特别是唐朝还确立了选官必须通过考试的这样一种制度。现在一般都认为唐朝的科举制度是世界公务员制度的萌芽，其实这是一种误解。在唐朝的选官制度中就需要经过考试，下面我们还会介绍，这才是真正的世界公务员制度的萌芽。

从隋朝开始，对于官员在政治运作中的作用都是非常重

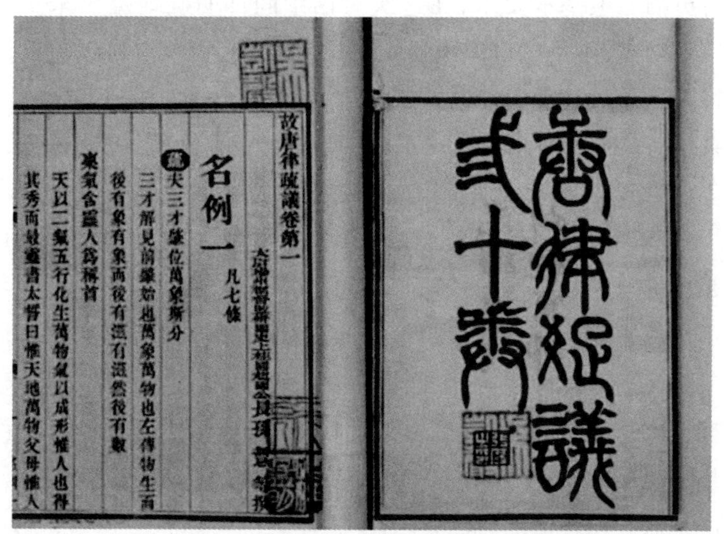

视的。可以举一个例子，在隋律和唐律中间，它的第一章是名例律，这是一个总则；第二章是卫禁律，是保卫皇帝皇宫的；第三章是职制律，把职制律提到很特殊的地位，也就是说把保证政府机构的正常运转放到了一个非常突出的地位，而要保证政府机构的正常运转，首先就是官员的问题。唐朝继承隋朝，对官员的素质有多方面的要求。

下面就介绍一下唐朝对官员素质方面的要求。

第一，唐朝政府任用官员的总的原则。总的原则是什么呢？简单地说就是德行才学。在贞观二年(628)，唐太宗就对身边的大臣说："为政之要，惟在得人。用非其才，必难致治。今所任用，必须以德行、学识为本。"明确地提出了德行学识是用人的基本原则。当时的谏议大夫王珪说："人臣若无学业，不能识前言往行，岂堪大任。"这是唐太宗贞观君臣对于广任贤良、重视官吏的一个基本认识。这中间包括了文化的要求、政事处理能力的要求，也包括了德行的要求、道德品质的要求。应当说，德行品质、文化、政务处理的能力是对官员的三项基本要求,在这次对话中间都明确地提出来了。唐朝初年,不是仅仅说出这些原则,而且这些原则通过铨选,特别是通过其中的铨试这样一个环节,具体地把它们落实下来了,这个后面还会再介绍。在唐朝不通过铨试,也就是身、言、书、判的考试,就不能做官。这是一个总的要求。

第二,对在职官吏也有一个总的要求,或者是说共同的要求,还有一些对各类不同官员的具体要求。

总的要求就是所谓四善:一是德义有闻,二是清慎明著,三是公平可称,四是恪勤匪懈。德义有闻就是道德品行大家都很称赞;清慎明著就是你做官很清廉,很谨慎;公平可称就是说办事情都很公平、没有私心;恪勤匪懈就是勤勤恳恳。这是对一切官员的共同要求。

那么除了共同要求以外,对每一具体岗位上的官员也有具体的要求。也就是所谓二十七最。在唐朝对二十七类官员都提出了具体的要求。

这里我们只简单介绍几样。比如"一曰献可替否,拾遗补阙,为近侍之最",就是对皇帝身边的大臣来说的,要对皇帝不断提出建议,什么事情可以做,什么事情不可以做,什么事情有遗漏,什么事情有缺点,就赶快提出来,这就是"近侍之最"。另外像"二曰铨衡人物,擢尽才良,为选司之最",就是说在考核人物的时候能够把贤良之人、有才能之人都提拔出来,这是负责人事工作的、选拔官吏的官员的最佳表现。第六个,"决断不滞、与夺合理,为判事之最",一般官员都要处理公务,唐朝也是实行公文文书运作,对于各项事务都要作出决定,这个决定就叫判。在判的时候能够及时地把工作处理完毕,而且处理得很合理,这就是处理各项具体政务的人的最好表现。第九个"推鞫得情、处断平允,为法官之最",就是说在审理案子的时候,处理得非常公平、非常合理,这就是法官的最佳表现。对于学官，就是“训导有方，生徒充业”，就是在教育的时候，教育有方，学生都努力地学习，这就是学官最佳的表现。“赏罚严明，攻战必胜，为将帅之最”，这个意思很清楚。“礼义兴行，肃清所部，为政教之最”，这实际上是对地方官的要求，在地方“礼义兴行”，大家都是有礼有义、抚平社会，地方的风气很好。“肃清所部”就是地方上没有盗贼，没有那些乱七八糟的事情，这就是“政教之最”，这实际上是对地方官的要求。“功课皆充，丁匠无怨，为役使之最”，所谓“功课皆充”就是要做的事情都能够很好地完成，而被役使的工匠没有怨言，这是“役使之最”。唐朝不断地征发徭役，从事各种劳动，负责这种事的人的标准是什么呢？就是一方面你要把事情做好，另一方面还要善待这些劳动者，要使他们无怨。二十七是“边境肃清，城隍修理，为镇防之最”，边境上很安宁，防御工事都修得很好，这是边防镇将考核的一个主要的标准。

四善、二十七最这样一些标准，不仅仅是一种口头上的标准，那是每年都要进行考核的。唐朝有“考课”的制度，到了年底每一个人把自己的表现写出来，然后本部门人集中起来，大家讨论，提出意见，最后评判等级。这在当时还是有相当的民主性和透明性的，不是说由首长写一个鉴定、盖一个章，你这个人这一年的命运就定下来了。而是要通过大家的讨论，这比我们现在的考核制度似乎还有它超前的地方。每年年底进行考核，定出了等级，这个等级也不是说各个部门定了就定了，还要送到中央，由吏部的考功司和各部门的代表、各个地方代表讨论，最后决定。所以它是很严肃的事情，一步一步、有板有眼地进行。这样一个考核的等级，它是和官吏的经济利益，和官吏的升迁紧密联系在一起的。如果你考核不合格，那就要降薪或停发薪水，甚至要停止工作。

这种考核等级很好，它分九等，上、中、下，上、中、下里又有上、中、下，在中上以上的等级是可以越级提升的。所以说这个考课对当时的官吏起到了一种很好的激励作用，也起到了一种很好的监督作用。它不是简单地说我定了这么几个原则，到了年终考核的时候就是走一下过场。一方面程序很严密，过程很民主、很透明，最后它是和当时官员的升迁、俸禄联系在一起的，所以它能够起到这样一个作用。

为了鼓励官员道德上的操守，还有清白状，就是说你在地方上表现很好、很清廉，那么各级部门就可以给你写清白状，这在升迁的时候也会得到优待。那么对于在地方上有突出贡献的官员、受到民众爱戴的官员，还允许老百姓为他们立生祠，为他们树立德政碑。树碑立传这是现在很多官员梦寐以求的事情，历代的官员都是这样，都希望美名能够传下去。唐朝不是说自己给自己立个碑，或让人给自己立个碑，而是说自己确确实实表现很好，受到地方的爱戴，受到当地群众的爱戴，那么地方群众申请给你立碑。所以你做得好不好，是要老百姓说了算，不是上级说了算，更不是自己说了算。

比如说狄仁杰。《狄公案》一播，其名远扬。狄仁杰在唐朝是一个很杰出的政治家，他在地方工作阶段也为老百姓做了很多的好事情，所以很多地方给他立生祠，给他树立德政碑。一直到元朝，在北京昌平的雪山村还有狄公祠，那个碑在五十年代还竖立在雪山村，现在不

知道这个碑被移到什么地方去了。在河北大名及其他好多地方都有狄仁杰的生祠或德政碑。唐朝政府也规定,凡德政碑和生祠,皆取政绩可称,州为申省,省司勘覆定,奏闻,乃立也。也不是说谁想立就立,那还是要经过一定程序,最后皇帝批准以后才能立。这是对在职官吏总的要求和对各类官员的具体要求。

第三,在政务运行过程中,在政务处理的时候对官员有什么要求。就是要求官员严格地按照制度办事,要执行上级的指令,包括皇帝的制、敕,同时要求对不合适的制、敕和上级的规定提出意见,目的是为了"相防过误"。这里有些具体的要求。

一是严格按程式办事,所谓程式就是处理各类文件都有不同的日期限制,要求你在规定的期限之内,按照法令把事情办完。按《唐律》规定,小事五天要办完,中等的事情十天要办完,大事三十天也要办完。一些刑律的案件最多的也是三十天,有些案件需要经过几个人来处理,可以多给几天。比如要经过三个人的多给一天,要经过四个人的多给两天。"若有机速,不在此例",急件就随来随办,没有给你几天的问题了。不仅仅是办事情有日程,抄写、发出去,也有日程。过期怎么办?过期就叫做稽程,要追究法律责任的,一天笞十,意思就是抽十鞭子,三天就加一等,最多杖八十,相关人员还要连坐。按照这个标准,我看我们现在的很多官员大概都是欠抽。

二是各司其职,并规定了相应的问责制度。唐朝按照官员在处理政务过程中的地位和作用不同,把官员分成四等:长官、通判官、判官、主典。所谓主典就是负责整理文书,把档案找出来,然后加以整理,并提出初步意见,这一般是由吏来负责的,唐朝有官有吏,当然吏都是有文化的,但不是九品一类的。然后是判官。主典把文案整理好以后交给判官进行研究处理,提出初步意见,然后由通判官和长官作最后的决定。这样一个四等官的制度,就规定了各级官员的具体职责。事情来了不是你推给我,我推给你,到了你这里你该干什么你就按制度把它办完,职责明确。如果在政务处理过程中间出现了错误,就看这个错误主要出在哪一个环节,哪一个环节出的错是主要的,那么他就要负主要的责任。比方说你判官判错了,而长官和通判官也同意了,那么判官负主要责任,长官和副长官负连带责任,他不是个首长负责制,首长不负主要责任。那么这样有什么好处呢?好处就是各级官员都能够兢兢业业地把自己的事情办好,你办不好的话就可能要受到刑事处分。轻的抽抽鞭子,重的打棍子,再弄不好就要去坐班房或被流放。

唐朝对官吏失职的处分,规定是很明确的,应当说还是相当重的。刚才说的你稽程了,一天就抽十鞭子。当然当时的官员也有办法,小事不是五日程吗?好了,到了第五天就做一个批文,说你这里头还有什么东西不完备,你应把材料补完了我再继续办。当时也还是有这样推来推去的,不过没有我们现在这么发达就是了。

唐朝要求各级官员各司其职,认真完成自己应该负责完成的任务,但不是要求单纯地服从上级。三就是对制、敕中间有认为不妥当的地方,有关的官员可以提出意见。所谓制、敕就是皇帝的诏令。唐朝皇帝的诏令,一开始有诏、有制、有敕,唐朝初年是都有的;武则天以后诏和制就合成一个了,因为武则天叫武曌,诏就避讳掉了。同时,原来诏和制的界限不是分得很清楚的,所以后来在武则天时候只有制没有诏。当然,到唐朝后期诏和制同时并用了,还有敕,这都是皇帝颁发的。对上级处理不当的意见,下级也可以提出自己的意见。

在唐朝初年，唐太宗就定下了这么一个原则，就是说整个的政务运作，以及着眼点应该是“相防过误”。不管是设立什么机构，也不管是怎样运行，我们的目的只有一个，就是防止错误，使得我们的决定，尽量地减少错误。所以唐太宗要求各个部门“诸司若诏敕颁下，有未稳便者，必须执奏，不得顺旨便即施行，务尽臣下之意”。你觉得皇帝颁布的诏令有不合适的地方，必须提出来，不得顺旨便即执行。凡是上级的就执行，管它错啊对啊，这是很多人的思维，而唐太宗就反对这样一种思路。

当然唐太宗也知道这么做不容易，所以他提出来，你不要以为某个事情是小事情，每个事情都关系到国家的安危；你也不能因为这个东西是别的官员起草的，尽管也是皇帝批准的，你就碍于颜面不敢提出来，所以你必须要出于公心，必须要“灭私循公”。唐太宗自己也说过，“君人者以天下为公”。唐太宗不是这么简单说说的。尽管现在我们的领导也是对底下说，你们有意见尽管提，可是提了以后又怎么样呢？唐太宗是这么说的，也是这样鼓励大臣的，大臣这样做了以后，唐太宗也确确实实是虚心接受的。

唐太宗在洛阳想要恢复隋朝的一些宫殿，重新修一些宫殿，当时有一大臣叫张玄素，当时是给事中，就反对。诏令已经下了，但是作为给事中可以执奏，他就写了一个文件反对。唐太宗问他：你为什么反对？张玄素说：当时隋朝就是因为修建这些工程，最后国家都灭亡了。唐太宗说：如果我修又怎么样呢？张玄素就说：如果你修的话那就和隋炀帝差不多。唐太宗又说：那我同桀纣比怎么样呢？张玄素说：也差不多，所谓同归于尽，同归于亡，到最后国家都要灭亡。唐太宗到最后还是接受了他的意见，而且给张玄素以鼓励。这样的事情很多，大家看一看《资治通鉴》，看一看《贞观政要》，甚至于到唐朝后期唐宪宗的时候，大臣仍然可以很直率地给皇帝提意见。唐宪宗当时想要任命一个宦官去负责平定藩镇，很多大臣反对，白居易当时作为谏官也反对，就同皇帝争论起来了，说到激动的地方，白居易就对唐宪宗说："陛下错！"皇帝你错啦！这在其他的朝代还了得呀！当然唐宪宗一开始也接受不了，后来听了李绛的劝说，本来谏官就有这个权利，而且他提出的意见很好嘛，所以觉得这事也未错，对白居易待之如故。

所以说唐朝当时不仅仅有这么一个规定，对皇帝的决定、上级的决定要求大家提意见，而且提了以后确实是可以得到妥善处理的，而大臣也不会因这个受到什么责罚。与这相应的还有另外两条规定，一条就是唐朝政府规定，"凡制敕不便，有执奏者，进其考"。皇帝的制敕有不对的地方，如果你提出意见，"进其考"。"进其考"是什么意思？就是每年考课的时候增加你的考级，实际上就是可以升官了，可以加薪了，就是说你提了意见不仅不会受到责罚而且还要受到奖励。另外一条就是在唐朝的法律中还规定，凡是认为"律、令、式不便于事，皆需申尚书省议定奏闻，若不申议，辄奏改行者,徒二年”。就是说你认为当时的法律、法令,还有式,式就是根据皇帝的制敕中的一些规定编制的一些工作条例,你若认为这些不合适的话,你可申报到尚书省,报告皇帝请求改正,当然这也需要一定的程序。这些都是由律令作出的一些具体的规定。

我觉得很可取的是不仅要求官员各司其职,认真完成自己的任务,而且要求不要单纯地服从上级,有不妥当的地方、有不合适的地方,就要提出来。有这样一个例子,当时李日知在大理寺为司刑丞,有一个死囚,他审理了以后觉得不合乎死罪的规定,应该免除他的死刑,就改判了,然后就送到大理少卿(大理寺的通判官)那里。当时大理卿缺职,少卿就是长官了。这个长官不同意,推来推去,推了三次,往复再三,两个人都很生气,一个说我在的话他一定不能死,另一个说我在的话他一定得死。那怎么办?最后申报给皇帝,请求皇帝裁决,最后李日知的意见得到了肯定。这就是说上级的决定如果是错误的话,下级也可进行争议,相持不下的话,还可以报告给上一级,直到皇帝,因为九寺上面就是皇帝了。这就是当时规定的一些原则、法律、规范,这样一些东西又付诸实施了。还有很多的案例、典故。

这样的一些规定和事实就给其他广大的官员一个标准,就是说所有的官员只要在这样的范围内,都可以奋发有为地去工作,都可以创造性地去办案。正是由于有这样一个环境,一些真正有才能的官员才有可能脱颖而出。一个科长若什么事情都得听处长的,这个科长将来大概出息不了什么。科长有意见可以充分发表,处长有错误科长可以反对,这个科长将来就有出息了。如果再上一级确确实实出于公心,就会把这样一些人提拔上去,而让那些碌碌无为的、只想保官的人顶多维持原职即可。

唐朝还有任期制，一般的官员三年或四年就到期了，一般都是四年。四年到期以后，要重新到中央参加铨选，重新分配工作。六品以下的官员还要参加一次考试。中央的官员到地方，地方的官员到中央，这样的一种任期制、轮换制，能上能下，看起来很简单，做起来是很不容易的，但是如果制度化了，成为一种共识，那就是另外一回事。这个在唐朝也有一个过程。

第四个方面是法律上的要求，也就是对官员行为的约束。实际上前面所说的官员在执行公务中所必须遵照执行的规定，那些东西也是法律规定。我们这里主要介绍的是怎样对官员行为中一些比较敏感的方面来进行约束，主要是两个方面，一是渎职，一是贪赃枉法。在唐律的职制律中，对贪污受贿的律条共有十四条。唐律共有五百条，关于贪污受贿就有十四条，对于主管官员的家人在管内接受贿赂、索要财物也要处以刑罚。

唐律中对于官员的约束还有一点值得提出来，就是对于请求。所谓请求就是请托，也就是现在说的上级某个人替当事人说了话了，在唐朝对这种行为处分是很严厉的，对有所请求者，就是什么人托你说了什么话，你给底下人说了，笞五十。如果主司，就是有关主管部门同意了，就视为同罪，也是笞五十。如果已经实行了，那就每人打一百棍子，即杖一百。如果是收人钱财而请求，那就按照贪污罪加二等、“坐赃论加二等”来处理，一尺以上笞四十，只要你收了一尺的布就要打四十鞭子，罪重的还要流放。如果收了贿赂以后枉法的处罚得就更重，我就不细说了。

那么这些都牵涉对官员素质的要求，就要出以公心，要克勤克俭、认真负责，要勇于负责，勇于提出意见。这些要求看起来很简单，就是一句话，做起来却不简单，需要法律的保证。

刚才我们说的很多规定都从法律上提出要求。唐朝的法律有律、令等各种规定，还有格和式，就是各种工作条例，在这些方面都有很多规定。这是在唐朝，你要做一个官就有这么一些要求。如果能够按照要求做得很好，就会有奖励，如果违反了这些规定就会受到惩罚。不仅仅是对贪赃枉法要进行严厉的惩罚，就是对于渎职的行为，比方说稽程，就是不按时处理文件，也要受到很严格的处理。所有这些对官员应该说都是一个指挥棒，现在我们经常说高考是一个指挥棒，怎么考，牵涉到从幼儿园一直到大学的教育。那么在唐朝对官员的这样一些规定，有奖有惩，有正面的要求，有理想的要求，这个对官员来说也是一个指挥棒。你要做一个好官，你就必须努力去实现这样一些要求，如果你能够实现这一些要求，你就会在素质上有很大的提高。这是第一个大问题。

第二个大问题，是唐朝做官的途径。

唐朝前期是一个可以让人积极去梦想的社会。这也是最近我们讨论过程中间有些学生提出来的，我觉得这提法非常有意思，所以也特别介绍给大家。

大家都很熟悉黄粱一梦的故事，这个故事是唐朝人沈既

济写的一篇传奇小说，是很有名的，叫《枕中记》。这个故事我简单地说一下。故事的主人公叫卢生，他在邯郸的路边小店里碰到一个道士，发牢骚说自己很不得志。这个道士吕翁就问他，你要怎么样，然后有一段对话。吕翁给了他一个枕头，他就睡着了。他在睡觉过程中就做起了美梦，开始平步青云，历尽荣华富贵，最后做到了中书令，封为燕国公。等他醒来的时候，主人蒸的黄粱还未熟。黄粱就是黄米，据说蒸一锅黄米需要二三十分钟，在这二三十分钟里，他就经历了从考中进士到最后做到中书令这样一个人生历程，中间还有坎坎坷坷的。这就是黄粱一梦的故事。

沈既济生于唐玄宗天宝末年，大概是750年前后，最后在唐德宗时期走完他的人生历程。他活跃的时期就是安史之乱后唐代宗、唐德宗时期。这个故事的背景一开头就写得很清楚，就是开元七年（718），而且他所写的故事的内容，也都是开元前后的故事，而沈既济本人生活到唐朝中期。那么我想这是我们理解这个故事的一个背景，一个重要的出发点。

梦的故事告诉我们，一直到开元前期，唐朝社会还是一个让人可以积极去梦想的社会，进入官场在当时是人们的梦想，而这个梦想在当时是可以成真的。我们说在当时可以梦想成真，不是根据黄粱一梦这个故事，而是根据开元天宝时期的实际情况。在武则天时期，就有一些平民百姓通过科举做到了高官。那么在唐玄宗时期，普通百姓通过科举做到高官的那就更多了。在唐玄宗开元二十二年（734）以前，二十六个宰相中间，有八个是普通老百姓家庭出身的，家里面没有人做过官，就是通过科举获得了官职，然后一步一步地升迁，最后做到了宰相。那么其他做到了一般的官吏，做到了高级官吏的那就更多。所以说这个时期是一个可以让人积极去梦想的社会，它不是一句空话，是有事实根据的。

到了唐朝中后期，由于社会的变迁，大地主的人数开始增加了，大官僚集团开始巩固他们的地位，同时随着社会经济的发展，能够参加科举的人也越来越多，所以说能够真正实现梦想的比重就下降了。很多人参加科举，十年、二十年、三十年，到最后还是一个白丁，头发都白了，到头来终是黄粱一梦。所以说沈济既生活的这个时代，对于很多普通百姓家庭出身的知识分子来说，科举、做官确实成了黄粱一梦。

那么为什么唐朝前期直到开元前期还是一个可以梦想而且是可以实现梦想的时代呢？我想这是和南北朝以来经济社会的发展分不开的。随着豪强世族的衰落，九品中正制的废除，隋朝开始取消了做官的门第限制，这就为普通老百姓做官打开了一扇门，提供了可能性。当然这种可能性是微乎其微的，我们只是说，普通老百姓开始有可能去做官，这在以前根本就没门，现在门总算给开了个缝。到了唐朝，可能性就增加了，由于唐朝前期还处在一个社会的变迁转折时期，经济又处在一个高速发展的阶段，加上唐朝政府适应这种变化而采取了多项措施，这就给人们提供了许多的机遇。而且这种机遇不止是针对某些特定的人群，而是各种不同出身、不同文化的人，只要你是有才能、有抱负，只要你能够抓住机遇，就有可能得到发展。当然你不想，自然什么都没有；如果你没有一定的才能作为基础，即使给了你机会，你抓住了这个机会，你也没法去实现。

这里有一个很典型的例子就是薛仁贵。薛仁贵是一个山西的农民，当然他也是不安于贫困，所以就想改变改变风水，把祖坟迁一迁，改变了风水以后可以发家致富。唐朝初年，风水是很盛行的。他的夫人刘氏就对他说：你很有才能，富有高世之才，你碰到机遇就能够发达，现在“天子自征辽东”——当时唐太宗亲自率兵攻打辽东——你应该去图功名，应该通过参加战争取得功名，等你取得富贵回来改迁也不晚。薛仁贵就听从了他夫人的劝说，报名参加了攻辽的军队。在安市城的战争中，他身穿白袍，一马当先，给敌人很大的震慑，大军随后跟上来，一起大破敌军。唐太宗远远看到说，那穿白袍的先锋是谁呀，旁边的人就跟他说是薛仁贵。唐太宗亲自召见，授予他"游击将军"称号，游击将军是五品的散官，就是给他一个五品的武官，同时给他一个实际的职务叫云泉府果毅，折冲府的果毅。唐朝实行府兵制度，兵府副长官叫果毅，同时让他北门长上，就是守卫皇宫。这薛仁贵可以说是一步登天，原来就是一个普通的农民，现在一下子变成了五品。后来的事情大家都很熟悉了。

当然像薛仁贵这样的终究是少数，但是在战争中间得到勋赏的农民还是很多的。当时唐朝政府对参加战争的人有一种勋官制度，同时还给予赏赐。《木兰辞》中间有"策勋十二转"，勋官有十二转，最高的上柱国。勋官本身当然不是一个实际的官职，而是一种勋职，但是它也有很多的政治特权。那么在战争中间，很多农民得到了勋官与赏赐，对他们的发家还是有很大帮助的。但是这也是稍纵即逝的一种机遇，这是唐朝初年特定时期的一种机遇。唐朝政府在经济开始恢复、政治开始稳定以后，对于周边要有一些政策，需要使它们稳定下来，还需要有一些战争。在这个过程中，为了鼓励农民在战争中立功，就出台了一系列的政策。等到战争进行到一定阶段，这种情况就持续不下去了，特别是当战争由攻势变成守势以后，参加战争就等于是卖命，所以薛仁贵和与他同时的一些农民在战争中得到一些勋赏，就是在很短的一个时期，亦即唐太宗末年、唐高宗初年。

那么普通老百姓还有没有其他的机遇呢？有的。黄粱梦的主人公就是抓住了这种机遇，最后做到了高官。当然这个机遇也不是偶然的,也是当时整个社会发展的一种结果。取消了门第的限制,开始实行科举制度,按照才学选官,这些都给普通老百姓进入官场开了路。当然也不是所有人都能够进入官场,你要抓住机遇,但仅仅是抓住机遇,如果没有才能也不行。所以没有抱负、没有理想,就不可能抓住机遇;有抱负、有理想,也不是所有人都能够抓住这种机遇;抓住了机遇,自身还必须有一些内在的条件,还要有准备。

这是第一个问题,即唐朝前期是一个可以让人积极梦想的时期。

现在讲第二个问题,唐朝做官的三个途径。

关于中国古代对选官制度有一种误解,以为科举制度就是选官制度。从宋朝以后可以这么说。宋朝以后,科举及第以后,根据你考试成绩的高低,分配不同的官职,就像上个世纪 80 年代以前,大学毕业以后就分配工作。唐朝不是这样,唐朝科举仅仅是取得做官资格的考试,要做官还要参加铨选。唐朝选和举是分开的。那么即使是宋朝以后,除了科举也还有其他的选官渠道,所以把科举和选官这两个等同起来,不是很确切的。

前面说了,唐朝要做官,首先要取得做官的资格,也就是一种出身,那么唐朝要取得出身资格有三个途径:

第一个是门荫,当朝五品以上高级官吏的子孙,可以根据祖父、父亲官位的高低,或者是进入宏文馆、崇文馆、国子监的国子学、太学进行学习,然后通过考试,最后参加科举得到官职,这是一种。或者是担任皇帝的侍卫,也就是所谓的千牛和三卫。担任皇帝的侍卫满一定年限后,考试合格,也可以参加铨选。根据父祖官位的高低,可以获得不同品阶的官职。父祖的官位高,那么起家的官就高。父祖比方说是五品官,自然起家的官位就低了。门荫和门第不同,门第是一种相对固定的,是根据你的祖先历朝官位的高低以及家族的经济实力定出的一种社会等级,而门荫是给当朝官吏也就是现任官吏的一种政治特权。

第二个是杂色入流,这个杂色入流比较复杂,主要的是流外入流。唐朝的官分九品,叫做流内官。唐朝除了官以外还有吏,也分九品。这里所说的吏就是中央政府各个部门负责具体工作的这些吏,叫做流外官,他不是官,他实际上是吏。那么他们工作一定年限,经过了若干考核过关,最后考试合格以后也可到吏部参加铨选,可以获得官职。

第三个就是科举。科举下边再说。

通过这三个途径,可以取得做官的资格,可以获得出身。仅仅是有资格、有出身还不行,要做官还需要参加铨选。任期满了以后,要重新做官也需要参加铨选。唐朝选官程序一般是这样的:六品以下的官由吏部提出意见,尚书省送到门下省进行审核,最后报告给皇帝以后任命。五品以上的官需要宰相提出名单,皇帝批准以后敕授,皇帝下敕,发委任书。六品以下的策授。六品以下的选官过程就叫铨选。

这里要特别强调一点,就是说唐朝选官制度的核心就是做官必须通过考试。要做官,不管是什么出身,不管是什么人,必须通过考试,在考试面前一律平等。当然,考试的标准不平等,这个等级还是存在的。但首先一定要考试,这一点是不含糊的。要做官都需要经过一定的机关、一定的程序,获得出身资格以后,到相关部门取得了文书,到吏部参加铨选。吏部审核以后,要进行铨试,考试的内容就是身、言、书、判。所谓身,就是体貌端正,不能是驼背、瘸子,诸如此类。言,言辞辩证,不能是个结巴,判案的时候老百姓在底下,判官在上边结结巴巴,不是开玩笑吗? 书,就是指写的字,字写得好不好是唐朝做官的一个条件。所以我们现在看唐朝流传下来的文字材料，那字写得都很漂亮。判就是对于一些案件进行判决，这个事情你是怎么处理的。身、言、书、判的考试一般是这样的：身、言主要是进行口试，这两个项目实际上是同时进行的；书、判这两个项目也是同时进行的，看判的时候就可以看出字写得怎么样。曾经有这么一个故事，说有一个人铨选没通过，他就找到主考官，他说：我这个判写得不怎么好。主考官说：你这个判确实写得不怎么样，可是你的字写得更不怎么样。所以书、判是同时考的。

身、言、书、判考试通过，铨试合格以后，任命官职不仅仅是根据这个考试成绩，还要根据三实。所谓三实，就是德行、才用和劳绩。这是针对已经担任官职的，也就是根据他的考课，根据他的档案，来看看这个人的德行如何，工作能力如何，有什么显著的事迹没有，根据这三项然后来决定去留。留下来可以分配工作、分配官职，不合格的就放了。授予官职的叫留，不授予官职的叫放。这是对文官。武官到兵部参加铨选。

这个过程就是说，要做官一定要经过考试。做了官以后，还要经过不止一次的考试，一级一级地往上升迁。进入五品以上，不需要考试了，但是在每一次转换工作的过程中间，也还要受到严格的考核，而且他们前面已经有了几十年考试的经历了。这一次一次的考试意味着什么，就是看你是不是具有一定的经史知识，一定的文化水平和一定的判案能力、政务处理的能力。这里简单说一下，经史知识和文化水平不是一回事。经是指他对当时的一些重要经典，我们现在叫儒家经典，《诗》《书》《礼》《易》《春秋》等的掌握程度。史就是对历史掌握的程度，在古代对历史是很重视的，官吏都要求具有一定的历史知识。前边说到，王珪对唐太宗说过，“不能识前言往行，岂堪大任”。“前言往行”在经书里固然是包含了一些，但大量的是在史书中间。文化水平主要是指掌握文字的能力，能不能写文章，有没有文采。

这个是很科学的，因为我们要做出一个正确的判断，如果没有理论的指导，没有历史的借鉴，没有政务处理和判断的能力，是很难处理事情的。我们发现现在一些官员，他为什么好心往往不能够取得很好的效果？就像我们学校里头有一些领导，出发点很好，想做一些事情，但是由于他缺少历史的观念，不了解一个事情的历史发展脉络，有些东西它本来就有规定的，他却不知道；他也不了解理论，搞教育至少要有教育学的理论；对实际情况把握的也不是非常清楚，结果处理起来就不是那么理想，就不能做到位。学校是这样，政府机关也是这样，企业还是这样，所以必须从历史的角度，以理论联系实际做基础，才能够对一些问题得出正确的结论，做出正确的判断。所以说唐朝按照这样一些方面来要求官员，现在看来还是很科学的。

前面说要做官就要通过考试，那么对于普通老百姓来说，当然门荫是参加不了的。杂色入流，一些普通老百姓已经做到了吏，可以做官，但不能做高级官，顶多做到七品。至于获得勋官的，大部分是参加军队的农民，文化很低，尽管从规定上来说，经过一定的年限，他们轮换到政府机关服役，经过一定的年限可以参加铨选，但是由于文化很低，就不能通过考试取得那个资格，所以说这个可能性也不是很大。因而对一般老百姓来说，只有通过读书、参加科举这样一条路，才能够进入官场、实现梦想，就像黄粱梦那样。从武则天时期一直到开元前期，很多官员基本都是这样产生的，首先是参加科举。

像卢生，他自云“吾家山东，有良田五顷，足以御寒馁”。唐朝前期一般的农民大概占有六十亩土地，当然想多占的话，在当时是有可能的。但是当时的耕种能力是每丁三十亩，每户一般是两个丁，所以说一般每户耕种能力就是六十亩，这个平均水平是跟当时的实际耕种能力相适应的。这也是唐朝前期特有的一种现象。经过隋末农民战争以后，地主大大减少，自耕农大量地存在，荒地也很多，所以农民一般都可以按照他们的耕作能力去占有土地。那么这个卢生家有良田五顷，那不是一个普通的农民，所以他可以念书。像我刚才说的占地六十亩的自耕农，家里要是有个儿子要念书，大概是很困难的，但是家有良田五顷这种比较富裕的农民，同时供给念书，是完全可能的。他的道路就是这样的，首先是进士登第，然后就做了秘书省的校书郎。进士登第就取得了做官的资格，就是取得了出身。秘书省的校书郎是个九品小官，就开始进入到了官场。然后是应制举做到渭南尉，这一下子官位就提升了，然后担任了其他很多的官，特别是这中间到外州担任刺史，担任节度使，最后回到朝廷担任御史中丞这样的官，最后做到宰相。

唐玄宗时期的宰相刘幽求、魏知古、郭元振、张说、卢怀慎、宋璟、张嘉贞、裴耀卿，这八个人都是通过科举起家的，而且都是普通百姓出身。这中间裴耀卿有点特别，他中的是童子科，就是很小的时候就参加的唐朝的科举项目。

张说的情况跟卢生是非常相似的。卢生是进士出身，张说是制举出身，其他的经历都非常相似。这里大家注意，卢生开始是进士出身，后来中了制举，最后做到了监察御史，这是很关键的几步。而张说制举及第以后，随即就做了太子校书，做官的路程就比卢生更加顺。因为制举及第以后授的官职是比较高的，后来做到了右补阙。监察御史是御史台的官员，右补阙是谏官，这些官在唐朝都属于清望官，当时也称为八俊之一，所有做到这些官的人就走上了升官的快车道。为什么说是快车道呢？因为这些官在升迁的时候，可以越级提拔。唐朝规定，所有的官员都要按照考课一步一步地升迁，不能够越级的，而监察御史、补阙等这些官都可以越级提拔。后来张说和卢生的经历也大体相似，到外边去做刺史，做节度使，然后回朝担任尚书、御史中丞这样一些官，到最后做到同中书门下平章事，这在唐朝就是宰相。唐朝的宰相叫知政事官，知政事官在唐玄宗以前主要的是一种兼职。上午在政事堂讨论军国大事，下午回到本部门办公，除了中书省的长官中书令、门下省的长官侍中以外，其他官员兼任叫同中书门下三品、同中书门下平章事。最后他们都做了这些官，特别是张说最后封为燕国公，而卢生最后也封为燕国公。所以这就是沈既济有意的暗示：我这个故事不是完全杜撰的，我就是按照张说和他同时代的其他一些官员作原型来写的。所以说当时好像是黄粱一梦，但在唐朝前期开元时期不是黄粱一梦。当时不只一个人都是沿着这条路上来的。

下面介绍一下唐代科举制度。唐代科举制度可以分为常科和制科。常科主要是明经和进士，原来有秀才，后来取消了，还有明法、明书、明算等科。在唐朝前期，明经和进士的地位是不相上下的，明经的地位甚至比进士还高一些。到唐后期，进士科就成了主要的科目，成为高级官吏的主要来源，而明经科地位就下降了，成了一般中下级官员的主要来源，明经出身的能做到高级官员已经很少了，能够做到宰相的就更少了。在唐朝安史之乱以后，明经出身的一共只有六个人做到了宰相，而进士出身的就很多很多。

为什么呢？这与当时进士和明经考试的科目和标准的变化有关系。在唐朝初年，明经和进士都是考对策。进士考时务策，考时务策的要求就比较高了，包括对经史的要求，对当时政治形势、政务处理的一些要求。明经就是考经义。但不管怎么考，都是对策。

但到680年就有了很大的变化，进士科除了考时务策以外，同时要加试帖经，帖经就是儒家经典，同时考试杂文。一开始并不是诗赋，不是作诗作赋，而是箴、铭、论、表之类。到天宝以后一个时期，杂文才专门考诗赋，而且整个进士考试也以诗赋的好坏作为录取的标准。有人说唐朝进士科就是考诗赋，诗作得好就能够考中进士。这是一种误解，这种情况存在的时间并不很长，大概也就是半个世纪，从玄宗到代宗到德宗的前期，也就是750年前后到780年前后。到了德宗贞元(790)以后就开始变化了，还是恢复到以策文好坏来作为录取的标准。

明经就不一样了，明经到780年就加试帖经，而且以帖经成绩的好坏作为录取的标准。帖经是很荒谬的，就是考你背诵的程度。把两端蒙起来中间空有两个字让你填，而且专门出那些很容易搞混的题，所以说明经考试科目的变化导致明经出身的只会死记硬背，既不懂儒家经典，也不知道历史。甚至闹出这么一个笑话：一个考明经的，人家说骆宾王，他说我知道骆宾王，我前几天还碰到他了，他是某个亲王的儿子。他就不知道骆宾王是武则天时期一个很著名的诗人，而认为是唐朝皇室的某一亲王。这种情况下，明经的地位就不断下降。

除了常科还有制科。制科就是皇帝临时下令进行的考试，科目很多，才堪经邦科、武足安邦科等，差不多有一百多个科目，各个时期都不同，每一次只有几个科目。常科第一是自己可以报名，第二在职官员不能够参加。而制科呢，在职官员可以参加，同时主要是通过推荐参加考试，唐朝后期才可以自己报名。制科的着眼点是选拔优秀的人才，所以参加制科考试及第以后，没有官职的起家可以比较高，有官的可以得到迅速的升迁，而且可以不止一次地参加，所以有些人通过多次参加，可以迅速地升迁。这对优秀人才脱颖而出是一个很好的办法。有经史知识，又有政治远见，就可以提拔起来。至于到底行不行，做官以后可以进行考核。武则天就大开制科，很多人都被提拔起来了，如果真正不行，拉下来就行了，很简单。门开得很大，但考核很严。

下面再说说杰出人才的培养。关于杰出人才的培养，在各个时期都不一样。唐太宗时期国家刚刚建立，百废待兴，需要人才，主要是利用社会上原有的人才。中间它提出一些原则，特别是君子用人如器，各取所长。就是根据每个人的不同特点，用其所长，不要求全责备。不管是在一般大臣的任用上，还是宰相的任用上，都采取这种办法。像魏征、王珪这些人善于谋略，善于提出很好的建议；房玄龄、杜如晦这类人，特别是房玄龄，对处理一般的行政事务很在行，他同时并用。

武则天时期主要的就是两条。一条是大开制科，当时科举的人已经比较多了，到底谁好谁坏呢？大家来考试考试，就当时的一些问题发表意见，这样才能使一些有见识的人脱颖而出。光说不练也不行，所以武则天的第二条就是从实际政绩中考核人才，得到武则天提拔重用的都是有真正的政治见识并且有实际处理政务能力的人，像狄仁杰就是一个很突出的例子。

唐玄宗时期还是采取这种办法，当然有了新的发展。比方说，在通过考试选拔人才方面，原来是通过科举这个渠道，现在增加了铨选，设立了科目举，设立了博学宏词科。有些人任官期满以后需要等待一些年限才能够再去应选，唐朝做官的人太多了，卸任以后需等几年，才能请求分配官职。如果等不及呢，可以到吏部申请参加博学鸿词科，“试文三篇”，考试杂文三篇，考试合格，可以提前分配工作。另外还可以试判，那就叫拔萃科。这是在铨选方面扩大了考试的范围。另外在实际政绩方面也有所发展，更加重视地方工作的经历。

第三个大问题是对官员素质和培养选拔中的新要求、新问题。

开元前期，总的形势是很好的，官员的知识文化水平有了很大的提高，科举出身的人大量地参加到了官场中间来，其他做官的因为要通过考试，文化水平也有所提高，但是还是出现了一些问题。

一个是地方官员的素质太低。开元四年(716)有人向玄宗汇报，说今年放的那些县官都不行，玄宗就在他们入谢的时候把他们叫到宣政殿进行考试，考什么呀？考安人策。做了县令怎么安民，结果六十多人有二十人刚及格，但还凑合，仍然让他们上任去了。有四十五人不合格，放归学问，回家去吧，好好念书去。这件事也是空前绝后，如果我们把现在的县长、县委书记来考一考的话，放归习读、放归学问到底有多大的比重啊，也是一个值得深思的问题。这个问题说明什么呢？说明在这个时期，一方面是官员的素质存在问题，另一方面对官员在政治上、文化上提出了更高的要求。在这以前就比这更好吗？恐怕未必。但是这个时候确实提出了这样一个问题。

第二个问题就是轻视地方官，不愿意到地方去做官。一般的知识分子科举出身以后，都希望留在京城做官，不愿意到地方去，尽管是长安米贵，居大不易，但还是长安好啊。这个情况看来是古今相通的。那怎么办？张九龄就给唐玄宗提出，“县令、刺史，陛下所与共理”，就是说地方是靠刺史和县令来进行治理的，是“尤亲于民者也”，是亲民之官，而现在如果京官出任外官就被认为是一种贬斥，就是降官、降职，这是很不正常的。唐玄宗接受了这个意见，后来采取了一系列的措施。比方说，开元三年(715)，下令县令、州刺史有业绩的可以调任京官，而京官没有担任州县官的经历，就不能够担任中央尚书省、门下省、中书省三省的负责官员。这个制度很好，“不历州县，不拟台省”，没有州县官的经历，就不能担任中央各个部门的官员。这对提高官员素质，对丰富官员的政治阅历，是非常重要的一个原则。现在一些官员之所以问题处理不好，就是下情不了解，没有州县官的经历，没有基层工作经验。原则是提出了，但真正地贯彻实施起来却很难很难，采取了一系列的措施。有一次把中央的一些高级官员都任命为州刺史，而且唐玄宗特别举行宴会进行欢送，可是有一个官员还是不高兴，觉得是被贬出去了。唐玄宗大怒，真正就把他贬了。这还是不能够解决问题，这个问题要得到解决还是需要时间的，同时需要各个方面的一些变化。

第三个问题就是当时出现了一批科举出身的官员，但是这些官员普遍缺乏从政经验，解决问题的能力也不足。这也有它的原因。武则天不以出身用人，什么出身都可以重用，但是要根据他的实际工作能力来进行提拔。她还给唐玄宗准备了一大批官员。开元二十三年(735)以前，唐朝所有的高级官吏都是武则天时期培养和提拔上来的。有这么一批官员，唐玄宗当然用起来得心应手。那么对新上来的，他着重提拔了一批文学之士。科举出身的不是文章做得好吗?就让他们担任一些文学之官，做到中书舍人就能够进一步做到比较高的官位，最后可以做到中书令。当时社会上也是这种风气。

结果这么一来，在唐玄宗时期培养和提拔上来的这批科举出身的官员，缺少处理政事的能力，而老的这一批到开元二十三年的时候基本上都退出历史舞台了，张九龄是其中的最后一个，开元二十三年卸任宰相。那怎么办？很多问题要解决而这些人又解决不了，要提拔他们，但提拔上来很多事做不了。比如王维，作诗很好，但你让他做官就不那么很精彩了。要解决问题，这些人又解决不了，怎么办？那只能找一些确确实实有政治才能的所谓吏干之士。李林甫这些人就是在这种情况下上台的。李林甫的政治品质如何我们姑且不论，但这个人在从政方面还是很谨慎的，还是动循格律的，还是按照法律办事的，而且确实解决了当时很多的实际问题。但是有一个问题，他缺少经史知识，文化修养不够，所以在他做很多决定的时候不能够从理论的高度，从历史的借鉴上来解决问题。

比如说，历史上有一个众所周知的事实，“尾大不掉之患”，就是地方的兵力不能太强，地方的势力不能太大，如果太大，到最后就尾大不掉了。而唐玄宗在李林甫帮助下调整军事制度的时候，恰恰就犯了这个错误，给边地的节度使无限地扩大权力，而中央只有少数的禁军。当时全国近五十万军队里头，差不多四十万都在边地，京城只有八九万。如果边地造反，中央是没有办法的。一开始想使几个节度使之间取得平衡，但这个平衡就像走钢丝，一旦失去平衡，马上就会出事，所以最后就爆发了安史之乱。安史之乱的爆发当然还有很多其他原因，不是我们今天所要讨论的问题，但是军事制度的失调是一个很重要的因素，而军事制度之所以失调是和当时主持这项工作的人的素质有直接关系的。所以说，在人才培养和教育上的政策失误，其后果是非常严重的。

为了解决这些问题，前面说的“不历州县，不拟台省”实际上是很重要的环节，一方面让官员要有经、史方面的知识、理论方面的修养、政务处理的能力，同时还要有地方工作的经历。这个问题到了唐朝后期自然而然地解决了。为什么？这跟唐朝后期的整个政治形势有很大的关系。唐朝后期，北方形成了藩镇割据的局面，在其他地方有观察使或节度使的设置，也就是在州县与中央之间，还有一个所谓的道，即节度使、观察使这一级。这不是一级行政机关，但类似行政机关。总的来说，安史之乱以后，地方的权力增加了，地方的待遇也提高了，而且在地方做了官以后，到中央的可能性也增加了。不仅是可能性增加了，而且因为到地方给节度使、观察使做幕僚，可以担任宪官，比如监察御史这种的官。而担任了宪官以后，就进入了升官的快车道。所以说有了地方工作的经历，升官更快，因而当时愿意到地方做官的反而增加了。所以“不历州县，不拟台省”不光是说一说的问题，还必须有地方经济的发展、政治的发展、权力的提高、待遇的提高，以及官员迁转制度的变化等作支撑。

最后一个问题简单地提一下，就是完善科举制度，进士科逐步成为中高级官吏的主要来源。这里其实关键就是，怎么样才能使进士科培养出既有德行又有学识的人才。特别是开元、天宝这个时候，进士科也好，明经科也好，主要注重做文章，对于儒家经典、对于道德修养、对政务处理能力、对历史的借鉴，都放到了次要地位。也就是说，参加进士考试的这些人一心做文章，对国家的命运、对社会的情况、对统治的理论、对解决问题的方略都是不大注意的。那么怎么样才能使这样一种考试制度能够改变这种状况，从而选拔出比较全面的人才，这是改革的关键。

改革不在于科目的设置，而在于考试录取标准的变化。刚才我说了，进士科在唐玄宗天宝末年到唐德宗时期，曾经以杂文，也就是以诗赋的好坏作为录取的标准，所以把这个矛盾推到了顶点。要改革也好办，恢复对策在录取中的主要地位;同时对策要有内容,要以对策的内容作为录取的主要标准。这样就可以把一些既有抱负,又有学识,又有能力的人选拔上来。所以,整个科举考试制度改革的中心就是这样一个问题。这个改革基本上是在唐德宗的后期,就是贞元年间到唐宪宗元和时期完成的。当时按照新的标准确确实实选拔出了一批人才,活跃在唐朝后期的政治舞台上。而这也成为整个官吏培养选拔的一个很大的动力、一个杠杆。指挥棒变了,当然所有的知识分子念书都朝这个方向努力。

另外,这里有一个问题需要说明,就是关于唐朝的学校。唐朝的学校在官员的培养上,起到了它的作用,但不是在所有的时期,特别是到了唐玄宗以后,由于国子学教学的内容不仅同进士科考试的项目脱节,甚至跟明经考试联系也不那么紧密,所以学校变成了可有可无的了,很多人都是通过自学来参加进士、明经的考试。如果在国子学里学,别说进士是没法考了,明经考试的重点跟国子学经书的学习重点也不是完全一样,这是一点。第二点是私学在唐朝开始兴起,比较低级的村学,比较高一点的类似后来的书院,大家集中起来学习的学校,在一些地方都开始有了。

李治安

忽必烈的元帝国与蒙汉二元政策

李治安，1949 年生。南开大学历史系毕业，历史学博士。南开大学讲席教授，博士生导师。曾任南开大学图书馆馆长、历史学院院长。兼任中国元史研究会会长、国家哲学社会科学社科基金评审委员会历史组成员等。主要研究领域为元史和政治制度史。著有《元代分封制度研究》《中国古代官僚政治》《唐宋元明清中央与地方关系研究》《行省制度研究》《元代政治制度研究》和《忽必烈传》等。在《历史研究》等刊物发表论文 90 余篇。

今天我讲这个题目“忽必烈的元帝国与蒙汉二元政策”，也负有一种文化方面的责任与义务。国人容易产生一个错觉，或者是文化上的一个纠结：对满族建立的清朝，文化认同没问题，满汉的界限似乎不存在。然而对于蒙古族和汉族的界限隔膜，对蒙元王朝的文化认同上还有问题。我们对清朝的态度，文化认同的态度是比较积极的；对于元朝，有些人则误认为是受外国的统治。这个问题怎么看？我想今天借这个题目，跟朋友们一起共同磋商与交流。

成吉思汗与忽必烈

成吉思汗这个人物，大家都有一些了解。成吉思汗率领的蒙古铁骑征服了大半个世界，建立了横跨欧亚的大帝国，堪称人类文明史上最大规模的军事征服。就所征服的文明来说，是从蒙古草原文明出发，征服了中国的文明，还征服了印度的一部分,征服了伊斯兰文明,征服了一部分基督文明。要从几个文明古国谈起,除了古希腊文明以外,其他的文明古国,包括埃及、巴比伦、印度、中国,都被他征服了。所以,称他为世界征服者,是当之无愧的。

忽必烈的元帝国,实际上是成吉思汗所建世界帝国的继续。忽必烈是成吉思汗的孙子,拖雷的第二个儿子,也是大蒙古汗国第五位大汗。他又是元王朝的创建者。前面的四位大汗也追封为元朝的皇帝了,如成吉思汗是元太祖,窝阔台是元太宗,后面还有定宗,宪宗。他本人的庙号是世祖。

我今天讲三个大问题,第一是忽必烈治理元帝国的四项功业。第二忽必烈吸纳多元文化,聚拢各族精英。第三忽必烈的内蒙外汉模式对元帝国和中华多元一体的影响。

一、忽必烈治理元帝国的四项功业

元帝国时期,从军事征服层面而言,成吉思汗是第一号人物。在黄金家族内部,成吉思汗建立的功业也是无与伦比的,所有的子孙都难以超越他。但是在治理中国和统一中国方面,在吸收先进汉文化,完成中国的大一统方面,忽必烈的贡献,超过了他的祖父成吉思汗。

忽必烈的功业主要表现在对我们中国,他祖父成吉思汗则偏重于整个世界,除了中国以外,对中亚、西亚、东欧乃至世界的影响都非常大。成吉思汗征服得很远,一直打到中欧去了,整个俄罗斯都在被征服范围之内。但从对中华文明的影响来说,忽必烈的功业超过了他的祖父。我今天讲的四项功业,也是偏重于对文明,对我们多民族统一国家发展的贡献。

第一项功业是完成了前所未有的大统一。

元朝以前,从五代开始,中国就陷入了近三百年的分裂割据。五代之后,契丹建立的辽及西夏长期是与北宋南北对峙的。那时,幽燕一带都属于辽朝,亦即契丹国。后来,金又与南宋对峙。所以是三百多年南北分裂。忽必烈完成了大统一,结束了中国三百多年的分裂割据局面,而且疆域上超过了汉、唐。《元史·地理志》有这样的概括:"北逾阴山,西极流沙,东尽辽东,南越海表。"这只是与中国相关的疆域。如果要加上西部的几个汗国:钦察汗国、伊利汗国、窝阔台汗国、察合台汗国,那疆域就更大了,可以囊括中亚、西亚和东欧。当时,元王朝在名义上是蒙古诸汗国的宗主,虽然除伊利汗国比较亲密外,其他几个汗国还经常发生战争。不管怎样,政治上忽必烈是最大的大汗,是宗主,是继承成吉思汗统系的。从这个意义上说,忽必烈既是我们中国的正统皇帝,又是成吉思汗世界蒙古帝国的宗主。可以看到,元王朝的疆域之所以能超过汉、唐的,一是东北和漠北都成为它的直辖区了;再者,汉、唐虽开拓西域,尤其汉武帝走得最早最远,囊有安西四镇,但吐蕃、云南是在元朝开始才成为中国宣政院的直辖区和云南行省的直辖区,这是前所未有的事情。尤其直辖西南和东北、漠北这两块边地。

在中国的疆域史上,有四个王朝是给我们留下了珍贵遗产的,现在的疆域是这些老祖宗开创的:汉、唐、元、清,尤其是后面两个朝代,对我们贡献最大,给我们留下的疆域遗产最多。这是第一项功业。

第二项功业,创建行省和直接治理边疆。

我国现设立三十一个行政区,大都以省的形式出现。省的制度,实乃从忽必烈建立行省而奠定的。过去,没有省的制度,只是中央设省:中书省、尚书省、门下省。从元世祖开始,结合魏晋等制度,包括蒙古大断事官的派出制度,综合发展为行省制度，设立了十一个行省，包括征东（高丽）。实际是十一个军区，兼为财赋中转站，还是行政节制机关，从而创建了处理中央与地方关系的一个非常重要的新模式。这在中国历史上是非常有积极意义的。因为中国的疆域太大，从秦开始就基本是走郡县制度中央集权的路子，但是没解决好。自行省制奠定以后，这个制度稳定下来了，很大一部分权力交给行省代表中央来运作。这样，既代表中央来实行集权，又替地方分流了权力。自行省制确立后，我们中国内部没有出现大的割据。当然，近代列强干涉和军阀混战，那是另外一回事。我们看到明、清，包括民国，直到现在，都是使用的行省或省制，置省数量不一，体制还有待于完善。但这个制度是比较符合中国国情的。这是行省制度。

还有一个就是直接治理边疆。因为在唐宋时期，我们实行"羁縻州"制。"羁縻州"政策实际上是保留少数民族首领的称号和辖区内部的统治体制，只是外部加一个官号，就其内部来说，还是自己统治的一套，中央不去触动。当时唐宋对于边疆的治理体制是比较名义性的，不是实质性的。从元朝开始，因为蒙古族是少数民族，是征服者，少数民族入主中原，把边疆地区的其他民族也视同汉人，与汉地等被征服地区一视同仁。对汉地直接统治，对边疆少数民族也实行征税、籍户（登记户口）、设立驿站这些比较直接的治理方式。忽必烈说过："阅实户口，乃有司当知之事，诸郡皆然。"这是对播州安抚司少数民族酋长的谕旨。意思是：所有内地都要由官府阅实户口，你这个边地也应是这样。这个政策实行得是非常彻底的。去年，我亲自去过一次西藏，去过萨迦寺。萨迦寺是元朝帝师八思巴所在的地方，当时是吐蕃在西藏的统治中心。元朝的统治，确实是从那时起就深入到西藏去了。西藏萨迦寺中间那几根直到现在还屹立着的大柱子，就是元朝时运进去的，用来建萨迦寺院。那种木材，包括楠木那样的木材，西藏根本生产不了。西藏交通那么不方便，不像我们现在有青藏铁路。元朝的统治步骤包括驻兵、设驿站、征收赋税，都实行了。当然，云南也是如此。所以，这应是在直接治理边疆方面，独辟蹊径，改变了过去“羁縻州”的传统政策。“羁縻州”政策，实际上受儒家影响很重。儒家认为，边疆乃夷狄蛮荒之地，不需要去多经营，我们只要管好中原汉地就行了。忽必烈不讲究这一套，他认定天下都是黄金家族的，都要征服，所有的地方都要直接治理。显然，是出于军事征服者的理念，但客观上对治理边疆的体制带来了积极影响，改变了我们传统的、比较陈腐的“羁縻州”政策。

第三项功业，就是支持科技发明，开拓海洋事业。

在科技发明方面，支持郭守敬和札马鲁丁编制《授时历》和《回回历》，搞了一系列的发明创造。就这点来说，我们应该给予高度的重视和关注。过去我们总认为元朝是野蛮落后的，破坏性比较大的。这个破坏在中原，在西域，在北方，久罹战乱，确实比较大。但在江南还是保留了许多先进的文明，没有太多杀戮。还有一点，就是元朝对我们传统文化，尤其在初期，破坏比较严重。比如说科举长期不进行，这应该是较大的破坏。

在中断科举的同时，忽必烈对科技、水利、天文、历法这方面的支持力度是相当大的。忽必烈支持郭守敬这些人搞观测天文的活动，在全国范围内设了 27 个观测台。现在河南登封还保留了观天台的遗址。当时设置汉人的司天台和回回司天台两套体制，把西域的观天历法技术也吸收进来。郭守敬的很多天文仪器，包括《授时历》中间编制的天文方面的一些精华部分，都吸收了札马鲁丁(回族)从中亚、西亚带来的阿拉伯世界的历法和天文的技术。所以，就能使当时郭守敬成为在全国,乃至在全世界范围内天文历法研究走在最前列的人。在世界的天文史上,中国的郭守敬应是重要的里程碑式的伟人。他的这些成就,离不开忽必烈的支持。忽必烈确实让他专心致志去做这项工作,给他调集了一些人才,创造了优厚的物质条件、人力条件。而且,统一南宋以后,最远在海南岛等地设观测台,派人从事天文观测活动。这在很大程度上也是出于忽必烈等草原游牧贵族对天的朴素崇拜,因此对天文历法给予格外的关注。忽必烈很重视从西域带进来的一些东西,譬如回回炮,当然有些是为了战争的需要。但在天文历法和支持天文仪器制造这方面,终究是积极的。当时儒家等传统文化遭到了一定破坏,受到了挫伤。汉人中间相当多的人不能参与科举,不能走传统的科举道路,不能走读经科考的道路了。很多士人转而去从事天文、医学乃至元曲的创作,这也在文化上独辟蹊径,使得元朝的元曲和天文科技方面达到了前所未有的巅峰。美国有个史学家叫罗沙比,写了一本忽必烈传,我还给他写了一个中文版的序。罗沙比称忽必烈是文化的"保护神",这个说法有点失于偏颇,因为忽必烈对于文化有些方面是保护了,有些方面没有完全保护,是有选择地保护。但总的来说,忽必烈在文化上比他的祖父成吉思汗要开明得多,保护文化要比他祖父积极得多,尤其在支持科技方面。因为传统王朝的皇帝和士大夫,是把科技当成不入流的雕虫小技,不予重视。所以,古代的很多发明创造不能够得到弘扬,不能提到应有的高度,这是一种悲哀。然而,忽必烈客观上确实保护了当时科技的发展和繁荣。

开拓海洋事业。中国自古主要是一个内陆农耕帝国,我们的海洋事业大抵是从唐朝开端,海外贸易经过两宋,得到了比较大的发展。忽必烈的祖父、兄弟,主要征服的是西域内陆地区，但从忽必烈开始，重视向海洋经营了。因为元帝国的统治主要还是在元帝国的东部，西部都是他的兄弟汗国了，他不可能往那边去开拓了，北边西伯利亚当时人烟稀少，东边就是大海。所以忽必烈在建立元帝国，尤其南北统一以后开始向海洋进军，在海洋上建立新的功业。在成吉思汗子孙中间有一个不成文的定律，就是所有成吉思汗的正统继承者，第一是必须控制漠北本土，第二是必须在军事征服上立有新的功业。所征服的疆域不扩大，证明这个继承者不是合格的。所以，忽必烈在征服疆域方面主要是向南向东。向南征安南、征缅甸，当然还包括吐蕃、云南；向东跨越海洋，征服日本和爪哇，这两次征服都失败了。尤其征日本是遭遇飓风失败了。除了海外征服以外，忽必烈还继承南宋海外贸易。在海外贸易方面，搞过“官本船”贸易，更多的是鼓励私商包括一批回族人具体经营海外贸易。马可·波罗来华的时候，从陆路上来的；离华的时候，走的是泉州港出发的海上贸易“丝绸之路”，通过马六甲海峡，绕过印度半岛，然后到波斯，辗转回到威尼斯。元朝在海外贸易方面是把南宋的成就推向了新的高度。

忽必烈在海洋上还做了另一件惊人的事情，这与天津的兴起有非常密切的关系。一般认为，天津起源于明朱棣靖难之役，“燕王扫北”，“天子津渡”，燕王朱棣是从天津南下，“靖难”而夺天下。朱棣“靖难”对天津兴起作用很大。其实，天津最早的“发迹”，是海运。这与天津和北京都有关系。从忽必烈开始大规模地搞海运，因为那时候大运河有一段还没有修复，南北割据了三百年，大运河河道毁坏很厉害，一时修不通。统一南北，灭亡南宋以后，忽必烈听从两名海盗朱清、张瑄的建议，直接从上海、苏州一带，用海船把南方的苏松和江浙行省这一带的稻米通过海路运到天津，利用东南季风海运，从天津海口再入北运河运送到大都（今北京）。天津最早的天妃庙（娘娘庙）是元朝所建，元朝在海河东西岸建立了两个天妃庙，就是因海运而建。元代海运，也是我们中国历史上大规模海运的第一次。过去有少量的，包括隋炀帝等征服高丽时用了一些，但时间很短，规模很小。元朝是每年都要搞海运。因为当时元大都的人口据现在统计有五六十万，甚至有人讲将近一百万。这些人的粮食供应主要靠南方。元大都的居民们，包括蒙古族人、回族人、汉人，都觉得南方的稻米要比北方的小米好吃，所以粮食依赖南方的稻米。当时主要靠海运，每年都要运送一百到四百万石的南方稻米，海运在当时得到前所未有的发展，大约五十年间不间断地海运稻米。

由于海外征伐、海外贸易和海运，元帝国的海洋事业得到了开拓和发展。这是成吉思汗帝国所没有的，也是我们中国历代王朝所没有的。汉地王朝，顶多是南宋的海外贸易搞得比较繁荣，唐朝也搞了一点儿。但是海外征伐没有，大规模的海运也没有。所以，日本京都大学的著名教授杉山正明提出：从忽必烈开始，元帝国就带有海洋帝国的色彩。忽必烈远征爪哇，运送了两万名军士到爪哇马六甲海峡这一带。可想而知，造船技术、海运技术及航海技术在当时的高度发达。这一切都为后来郑和下西洋做了必要准备。因为郑和下西洋距离元朝灭亡，也就是三十年左右的时间，明初很多航海技术直接继承元朝。当然，元朝也继承了南宋，这都是中华文明的一个新发展。这是第三项功业。

第四项功业，主动吸收汉法，推进经济文化的恢复、发展与昌盛。

吸收汉法方面，使用了汉地传统的年号、国号、迁都。我们先说他的国号。过去历代王朝的国号，一般来说，都取之于开国君主的封地或发迹之地。比如说，秦朝取自过去的秦国；唐朝李渊原来是唐国公；宋朝赵匡胤原来是宋州节度使。元朝是从忽必烈开始定国号，忽必烈之前叫“也可蒙古兀鲁思”，蒙古语意为“大蒙古国”。从忽必烈开始，改称大元了。元，取之于儒家经典《易经》的“元亨利贞”，“大哉乾元”，元是处于第一位的。可见，元朝的国号，较多吸收了儒术汉法。

迁都。过去都城设在和林，漠北的乌兰巴托附近。和林都城，是窝阔台建立起来的。忽必烈时迁到了漠南，今内蒙古正蓝旗，称上都。我们北京，当时叫大都。迁都具有非常重要的政治和文化意义，意味着忽必烈把政治中心往南移了，也意味着元帝国成为中国传统王朝系列中的一部分了。这是非常有政治意义的，有利于他后来统一南北，给中国的大统一做出了贡献。

忽必烈以前的几个大汗，包括成吉思汗、窝阔台等，对汉地的农耕文明基本上是起破坏作用的，一般攻掠某个城池，先要派一个使者去劝降。如果一旦不听劝降和遇到抵抗，就要屠城，杀戮是非常惨重的。不仅在中国杀戮，西域、中亚文明，很多先进的城市都被毁灭、废弃。所以，成吉思汗杀戮的罪过，是不能否认的。包括前期的几个大汗在中原杀戮，都是不能否认的。

但是，从忽必烈开始，吸收了汉法和汉人士大夫的意见，开始比较自觉地保护农耕，认识到农业生产对维护元王朝统治的价值，认识到农耕文明的贡献和积极意义。因为游牧民族和农耕文明的价值观不太一样。游牧民族认为，农耕太苦太累，不如在草原上放马自由自在。他们认为游牧是最高级的，农耕被看做是一种很低下的事情。他们宁愿把农耕的土地都空置起来当做草场，这实际上是一种落后的文化观念。因为第一，农耕文明在人类发展史上相对于狩猎放牧来说，是一种新的进步的形态；再者，农耕文明和游牧文明是分别适合于大漠南北不同的地理条件的，大漠北边的草原就是适宜游牧，南边湿润地带、半湿润地带就适宜农耕。因为长城以南农耕是没问题的，这么好的农耕条件，用以放牧，太可惜了。所以，忽必烈在这一点上还是非常开明的。他保护农耕文明，采取了很多积极措施。还有，采用汉法恢复汉地式的官僚机构，任用大量的汉族士人。统一南方以后，保护南方的经济结构和生产方式，在南方基本上是兵不血刃，大部分地区都是劝降的。南北统一以后，南宋地区原有的先进经济形态和成就，包括经济结构，都几乎是原封不动地保留下来。所以，在世界范围内，当时中国还能处于前列。中原是被破坏得很厉害的，四川关中地区被破坏得也很厉害，但是，南方保留下来了。这是忽必烈一个很了不起的贡献，相对于他的祖父兄弟来说，是一个了不起的贡献。因为他的祖父兄弟不懂得这一套的。不管怎么样，忽必烈保留下来江南先进的农耕文明，从而使中国当时总体发展水平在世界范围内是最为发达繁荣的。

举两个例子，比如说当时的元大都，《马可·波罗游记》记载，每天运入元大都的真丝，有一千车。可能有些夸张，但基本上可以反映当时丝织业的恢复和发展。还有，同样是《马可·波罗游记》记载，当时的杭州，保留了十二个手工业的行业，而且有一万二千个手工业作坊，有十个大的市场，每个市场到赶集的时候有四、五万人。其他史书中亦可以看到，南宋的临安（今浙江杭州），在南宋灭亡以后繁荣如故。当然也有损失，是因沉迷于繁荣和歌舞升平，到元中期不慎发生过两次大火灾，把城市烧得不轻，损失惨重。

还有一个例子，就是郑天挺先生写了一篇关于徐一夔《织工对》的文章。据他这篇文章考订，在元末杭州丝织业中间已经出现了雇佣劳动,我们上世纪70年代以前还把这类现象当做资本主义萌芽。现在还有争论,雇佣劳动算不算资本主义萌芽?有些学者认为这个不能算资本主义萌芽,只能算雇佣劳动。即使我们搁置争议,雇佣劳动在元末杭州的丝织业当中能够出现,这是非常了不起的事情。证明我们中国当时在江南一带的经济发展水平,还是相当高的。而且这个繁荣还是开放型的,通过海上丝绸之路海外贸易能够辐射传播到西部世界和西方去。我们中国的四大发明,主要是在元朝时期通过海上和陆上的丝绸之路,通过元帝国建立的驿站,东西方交流的频繁,传播到西方的。西方人开始了解我们中国,深刻认识到我们的文明繁荣程度,首先是从元朝开始的。在这点上,马可·波罗给我们做了非常好的传播,确实是起到了东西方交流的桥梁作用。所以,我的导师杨志玖先生是研究马可·波罗的权威,他写了一本《马可·波罗在中国》的书,用卢沟桥的画面来当封皮。确实马可·波罗是起到了这样的桥梁作用。这是第四项功业。

二、忽必烈吸纳多元文化,聚拢各族精英

忽必烈为什么能够成就这么多功业?我认为原因是“吸纳多元文化,聚拢各族精英”。忽必烈在这方面也具有得天独厚的条件,在他征服了中国的南方,征服了云南和吐蕃,统一了中国之后,元帝国的疆域就变得非常广阔,民族众多。忽必烈既有良好的条件,也面临一些难题,那就是文化多元复杂。蒙古族人虽然是征服者,但文化相对落后,人数也少。文明程度、统治位置,包括人数等方面,都存在很大反差。所以,忽必烈在成就自己的功业方面抓住了一个关键,就是利用一些积极条件,吸纳聚拢各族精英,让各族群的一些精英、

文化上的先驱，都聚拢在自己的周围，帮助他出谋划策，去解决元朝统一前后的一系列难题、关键问题，推进整个元帝国的发展繁荣。

忽必烈吸纳、聚拢精英，表现在以下几个方面：

第一是学儒重致用，网罗汉地的贤士。在这方面忽必烈做得比较全面，他接受汉人张德辉、元好问给他的“儒教大宗师”的称号。他可能不甚懂得“儒教大宗师”的意思，不管怎么样，他是接受了。再者，忽必烈在汉人尤其在北方汉人中间重用了两个重要的士大夫，一个是刘秉忠，一个是许衡。

这两位都是北方汉人。许衡是北方的理学宗师，是今河南焦作人。这个人空言理性比较多一些，而且是借助翻译，忽必烈也很难听得懂。忽必烈对他一些理学方面的论说，多半听不懂，也不感兴趣，有时候也批评他不务实，但对他还是比较尊重的。因为许衡是北方士大夫的领袖，理学宗师，地位很高。无论北方士大夫，还是儒学，理学是最核心的文化，最高深的文化。许衡在忽必烈驾前最大的一个贡献，就是他与郝经等建立了一个命题：以汉法治汉地者，即为中国主，在克服华夷界限上有所进取，促使汉人士大夫打破了华夷界限。因为少数民族入主中原了，我们究竟对少数民族君主应该采取什么态度，究竟应该跟他合作不合作？这是汉人士大夫感到很困惑的。从许衡和郝经这些人开始，从理学上予以突破，认为“道”是最崇高的，少数民族君主能行道，能行汉法，那我们也跟他合作，我们士大夫也可以到他的政权里去做官。当然，也有少数士大夫不同意这个观点，但多数人还是认为这个观点比较现实。因为蒙古族人入主中原了，后来连南宋王朝也灭亡了，中国的汉族统治者已经不复存在。你不跟少数民族君主合作，只能放任其破坏我们的汉地文明。与其放任其破坏汉地文明，不如跟他们合作，保护我们的汉地文明。况且，蒙古民族还是我们中华民族的一员，并不是外国。像日本，那是另外一回事。从历史来看，就西周和秦统一来说，秦在西戎，相对于关东华夏诸国，秦也算是西部少数民族。姬周相对于中原殷商来说，也是西戎少数民族，不发达的少数民族。所以，儒家自孔子时代就有华夷变通说，以“道”为最高，少数民族能行道，那我们也跟他合作，拥戴他。许衡利用他的影响，在这点上做了很多积极努力。以汉法治汉地者，即为中国主，这一命题促使很多汉族士大夫突破了华夷界限，突破了陈腐的正统观，比较积极地与蒙古族统治者合作，来推进元帝国的建设和繁荣发展。许衡在文化教育上，还亲自教导了很多蒙古色目人子孙，贵胄子弟。元代国子监，就是我们现在北京雍和宫西边的国子监，那就是许衡最早建立的。他在国子监教育了很多蒙古色目人的贵胄子弟，包括忽必烈的儿子、太子真金，都是他的学生。包括右丞相安童、平章不忽木等，都是他的学生。许衡也把学习汉法和汉文化寄托在蒙古贵族的第二代、第三代身上。实际上，到蒙古第二代、第三代的时候，确实汉化比较深了，像文宗、英宗、仁宗这些人。这主要是许衡的贡献。

还有一个刘秉忠，是出入儒、佛、道，他曾出家当和尚。主要属于术数家，搞推步、占卜，一个政治方面的谋士，利用占卜等出谋划策。刘秉忠跟忽必烈非常亲近，在实际利用汉法方面，他起到了很大作用。像鄂州班师，北上争夺汗位，建国号，建元大都，立朝仪，等等。在忽必烈驾前，他是最得忽必烈宠幸的一个汉族士大夫。当时的大都城，有十一个城门，这就是刘秉忠设计的。他附会哪吒三头六臂两足，当时的元大都也称为“哪吒城”。所以，刘秉忠也是了不起的人物，还是郭守敬的老师，邢州术数家群的领袖。郭守敬之所以能够得到忽必烈的赏识与重视，与刘秉忠也有关系。刘秉忠为首的邢州术数家群，与术数、天文历法，都是相通的，在重视科技方面，他是起了奠基作用。

这是对北方汉儒的网罗，对汉地贤士的网罗。

第二就是抑制全真道教，礼遇张天师。这是对南方道教的拉拢。南宋以后，以全真道为首的北方教派，到邱处机的时候势力膨胀。起因是邱处机不远万里到今阿富汗一带的大雪山去朝见成吉思汗，给成吉思汗讲长生不老之术，也劝诫成吉思汗不要杀掠，保护生命。通过这样跟蒙古族人联手以后，以邱处机为首的全真道教，在北方尤其是以大都为中心，势力膨胀，经常欺压汉地的佛教及儒士。所以，一些佛教徒就跑到汗廷去告状。经过忽必烈主持的两次大辩论，全真道教和以其为首的道士，就败下阵来。当然还留下一些古迹，现在北京的白云观（中国道教协会所在地）曾经是邱处机在大都的祖庭。

在抑制全真道教的同时，忽必烈还扶植和支持南方的正一道教。正一道教相对于全真道教来说，是传统的旧道教，即符箓派，还是画符占卜的那派。全真道教是吸收了很多儒教、佛教的东西，发展起来的一个比较新的教派。在教义上已经和传统的正一道教有区别。从忽必烈开始，尤其是统一南方前后，他和正一道教关系比较密切。这里还有一个插曲，忽必烈当藩王的时候，曾经奉汗兄蒙哥的命令攻打鄂州。当时，他曾经派随从的北方正一道教教徒王一清，到江西的龙虎山去朝见第三十五代正一道教天师张可大，代忽必烈向张可大问候。张可大因属正一道教符箓派，最擅长于占卜预言，所以就通过王一清给忽必烈传话说：后二十年天下当混一。忽必烈受命南下攻鄂州是 1258 年，后二十年恰好是至元十三年（1276）以后。忽必烈果然是在二十年之后平定了南方，平定了南宋，统一了南北。忽必烈想起了张可大的预言，觉得正一道教道行很深，神仙之预言非常灵验，就下令用驿站把张可大的儿子第三十六代天师张宗演征召到北京来，赐宴，而且让张宗演统领江南的道教。这当然是扶植正一道教的举措。另一方面，扶植正一道教，也含有从文化宗教上安抚江南的意思，这也是统一南北后，文化方面的一个重要措施。因为蒙古统治者忽必烈跟第三十六代张天师携手联盟了。

第三就是皈依喇嘛教，重用八思巴和桑哥。皈依喇嘛教，也是宗教上的一个重要举措。这也与吐蕃地区归入中国版图，与吐蕃地区政教合一制度的奠定有很大关系。当时，吐蕃地区有非常多的教派，而八思巴的萨迦派，还是其中一个比较弱小的教派。忽必烈因为一次偶然的机会，在他南下远征云南途经六盘山之际，见到了萨迦班智达的侄儿八思巴。忽必烈觉得这个小喇嘛非常有灵气，所以就用一百名骑兵，从阔端大王之子蒙哥都处把八思巴交换过来，八思巴就归到了忽必烈的名下。到忽必烈称汗前后，八思巴在佛、道辩论中表现比较出色。忽必烈在当大汗、当皇帝以后，就尊八思巴为国师和帝师，结成了福田和施主的关系，皈依了藏传佛教。忽必烈作为施主，在元大都以及北方其他地区建立了很多喇嘛教的寺院，使藏传佛教向东传播。比如现在北京的白塔寺等，都是在这一时期建造的。同时又给予八思巴等巨额的赏赐。八思巴也协助忽必烈在吐蕃地区建立了政教合一的体制，使元代中央王朝的统治，譬如前面我讲过的驻兵、征税、登记户口、设驿站等，比较顺利地深入到吐蕃。还有一个吐蕃人，就是桑哥。桑哥是八思巴的徒弟，这个人曾经做过忽必烈后期的丞相，权力很大。

第四就是尊重伊斯兰教和基督教，倚重阿合马理财。在伊斯兰教的传播和尊重兼容等方面，忽必烈也做了一些事情。据说，当时的大都，也就是今天的北京，有回族人两千五百九十三户。忽必烈的一个孙子安西王阿难答以及他麾下的十万军队，据说大多皈依了伊斯兰教。基督教在忽必烈时期也得到了很好的传播。因为忽必烈的母亲就是基督教徒，他母亲是蒙古克烈部人。蒙古诸部中，克烈人和汪古人都信奉基督教聂斯脱里派，元人称为“也里可温”。由于蒙古西征，不可或缺一批新的基督教徒东来，当时担任崇福司使的爱薛，在忽必烈时期就非常活跃。还有另一个回族人阿合马，在忽必烈时期当了二十年宰相，帮助忽必烈理财。当然，《元史》中是把阿合马当奸臣，当作敛财之臣了。对其理财活动，我们应该客观地看，尽管这个人有很多恶行，理财对于元帝国的经营发展，还是不可或缺的。因为元朝要打仗，不仅对外征伐，而且还要跟西北蒙古叛王打仗，还要平定南宋。打仗就得开销钱财，没有人理财和搜刮财物，根本支持不了内外战争，完成不了南北统一事业，也开拓不了如此广阔的疆域。后来王著和高和尚为首的汉人在大都发动了一次冒充真金太子的政变，把阿合马暗杀了，而且声称：要杀一切大胡子的人。大胡子，主要指蒙古族人和色目人。大都这一带的汉人很恨色目人，因为色目人为虎作伥，替蒙古族人来统治汉地。

第五就是器重怀柔江南名士。统一南方以后，忽必烈注意吸纳南方的精英之士。我举两个人物，一个是叶李，一个是赵孟頫。叶李曾是南宋末年的太学生，曾经上书抨击贾似道误国。忽必烈灭南宋之后，很快征召叶李到大都来，称他为“蛮子秀才”，认为他有见识有胆量，很重用他，让他当副宰相，参与机务。叶李腿脚不太好，忽必烈有几次竟用自己的车辇“五龙车”到叶李家去载着他上朝。元末陶宗仪等南方士大夫对此种礼遇感到非常震惊，因为这在汉人礼法里面，根本不可思议，作为一个官员怎敢坐皇帝的龙辇“五龙车”呢？但是蒙古皇帝忽必烈不讲究这一套，他觉得有用的人就要尊重，使用“五龙车”也完全可以。再一个是赵孟頫，也就是赵子昂，秦王赵德芳的后代，才子，聪明绝顶，书画、文章、经济之学并茂。忽必烈称他为“神仙中人”，让他上朝的时候坐在叶李之上。有一个姓耶律的汉人官员向忽必烈奏言：赵孟頫是南宋宗室，不应居皇帝左右。忽必烈就斥责他：“彼竖子，何知？”而且，当天就把这个人赶出御史台了。忽必烈对赵孟頫是相当重用的。赵孟頫比较世故，懂得南方士人，尤其自己是赵宋宗室出身，在元廷不宜久留，后来就退到地方上去了。因为身为赵宋宗室，在元廷，在大都官场上，要有所作为，阻力很大。且不说是北方士大夫，就是南方士大夫，都会对他有所非议。

忽必烈在收罗、聚拢、吸纳精英人才方面，有着内外的驱动力。从内在的驱动力来说，就是他的祖辈、父兄，包括蒙古黄金家族的其他成员，以及跟他同室操戈的其他成员，造成很大压力，逼迫他要建立新的功业，逼迫他不敢抱残守缺，需要做新的追求和进取。从外部层面上来说，当时南北大统一以后，蒙古、汉、色目等多元文化，也允许他从多个文化源头上吸纳多方面的精英之士，为我所用。忽必烈在这方面显示了雄才大略，很好地发挥了各族精英分子的卓越才能。我们刚才提到像许衡、刘秉忠、八思巴、桑哥、叶李、赵孟頫、阿合马这些人，都是来自各族群的精英之才，都对忽必烈完成大统一，以及治理统一以后的元帝国，推动元帝国从经济、文化、政治上走向昌盛发挥了积极作用。包括元大都的建设、南方的治理、各行省的治理。忽必烈都是通过上述这批精英分子共同完成的。故而，忽必烈在建树功业方面，尤其是治理中国方面，确实能跟他祖父成吉思汗相比拟，甚至是超越他的祖父。

三、忽必烈的内蒙外汉模式对元帝国和中华多元一体的影响

我今天讲到的另一个重点，就是蒙汉二元政策。关于忽必烈的总体政策，学者们比较一致的意见，就是认为他实行了蒙、汉二元政策：在吸收汉法的同时，还大量保留了很多蒙古的东西，所以呈现为政治文化的蒙、汉二元体制。我在学者们一致赞同的蒙、汉二元政策的表述上，又有了一些自己新的看法。我把忽必烈的蒙、汉二元政策，跟清朝的满、汉二元做了一番比较，认为：忽必烈的蒙、汉二元政策，大体上是一种“内蒙外汉”，清朝的满、汉二元，大体上是“内汉外满”。为什么这样说呢？

我们来看，清朝起初排斥汉人和压制汉人，是非常严厉的。清朝搞的“外满”，形式上的满族化，非常残酷，最典型的两个措施：剃发和易衣冠。一是下剃发令，全国汉人都得剃发，不剃发的，杀头；再一个是易衣冠，我们过去汉人都是穿的宽袍大袖，此令强制必须穿满洲式的那种衣服，不易衣冠的，杀头。许多汉人以为头发是父母所授，服饰也是我们汉人千百年的传统习俗，不能轻易被强制改变，故而当时因抵制剃发令和易衣冠令被杀掉的不下几万人。这类非常残酷的做法，也是让大多数汉人臣服于满洲贵族的一个象征，但这主要是外部形式。就内部来说，清朝用的是汉法，包括皇帝和诸皇子，汉文、儒学、理学方面的造诣都达到了相当高的水准，作诗、书法，对儒家经典的理解、阐发、学习掌握程度，从康熙开始到乾隆这几个皇帝，都自称考个进士不成问题。所以，清朝的内部，从康熙以后基本上都是汉化的。清朝一

开始也搞满、汉复职和满、汉双语教育，也是两种文化并存，但他们施行的是外满内汉，所以到后来两种并存的文化逐渐就变成一种了，满族的那部分东西逐渐弱化，最终满族人和汉人就融为一体了。

我们再来看，元朝外部形式上是很宽松的，外边使用汉法的很多东西，国号、年号、官制、迁都等，基本上是汉地式的。官制方面，路府州县、中书省、御史台、枢密院等，都沿用汉地的。百姓衣装也很自由，基本上用汉人的衣装就行。有时候汉人也用蒙古族人服饰的，蒙古族人也用汉人服饰的，衣装服饰都相当自由。但内部体制都没变，最核心体制的，大量的还是蒙古的东西。比如说，宫廷斡耳朵宫帐、蒙古草原怯薛、军官世袭等，始终保留，元廷上朝还用怯薛陪奏等内朝制度。宫廷和中央及地方中级以上官府使用蒙古语、汉语、波斯语三种语言，长期“养”着一千多名翻译官在中央和地方的各个衙门里，用来作文字或口语的沟通交流。从文化上来说，有元一代，汉人和蒙古族人是两个文化圈始终同时存在。诚然，也有互相融合的部分，不少蒙古族人学习了汉文化，后期考进士或作诗词，也有学儒家的经典，但半数不直接学汉文，而是学翻译成蒙古文的儒家经典。与此同时，不少汉人也学蒙古语。

总之，元与清的政治文化政策都是二元的，但“内蒙外汉”与“内汉外满”，在内外主辅配置上实际是相反的。

忽必烈的“内蒙外汉”二元政策，对元帝国，对中华多元一体，究竟带来什么样的影响，这也需要我们予以关注。

我们先谈对元帝国的影响。由于没有彻底地汉化，内部还保留了很多蒙古旧俗，而且很多旧俗都是核心的，核心的体制都没变。所以，就不能很好地适应统一南北后很多新课题的需要。元朝还实施了一系列加重财政危机的政策，比如忽必烈学宋金的政策推行纸钞，同时大搞赏赐，不仅给贵族多种赏赐，而且给吐蕃喇嘛巨额赏赐。又频繁征伐打仗，劳民伤财。起初推行纸钞是很积极的，有白银贮备，有银本位的钞本，后来财政一紧张，就把贮备白银钞本都挪用了。为解决入不敷出，只得屡屡“变钞”，滥印纸钞，通货膨胀愈来愈严重。元朝灭亡，与财政危机及崩溃，有很大的关系。滥印纸钞，造成通货膨胀，实际上就是饮鸩止渴，祸国殃民。又兼元朝冗官和贪污，较早病入膏肓，民族压迫又始终比较严重，这在很大程度上造成了元朝统治者在政治文化上的两难取舍，即在采用一些汉法的同时又保留着一些蒙古的东西，但蒙古的东西只是适合草原地带，对中原或者江南地区就不一定适合了。所以，统治层的内部政见分歧和内讧始终比较严重。比如说皇位继承，尽管采用了立太子的制度，但并不彻底。元朝皇帝只有一例，就是元仁宗到英宗，属比较典型的皇太子正常继位，其他都是夹杂着宫廷政变或者蒙古贵族会议拥戴等旧俗。这样，元王朝政策经常左右摇摆，有些改革不能够正常地推行，不能顺利完成大统一以后南、北方的整合，包括草原地带与农耕地带差异的整合。此类政策的推进与改革，很多是遗留到了元灭亡以后乃至明朝中叶以后，才逐步得以解决。在这些环节上，显现出“内蒙外汉”政策的一系列消极影响。元帝国统治只有不到一百年。我们会经常思考这样的疑问：为什么泱泱大元帝国不足一百年就灭亡了呢？实行“内蒙外汉”的政策，没有积极地推进一系列有效的改革，以至于南、北方的整合迟迟未能完成，也是一个重要的原因。

对于蒙古民族，元王朝“外蒙内汉”的政策，还是有其积极意义的。此政策毕竟另辟蒙古族南北来去的蹊径。比较而言，清朝虽然实行积极的汉化政策，实行“外满内汉”政策，但对于满族这个族群来说不见得是好事。最后的结局是清朝一灭亡,满族这个民族就几乎是消亡了,再也回不去了,都融到汉族里了。尽管现在还有许多人自称是满族,但可能百分之九十九的满族人都不会满族语言了。蒙古族人则不然,元朝灭亡以后,六万蒙古族人就跑回大漠草原去了,而且能够保持蒙古族的风貌,能够和当地的蒙古族人重新汇合起来,维持了漠北、漠南草原地带的风俗。南北来去一百年,依然还是大漠南北的蒙古游牧民族。

这种特殊走向,在中华民族共同体多元一体的发展历程中的作用影响,我们怎么看?

过去,我们可能对清朝模式、女真模式和鲜卑模式,融入到汉人的模式肯定居多,认为这样符合民族融汇的潮流,对多民族的融合发展来说,比较积极,走得较快。元代的"内蒙外汉"二元模式,则导致蒙古族人南北来去,能够成功北归。尽管后来给明朝造成了较大麻烦,带来一些骚扰,但在客观上积极的贡献就是:遏制了漠北新部落的崛起,这是非常重要的贡献。因为漠北草原的周而复始局势就是:一个旧的部族衰落了,很快会有另一个新兴部族取而代之,称雄大漠。比较而言,蒙古族人北归到草原上,称雄大漠的还是原来的蒙古族共同体,没有被新兴部族取代和占据漠北,这对我们中华民族大家庭多元一体是有积极作用的。这是为什么呢?

因为蒙古族人重新回归草原后,因其没有融入汉族,还保留自己的族群共同体,跟汉地政权还有很多战争对抗,但不管怎么样,毕竟有百年南北来去的这个经历,仍然是把中原当作第二故乡,把大都当作原先的都城,也认同自身曾经是中国的主人。这比起新崛起的,没有统治过中原的哪个北方部族,和中原的内聚力肯定要大得多。有鉴于此,蒙古族人北归的积极作用,还是应该给予一定的肯定。也就是说,这是在多民族统一国家或者是中华民族多元一体的演进进程中另辟蹊径。蒙古族人百年南北来去,多数保持了自我的文化共同体的特性,没有融入到汉人里。然而,蒙古族依然是中华民族的组成部分。所以,到了中华民国建立时,汉、满、蒙古、回、藏五旗共和秩序自然就形成了,现代的中华民族多元一体即奠基于此。

中华民族的发展历程,本来就是一个像滚雪球一样的多元一体的发展历程。所以,我非常赞同多元一体的说法。我觉得,我们汉族同胞们,首先应该大度些,因为汉族人数最多,汉族是老大哥,应该抱着中华民族多元一体的心态对待其他少数民族,不要那么狭隘。既然对清王朝在文化上持认同态度,对元王朝也应该一视同仁,也应该采取文化上包容认同的态度。

雷　颐

制度变革滞后与清王朝的覆亡

雷颐，1956年出生。1982年吉林大学历史系毕业，获学士学位。1985年吉林大学研究生院历史系中国近代史专业毕业，获硕士学位。1985年到中国社会科学院近代史研究所工作至今，曾任《近代史研究》副主编，现为研究员。研究方向为中国近代、当代思想史、文化史。

著有《萨特》《时空游走：历史与现实的对话》《雷颐自选集》《被延误的现代化》《李鸿章与晚清四十年》等，译有《中国现代思潮中的唯科学主义》《在传统与现代性之间》《胡适与中国现代知识分子的选择》等。

2011年是辛亥革命一百周年，亦即清王朝灭亡一百周年，由此，我们需要反思：偌大的清王朝如何在突然之间土崩瓦解、灰飞烟灭？今天的演讲是面向公众的，恐怕在座诸位都不是做近代史研究的，那么我觉得在知识的海洋中大家都是平等的，我们应该一起探讨、追寻。因此，在我演讲结束会有个互动交流，我觉得在交流过程中，不论提何种问题，用何种措词、语言，抑或反对抑或赞同，我都欢迎，因为这是交流知识，表明大家是平等的。

下面，我就开始今天的演讲——制度变革滞后和清政府的覆亡。

众所周知，中国近代史的开端是从1840年鸦片战争开始的，因此，我们讲它的制度滞后就必须从此前讲起。为什么？鸦片战争只是它面临的第一个现代化的挑战，但是清政府没有意识到自己面临的这是现代化的挑战。因为在中国历史上，类似的边患众多，若有夷狄侵略，即便我们被打败了，也就赔钱了事。因类似情况很多，所以清政府还是从这个角度来理解鸦片战争。那么，它为什么会从这个角度理解？因为我们知道在中国长期的历史发展过程中，在中国的周边国家里，确实没有哪个国家的历史比中国历史更悠久，也很少有哪个邻国的文化比中国文化更灿烂、更辉煌，所以在中国人的脑海中就形成了一种深深的观念：中国是“天下之中”，世界是以中国为中心的，我们称之为“华夏中心论”。所谓“华夏”，有的人说中国有天下之意，是“天下之中”，只有华夏文明才是文明。至于非华夏文明的，我们知道就是对北边的称为“狄”，对南边的称为“蛮”（至今语言中还有“南蛮子”这种称呼），对西边的一些少数民族称为“戎”，东边的称为“夷”。以后往往用“夷狄”来代表外国，因为他们是没有文化的，他们要受中国文化熏染。纵观历史，确实如此，像越南、朝鲜包括日本，用中国汉字，我们称之为“儒家文化圈”或者“汉字文化圈”，很长一段时间里，那些地方的读书人就以自己能说汉字、能写汉诗为荣，如此成为身份、地位的象征。由此，中国人的自我感觉也就特别好，觉得自身就是“天下之中”。

那么，中国和外部世界的关系如何呢？也就是说，中国是宗主国，越南、朝鲜包括从前的日本，都曾经是中国的藩属国，他们都要向中国的皇帝进贡。中国的最高领导人叫做皇帝，为什么叫皇帝？皇帝是天子，代表天，他不是一个凡人，是天的儿子，代表天来行地上的道。而越南、朝鲜的领导人只能叫国王，国王就没有代表天行地上道的意思，只是这一地方行政上的最高领导人，所以他们国王的继任或更迭，最终要到中国来经过中国皇帝的册封，才具有最后的合法性，他们每年要进贡。因此，在这种状况下，中国长期觉得自身就是“天下之中”。尤其对一些少数民族比如西南少数民族，从前的民族称呼是带有歧视性的，这反映出这种“华夏中心”优越感是何等的强烈。

明末清初之际，中国政府实行了闭关锁国政策，中国还是觉得自己是最优秀的。清朝时，只在广州一口通商，允许“十三行”进行对外贸易。这个对外贸易也是禁止中国的一般老百姓出海，商人外贸必须通过这“十三行”。因为外国商人只能在广州跟这“十三行”交易，因此，基本上只许外国买中国货，因为中国觉得自己是无所不有的天朝上国，不需要和外国进行商品交流。

我们知道，在中国经历“康乾盛世”之际，欧洲已经经历了文艺复兴、工业革命，以英国为代表的资本主义经济非常发达。资本主义最重要的一点是什么？和以往的封建社会不一样，资本主义最重要的是商品输出。他们知道，中国地大物博，人口众多，是个巨大的市场，但是这个市场没有开放，实行闭关锁国，所以，他们一次次地想打开中国市场。

1793 年，英国派了一个马嘎尔尼使团到中国来给乾隆祝寿，其实是以祝寿为名，英国国王致信乾隆皇帝，想跟中国互通有无，开始通商。他带了一个庞大的船队来，也带来很多给乾隆的礼品。乾隆皇帝、中国官员看到礼品很高兴，觉得这个英吉利是一个很远的国家，它从前不是中国的藩属国（中国人当时对天下的理解是，世界上所有国家只能是中国的藩属）。因此，中国海关的官员就认为他们是来进贡的，于是贴上一个英吉利进贡船的标签，而英人顿时不悦，但并未当即提出。刚才我讲了，当时对英国包括他们人民的称谓都是加“口”字旁的，英吉利就是现在的英吉利还要加上个“口”字旁。而加“口”字旁在中国传统的人名、地名中，也都表示是一种歧视。不过，英人带了很多礼品来，都是精挑细选的。其中有一个是地球仪，他们想告诉中国人，地球是圆的，谁都不在中间；另外一个是火枪队，当时中国尚处于大刀、长矛的冷兵器时代，但对英人来说他们已经进入热兵器时代。他们带火枪队来表演，结果却遭到清朝官兵的嘲笑，觉得这只是一个放烟火的一种新奇玩意儿，并没有意识到这是一种新式武器。

当然，马嘎尔尼遇到的最大问题就是礼仪之争。中英双方对马嘎尔尼见乾隆皇帝“跪还是不跪”争论得很厉害。从前的藩属国无论日本还是朝鲜，他们的使臣来见中国皇帝都要下跪，这个过程挺有趣，但也很复杂，我就不多讲了。总之，双方因为礼仪问题没有达成共识，就没能跟乾隆皇帝见到面，但是英国国王的信是递给乾隆皇帝了。后来，乾隆皇帝和中国官员们很生气，知道他们不愿意下跪就是并不想成为中国的藩属国，于是就把马嘎尔尼赶出了中国。当时，乾隆皇帝还给英国国王发了一个敕令，内容大致是说，我天朝上国，无所不有，不需要跟你互通有无。不过，马嘎尔尼也很狡猾，他走的时候说船坏了，他要从陆路走。中国当时闭关锁国，除了曾经有少数传教士外，大陆境内基本没有外国人，所以当时西方对中国并不了解。在马嘎尔尼以前，欧洲人对中国的印象就是最富裕、最繁荣、最强大的一个国家。马嘎尔尼这次从运河出发，从江西到广州，走了很长时间，把中国内陆省份了解透彻了，他就觉得这时的中国已经比英国落后了。他说："这是一个腐朽了的帝国，它只是现在没碎，就像一个船，一个腐朽了的木船，在海上飘，在激流上飘，它没有碰到礁石，要碰到一个礁石它就碎了，它已经没有人掌舵了。"同时，他觉得只要派战舰就能把中国打败。他在英国报纸上写了一些类似文章，这对后来英国的对华政策是有影响的。

又过了一二十年，在嘉庆皇帝在位的时候，英国又派了一个使团，也是给嘉庆皇帝祝寿的，也是因为礼仪问题而没有见面，但是也有一封英国国王的信给嘉庆皇帝，嘉庆皇帝也是给他回了一封信，还是说，我是天朝上国，无所不有，不需要跟你互通有无，你愿意给我进贡可以。当时中国皇帝宽宏大量，比如说那些藩属国进贡，中国皇帝都要还贡，还贡往往要超过贡品的价值。由此，因为大量白银流向中国，中国外汇就有很多白银。于是，英国资本主义势力就找到一种非常不道德的、邪恶的商品，那就是鸦片，大量向中国走私。如此,大量中国白银又流向英国。这就带来一个很严重的吸食鸦片的社会问题。而朝廷就面临着禁烟问题,大家都熟悉,最后还是以林则徐为代表的禁烟派取得了胜利。但是我认为林则徐是中国近代“睁眼看世界第一人”。为什么会这么讲?下面具体来讲一下。

林则徐是当时清朝政府高官中最有见识的一位。但是从他的一些认识,就可以看出中国人对世界的看法是什么样的。因为我刚才讲过,在乾隆年间马嘎尔尼见皇帝不愿意下跪。中国人觉得见皇帝不下跪是不可能的,膝盖的重要功能之一就是下跪,见皇帝、见长辈都要下跪,见皇帝怎么能不下跪呢?就有一种说法,说这个英国人,他见皇帝不下跪,不是他不愿意下跪,他们是夷狄,天生膝盖不会打弯,所以他不能下跪。其实林则徐的奏折上也有类似的反映,但他觉得是他们的绑腿打得太深了,所以膝盖不能打弯,很不灵活。他觉得膝盖不灵活的人打仗很厉害,就是靠军舰、靠器械,而他们一旦上岸膝盖就很不灵活,于是我们在岸上就可以把他们打败。

不过,在后来的几次战役中,中国没有打赢之后,清政府就派湖南提督杨芳到广州去,让他打英国人。杨芳到广州第二天就发生了一场战斗,英国军舰来了,把中国几个炮台轰破了。杨芳因为刚到广州,还没来得及换防,就到前沿去观察了一下。他觉得英国的军舰那么小,但上边还能打炮,在水中跑得又快,边跑边打,打得还很准。最后,他觉得这是英国人有邪术,于是就按照中国封建迷信那一套,找人破这个邪术。结果,这种方法没有任何用处,于是当时就有人编出来一个笑话嘲笑他,叫做“粪桶尚言施妙计,秽声传遍粤城中”。实际上,我想杨芳的做法并不是他个人的行为,而是当时中国人的一种普遍观念,代表了当时人的平均认知水平,也就是说清政府为什么没有意识到这就是现代化科技，还一味觉得中国传统方式最好。

为什么我说杨芳代表了中国当时对现代化科技认识的平均水平？你看从明朝那种土炮传进来之后，有一些少数民族起义或农民起义，就觉得这是神奇的玩意儿。按照中国的巫术理解，妇女是最能够破解邪术的，后来中国兵法里就专门发明了一种阵法叫做“阴门阵”，就是官兵的火炮一来了，怎么办？我们怎么能打破？你冷兵器打不过热兵器，就抓来一些妇女把她们扒光，让她们对着这个火炮，认为这样就能够避邪。当然上面还有很多记载，我就不细讲了。对此，我就举两个例子。一个是明朝的张献忠攻滁州。滁州的炮很多，张献忠就抓了很多女的，扒光了，后来发现还是不顶用，那怎么办？就在地上挖半人深的坑，把这些女的头砍掉，都裸体的，倒埋在坑里，就是阴门对准火炮。同时，明朝有个大将叫李光殿，他守开封，著有《守汴日记》一书，他里面也有类似“阴门阵”的记载。此外，清朝的王伦起义时，交战双方也都用了这种方法，都用了这种阴门对准火炮的阵法。在鲁迅写的《朝花夕拾》中，也有类似记载。其中一篇叫做《阿长与〈山海经〉》。其中言及，他的保姆叫阿长，阿长跟他说她们那个家乡被太平军占领了，长毛军把她们都抓了去。鲁迅当时说，我那时候心里想你长的那么丑，太平军长毛抓你干嘛？阿长说，抓了我们后都被扒光了站在城墙上对准官军，不让官军的炮打响。可见，到了一八六几年还是如此，何况杨芳所在的1840年呢？所以，我说杨芳的认识水平代表了当时中国人整体的一种看法。那么大家想想，《共产党宣言》是1848年诞生的，那时欧洲已经有了马克思主义、共产国际、英国工人运动、1848年革命、大宪章运动，此时的这两大社会之间的差距究竟有多大。

我下面要讲为什么说林则徐是“睁眼看世界第一人”。林则徐在经历了几次战役之后，觉得对英国的情况完全不了解。他就悄悄地找了一些澳门和美国的传教士，并找来一些英国的报纸、地理书，开始翻译、介绍这些国家的情况，包括英国、美国、法国。他编了一本书，没有编成，叫做《四洲志》。他的做法在当时的中国是犯忌的，人们觉得这是长夷狄之威风，灭自己之志气，所以林则徐并没有公开。但是在还没有编完这本书的时候，他就因为积极抗英受到皇帝不公正的处罚，而被流放新疆。他流放新疆途中路过镇江，见到好友魏源，就向其详细讲了这些情况，并把搜集到的资料给了魏源，于是，魏源编成了当时介绍外国情况最详尽的一本书叫做《海国图志》。《海国图志》这本书对世界共分多少洲，每个国家的情况大致都有个介绍，这在中国尚属首次。他按照林则徐的观点提出一个口号，叫做“师夷长技以制夷”，他认为中国还是天朝上国，中国的一切都比外国好，中国还是最优秀的，但只有在武器方面有些落后，因此，我们要学习他们制造武器的先进技术，之后再把他们打败。这个在现在是最正常不过的口号，但在当时就是犯了忌的，于是，这本书就遭受了举国上下的抵制。

那个时候，日本长期学习中国，一直以中国为师，中国有了什么书，日本马上就买，尤其那时日本又基本上都用汉字。于是，这本书被日本拿去翻刻，在很短时间内翻刻了二十一版，日本很多人都读这本书，所以日本人对世界有了更多的了解。我们知道，明治维新是1868年，后来已经有研究表明，这本书对日本的明治维新起了相当大的启蒙作用。日本就是通过明治维新走上了富国强兵的近代道路，反过头来又一次一次地侵略中国。林则徐本来是为了启发中国人，但这本书反而被自己的同胞抵制，认为是“溃夷夏之防”的一本书，结果无意之中使日本人受到了某种启蒙，并通过明治维新走上了强大之路，这不能不说是个历史悲剧。

所以，近代很多东西都可以说是围绕着要不要“师夷长技”而展开的。“师夷长技”对不对？是不是“师夷长技”的就像别人说林则徐的“溃夷夏之防”？我们看有两种爱国的方式或说两种爱国观，究竟是杨芳那种坚持中国传统的方法，用大刀、长矛或用马桶、用阴门对准火炮的阵法来反对侵略者可取，还是林则徐说他们的武装比我们先进，我们要学习他们的先进技术以制之更可取呢？这两种的出发点都是爱国的，但是究竟哪一种更有效，是真正的爱国？究竟哪一种能真正地使这个国家和民族强大？这里我就不讲了，这一段就讲到这儿，因为时间有限，我不是完全按照历史讲，我每个历史阶段选择几个事情可以正好反映出整个历史的线索和当时的状况。

在林则徐提出“师夷长技”二十年之后，中国人才想起来这一点，就是由曾国藩、左宗棠、李鸿章发起的洋务运动。我们讲到第一次鸦片战争的时候，社会变革的动力主要在清王朝统治者手中，过二十年之后，曾、左、李他们在搞洋务运动的过程中想起了林则徐的这个“师夷长技以制夷”，于是提出像外国人一样造枪、造炮。因为他们在镇压太平天国的过程中，使清政府的权力结构发生了一个变化。清王朝是由一个比汉族人少得多的少数民族满族统治，他们入主中原后一直对汉族人很警惕，不能让汉族人掌兵权，尤其地方大权和兵权都不能让汉族人掌控，督抚几乎都是满族人，巡抚中的汉人也极少，但是它的国家军队打不赢太平军。曾国藩他们开始都是地主，自己拿钱团练，都不是国家军队，靠团练越发展越大，成为湘军，最后国家承认他们是国家军队，还给发军饷。就是这些军队打败了太平军，在这个过程中，他们的势力自然就壮大了。所以，这是二百年来第一次由汉族人掌握了相当一部分军事和地方的权力，他们在镇压太平军的过程中也感受到了洋枪洋炮的厉害。

在这里我就不去细讲淮军的产生以及发展，因为时间来不及。李鸿章的淮军镇守上海，直接跟洋枪队打交道，他在这方面的认识就比曾国藩还要深。现在我们讲军事现代化的时候，有两种观点，一种认为湘军早于淮军，从湘军开始最先使用现代化武器；一种认为应该稍晚一点，从李鸿章的淮军开始用起，因为李鸿章的淮军不仅开始用武器，他还请了很多外国教官，开始用一种现代化的军事组织训练方式来训练士兵了。我赞同第二种观点，就是说军事现代化不仅仅是一个武器的现代化，其中还包括军队组织方式的现代化。我们看军队现在有很多口令，实际上从前中国军队也没训练、没队列，都是李鸿章的淮军把外国的教官请来，中国都是音译他们的口令，因为从前都没有训练，不知道应该怎么翻译，只知道他喊一个“March”就是开步走，前进就是“Forward March”，音译叫做“发威马奇”，一喊“发威马奇”时，淮军将领就往前走。军事口令开始还没有中国话，但毕竟是现代化的一个开端，现在就不细讲了。

我举个例子，举电报和铁路的例子，可以看出当时的情况。大家都知道很早就有电报这种现代化通讯技术了，尤其清朝的时候，这边有外国侵略，那边有农民起义，电报通讯是每个王朝每个政府最重要的传递信息的工具，因为打仗首先需要通讯。中国人开始不接受这一新鲜事物，李鸿章却感受到了电报的重要性。他提出要建立电报设施，结果被否决了。1874 年，日本开始侵略台湾，当时台湾属于中国福建省，从福建省往台湾送消息是很慢的。于是，李鸿章又提出应该架设一条海底电缆，又被否决了。后来俄国在新疆伊犁跟中国军队发生冲突，李鸿章说伊犁那么远，要架电报设施，也被否决掉了。反对的理由是什么？一个叫陈彝的给事中的观点最有代表性。他说铜线有很多害处，外国人信耶稣基督，不崇拜祖宗，而我们中国人讲孔孟之道，讲祖宗崇拜，铜线是从地底下通过的，电流从地底下通过会惊扰祖坟，而惊扰祖坟就是不孝，更是一种不忠，于是朝廷采纳了这一建议。李鸿章后来在自己的势力范围内，大概是 1879 年，在北洋两个炮台之间架了一条电线，后来他发现指挥很灵，就让一些官员去看，官员们一看觉得确实不错，于是，朝廷就同意在 1880 年架电报设施。

我们再举个修铁路的例子。大家都知道，近代以前没有公路、没有汽车、没有飞机，铁路就是最重要的交通运输工具了。李鸿章也是在 1872 年经过新疆伊犁事件后才深感铁路的重要性。他说没有铁路怎么运兵？于是，就提出修铁路的建议。当时恭亲王奕䜣表示支持，但因反对力量太强大而作罢。后来，李鸿章不断地提出要修铁路的建议，但是每次都被反对掉了，反对的理由也跟前面反对架设电报那个差不多，因为修铁路牵扯的面更宽，比如牵扯到老百姓的利益，破坏什么龙王、地神，触犯神灵了，那还有什么好处？之后，还有一个奏折就是说铁路外国可以用，中国不可以用，为什么呢？他也承认说有些好处，他说能带来利益，恰恰我们中国讲究“君子喻于义，小人喻于利”，带来利益会使人心变坏。再说我们中国的皇帝完全是天下为公，皇帝是根本不要利益的，我们的人民也是不要利益的，不追求利益，要铁路就没什么用。还有的就讲了，你看看这铁路上奔跑的火车就像一个闷罐子，几天几夜陌生男女在里面会做出什么事情来。外国人不讲究男女之大防，中国人却讲究男女有别，在上海的租界里，外国男女能够携手在街上走，中国讲男女授受不亲，怎么能陌生男女在一个罐子里这么久呢？这种反对的力量很强大。

这就反映出近代以来中国传统中就有泛道德主义，铁路、电报等现代化科技都能上升到道德层面，用我们这一代人熟悉的话说，就叫“上纲上线”。其实，修铁路是对朝廷最有好处的事情，但在这方面清廷的观念非常落后，略微前进一点点的变革精神都没有。到了1888年，醇亲王觉得时机成熟了，他以海军衙门需要为名向慈禧打报告。这在朝廷中，又引起了激烈争论，一派是坚决主张应该修，一派还是反对修。从前是反对力量占绝对优势，这时候支持与反对的各占一半了，因为大家都知道醇亲王是很有势力的，中国的官员都是看谁有力量就支持谁，真正敢反对的人就少了。这时候湖广总督张之洞表态，支持修建。至此，慈禧才同意。于是，在1889年下懿旨开始修铁路。从李鸿章1872年提出修建到1889年真正实施，中间经历了十七年。这十七年对于一个王朝的经济和国防的发展是多么重要，却被白白耽误了。修个铁路都要拖沓十七年，你想想其他的变革还能有多主动！

李鸿章听到这时候要修铁路的消息，心情很复杂，一方面他觉得是他多年努力终于要变为现实了，另外他知道官场都是你争我夺。李鸿章认为自己是修铁路的先锋，应该在他的势力范围之内修，从天津修到南京。但张之洞作为后起之秀，提出来应该从北京的卢沟桥修到汉口。慈禧知道淮系李鸿章的力量太强大了，她要搞平衡，就支持张之洞。李鸿章有点想看张之洞的笑话，他修过铁路，知道修铁路很难。张之洞也知道，但官场就是这样，明知道别人在看自己的笑话，但也还是要把事情做下去。张之洞也很老练，他给朝廷上奏折说，铁路靠我一个人从汉口往北修，不知道修到什么时候，应南北同时修，北边由李鸿章负责。于是，朝廷就让李鸿章负责从卢沟桥往南修铁路。李鸿章不太愿意,正在他拖延时间的时候,发生了一件重大事情。期间,俄国西伯利亚铁路通车了,直达海参崴,日本也在朝鲜实施侵略了。李鸿章就给朝廷上了奏折说,东北也马上会遭到威胁,所以现在卢汉铁路应该停修,应着力打通山海关这条线。于是,李鸿章带着几个工程师去勘线、修路。但是这条路并没有修通,只修了一半就停了。为什么?没有钱了。因为他是用海军衙门的名义修,要给码头运煤,在当时只有用于军事目的的工事才最具有合法性。

所以你看李鸿章的奏折或给海军衙门的信,都是催钱的事,因为他的钱由海军衙门拨付。他是北洋大臣,北洋大臣负责进出口。慈禧这时候就开始修颐和园了,她是特别反对西方现代化的东西和制度,但是个人的享受却要最现代化的。大家知道1894年就爆发了甲午战争,实际上就在这个当口,铁路停修了,因为慈禧用这笔钱去修园子了。修园子也不仅仅只修了颐和园,还整修了北海、中海、南海,因她要过六十大寿。其实她也知道动用大笔资金修缮园林这种事情不太好,所以当时动用海军衙门的资金修园子的财政支出档案全都没有了,究竟花了多少钱,只能由后来的历史学家根据当时的工钱、料钱大致估算了。少的说用了一千万两银子,多的说用了四千万银子。但由此我就想到一个问题,慈禧既然用这笔钱去修了颐和园,但你翻看档案并没有记载这一点。她为什么非要用海军衙门的钱去修颐和园呢?原来她也知道直接动用朝廷的钱给自己修园子不好,就借口新成立的海军衙门需要招募海军人才,还要成立海军学校等等事宜,让海军衙门打个奏折说要成立海军学校,在北京西郊选了块地,挖个湖训练海军,挖的那个湖就是昆明湖,成立的海军学校就是颐和园。实际上完全是皇家园林,但她的立项名目却是海军学校。这个政治传统在中国也很深厚,你看现在多少工程的立项都是冠冕堂皇,立项目的都是为了这个或为了那个,其实呢?里面都隐藏着很多官员的私人利益。此时军舰发展史上有个重大变化,那就是军舰的航速快,火炮系统的射程远、射速快。李鸿章了解到这一点,便提出了要更换北洋水师的一些锅炉,但是当时已经没有钱更换。

我们再来看看那时日本是什么样的。它是有很多人捐款,首先从天皇开始做起,拿这笔钱去买军舰。而中国是动用了发展海军事业的钱去建园子。两种制度一对比,就不难判断甲午中日海战敌胜我负的原因了。但是这件事情给了中国人一个很深的刺激,因为日本明治维新学的是西方的君主立宪制,君主立宪制最重要的一点就是财政公开。大家都知道,中国没有这个规定,皇帝或最高领导人想怎么用钱就怎么用钱,所以才会发生慈禧随便动用海军衙门的钱私修园子的事情。中国财政从来都不公开,中国统治者讲究"普天之下莫非王土,率土之滨莫非王臣",这是统治者的标志之一。但恰恰这件事情使一些中国人深刻认识到这样做会给国家包括朝廷带来危害,得要改革君主立宪,于是就把政治制度的变革提到议事日程上来了。所以政治制度的变革很重要的一点就是国会,就是辩论政府怎么用钱。即使你是皇帝也不能随便动用国家的钱,也需要财政预算。所以直到现在我觉得中国当下要解决的,包括政治改革在内,应该从财政公开、预算民主开始,政府用的每一笔钱都应该是透明的,不能随便产生计划外财政支出。

这时候就有一批中国人认识到要有政治体制改革,要有日本的明治维新宪政,要有立宪。但是,洋务运动是以曾国藩、左宗棠、李鸿章为代表的汉族官僚成为历史改革的动力,而那时已经有康有为、梁启超这些体制内的读书人充当着改革的动力，要求政治体制改革。他们希望通过改革来使现有体制尽量完善，但是康有为不是官员，他没有给皇帝写奏折的权力，于是就自己写文章，写清帝第几书等，但仍找不到一个能够递到光绪皇帝手里的途径。后来有个姓高的高级官员看了康有为的几篇文章，觉得很好，便把其中一篇他觉得最好的附在奏折里。光绪皇帝读后被康有为打动，命老师翁同龢和李鸿章、荣禄去拜见了康有为。康有为那次表现得很优秀，他们问了很多问题，康有为有点舌战群儒的味道。翁同龢回去跟光绪说这个人是个人才，他的方法大致可行。于是经过一番酝酿，在 1898 年 6 月，光绪皇帝就决定和康有为他们联合起来搞百日维新，施行一系列新政。但是我们看，康有为知道哪怕是一点点的改革都会受到阻力，因此，他只是提出来一些行政改革，比如设立农工商总局，发展现代的农工商业，把一些没用的机构给裁掉，诸如此类。

但是，这种维新变法就牵扯到了朝廷内部的以光绪为首的帝党，和以慈禧为首的后党之间的权力之争。慈禧太后始终认为这个变革会影响到自己的权力，是光绪想把自己抛在一边，慈禧想夺权，于是就没有表态。但是，光绪也知道自己没有实权，若没有慈禧的支持自己就做不成大事，所以每次颁布一部分新的改革，他都要跑到颐和园请示慈禧。慈禧表态说，只要皇家各种礼数不变，其他的你若觉得可行就自己看着办吧。她总是这样表态，既没有明确支持，也没有坚决反对。但实际上慈禧做了三件事情，第一件事情就是要求光绪必须把翁同龢解职回家。第二件事是以后二品以上官员授新职，必须到太后处谢恩。实际上她是发出一个信号，让官员都知道权力还在太后那儿。其实混到那一级的官员都对官场的信号极其敏感，马上明白实权究竟在谁那儿了。但皇上的命令又不能不执行，于是官员们就拖、观望，表现很不积极。只有湖南巡抚陈宝箴觉得中国的改革势在必行，他就遵照光绪的命令大刀阔斧地进行改革，但最后慈禧翻盘之后，他受到了处分，并被流放。第三件事情是慈禧把她的亲信荣禄任命为直隶总督，就相当于现在的北京军区司令，表明军权还在她手里。慈禧很老练，知道搞改革总会有失误，总要触及某些人的利益，她就等这个反击的机会。

那么，我要讲一点容易被人忽略的。按照档案记载，戊戌变法失败的那天晚上，慈禧回到宫里，让光绪跪在左边，其他的大臣被连夜从家里叫来，大概跪在右边，就开始训斥光绪。其中有句话就问，你为什么要听信康有为的话试行西法？光绪说洋人欺负我们太甚，我想只有用西法才能使国家强大，使我们的王朝永存。慈禧一句话就把他训倒，说照你这么说只有洋鬼子的法术才灵，我们的祖宗之法就不行了吗？你要违反祖宗吗？你是忠于洋鬼子还是忠于祖宗呢？这下光绪就说不出话了。前面讲到电报时还说，顽固派都是用这种方法，一下子就把某事给上升到道德层面，说学习夷狄的东西就是洋鬼子，违反了祖宗，就是洋人在祖宗之上，就是以洋人为祖宗。这个帽子是很大的，近代以来的很长一段时间都一直阻碍了中国的进步。而且，我还想继续强调一点，就是在1898年时如果听了这些话，你可以说慈禧是一个愚昧的，只知一味地维持传统而丝毫不能变革的顽固派。但是我们再看二十三年前的1875年，她的儿子同治皇帝逝世时她的表现。同治皇帝死了，因其没有儿子，就面临着新皇帝怎么产生的问题。所有的传统，慈禧最强调祖宗和祖宗之法。但是当她的儿子同治帝死了，要任命新皇帝之际，突然慈禧说必须从同治的同辈中找一个人当皇帝。她为什么一定要打破这个传统、这个家法，而这恰恰是最核心的、最不能破除的家法——皇位继承法？因为她知道，如果是她的孙辈的人当了皇帝，那她就是太太后了，就没有权力了。如果是个成年的，权力就会掌握在这个成年皇帝手中。所以，她就让她妹妹的孩子当了皇帝，也就是后来的光绪皇帝。当时有个叫吴可读的大臣心里对这件事情很不满，三年之后还是写了一封信表示了他的不满，写完之后便喝毒药自杀了。这就是中国传统的文死谏，他觉得你破坏了传统。就是说在二十三年前，慈禧能够破坏传统、破坏家法，而二十三年后却说光绪的变法行为是破坏了传统、破坏了家法。我就是想说所谓的传统和家法，在慈禧手中都是可利用的工具，一切都是以她的权力意志为转移。当威胁到自己的权力的时候，什么家法都能破，而你光绪要变革，同样又会威胁到自己的权力，所以这时就一定要维护传统。我是学历史的，当我现在一看到维护传统、发扬传统的，总是要反思一下，是什么人在提倡和发扬传统，而他们提倡和发扬传统的背后，其真实目的究竟是什么？传统往往容易被当成统治者手中的一种工具，在慈禧这件事情里表现得最明显。所以这是学习历史给我的一种启发、一种教育。

百日维新虽然失败，但是它有几个意义很重要。第一，中国维新派中并无掌握实权者，但是其声势却造得很大，主要靠的是办报，中国人第一次知道办报可以论证，报纸是天下之公器。梁启超办的《时务报》，在当时宣扬维新派方面，造成的声势特别大。中国人办报论证的传统，也给以后的辛亥革命指明了宣传方向。第二，组织社团，讨论政治。后来的政党都是从维新开始有了一个雏形，虽然那时还没有政党，但以后的政党如康有为组织的强学会，梁启超组织的保国会等，均是按照现代化的这种组织成立的，大家可以选举、投票，领导人可以自由退出，与传统的秘密会社不同。第三，对妇女解放有所推动，废除了缠足。废缠足，是从社会进步的角度讲，康有为组织了很多戒缠足、废缠足会，因为他之前受了传教士的影响，清末时传教士一直在中国宣传不能缠足，缠足不利于骨骼生长。康有为从前没有这个力量，当维新运动开始后，他组织了很多戒缠足会，宣扬不要给小孩缠足。并且戒缠足会还解除了从前旧缠足会的婚姻担保风险，因为从前不缠足的大脚婆是嫁不出去的。当新法尽废的时候，便把所有的戒缠足会、不缠足会统统解散，但是戒缠足运动相对而言倒退最小，为什么呢？有一个会还存在，叫"天足会"，总部在上海，在南方很多地方都有分会，甚至到县一级都有，他们还到某些县城甚至农村放幻灯片、宣传片。为什么他们敢抵抗慈禧，而慈禧却不敢镇压他们、抓他们、让他们停止活动呢？因为这个天足会的人都是由外国在华妇女组成的，包括外国在中国的商人的妻子、外国驻华外交使馆人员的妻子和一些传教士的妻子等。慈禧就不敢管她们，所以这就又牵扯到怎么看这个问题，这也是大家可以讨论的。我们这一代人从小读书时，除了马恩列斯、毛主席语录，基本不让读其他什么书的。我那时候喜欢背恩格斯语录，学历史学到这儿，我就突然想起恩格斯的一句话，他在《家庭、私有制和国家的起源》中说，"判断一个社会文明的程度就是看这个社会妇女解放的程度"。天足会没有遵循慈禧的命令对妇女实行缠足，因为它是由外国人组织的。它的活动对以后的戒缠足运动产生了巨大影响，如果没有这个影响，那么五四时期那一代新女性还能不能站出来加入到那场运动中就是个问题了，像谢冰心、邓颖超这一代伟大的女性都是那个时代女性的先驱。

下面讲另外一个问题。当慈禧镇压了维新派之后，她最怕的是光绪的复位，因此，她需要一股外部力量。这时，对废光绪一事，洋人表现得最强烈，坚决反对，慈禧又怕洋人、怕列强,她就非常恨这些列强,于是觉得应该找到另一种力量来牵制洋人。当时跟随着慈禧的很多大臣都是支持慈禧,反对光绪的,但是他们也知道光绪比慈禧年轻很多岁,如果慈禧死了,光绪再一复位,首先要倒霉的就是这些大臣,所以大臣们都支持慈禧废除光绪。但洋人坚决反对,有些洋务派的官员也反对。慈禧就急于找到一种力量能够战胜洋人,这时候有些顽固派大臣就跟她说了,义和团厉害。对于义和团,从前袁世凯是镇压的。这时,别人跟她说义和团刀枪不入什么的,她就觉得可以借助这个力量。于是,她找来一个叫赵舒翘的大臣,派他去看看义和团究竟是不是刀枪不入。在当时中国的专制社会里,下级都是按照上级所好来汇报的,尤其赵舒翘出去的时候那几个顽固派大臣也跟他叮嘱了,所以赵舒翘看了一圈儿回来就说,他看到了义和团确实刀枪不入,甚至编造了一些什么所谓的黄天霸下凡、猪八戒下凡、二郎神下凡、樊梨花下凡等等天神附体下凡的故事欺骗慈禧。于是,慈禧开始支持义和团,允许义和团进京,还能够得到官方的开粮接济。大家都了解义和团的具体情况,这里我就不多说了。但是我要说的是当八国联军打进北京,北京马上要沦陷的时候,慈禧还是带着光绪跑了,一跑出北京不久,她就下了个懿旨,把所有的像杀传教士、捣毁公使馆等等罪过,全都加在义和团身上了。她说之所以会闹出这么大的罪过,就是那些"拳匪"所为,所以官军也要剿灭"拳匪"。实际上她的意思就是说让官军和洋人一起剿灭义和团,而她自己则要求和解,她这时首先想到的是保护自己,于是就把一切责任都推给义和团,我觉得这是义和团的巨大的悲剧。

这巨大的悲剧后面有两点值得深思。第一点,义和团是一股反侵略的很正义的力量,但这股很正义的力量却被这么一个腐朽的政治力量所利用,去抓光绪,抓康有为、梁启超,还把所有的铁路、所有跟洋人有关的、与近代进步科技有关的新鲜事物都要捣毁掉。第二点，它被慈禧利用了，反过来慈禧又把所有的责任都加到了它的身上，它成了替罪羊，又被官军反过头去镇压。对于政府来说，不要轻易地鼓动民心、民意，若鼓动起来这种民间的情绪，就很难控制他们的方向和范围，他们本来就满腔怒火，觉得自己很正义，再有政府最高统治者的支持，难免行动就会很过火，过火了到头来吃亏的还是老百姓。第二个教训我觉得是我们人民群众应该吸取的教训。不要认为我们做的事情很正义、很有道德，又有最高统治者的支持，就可以为所欲为，把事情做到极端，你事先应考虑到政府如何收场，最后如果事情搞到很极端的地步，势必难以收场。

义和团运动过后，清政府就面临着一个政治体制怎么办的问题，慈禧宣布要实行新政。她所谓的新政，实际上也就是1898年，她镇压了维新变法运动后要做的几件事情。她做事总是滞后，那次戊戌变法是她难得的一次生存的机会，但愣是被她用激烈的手段给镇压了，使康、梁跑到外国去了。体制内的力量成为变革主力军的时候，你都不能容忍而把它给镇压了，那么对于更大的社会变革，老百姓就认为没有希望了，于是就会有体制外的力量，如孙中山和一些海外留学生，他们这些革命党成为变革的主力。体制内的人是希望政府能够领导改革使统治更加完美，而体制外的人充当变革的力量，他们就要推翻你，就将会是一场暴力革命。所以你镇压了体制内的改革者，那么这场变革就要以革命的方式由体制外的人完成。

再顺便讲一下经济制度。我们知道，对于经济制度，中国传统都是私有制，允许私人办企业，但是到近代却不许私人办新式企业，不许私人使用大机器进行生产。比如说山西可以有钱庄，但是不能办银行；可以有全聚德，但是不允许用机器织布，农村的剩余劳动力——妇女，多织了土布可以卖，但不能使用机器生产。我前面讲过，连统治集团内部的曾、左、李用机器生产军工产品都受到那么大的阻力，怎么可能允许民间用机器生产呢？所以是坚决禁止的。曾经有华侨用机器生产，结果就被拆了、封了。洋务运动时期，用机器生产枪、炮，这是纯消耗的，我们的政府生产了枪、炮只供给我们自己的军队使用，又不卖，也没得到钱，清政府又不给钱，而用大机器生产枪、炮很费钱，于是经营了几年就因财政困难，经营不下去了。顽固派就提出反对，说早就不应该用机器生产枪、炮、轮船等。曾国藩和左宗棠都上书说坚决反对这一点，说必须得生产，再困难也要坚持下去，否则我们中国永远不可能有自己的枪、炮、轮船。李鸿章停产了一个月才上的奏折，他很狡猾，是最会借力打力的，之前他都是做了充分的调查研究，一直想提出来不仅要用机器生产枪、炮，还要用机器生产民用产品。但连生产枪、炮都被否决，都很困难，那生产民用产品会更困难，甚至根本不允许。这时候他就觉得机会到了，于是写了个奏折，从历史的大势来分析不能停止生产的理由。归根结底就是要想办法赚钱，怎么赚呢？就是政府生产民用品，卖给老百姓。清政府最后掂量掂量觉得可行，就允许办了。用今天的话说，就是官办民营的这种民用品企业。由此，洋务运动从“求强”变为“求富”了。大家知道，在那个时候企业一追求利润了就是资本主义生产方式。但是办这些国营工厂，清政府也没有钱，连造枪、造炮都没钱，更不要奢谈生产民用品了。李鸿章早早就调查研究，他说现在很多外资，比如轮船招商局等很多外国人的工厂，因开设时间早经营了很多年，很有钱，但是他们自己的资本都抽回去了，可据我了解，里面多数都是中国商人的资本，因从前官方不让他们办，他们也不公开。而现在，我们中国政府可以自己办，让这些中国商人来付股，用今天的话说叫“官办”，或叫“国营企业”。于是，办的第一个就是轮船招商局，该企业由商人出资，商人经营，名义上注册是国家的，由国家给予扶持。这样一来发展很快，很多洋人都赚了钱，许多官员一看这样能够赚钱，就统统都办这种企业了。

这种企业办了几十年就发展壮大了，后来发展更快，收入颇丰。不过，这样就带来了一个新的问题，也就是产权不清的问题，官员说企业是我的，商人说是他的。商人的理由是企业一直由自己经营，从前资金才几百万而现在发展为几个亿；官方则说注册时是我的，从法律上讲就是我的。由此，产权问题纠缠不清。洋务企业发展到后来面临的这个产权归属问题，是如何得到解决的呢？袁世凯上台后，他觉得这是政府的，政府应该收回，于是政府用三分之一或者六分之一这样极低的价格把商人的股份买了过来。我觉得一个政府的经济政策应该是基本稳定的，不应一会儿主张民营，李鸿章上台了就发展民营，支持商人，给优惠政策；一会儿又主张国营，袁世凯上台了就打击商人，要整顿，派清查组、工作组的都有。当一个国家经济政策不稳定的时候，政权的基础自然就不稳固了。等到李鸿章死了之后，袁世凯得势，就把所有这些官办企业都收回了，就是官督商办企业，有商人的，他用强势，用很低的价格一一收回。盛宣怀是当时商人中的一个代表，他就代表商人的利益，他都没法抗衡袁世凯，也只好认了，把轮船招商局、电报局等都给了袁世凯，就成国营的了。袁世凯掌管后很快就破产了，实际上官员掌管国营企业是缺乏经验的，且多会引起贪污腐败。盛宣怀明白这一点，在中国办企业如果没有官方支持是不行的，当李鸿章支持他时他就顺风顺水，等李鸿章不在了，他也就完了，于是，他就开始拿钱去买官。等到后来光绪死了，袁世凯被赶回家乡了，盛宣怀从前用钱买来的势力就起来了，他也就成官了。首先，他把原来那些商人的股本按照适当的价格做了偿还。但是后来到改革的时候，即到了 1910 年的时候，因之前清政府就已经意识到修建铁路是对的，即清政府终于认识到全国性建铁路对国家的经济很有好处，但是它又没有足够的资金。于是，清政府当时就提出铁路可以民间办，谁有钱谁办，所以民间就成立了很多股份公司，但这些铁路股份公司都是商人的。等到盛宣怀上台之后，他很能干，跟外国银行团签订了贷款合约，政府就获得了大量贷款，于是政府有钱了，政府也知道铁路是能赚钱的，就又提出要将铁路收归国有。盛宣怀本来是代表商人的，但后来他当官了，当了邮船部长，相当于现在的邮电部长和铁道部长，他说铁路得国有，于是就提出来要收回。于是，他又将袁世凯对付他的那套办法拿来对待承办铁路的商人，即想用很低的价格从商人那里将铁路经营权收回。但是，湖南、湖北的那些士绅们对此极其不满，因为他们不愿意自己亏本，他们跟老百姓关系密切，跟朝廷关系又密切，所以他们一闹，政府也就服了。政府表示按成本价买他们的股份，而中国商人也是这样，你只要不让他们亏本就行。于是，政府就在广东开始了收回路权的行动。先在广东提出了一个很低的价格，因为在广东经商的大都是华侨商人，华侨商人漂泊不定，就是他们吃亏也就亏了，他们只会认为当地的投资环境不好，他们也煽动不起大规模的运动，同时，他们跟老百姓也没有太广泛的联系。老百姓觉得，你是富商，你们亏了也是你们的，赚了也是你们的，跟我们老百姓无关，让我们去替你们发动什么保路运动，我们老百姓可不干。所以，这些广东的华侨商人们觉得这儿的投资环境不好，最后，就大规模地撤出了。

不过，事情的关键是在四川地区。在铁路经营方面，四川是全民入股的，人们觉得这是川汉铁路，是个发财的机会，于是，很多农民把自己的稻田都入了股份，甚至有街头挑担的小贩将自己盖房子的钱都省下，入了川汉铁路股份，当然，最富的大地主、大商人也都入了股。这些入股的钱数目很大，清政府付不起，但是，清政府还是提出，政府只能用极低的价格，将铁路的股份收回去。恰好当时股市狂跌，就用股市跌到低点时的价格收归国有，对此，股民们当然不同意。我觉得，那时候中国人已经开始有点儿维权意识了，四川的股民们觉得，股市跌我还要捂着，没准有机会翻本呢，你政府凭什么要求就在这个点上收回，那么前面高的时候你怎么不以那个价买，现在却要求我们必须用这个很低的价格卖！他们就不同意，于是，就发生了历史上比较著名的“保路运动”。当地的士绅们就把当年皇上的诏旨、谕旨贴出来并供起来参拜，那个谕旨就类似于现在政府的招商引资文件，上面言明了给什么优惠、免税多少年等。实际上这些士绅们的做法就是给政府难堪，因为这些都是政府自己承诺的，而现在你又凭什么收回。对于政府的出尔反尔，四川的士绅们就开始集体请愿。对此，时任四川总督的赵尔丰就下令把这次请愿活动的头领逮捕了。此后，因利益冲突，激起了更多的人开始参加请愿活动。不过，政府指挥下的军队在百姓请愿时开了枪，打死了三十多人。由此，四川全省就开始闹起来了。于是，保路运动就由四川开始在全国蔓延开来。

讲到这儿，我们再继续讲讲政治体制改革问题，为什么清政府一下子就覆亡了呢？

当康有为、梁启超到了日本之后，他们二人还是觉得中国应该走改革之路。他们觉得靠革命那种动荡、流血的形式太可怕了，于是就提出来一定要靠清政府内部的力量推动改革进程。这样的话一方面让社会进步了,而又不流血,社会动荡又小,这才是最好的。当时人民都是有理性的,都是支持康有为、梁启超的,反对孙中山的则比较多。

但是到了1906年,留学生们的认识开始发生了改变。清政府说要搞新政,即在1906年先搞了个行政改革,而这个行政改革是满族人占了绝对多数优势,所以一些留学生对此很敏感,就觉得这种改革都是假的,所以自1906年起,就有好多留学生转而支持孙中山了。那么,等到1907年清政府正式宣布开始预备立宪了,当时国内一片欢腾,老百姓觉得还是自身有理性的,不管政府从前做了再多错事,但是政府说要改革,由其领导的改革是最好的事情,因为社会震荡很小,所以人们就张灯结彩,上街庆祝,包括有的地方的商人也适时地提出了减价、打折出售等,还有人游行并贴出"大清王朝万岁万万岁,终于能够避免革命苦"等标语。当时的人们确实怕革命,知道非要变革才行,希望政府改革,觉得这次政府的自上而下的改革能够避免革命之苦。但是,1908年时,清政府的预备立宪草案公布之后,人们才恍然大悟,原来,皇上还是绝对的权力核心,人民的权利还是少之又少。我们知道,那次的预备立宪是按照日本明治宪法施行的,但是皇上的权力比日本天皇的权力大得多,而规定的人民的权利比日本明治天皇规定的还少。日本明治天皇就是根据普鲁士的模式制定的宪政细则,而这清政府的预备立宪规定比普鲁士还要退步,皇权比普鲁士皇帝还大,人民的权利比普鲁士人民的权利还小。普鲁士皇权权力在欧洲君主立宪国家就是最大的。所以,中国人民一看,就认为清政府的立宪是假的,一下子就不支持了,起码就采取了观望态度。所以,梁启超很着急,他知道清政府如此而为实际上是给革命党添油加火,清政府并不是真心改革,所以这时候梁启超就写了一篇文章叫《现政府与革命党》。其中,有句话我是背得出来的,我也反复引用他这句话。他说:“革命党者以推翻政府为之志者,清政府者乃制造革命党的一大工厂也。”所以,我觉得他这句话说得很精辟。

最后,我们再回到1911年,这时候铁路国有,四川地区的反对声音最强烈,在四川地区的保路运动进行得风起云涌的时候,清政府一次又一次地拒绝召开国会。商人和士绅是清政府的社会基础之一,其社会基础要和平地推动改革。可是,清政府却用越来越激烈的手段镇压。最后,清政府还是觉得要让步,于是组织成立了一个皇族内阁,建立了内阁制,大家也很高兴,不管怎么样,清政府虽然没有国会,但成立内阁也是一个进步。但是这个内阁名单一公布出来,大家又失望了,因为其由十三个人组成,其中九人是满族,汉族人只有四个。同时,这九个满族人中又有七个是皇族成员,按照世界上的通行规定,皇族成员是不能入阁的,内阁是对皇室、皇族负责的,但是皇族成员是不能当内阁成员的。而在清政府组织的这个内阁中,皇族成员占了绝对多数。于是,民众以后就称之为“皇族内阁”了。这时候所有的人都知道,清王朝是一点权力也不愿意下放,而那些大商人和士绅都弃之而去。那时,清政府又推行铁路国有,四川开始了反抗。于是,清政府就赶紧把武昌的新军调过去,武昌的新军一调过去就打了两枪,一下子就引发了一场大革命,最后,这个王朝就垮台了。而这时候,那些士绅都采取旁观态度,没有人支持清王朝,甚至有的富商还给革命军捐款。也就是说,一个偶然事件导致了一个王朝的垮台。实际上,清王朝早已腐朽了,而它的腐朽就在于它自己。

我们一路讲下来,清王朝的每次变革都是被动的,所以一直到后来面临着革命和改革的赛跑问题,即是革命赢了还是改革赢了的问题。清王朝并不知道自己面临着革命和改革的赛跑问题,并且还拒绝改革,拒绝改革必然就会引发革命。所以,我今天讲来讲去,实际上还是用刚才梁启超那一句话就概括了,即“清政府者制造革命党之一大工厂也”。我们看,清政府这一路走来每次都是滞后,它总是拒不复新,所有的改革都是很被动,一步一步被推着走,它总是在下一个阶段做上一个阶段才应该做的事,下一个阶段自然就应该做得更多。就像借款,越晚还,应该付的利息就越多,清政府又拒不付息,最后只能将债务越背越大。实际上,这个政府的信用没了,最后的结局就是它的总崩溃。

郝春文

敦煌学及其他

郝春文，1955年生于北京通州。历史学博士、教授，全国优秀博士论文指导教师。现任首都师范大学历史学院院长，历史研究所所长，兼任中国敦煌吐鲁番学会会长、国家社会科学基金学科评审组专家、北京市学位委员会委员、北京历史学会理事、兰州大学敦煌学研究所兼职教授、教育部人文社会科学重点研究基地兰州大学敦煌学研究所学术委员会委员、内蒙古大学客座教授、敦煌研究院兼职研究员、《敦煌学国际联络委员会通讯》主编、《中国史研究》编委、《首都师范大学学报》编委、《敦煌吐鲁番研究》年刊编委兼编辑部主任等职。

著有《中国时期社邑研究》（于2008年获北京市第十届哲学社会科学优秀成果一等奖）、《唐后期五代宋初敦煌僧尼的社会生活》（中国社会科学出版社1998年）（该书获北京市第六届哲学社会科学优秀成果二等奖、第二届郭沫若中国历史学奖三等奖）、《敦煌社邑文书辑校》（合著）（江苏古籍出版社1997年）（该书获北京市第五届哲学社会科学优秀成果一等奖）等论文和书评一百多篇。

目前正在从事国家社会科学基金重大项目《英藏敦煌社会历史文献整理与研究》的编纂工作。这个项目的最终成果《英藏敦煌社会历史文献释录》已经出版十卷（第一卷科学出版社，2001年；第二至十卷社科文献出版社2003至2009年），全书预计三十卷，将陆续出版。

女士们、先生们，上午好！谢谢主持人的介绍！今天很高兴有机会能到"文津讲坛"来跟各位进行交流。而且今天是假期，仍然有这么多女士们、先生们放弃自己的休息时间到这里来听演讲，我也觉得很感动。今天我想跟各位交流的题目叫做《敦煌学及其他》。

第一个题目是论敦煌学。

长期以来，中国学者一直认为"敦煌学"是我国著名学者陈寅恪先生在1930年首先提出来的。但是在1989年，有一位日本学者叫池田温，他在一篇《敦煌学与日本人》的文章中，指出日本学者石滨纯太郎在1925年已经开始使用"敦煌学"这个名词。

2000年，兰州大学的王冀青教授发表了《论"敦煌学"一词的起源》，在这篇文章中他具体论证了石滨纯太郎使用"敦煌学"一词要早于陈寅恪。就是说最早我们认为是中国人陈寅恪在1930年首先使用这个词，但现在证明，应该是日本人比陈寅恪更早使用"敦煌学"这个名词。

如果从1925年算起，"敦煌学"这个名词已经流行了八十多年。八十多年来，这个名词的内涵、性质都发生了很大的变化。

起初，敦煌学不过是指因为研究敦煌文献而形成的新的学问或新的学术潮流。

这里我要简单介绍一下敦煌文献的背景。敦煌文献是指1900年在甘肃省敦煌莫高窟的一个洞窟里发现的六万多件古代人写的经卷和文书,这一批资料对于研究我国古代的政治、经济、文化等各个方面都具有重要的价值。后来由于各国学者研究这批资料,逐渐产生了一门新的学问或者叫新的学术潮流,被当时人称为"敦煌学"。所以敦煌学开始的时候主要是指研究敦煌文献,以后其范围逐渐扩大,学术积淀也日益深厚。到20世纪80年代以后,多数学者逐渐把敦煌学看作一门学科,同时也有部分学者不同意把敦煌学看作一门学科,也有的学者模糊地使用"敦煌学"一词。

这样,我们可以把敦煌学分为两种不同属性的对象来进行讨论。一种是作为历史名词或历史概念的敦煌学,一种是作为学科概念的敦煌学。

作为一个名词或者历史概念的敦煌学,它的内涵具有不确定性,每个人可以有自己的理解,每个使用者在遵守命名学原则的基础上,都可以有自己的界定,每个读者也可以有自己的理解。这是一个可以见仁见智、人见人殊的概念。对敦煌学而言,命名的原则就是它的空间范围必须限定在历史时期的敦煌,包括历史时期敦煌管辖的地区。所以,作为一个名词或历史概念的敦煌学也是有前提的,这就是它的时空范围不能跨越敦煌及其管辖地区。

以上所说是作为一个名词或者历史概念的敦煌学。作为一门学科的敦煌学,它的要求要更准确一些,更确切一些。一般说来,能否成为一门学科应该满足以下三个条件:第一就是有没有独立的研究对象;第二是是否形成自成系统的知识体系;第三是有无独特的理论和方法。这是我们认定它是不是一门学科的三个条件,下面我们可以尝试着看敦煌学能不能满足这三个条件。

虽然对敦煌学研究对象的表述现在敦煌学界还有不同

的认识,但是敦煌学具有独立的研究对象这一点在敦煌学界应该说是有共识的,至少没有人提出异议。所以敦煌学作为一门学科,第一条标准它是符合的。

关于敦煌学的理论和方法,就是说敦煌学有没有自己的理论和方法,这个也有学者进行过讨论。从整体上看,我们目前对敦煌学的理论和方法应该说还缺乏深入地研究,但是敦煌学具有独特的理论和方法这样一个论断,应该说也是敦煌学界的一个共识。所以前两条应该说都是符合的。

看来争论的焦点就是第三条,就是敦煌学是否自成系统的知识体系。1984 年,北京大学的周一良教授最早提出,“敦煌资料是方面异常广泛、内容无限丰富的宝藏,而不是一门有系统成体系的学科”。

此后,反对敦煌学是一门学科的学者大多采用了周先生的说法。近年,涉及到敦煌学性质的论著虽然都认为敦煌学是一门学科,但是都没有对周先生的观点和依据做直接回应,形成了各说各话的局面,就是你说你的,我说我的。按道理讲,周先生认为它不是一门学科,你认为它是一门学科,你应该回应周先生的观点,并对他的依据进行分析和辩驳,如果你能够证明周先生的依据不能成立,就说明它是一门学科。但是现在,多数学者都不去直接回应周先生的看法。

直接回应周一良先生观点和依据的是一篇题为《试论敦煌学的概念、范围及其特点》的论文,是林家平、宁强、罗华庆三位先生 1984 年发表在《兰州学刊》的一篇论文。他们在这篇论文当中是这么说的:“周一良先生等人的观点,比较多地强调了敦煌资料各部分之间的差异性。”就是刚才我已经提到的,敦煌文书涉及到的方面很广,涉及到社会科学的很多学科,甚至于还涉及到自然科学的一些学科,比如说医学,它有中医学方面的著作,又比如说天文学,它有古代的星图,还有建筑学等等，所以它涉及的学科确实是比较广泛。所以这篇文章里说周一良先生等人的观点比较多地强调了敦煌资料各部分之间的差异性，却“否定了这些资料本身是一个有机的整体”。敦煌“文物文献资料，大都产生于古代敦煌，共同的时空范围，使它们之间必然地存在着内在联系。遗书与遗书之间、遗书与遗画以及佛窟之间、佛窟与佛窟之间、佛窟与墓葬以及建筑之间、遗书与古城遗址之间、木简与古碑以及遗书之间紧密交错地联系在一起”。也就是说，这些材料虽然内容非常广泛，但是它们实际上都是有联系的，“形成一个不可分割的有机体，比较全面而真实地反映着古代敦煌特有的历史风貌，同时也可窥见中国古代史、中西陆上交通史、中亚史的一些侧影”。这是我们见到的最早的正面回应周先生说法的意见。

这个意见重点强调了敦煌资料之间的联系，应该说分析是深刻的，反驳也是有力的，但是刚才我念的这一段话，它并没有完全回应周先生的问题。因为周一良先生说敦煌学不是一门学科，是有理论预设的。他实际上是以历史学、宗教学等依据内容分类的学科作为参照，提出敦煌学不是一门有系统成体系的学科，而敦煌学的面貌确实与历史学、宗教学等学科不同。历史学和宗教学等学科，我们可以说它是单体学科，像敦煌学刚才我们说它涉及内容比较广泛，所以它们的面貌是不一样的。所以敦煌学的样子和历史学、宗教学不一样，我们还要回应这个问题，如果不解决这个问题，实际上还没有正面回应周先生的观点。

我下面来正面地谈一谈我对敦煌学的认识。总结以往有关敦煌学的各种表述，我们尝试着对敦煌学作如下界定，即：敦煌学是以敦煌遗书、敦煌石窟艺术、敦煌史迹和敦煌学理论等为主要研究对象，包括上述研究对象所涉及的历史、地理、社会、哲学、宗教、考古、艺术、语言、文学、民族、音乐、舞蹈、建筑、科技等诸多学科的新兴交叉学科。

这样一个界定或者说定义包含了这样一些内容，首先它说明敦煌学的研究对象主要有四个方面。

第一个研究对象就是敦煌遗书，就是前面说到的 1900 年在敦煌藏经洞出土的六万多件古写本和少量印本，也包括在古代敦煌郡范围内发现的少量纸本文书和典籍以及吐鲁番地区出土的敦煌文书。这是敦煌学的主要研究对象，也是敦煌学成为一门学问和发展为一门学科的主要原因。因为像其他方面，比如像敦煌莫高窟，全国有洞窟的地方很多，但是成为“学”的只有敦煌学，就是因为它这个地方出土了这么一大批文书，所以敦煌遗书是敦煌学的第一个研究对象。

第二个研究对象是敦煌石窟艺术。敦煌石窟艺术是指古代敦煌郡、晋昌郡范围内古代人开凿的敦煌石窟，我们在座的朋友肯定有人去过敦煌，看过敦煌莫高窟，但敦煌石窟艺术的范围不仅指敦煌莫高窟，还包括西千佛洞、安西的榆林窟、东千佛洞、水峡口下洞子石窟、肃北五个庙石窟和玉门昌马石窟等佛教石窟寺。这些都属于敦煌石窟艺术的研究范围，因为这些地方在古代都曾经归敦煌管辖，而且它的石窟艺术跟敦煌莫高窟属于同一体系，所以敦煌石窟艺术的研究范围要包括这样一些石窟群。敦煌石窟艺术的研究内容包括洞窟里面的彩塑、壁画，还有洞窟上面的题记和石窟的建筑形式这样几个部分。

第三个研究对象是敦煌史迹。所谓敦煌史迹，包括敦煌古郡范围内的郡县、关址、长城、烽燧、塔寺、古墓葬、古代的居住遗址，以及敦煌地区出土的汉晋简牍。在汉晋时期古人写字一般都写在竹简和木片上，在敦煌地区从 1906 年到现在先后出土了多批汉晋简牍，当然这也是属于敦煌学的研究范围。另外还包括文物、乡土文献等等。

第四个研究对象是敦煌学理论。敦煌学理论包括敦煌学发展的历史、现状、研究方法以及这门学科的性质、概念、范围等等这样一些问题。

以上对敦煌学的界定还指明了敦煌学的范围，敦煌学的范围就是以上四个主要研究对象所涉及的十几个学科。

从学科命名这个角度来看，敦煌学与历史学、宗教学等依据内容分类的学科确实是不一样，我们看到敦煌学的主体词是“敦煌”二字，它不是学科名，而是地名。其他像历史学、宗教学的主体词是学科名。所以，我们应该对这个学科作一些说明。

首先应该说明，敦煌学不是它所涉及到的十几个学科的简单综合。刚才我们说敦煌学涉及到了十几个学科，如历史、社会、考古、宗教等，但它不是所涉及的十几个学科的简单综合，更不是把它涉及的十几个学科的全部内容统统包揽收容，变成一个多种学科的联合体。首先要做这个区分，不是把那些所涉及的学科都包括进去，而只包括它们其中的一部分，这个我们下面还要进一步说明。

按现代学科的分类，敦煌学的主要研究对象之一——敦煌遗书，它的内容不仅涉及到宗教、历史、语言、文学等文科的诸多学科，还涉及到刚才我提到的医学、数学、天文学等自然科学的一些学科。所以，多学科性或者多学科交叉是敦煌学的本质特征。

但是敦煌学与我们一般所说的交叉学科也不一样。各位如果对现在的新兴交叉学科和边缘学科要是有所了解的话，就应该知道一般我们所说的交叉学科是指不同学科在认识世界的过程中，用不同的角度和方法为解决共同问题产生的学科交叉，然后经过反复论证和试验产生的新的学科领域。其核心和实质是两门以上不同学科的理论和方法互相渗透,渗透的目的是为了解决同一问题。比如说现在有化学和物理学交叉形成了物理化学学,这是一个新兴交叉学科,另外还有化学物理学,这就属于化学和物理两门学科交叉以后产生的,这个就是我们一般所说的交叉学科。

而敦煌学的多学科交叉,只是不同学科的材料保存在同一地域空间,这个地域空间就是敦煌。因为诸多不同学科的材料都是在敦煌被发现的,所以敦煌也就成了敦煌学的特定的空间范围,是敦煌学区别于其他学科的特点和标志。所以,敦煌学的特点之一就是因地名学。

比如说历史学,在学科体系当中当然是一门独立的学科,从整体上看,应该说历史学不属于敦煌学。但是如果用敦煌出土的资料或研究敦煌地区古代的历史问题,就属于敦煌学的范围。刚才我说了敦煌学姓"敦",只要是敦煌地域空间的古代的事,研究它,就属于敦煌学的范围;当然,用敦煌出土的资料或研究敦煌地区古代的历史问题也仍然属于历史学的范围。于是就形成了历史学和敦煌学的交叉。也就是说,如果你研究敦煌古代历史,或者用敦煌资料研究历史,这样既属于敦煌学,也属于历史学,这就是两个学科的交叉。其他学科也是如此,比如说你用敦煌资料研究文学史,那它既属于文学学科,也属于敦煌学科。其他学科与敦煌学的交叉都可以依此类推。所以,敦煌学是由与敦煌有关的诸多学科的相关部分组成的集合体。

如果我们用图来表示,大概是这样(见下页图)。第一个方框是历史学,中间有一部分是敦煌历史学,从纵向看,敦煌历史学属于敦煌学,但是从横向看它也还是属于历史学,这就是历史学和敦煌学的交叉。科技也是这样,我们横向看科技是一个学科,但是其中敦煌科技又属于敦煌学。其他学科也都是这样。所以敦煌学就是由其他学科当中与敦煌有关的部分组成的。

因为这个集合体与历史学、宗教学等单体学科面貌不同，所以，周一良先生才认为敦煌学“不是有内在规律、成体系、有系统的一门科学”，希望“让它永远留在引号之中”。就是因为看到它太杂了，跟每个学科都沾一点，所以周一良先生是不把它当作一个独立学科来看，而是称其为带引号的敦煌学。

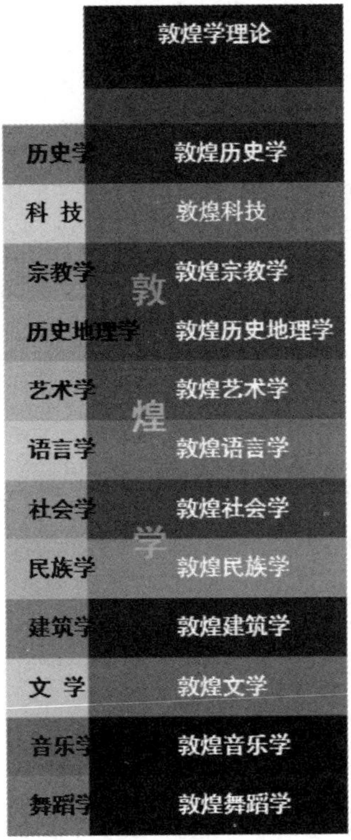

但是，我在这里要进一步说明的是，敦煌学不是简单的集合体，而是有内在联系和规律，自成体系、自成系统的有独特理论和方法的集合体。

我下面分两个方面来说明。

首先，敦煌学的研究对象虽然我们前面说了分成四个方面，敦煌遗书、敦煌石窟艺术、敦煌史迹和敦煌学理论，但是这些主要研究对象同时又是一个以敦煌为空间范围的不可分割的整体。以敦煌遗书而论，就其内容来说虽然涉及许多学科，但是这些遗书的主体部分都出自一个洞窟，刚才我们说了出自敦煌莫高窟的藏经洞，这个藏经洞现在的编号是莫高窟第十七窟。如果有朋友将来到敦煌去参观，应该能够看到这个藏经洞。这些分属不同学科的资料在当时是自成为一个系统和体系，各类文书之间存在密切的内在联系，是反映当时民众生活不同侧面的断片。

另一方面，敦煌遗书也是敦煌古代文化的组成部分，包括敦煌石窟遗存以及其他敦煌发现物和古遗址统统都是敦煌古代文化的一个部分。敦煌出土文献和敦煌文化遗产是近代学科分类以前的产物，它们作为复合体混合在一起是有其内在规律的，是自有其体系、自成系统的。我们在对这些遗产进行分科整理和研究的同时，也应该尊重并认真对待敦煌文化遗产的原生形态。也就是说，这批东西，因为我们知道现在所谓的学科，历史学、宗教学，还有数学、物理学，这都是近代以来人们为了研究的方便，把它们分别开来的，在这以前实际上是没有这样的分类体系的。我们知道，古代的分科体系不同于现代，古代的分类叫经、史、子、集，有我们自己的体系。所以敦煌遗书在一个洞窟出土，学科分类之前它就混在一起了，它混在一起自有它的道理，所以我们不能单纯用现在学科分科的眼光来看待它，那样会遮盖了它的整体性和系统性。所以我们应该把这些分属不同学科的资料当作整体来看待，从整体上把握它们，使这些分属不同学科的资料成为了解当时民众的教育、民俗和社会生活的砖瓦。如果用这样的眼光来观察敦煌资料，各个学科的所有资料就都是了解先民生活史的资料。长期以来，已经有学者对敦煌学内部各个学科、各个领域之间的内在联系和共同规律进行探讨。这就是第一个方面，即虽然我们用现在学科分科的观点看，敦煌资料分属于不同学科，但在古代它是一个有内在联系的自成系统的体系。

其次，经过一百多年的积累，敦煌学已经形成了独特的理论和方法。因为敦煌遗书绝大部分是古写本，我们现在读的书大都是印本，写本的书有跟我们现在印本书的不同特点。写本书会保存不少只有书写者自己才能认识或当时人才认识的字，我们现在把这类书写文字叫做俗体字和异体字。这类字在写本中有很多。另外，由于古代识字的人不多，传播知识的重要途径是口耳相传。识字的人读或讲，不识字的人在下面听。所以，敦煌写本中保存了很多错别字。其实当时也很难说是错别字，因为当时文化发达程度不高，很多字只要同音就可以。在敦煌写本中，用于口耳相传的本子上可以说是别字满篇，包括人名，都可以只要同音就行。这类写本与传世印本文献的性质不同，虽然写的也是中文字，但是如果你没有受过专门训练，不经过整理，我们一般人去读它就会有很大的困难。所以，只有经过特殊的文献学训练，才有可能顺利地阅读、抄录和利用敦煌遗书。我们一般管这个叫做敦煌学方法或者叫敦煌文献学方法。这种多年整理敦煌遗书逐渐形成的敦煌学方法或者敦煌文献学方法包括文字的辨认、文字的释录、文书的辨伪等等。也就是说，敦煌学不光是它的资料是有内在联系的，自成体系的，而且也有它独特的方法。

可见，敦煌学虽是由与敦煌有关的诸多学科的相关部分组成的集合体，像我们前面看到的那个图形，但这个集合体是具有内在联系、具有独特理论和方法的有机的集合体，是一门有内在规律、自成体系与系统的由新材料被发现而产生的新兴交叉学科。

以上是我对敦煌学的看法。也是回应周一良先生认为敦煌学不是一门学科的看法。但是我们还是应该承认，敦煌学的学科面貌与历史学、宗教学等按门类发展起来的学科确有不同。比如说刚才我们提到的，其实敦煌学跟一般的交叉学科的面貌也不一样。但是这不应该是它成为一门学科的障碍。

因为学科的设置本来就是为了方便专门研究,其他含义都是学科体系建立以后不断附加上去的。而且学科设置的原则一直是发展变化的,学科的内涵和目录也是不断地在调整。比如说我们国家的学科设置和组成至少有两套体系,也就是说现在我们国家对学科的认定或说界定有两套体系。比如教育部的学科体系和全国社科规划办的学科体系就不一样,有兴趣的朋友可以到网上去看一下,教育部招收研究生,有它自己的一套学科体系,而全国社科规划办采用的是与之不完全一样的学科体系。也就是说,我们国家现在用的学科体系不止一套,而且学科目录也是在不断地调整和变化的。今年教育部准备调整它的学科体系。我不知道朋友们对学科有没有了解,学科是分学科门类,学科门类里面有一级学科、二级学科、三级学科,比如像历史学这样一门学科,它首先是一个门类,然后下面一级学科有历史学,历史学下面还有二级学科,比如像中国古代史、世界史等二级学科,然后再下面还有三级学科,比如说中国古代史还要分隋唐五代史、秦汉史等。这个问题我稍微多说两句,因为我觉得我们的朋友可能对学科的分科体系不大了解。这些学科、这些体系和界定是不断地在变化的,西方现在也不断在变化。比如说像物理学,跟化学根本没关系,但现在就有物理化学、化学物理,这是新出现的交叉学科,这些都是不断地在变化的。像医学,我们到医院去看病,会看到医学也不断生出新学科,指不定哪天就冒出一个新的科室来,这些科慢慢就会发展成一个学科。

所以在现有学科体系当中,不仅是敦煌学,很多新兴的交叉学科和边缘学科都与老学科的面貌不一样。比如说物理化学和化学物理,那就等于是化学和物理两家杂交而成的，它跟化学也不一样，跟物理也不一样，就是这种四不像。而且一般情况下，新兴学科在开始的时候都是因为学科面貌不同而得不到承认，以后随着学科的慢慢发展才逐步得到承认。就比如这物理化学，开始也是没人承认，现在都已经承认它是新兴交叉学科。所以，学科面貌不应该成为判断该学科是否为一门学科的标志。

敦煌学从一门学问发展成一门学科，应该说跟我们高等院校招收和培养相关的研究生有很大关系。目前，在各大学的研究生招生目录和课程设置当中，一般都把敦煌学放在历史文献学之下，就是刚才我讲的历史学是个一级学科，它下面有八个二级学科，历史文献学是其中之一，现在一般把敦煌学放在历史文献学之下。其实敦煌学的很多内容是历史文献学无法容纳的。比如前面我讲到的敦煌石窟艺术，因为历史文献学的研究对象主要是古代文献，但石窟艺术，如造像、壁画等，若说它是历史文献，这很难容纳。所以恰当的方法是在历史学学科门类中单设敦煌学一级学科。这是我的一个看法。

前面讲了，在我们国家的学科分类体系中，第一层级是门类，现在历史学科门类下面，只有一个一级学科，就是历史学，但是这个门类下实际上可以有很多个一级学科。所以我现在初步设想，历史学科门类下的一级学科可以由一个变成五个，首先是中国史，然后是世界史，第三个是考古学，第四个是敦煌学，另外还有我们最近一些年炒得很热的国学，也可以把它列进去。这样我们历史学这个学科门类下就有了五个子女。这是按教育部的分类学科体系划分的，其实在全国社科规划办分类目录中，就是中国历史、世界史和考古学这样三个学科。

所以我们将来要把敦煌学也列到一级学科目录当中，这样它自己是个一级学科，下面再分出石窟艺术什么就比较好办了。在敦煌学一级学科下面，可以考虑设四个二级学科。一个是敦煌文献学，这个主要是对敦煌遗书进行研究，当然范围也很广泛；另外就是敦煌石窟艺术学，就是研究前面我提到的那些石窟群，即敦煌莫高窟、西千佛洞、安西榆林窟等等；第三个就是敦煌史迹，主要研究敦煌古代的历史和遗迹，包括敦煌简牍；第四个就是敦煌学理论。分成这样四个二级学科。

当然，以上这个设计只是初步方案，还可以进一步完善，如果说能够把敦煌学纳入到现有的学科体系当中，相信可以促进这个学科的发展。因为现在国家分配资源，很大程度上都是按照学科来分配的。所以敦煌学如果是在一个二级学科之下，就很少能够得到国家分配的资源。如果自己变成一个一级学科，那么对它获取资源、获得发展还是有利的。

这里还要稍微多说几句。就是因为敦煌遗书在 1900 年被发现以后，正值西方列强入侵中国的时代，所以那些东西都没有得到很好的保护，很多有价值的东西都被外国人给拿走了。现在敦煌遗书很大一部分散落在英国的伦敦、法国的巴黎、俄国的圣彼得堡，也有一小部分散落到了日本。当然，现在中国国家图书馆也保存了一万多件，但是主体部分还都在国外，这是很让我们痛心的事情。但是这门学问从一开始就是国际性的，因为这些东西的主体部分存在海外，外国人从而也对它进行研究，所以如果我们把敦煌学列为一级学科，也能够促进国际敦煌学的发展。

这就是今天我讲的第一个题目，有关敦煌学概念的界定。

我讲的第二个题目是对中国古代断代史研究提出自己的一些看法，讨论这个问题是有这样一个背景，就是最近一些年看了各个学校的很多博士论文,这些博士论文大部分属于断代史的研究,对于某个朝代的研究,当然我看得比较多的是唐代的。还有一些是对某个专题的研究。

这些博士论文,有这样一些特点。就选题来说,这些博士论文大部分都是新问题或新角度;就材料而言,基本上能把所论述的朝代相关的资料搜集齐备;就研究深度而言,也基本上能把所论述的问题说清楚。这就是目前多数隋唐五代史博士论文的现状。我看的博士论文,包括北大的、北师大的,还有南开大学的、武汉大学的、兰州大学的、四川大学的等等,应该说国内比较好的大学的博士论文,我基本上都看过。所以,以上所说的情况大概可以反映全国的博士论文在这一方面的现状。

应该说,上面提到的博士论文是符合要求的,但是这类博士论文也存在着严重的局限和不足。它的局限和不足是什么呢?首先是眼界不够开阔,无论是基本材料还是对研究信息的分析和阅读,多局限于某个断代,比如局限在隋唐五代。这样一种思路和方法就导致论文的内容多是平面的,缺少思辨性,而且看不到所论述问题的时代特点和历史地位。有的作者虽然有论述,也很难深入。比如说写唐代的军事,他完全平面地讲唐代的军事,唐代的军事有什么特点他往往不讲,就古代断代史而言,最有价值的研究其实应该是讲出它的特点,但是因为作者看的只是这一个断代的材料,所以他就不能够讲出这一个时代跟前边相比和后面相比有什么特点。这样就导致他的研究很平面,而且很可能也没有什么特点。我举一个例子,比如说写唐代的自然灾害或救灾,因为古代的自然灾害每一代都有,南北朝有,宋代也有,如果你光看唐代的材料,可能救灾的办法跟前代完全一样,你也把它全说了一遍。如果把这些讲述不同朝代自然灾害的书都放到一块，就会觉得它的价值实际上是有限的。只有把前代和后代作比较，才能讲出这个时代具有什么特色。而且我们古代社会很长，有的时候朝代的差异性比较小，但是这些论文基本上都局限于某个断代，所以就造成了很大的局限性。我这里虽然讲的是博士论文，但实际上好多论著，大部分也是断代的。这些断代史，断代的专题实际上也都是没有那个时代的特点，这个问题应该说存在于很多断代史研究的论著当中，所以我想我们应该有一个新思路来研究断代史。

下面我也想谈一谈解决这个问题的办法。

我觉得断代史的研究，就学术层面而言，它的核心在于探讨这个时代的特点和地位。就是说你写一个时代，比如唐代史，核心就是这个时代在中国古代有什么特点和它的地位，这才是有学术价值的。显然，要完成这样的任务，视野必须开阔。就像诗里所说的"不识庐山真面目，只缘身在此山中"，如果你光看唐代的材料，那你就看不清楚它的特点和地位。

也就是说，必须要有比较。要想对某个朝代的特点有比较深入地了解，至少应该对此前朝代和此后朝代的历史有比较深入地了解和把握。就唐史研究而言，至少应该把南北朝和宋朝的历史纳入视野。这样才有可能对唐代的特点和地位提出自己的认识。

这样一种思路或研究方法，不仅适用于某个断代史的整体性和综合性的研究，也适用于某个断代的专题性研究。

下面我可以分析一下，看看怎么样用这个方法来做断代史研究。我们可以把形成一个朝代的要素分成两个部分，一个是继承前朝的部分，第二是当朝新发展的部分。这新发展的部分，就叫做新现象、新方法、新政策、新制度，当然也就是这个朝代的特点。但是新发展的只是这个朝代特点要素的一个部分，不是它的全部。

要完整地把握一个朝代的特点，还应该认真地去研究当朝比前朝缺少了什么，就是说哪些旧现象、旧办法、旧政策、旧制度没有了，即它扬弃了什么。通过这样的比较，当朝与前朝相比的特点就凸现出来了。也就是说我们要做一个比较。

比如说，我们可以以唐朝为例，唐朝跟南北朝相比，它的全部要素应该是分成三个部分：第一部分是继承南北朝的部分，当然我们继承南北朝的部分还可以细分，分为南北朝的要素和南北朝以前的要素。这一部分就是传统，我们讲文化传统，当代也是一样，传统就是这样一代一代地叠压下来的。可以做一个不太恰当的比喻。这好比我们的家族，我们中老年朋友会发现其实一个家族最重要的是遗传，就是越到老年越会发现祖辈的那些东西在你身上几乎都要重演，如糖尿病啊什么的。特别是疾病，很容易遗传。其实一个民族的传统文化也是这样，它也可以分层叠压下来。比如唐朝，它首先是继承南北朝的部分，南北朝的部分还分为南北朝的要素和南北朝以前的要素。当然也会有新的发展，第二部分就是新发展的部分。第三部分就是南北朝的哪些东西没了。所以唐朝的特点实际上就是刚才我们讲的一二三里面，二和三就应该是唐朝的特点。所以，你要想了解唐朝的特点，必须得跟南北朝进行比较，光看唐朝的材料不行。

但是，我们前面讲的二和三还只是唐朝特点的一部分。你要全面了解唐朝的特点，还得跟后面的朝代进行比较，就是还要跟宋朝进行比较。

我们还是以唐朝为例，那就要对宋朝进行观察，观察内容包括：一是唐朝的哪些东西被宋朝继承了，当然也还可以细分为唐朝的要素和唐以前的要素；二是唐朝的哪些东西宋朝不用了，哪些制度、哪些办法被废止了；第三是宋朝又增加了哪些新东西。这三部分应该是整个宋朝的全部要素。唐朝跟宋朝相比较的特点也是由二和三两部分组成。所以，你要了解唐朝的特点还真的很复杂，就是首先要跟南北朝比较，还要跟宋朝比较，就是所说的两个二和三加起来，才能比较全面地把握唐代的特点和地位。我们目前的这些博士论文和专著写断代史之所以写不出特点来，就是因为他们缺少和前后朝代的比较，所以他们没有办法写出特点来。

在上述比较的基础上，再具体分析和论述新东西出现、旧东西消失的背景和原因，就是说为什么会出现这些新东西，旧的东西为什么不流行了。比如我们拿现代、当代比较，我自己也深深地感到，比如曲艺等一类的东西，现在好像就要失传了。为什么不流行了呢？我们历史上这样的现象还有很多。比如说，唐诗好不好？当然很好了，我们现在还能被唐诗感动。但是为什么到宋以后唐诗就不流行了？宋代就流行词，元代就流行曲。也就是说，这些旧东西为什么消失了？新东西为什么出现了？另外还要讨论哪些东西始终未变。中华民族最值得骄傲的就是，我们是世界上唯一一个从甲骨文到现代文明一直没有中断的民族。我们知道世界上有很多古老的民族文明都中断了。比如像古埃及，现在的埃及跟古埃及不是一回事，它的文化中断了。又如现在的中东地区，所谓两河流域，那里古代也有灿烂的文明，也中断了。只有我们的文明持续保存了下来，这个肯定是有原因的。肯定是有一些永远不变的东西在我们的血液里流淌，一代一代地这么流传，一直不变。它为什么不变？这都要研究。这实际上是我们的民族、我们的文化得以传承和延续的一个很重要的原因。这是我们在过去的历史研究中很不注意的，我们对新东西比较关注，对旧东西的消失也还有一定程度的关注,但是对这种沉默的一直未变的东西我们往往就看不见。那些始终未变的东西何以始终未变,这就是我们中华民族的古老文明始终能够延续的一个很重要的原因,但是我们缺乏研究,所以应该要探讨。

这样看来,新的断代史研究关键要打破断代史的壁垒。朋友们可能不了解我们现在中国古代史的研究状况,研究宋史的就管宋史,不看唐史,也不看下面的元史,研究元史的就管元史,就是互相泾渭分明,有元史学会、宋史学会、唐史学会、明清史学会,等等,谁都不管谁,所以新的断代史研究看来要打破这个壁垒,要求研究者至少应该熟悉他所研究的断代的前后朝代的史料和研究信息。

比如说像唐史研究者,你就应像研究唐史一样研究南北朝和宋代的史料,阅读南北朝和宋代的史书和它们的研究状态,而且还要研究和分析南北朝和宋代,前后都要进行分析,这样才能准确把握唐代的特点。用这样一种思路和方法,相信可以使断代史的整体综合研究和专题研究都深入一步,不少已有研究成果的断代史课题都可以用这种思路和方法重新研究,这就是我提倡的新的断代史研究。硕士研究生、博士研究生最困惑的就是没有研究题目。用上面所说的方法,比如写唐代的军事史,不能完全就把唐代的军事平面摆开,用我这个法子还可以重新写一本唐代的军事史。甚至自然灾害史、法制史等等,其他的都可以这样重新写。当然,这种办法比前面那种平铺材料要苦一点,因为要多读很多东西。但是高水平的东西就是要花大力气,下死功夫,用曾国藩的话叫“扎硬寨,打死仗”,只有这样才能写出高水平的能够传世的东西。

提出这样一个思路,也不表示我个人在这方面已经做得很好,其实这也应该是我努力的一个方向。但是我有这样一个想法，其实对学生还是有影响的，我的研究生就很少做断代史研究，他们基本上能够把断代打通。而且就我个人的体验，一个事件或者说一个事物，你如果只在一个时代看就看不出问题来，但是你把时间一拉长，有的时候问题就出来了，比如说像佛教传入中国这样一个事件，大概一般认为是汉代传入的，当然到唐代发展到成熟，你如果局限在隋唐时期的佛教，很多问题你就看不清楚。但是你如果把时代拉长，佛教中国化这个过程就可以看得很清楚。比如佛教文化怎么样跟我们中国文化融合的。儒家文化是要孝敬父母的，但是佛教提倡出家以后是无父无君的，开始的时候真的就是要不敬父母、不拜君臣，因为出家人是最大的，他还要求父母拜他呢！这跟我们的儒家文化就产生了冲突，在魏晋南北朝时期真有这样的冲突，但是到唐代就没有了，唐代佛教也强调孝顺，甚至还有背着自己的老母亲出家的。这就是说，时段一拉长就可以看出文化从冲突到兼容，再到融合的这样一个过程。

再举一个例子。杀生是佛教第一大戒，不许杀生。而我们的传统是可以杀生的。我们现在住在城里可能不知道，过去乡下逢年过节是要杀猪宰羊的，而且在古代这还是个礼仪，要求必须得杀生。比如像古代祭祀，国家的祭祀要杀牛，私人祭祀祖宗要杀羊、杀猪。这些杀生跟佛教的不许杀生就产生了文化冲突，在魏晋南北朝时期这样的冲突很多。比如你把猪捆好了，准备要杀，结果来一和尚不让你杀，双方就打架，打得厉害的时候，有的和尚甚至拿刀从自己大腿上割一块肉放在那儿，说如果你们要杀，吃这个肉算了，吓得你不敢杀，就弄得很别扭。但是这种冲突到唐代就没有了，到唐代双方都能够采取妥协的方式，而且到了唐代政府也规定了一些不让杀生的日子。佛教有所谓三斋月，信佛教的朋友们可能知道，就是正月、五月、九月为三个斋月，唐代就规定这三长斋月是不许杀生的。所以，确实只有拉长了时段才能够看到这种变化，你如果只研究唐朝一个时代，很多事情就看不清楚，所以我觉得将来的断代史研究，恐怕是要用这样一种办法，很多事情才能够看得清楚。而目前我们的断代史研究，你们可以看一看，确实都存在我说的这样一些问题。

我想讲的第三个问题是唐代兵制变化的影响，其实是想回应中国古代史研究的所谓“唐宋变革论”，对这个问题谈谈我自己的一些不成熟的看法，这也可以说是打破断代史研究壁垒的一个个案。

关于唐代兵制的变化，应该说学术界已经做了很多深入的研究，很多问题都已经清楚了。目前我们学界研究唐代兵制的，比如说有清华大学的张国刚教授，有河北省社科院的孙继民教授等，他们都有有关唐代兵制的著作。日本还有一位叫气贺泽保规的，他也有关于唐代兵制的书，很多问题他们都弄清楚了。对于唐代兵制变化的影响，也有不少学者谈到，但是我今天想谈一谈从军队控制的角度观察唐代兵制变化的影响，跟他们的角度应该说不太一样。

先介绍一个问题，就是唐初和宋初对军队控制模式的比较。我这里面讲的跟现在学术界说的不太一样。唐宋变革论认为，唐代跟宋代差异非常大。日本人把宋代叫近世社会，就是说跟唐代是很不一样的，他们管唐代叫贵族社会，宋代叫官僚社会，等等。但是如果从军队的控制方式去观察，宋初跟唐初有惊人的一致，这跟他们的看法不一样。具体说来，比如说总的原则是一致的。唐代是府兵制，唐初对府兵的分配是内重外轻，什么叫内重外轻呢？就是京师和京师周围的兵力很多，外边的兵力较少，这是什么意思呢？就是地方有事，中央可以很快派兵去镇压。唐初跟宋初都是一样的。另外，兵将分离，唐初和宋初也是一样的。唐代的府兵制是打仗的时候兵和将合在一起，仗打完了，兵归于府，将还于朝，就是兵跟将不是一种固定的关系。宋代也是这样的，兵将分离。另外就是统兵权和调兵权分离，你管兵的人不能调动部队，而有权调动部队的人又不直接管兵，这实际上都是为了互相牵制，这方面唐初跟宋初也是一样的。所以要设置这样一些机构或者说这样一些制度，它的核心是要把部队主力控制在中央手中，中央的军队要控制在皇帝手中，而且是绝对控制。这个是惊人的一致，具体我就不细讲了，因为我主要想讲的是这种制度的影响。但是在这一点上唐宋确实是一致的，这跟唐宋变革论的说法不太一样，至少在这一点上不是唐宋变革，是回归。

另外，我还要简单地说一说唐中叶以来兵制变化所带来的问题。唐中叶以来兵制的变化首先是从府兵到募兵的转变。府兵是一种义务兵，兵民结合，就是说府兵制是从农民当中征兵，农闲的时候训练，打仗的时候就调去打仗，他们不是职业兵。募兵是职业兵，等于他们的职业就是打仗，跟农民已经没关系了。就是从义务兵到职业兵，当然这么说有一点简单化，实际上这个过程是交叉的、多元的，但是总的趋势从唐前期到唐后期实际上是一种由府兵到募兵的变化。这是从兵源上讲的，府兵是从农民中来的，募兵是政府花钱雇的雇佣兵。府兵是义务的，他们有义务去当兵，职业兵等于是为了自己的经济利益来当兵。这是其中的一个变化，就是从府兵到募兵，从义务兵到职业兵。

以上变化所带来的问题，先是中央不足以控制地方，这是从“安史之乱”开始的。“安史之乱”就发生在我们北京这个地方，当时安禄山兼了两个大军区的司令，从当时的幽州开始造反，先往南打，打到河南、洛阳，后来打到长安，把皇帝都给打跑了。这是第一个问题,中央控制不了地方了。而且后来把安禄山跟史思明叛乱镇压下去以后,其他藩镇起来也还是一样,中央还是管不了地方,当时唯一一个听点话的就是郭子仪的朔方军,其他的藩镇很多不听话。整个唐后期都是这个样子,就是中央管不了地方。那会儿皇帝经常被打跑,跑到四川去,跑到其他地方去,很不稳定。这是第一点,就是中央不足以控制地方。

后来又发展成皇帝不能控制中央军队,中央这点兵,皇帝也管不了了,那些大将不听命令。我们从唐后期的历史看,唐王朝对拥兵自重的将领一点办法也没有,只好加工资。比如唐代宗,因为当时粮食要从黄河运到长安,有的时候运粮船会误点,误点以后军粮要没了军士就要造反,代宗很着急,幸亏后来粮食来了,才没有出大的乱子。皇帝对军队的控制力很弱,对这些拥兵自重的将领没办法,只好靠赏赐,靠不断地赏赐来维持。

再后来,藩镇对部下的控制也不牢固了,跟传染病一样,先是中央控制不了地方,然后是皇帝控制不了中央的军队,最后连地方上对部下的控制也不牢固了。唐后期各藩镇有牙兵,牙兵经常把自己的节度使也给反了,常常一起哄节度使就吓跑了。唐后期专权的宦官可以决定皇帝的命运,最后几个皇帝都是很惨的,宦官说换谁就换谁,后来地方上的骄兵悍将也可以决定节度使的命运。

所以,对职业兵的控制,从上到下都存在着严重的问题。从义务兵转变为职业兵以后,军队开始出现私人化的趋向。在府兵时代,打仗的时候才让你统领,打完仗以后兵就还府了,将就还朝了。但是当义务兵转变为职业兵以后,士兵只知其将,不知国家,军队就开始出现私人化的趋向。所以军队从国家化逐渐演变为私人化是个很严重的问题,宋代改变的核心其实就是让军队再度国家化。

义务兵被职业兵代替以后，原来对军队的控制系统就失灵了，但是统治者并没有意识到。意识落后于存在，这个问题也是在我们历史上经常发生的。其实从现在的眼光来看，唐后期有一百多年的半割据半动乱局面，到五代时期有五十多年的完全割据，其实它的道理很简单，就是从府兵到募兵，从义务兵到雇佣军，中间对军队控制的方法还是采用老办法，不灵了。寻找新的更可行的办法找了近两百年，就是一百多年的半割据和五十多年的割据。我们归结起来就是义务兵被职业兵代替以后，原来对军队的控制系统已经失灵，但是统治者没有意识到。“安史之乱”的根本原因就在于对地方军队的失控，它导致唐王朝的政治危机，于是对军队的控制问题首先演变为政治问题，其实如果有恰当的应对措施，把军队控制住了，可能就不会有“安史之乱”，也不会有其他问题，但是最高统治者没有意识到。我们都知道，安史之乱前不断有大臣给唐玄宗发警报，提醒他要注意安禄山，但是唐玄宗没有意识到自己对地方军队实际上已经不能像唐初那样管控。所以就导致了唐王朝的统治危机，对军队控制问题就演变为政治问题，这是导致唐后期地方割据和中央不稳的根本原因。所以唐后期的一切问题实际上是从里引发的。

所以从“安史之乱”以后，统治者开始考虑重构君主对军队的控制权，但是并不顺利，因为我们知道这些帝王都生长在深宫大院，要让他们控制这些骄兵悍将，想出一套办法不是很容易的事。他们想出的办法，先是让掌握军队的将领互相牵制，所以“安史之乱”中很多场仗打得不好，这是重要原因。参加战役的部队不设总司令，比如李光弼等，都是直接向中央汇报。其实是害怕有一个总司令又跟皇帝对立。皇帝很害怕，把部队分成几块，没有统一指挥，这样跟安、史打仗就很不利。后来对将领不放心，又派宦官去监军，派自己身边的人去监督带兵的将领。

我们知道，宦官也可以说是我们中国古代官制体系当中的一个毒瘤。它本来是为了保证皇室血统的纯正，在皇宫里面为皇帝家族服务的这么一群人，不应该介入到政治权力当中。但是在古代，这些人经常冒出来，想要走上政治舞台，但因为这些人都被阉割了，所以实际上他们的心理也往往是不正常的。让这些人管正常人，你想想有正常人的好果子吃吗？所以每逢宦官得势，整个社会肯定是不正常的，因为这些人大多是怪里怪气的。当然到这个时候，唐朝的皇帝已经没办法，觉得掌军权的人都不能相信了，所以只好派自己身边这些奴才去监军。唐朝皇帝让宦官监管并企图重建中央禁军，并让宦官统领，宦官掌握了中央禁军和地方的监军权以后，又导致了唐朝宦官问题的产生。所以我们看在唐后期，不但是地方将领不听话，宦官问题也一直是一个很严重的问题。

但是，从长时段来看，所谓宦官专权、牛李党争、南衙北司之争这些一直困扰唐后期政局的问题，实际上都是君主为了重建对国家军队的控制过程当中衍生出来的。君主的主观愿望是好的，因为他觉得已经控制不了地方、控制不了军队了，他想控制军队，但是想出的法子不好，所以就衍生出了宦官问题。到后期就导致宦官想换谁就换谁，权力很大。另外还有所谓的党争，也跟这些问题都有关。如果我们从这个角度观察宦官问题，就比较容易看清楚问题的实质。但是过去讨论宦官问题，都是就事论事，那样就不容易看清楚问题的肯綮。

其实宦官问题很多朝代都有，如汉代也有宦官问题，明朝宦官问题也很厉害。但唐朝的宦官问题确实是有它自己的特殊性。我们把这个问题放在更广阔的背景下来看唐代的宦官专权,可以分成两种类型。一种类型属于偶然性因素,比如说像高力士。我们都知道高力士专权完全是偶然性因素,他人太聪明了,就跟清代太监李莲英一样,比皇帝还聪明,所以他能想出一些得到皇帝宠信的办法。高力士得宠就是因为玄宗特别信任他。皇帝也是人,有好多想法不好意思说,你刚一想到什么,他就给你做好了送过来,这样就比较讨皇帝喜欢,做久了就产生信任了,而且也能容忍他做一些坏事,因为玄宗缺少不了他。所以像高力士这种就是由于人聪明,再加上皇帝的宠信,形成了一个独特的专权局面。皇帝没了,他的权力也就消失了。

还有一种类型是唐肃宗时期的大太监叫李辅国,这人是帮着肃宗打天下的,这就不一样,等于是古代所说的元从功臣,没有他很大程度上肃宗就当不了皇帝,当然他的权势就非常大,而且他也有一定的军事能力。我觉得这种确实可以叫做靠个人魅力或者说个人能力造成的专权局面。偶然因素导致的短期效应是不能长久的,肃宗一死,李辅国马上也就被灭掉了。所以有些人就说,唐代的宦官问题是由皇帝的昏庸、怠政和无能造成的。用这个道理来说明高力士和李辅国,是可以的。

但是后来就不是这个样子了,到后来皇帝让宦官监军并掌管了神策军以后,就等于把宦官这一群体推向了政治舞台,这实际上是从制度上让宦官掌握了国家的核心政权。我们知道,国家机器的核心是军队,宦官掌握了国家机器的核心了,那就不是一个高力士或一个李辅国的问题了。在这种情况下,没有高力士,也会有王力士、李力士、张力士;没有李辅国,也会有其他辅国。因为宦官这个群体已经控制军队了，那性质就不一样了。这种现象就不能用个别皇帝的昏庸或怠政来解释。唐后期的好几个皇帝想改变这个局面都改变不了。从长时段看，皇帝让宦官掌握军队是出于好心，想控制国家军队，让自己身边的奴才去管，但最后却受制于奴才。

从长远看，实际上都是国家政治不正常的时候，宦官政治才起的作用。等到国家政治一正常，宦官这个群体就会从政治舞台上消失。所以到五代的时候，朱温就把所有的宦官都给沉到河底了。从那以后，宦官作为一个政治群体从国家视野当中消失了。因为国家政治正常了，这个群体自然会从历史和人民的视野消失了。所以，唐代的宦官问题，是在君主专制制度重构过程当中，皇帝想出的一个馊主意，最后反而是身受其害。等到君主对军队重新构建的过程完成了，不再需要这批奴才了，这批奴才又回到自己原来的位置了，还是起原来的作用，他们就从政治舞台上消失了。宦官问题是君主制度重构过程当中的一个派生物，如果用个别宦官通过偶然机会获得大权，用皇帝的昏庸等偶然因素来说明这样一个较长时段的历史现象，应该说是肤浅和乏力的。所以，唐代的宦官问题确实应该分别成两种情况来看待。

另外比如说像牛李党争，也是由这个问题派生出来的。只有站在长时段和宏观的角度看，才能够看清唐后期混乱政局的实质和症结所在。这些问题的出现，是有总原因的。

由于唐代统治者重构对军队的控制权的举措收效不大，致使藩镇割据，战乱不断，民不聊生。为了满足士兵的需求，只好加重民众的赋税，导致社会矛盾激化，这样就使军事问题政治化。所以，用我这个思路来解释，唐代的问题是一步一步推演的，第一步是军事问题，军事问题没解决好就变成政治问题，导致唐朝的危机，政治问题还没解决好就演变成社会问题。所以，第三步就导致了军事问题社会化，藩镇叛乱和民众起义交织在一起。这几种矛盾交互影响，最终就导致了唐王朝的灭亡。唐王朝最后的灭亡实际上是多重因素共同导致的，地方也不听皇帝的，老百姓也不跟皇帝走了，因为赋税越来越重。

士兵职业化以后，领军将领和士兵的联系变得密切，因为他们的利益连结在一起。而中央对控制统帅职业军人的地方军阀，也还没有摸索出有效的制度和程序，所以政局很大程度上取决于将领军力的强弱和对朝廷的忠诚程度。因为朝廷没有办法有效地控制他们，这样谁力量大谁声音就大，到了有枪就是草寇王的程度。另外，跟朝廷的关系，如果对朝廷忠诚一点，好像朝廷对他控制就有力一点。没有制度的制约，靠个人忠诚肯定是不能长久的，所以随着皇帝对将领失控时间的推移，导致忠于朝廷、忠于皇帝的观念逐渐弱化。实际上是这种情况，谁忠于朝廷，忠于皇帝，谁就吃亏，地盘就越来越小，反而不忠于朝廷、皇帝的，地盘会越来越大。我们看到，五代十国的时候，那五个小朝廷都是由地方势力兼并自己周围的力量扩张起来的。这样，就导致了忠于朝廷、忠于皇帝观念的弱化。由于忠于朝廷、忠于皇帝可能吃亏，而不听命者又能够发展壮大，这样就导致不听命现象的普遍存在。这种现象也像病毒一样迅速扩散、繁殖，又使对军队的失控延及到了思想层面，引起了思想上的混乱。在秩序时代，一般老百姓是不想造反的，也不想取代皇帝，但到这种时候就人人思危，思想完全混乱了。

所以唐王朝的灭亡表明，生长于深宫的皇帝无力完成君主对军队的绝对控制与重构。建立控制职业兵的系统，需要统帅职业兵的直接经验，五代的创业者都是职业军人。我们看一看所谓的梁、唐、晋、汉、周，控制五代的都是职业军人，他们不断地积累控制职业兵的经验，到赵匡胤的时候终于完成了君主对军队控制的重构。而且，赵匡胤自己也是靠造反夺取的天下，我们都知道赵匡胤是通过黄桥兵变夺取的政权。

最后我想简单介绍一下兵制变化与重构是唐后期五代历史的核心问题。这其实就是诠释前面我所说的每一个时代都应该有自己的特点，唐代的特点和核心问题实际上就是对兵制的变化和对军队控制的重构：皇帝重建对中央的控制，中央重建对地方的控制。

唐后期五代统治者为重建中央控制地方，皇帝为重建对军队的绝对控制权所作的努力应该说是多方面的。其中的一个办法就是缩小藩镇的管辖范围，这跟汉武帝的时候实施“推恩令”是一样的，就是把藩镇缩小，小到容易控制，而且分成几部分以后容易互相牵制。

第二是分割藩镇的兵权，节度使既管兵，又管财，还管地方行政，后来就把各州的兵权交给刺史，分出一部分。这样既分割了藩镇，也架空了藩镇。

第三是由贵族和文官任节度使，以防止叛乱。贵族就是皇族，文官就是受儒家教育的那些进士，相对对朝廷比较忠诚,这两部分人对中央应该说都是忠的。当然,采取了这样一些办法没能从根本上解决问题,但是唐代的皇帝毕竟还是做了这样一些探索。五代到宋初进一步地探索,一直到赵匡胤时期就完成了整个控制过程。

宋代的制度,过去我们对它的负面影响看得比较多,因为过去讲宋史有两个问题,一个就是说它的官制机构重叠,冗官很多,互相牵制,造成了官员很多,财政负担很重。但现在看来,宋代有一些制度也有进步意义甚至于是超前的因素,比如说权力的制约机制。宋代的制度设计是很讲究制约的,这一点现在看来很现代化。宋代的时候地方没有绝对权力,包括一个地方、一个县、一个州,几个系列的官都是直属中央,级别相同,各管自己的事。用我们现在的话说,都是由中央垂直领导。几个系统,谁也不管谁。这样互相就可以牵制,对权力形成制约。

宋代的制度,我觉得有一点像我们近代以来的权力分立,司法权、行政权、财权都是分开的,这样可以保证中央对地方的控制。当然,这跟近代权力分立的实质不同。近代的所谓权力分立,是对最高权力和绝对权力的分割和制约,但是宋代的权力制约是为最高权力和绝对权力服务的,因为最上面有一个皇帝。但是不管怎么样,就地方来说,把地方官确实是管得牢牢的,中央更容易控制地方了。

另外,宋代的权力制约出现的背景是唐后期五代的混乱,它实际上是对秩序的一种重构。出于这样一种考虑,所以对军队分得很仔细,中央分几部,因此使得宋代的军队战斗力不行。机构比较复杂,皇帝干预很多,恨不能把作战的地形图、阵势都给你画好,你只能按照这个去打,这就很难打胜仗。但是对部队的控制确实是很有力,而且从赵匡胤以后,一直到后来的宋元明清,再没有出现过地方的叛乱,这就说明这个制度设计应该说还是很有效的。中央里面也再没有出现过宰相可以把皇帝怎么样的情况。所以从正面讲,这个制度能传这么久,应该说还是满有智慧的。尽管宋代制度中的制约机制与近代权力分立在背景、目的和实质上都有区别,但是我觉得还是充满智慧,在消除地方独立和军人拥兵自重等方面都具有重要的借鉴意义。

但是,由于它的制度是超前的,所以负面影响也很大。一个是效率低下,宋代整个官僚机构的效率之低,在历史上是空前的。另外,行政成本非常高,它的行政成本超过了后来的元、明、清。丘吉尔讲过一番话,他说对制度的选择,没有好制度,好比我们从一筐烂苹果当中挑选一个相对烂得程度轻一点的。这就是说,制度都是有缺陷的。比如民主制度,像美国的选举、台湾的选举,成本很高的,要花很多钱。我们现在一个单位也一样,走程序也要花很多时间的。但是哪一种制度好,是走程序好,还是其他方式好,这些也是需要我们很长时间检验才能够分辨清楚的。宋代制度就是这样,它充满智慧,确实成本比较高,代价也比较大,所以我们看宋代始终没有能够统一北方,辽一直存在,后来有金,最后就变成半壁江山。

唐宋兵制变革给了我们一个重要的历史教训:在中国古代,君主专制和中央集权是必须的,皇帝必须拥有对军队绝对的控制权。当然,皇帝拥有对军队的绝对控制权弊病很大,比如说遇到隋炀帝这样的皇帝,遇到秦始皇这样的皇帝,会付出很大代价。但是,如果皇帝失去了对军队的绝对控制权,我们的老百姓会遇到更大的灾难,比如唐后期一百多年,死了多少人! 五代十国,北方的五个短命的小朝代,像走马灯一样,南方还有十国,每一次换代都要死很多人啊! 所以,虽然皇帝绝对控制军队是一个有重大缺陷的制度,有很多弊端和负面影响，我们的先民为这个专制制度要付出很大的代价，但历史证明这个制度在当时又是最好的制度，如果这个制度出现了问题，我们的先民就会付出更惨重的代价。这就是唐后期一个半世纪的半分裂和五代半个多世纪的分裂和战乱的历史事实告诉我们的一个真理。这样看来，皇帝绝对控制军队所带来的负面影响是我们的先民必须付出的代价，我们希望能有一个理想的社会，但是现实总是不如人意，就跟现在的世界一样，我们希望太平，但总是不太平。古代社会就是这个样子，专制的皇帝固然不好，但是没有这个皇帝，老百姓就会付出更大的代价。

我今天讲的第三个题目就是讲唐代兵制的变化和它的影响，实际上就是作为一个例证，想说明如果我们要书写唐代的历史，它的核心问题其实就是军队的变化，由军队的变化导致了政治的变化，进而导致了社会的变化与思想的变化；君主想重新控制权力，导致了一系列更严重的问题，这就应该是唐代的历史特点。其实每一个断代史都应该有这样的特点，这样才能展现给我们鲜活的历史。

常建华

中国族谱学的若干思考

常建华，南开大学历史学院教授、博士生导师，教育部人文社会科学重点研究基地南开大学中国社会史研究中心主任，中国社会史学会会长。主要著作:《宗族志》《明代宗族研究》《朝鲜族谱研究》《清代的国家与社会研究》等。

中国族谱是一种既有应用价值，又有学术价值的文献，它不仅可以传承文化，而且有现代意义。事实上，关于族谱的知识已经构成一个专门的研究领域，我今天这个报告，把它叫做“中国族谱学”。当然，如果按照传统，我们把它叫做“谱牒学”也可以。另外，如果要是从俗，一般叫“家谱”、“家谱学”也未尝不可。不过，相比较来讲，族谱学远没有像方志学那样受到重视，那样被深入研究。所以说，还是一个亟待加强研究的领域。

一、关于姓氏谱系之学与文献学的定位

我们首先来考察一下姓氏谱系之学的名称和它的流变。

“谱系”这个词也是有一定流传的。就中国古典文献来讲，《隋书》的《经籍志》是一部著名的关于目录学的重要篇章，在《隋书·经籍志》里，有一篇叫《谱系篇》，《谱系篇》收录的书，就是氏姓之书。它首列的是《世本》，还有一些其他的氏姓之书。上言氏姓之书“由来远矣”，就是说很有传统。《世本》实际上是记载古代的帝王，一直到春秋时期的士大夫这样一部书，它把这样的书认为是谱系之书。这样我们就知道，“谱系”是把记载世系、世次、姓氏、氏姓这些内容收录进来的一类文献。

我们知道，原始社会之后是氏族社会，无论是母系氏族

社会还是父系氏族社会，实际上人们都有记录祖先和世系的传统。氏族社会里最早的是记载氏族的首领，把首领排序，然后形成的一种记述方式。这种方式在现在西南少数民族一些地区还能看到，就是它有口述族谱，口述族谱开始说的那些都是氏族的首领，我们可以叫它氏族谱系。氏族之后，就开始记祖先了。祖先是按照血缘的传承，一代一代记，这一类我们不妨把它叫做家族谱系。家族谱系其实就是人的血缘上的一些祖先。少数民族的这个传统，其实是说它印证了人类早期的记载氏姓、世系的一个传统，我们汉族应该也是如此。所以早期的刻木、结绳里应该都是有记载世系的一些因素。

众所周知，更多记载世系的是文字部分。最早留下来的文字就是甲骨文和金文。很多出土精美的商周铜器上都有铭文，这些铭文里记载的其实很多都是祖先的事迹和祖先的世次。实际上这些铭文就是一种谱系的记载。另外一个就是甲骨文，甲骨里头有卜辞，还有祖先的祭辞，有些祭辞是记载商王世系的。所以说这些都是早期的谱系流传下来的东西。值得注意的是，在甲骨里头留下来一片刻在牛肩胛骨里的卜辞，内容是一个儿氏的世系，专家就把它定成了叫“儿氏家谱”。“儿氏家谱”现在有一个争论，有人认为是真的，有人认为是假的。这个“儿氏家谱”现在藏在大英博物馆。另外，我们现存的文物里，有“易州三戈”，就是礼器里有三个戈，每个戈上都刻着祖先的名次，一个是祖辈的，一个是父辈的，一个是兄弟辈的。甲骨专家陈梦家先生认为，“易州三戈”是礼器，但是如果把它们合在一起连着看的话，实际是构成了一个谱系。这些都是早期的一种族谱形式，反映了早期的人们对祖先和世系是非常重视的。当然，我们现在看到的都不是特别的完整和系统。

“谱系”这个词，反映了记载家族世系的特性，所以在20世纪80年代，台湾成立了“谱系宗亲学会”，而且出版了《谱系与宗亲组织》杂志，后来还做了个合订本，很厚的一本书。它就把“谱系宗亲”作为这一类学问的名称。我们也知道，美国和韩国有的组织也叫“……谱系……组织”，都是从这个角度理解的。这是第一个方面。

第二，我们再谈谈“谱牒”。“谱牒”这个词现在也是比较流行的，它源于司马迁的《史记》。司马迁在《史记》中有一篇《太史公自序》。《自序》里说，他记载历史是“取之于谱牒旧闻”。“谱牒”是文献的一类，“旧闻”就是一些传说，所以用了这样一个词汇。在《史记》的《十二诸侯年表》中，司马迁又说，他做这个年表用了“谱牒”。“谱牒”是什么呢？叫“独记世谥，其辞略”。“独记”，只是记载；“世谥”，也就是说名字等等；“其辞略”，说它比较简单。可以肯定，司马迁看到过比它更早的谱牒，上面记载的人名，是关于一些世系的简单记载。根据《史记》的这个记载，我们猜测司马迁曾看到过周代的王以及贵族的谱牒。

另外，现存的文献中，如《周礼·春官》，我们也从中看到了周代的史官制度，有一种官员是专门记载谱牒的。《周礼·春官》说“小史奠系世”，小史就是记载世系的官员，这是周王室的。在诸侯国也有一部分史官是记录世系的。我们知道，周代的这种史官制度和它推行的宗法制是结合在一起的。

中国有没有最早的谱牒呢？从现存文献记载来看，我们知道在汉代有一本记载族谱的书叫《子云家牒》，子云是扬雄的字，所以又叫《扬雄家牒》。《后汉书·袁绍传》里讲，袁氏曾经“上告祖灵，下书谱牒”，可见这个词是从汉代开始流行，是源自司马迁的。“谱牒”中又包括“家牒”。

我们中国内地在1980年代曾经成立过一个"中国谱牒研究会",会址在山西,并出版了一种杂志,叫《谱牒学研究》,共出了四期,国图都有收藏。当时为什么叫这样一个名称呢?是南开大学冯尔康教授的建议,他认为古人多用"谱牒",这个词作为学会和刊物的名称是合适的。在冯先生出的书《清史史料学》里,也有专门的一章叫做《谱牒史料》,也用到了这个词。

再一个大家比较熟知的就是"家谱",因为很多人家中都有家谱。"家谱"这个词最早出现在什么时候呢?现在有两种说法。一种是郭锋先生指出的,认为两晋就有。他的根据是《旧唐书》里记载了一本书叫《韦氏家谱》,《韦氏家谱》是皇甫谧撰的,皇甫谧是西晋人,所以他认为西晋时出现了中国最早的家谱,叫《韦氏家谱》。另一种是台湾学者盛清沂提出的,他是著名的谱学家,认为最早的是南朝齐、梁之际的一个家谱,叫《王氏家谱》。他的理由是根据什么呢?是在《文选》的"李善注"和《世说新语》的"刘孝标注"里,都引过这个《王氏家谱》,而刘孝标所处的时代是南朝,所以就断定这个《王氏家谱》最早。但是因为这些都是转引来的名称,所以我们不太好判断哪个最早。但是它们都是出现在魏晋南北朝时期,这时候用了"家谱"这样的一个词汇。

《新唐书·艺文志》里有"谱牒类",著录唐人的家谱。按它的名称排列,谱牒类文献一共是三十一种。我统计了一下,三十一种里叫"某某家谱"的最多,大概是二十例,反映了在唐代的时候,"家谱"这个名称是最为流行的,被世人所接受。另外,还有其他名称,"××家牒"等等。在《全唐文》中有一篇《河南于氏家谱后序》,这个是我们保存下来的关于唐代族谱的一个珍贵的序言,《全唐文》里只有这一篇是家谱序言。唐代记载家谱这一类型,一般都比较简短。《新唐书》的记载都是一卷，一卷其实也是不分卷。但是也有个别大部头的，有一个名称就叫《家谱》，《新唐书》说是二十卷，但这样的规模比较少见。

根据上面的介绍来看，从魏晋南北朝到唐代最流行的词汇，当时是叫“家谱”，后世民间修的比较小的谱牒往往也叫“家谱”，所以“家谱”这个词，在当时是非常流行的。

从学问的角度来看，在 20 世纪 20 年代，1929 年时有一个著名的学者，就是潘光旦先生。潘光旦先生是生物学家，也是谱学家。他最早写的文章非常重要，叫《中国家谱学略史》，在《东方杂志》发表，他用的词就是“中国家谱学”。国家图书馆的一个专家杨殿珣老先生，已经故去了。他在 40 年代也写过一篇很有名的长篇论文叫做《中国家谱通论》，也用的是“家谱”。国际上有名的，就是在美国犹他州有个很古老的家谱学会，十九世纪成立的，专门收录全世界的家族谱系和传记资料，它叫“犹他州家谱学会”，用的是“家谱”这个词。改革开放以后，国内关于族谱的目录有两个比较权威性的大型目录，一个是 1997 年中华书局出版的《中国家谱综合目录》，用的是“家谱”；另一个就是前两年上海图书馆刚刚出的《中国家谱总目》，这个最全，共收录五万多种家谱，这个也用的是“家谱”。这些都是从俗的叫法。

第四个是“族谱”。宋以后，族谱跟前代相比功能上有一个变化。魏晋隋唐修家谱，很重要的目的是世家望族为了选举和婚姻。宋代以后情况改变了，由于科举制的盛行，士大夫热衷于修家谱的目的是为了收族。收族就是加强族人的凝聚力。所以宋以后最先修的族谱，比如欧阳修的叫《欧阳氏族谱》，然后是苏洵的叫《苏氏族谱》。他们都用的是“族谱”这个词。

我们现在已经很难见到宋代的族谱了，但是在文集里，欧阳修、苏洵的还能见到，只是单本的、单刻的，已经见不到了，我们看到的主要是文集里面收的族谱的序跋。从这些序跋来看，它一般都用“族谱”这个词。当然了，还有一个就是各个姓氏家谱里收的宋代人写的族谱的序跋，这些就散见于各个族谱，但是有真伪的问题。

我们来看到了元代的情况，我自己是做过元代族谱研究的，统计过元人文集当中共有 233 篇关于族谱的序跋。这 233 篇序跋里，有 115 篇都叫“族谱”，占绝对的多数。其他名称就比较少，比族谱次一档的就是家谱，35 例，氏谱 27 例，剩下的都是很个别的几部。所以这就说明，在元代流行的是“族谱”这个名称，说明大家修的多数也是族谱。

再下来就是到了明朝的时候，族谱数量大增。我们现在还不太好统计，但是我做过一些个案的统计。比方说，明朝初年有个名人叫杨士奇，江西吉安泰和人，是三杨之首，他生活的年代，是成祖、仁宗、宣宗时代。杨士奇的文集叫《东里文集》和《东里续集》。因为他是大名人，常有人请他给人写序跋，他写的族谱序跋有 70 多篇，当然主要是以泰和、吉安为主，也有江西其它地区和外省的。我做过一个统计，杨士奇的 70 多篇序跋分布在 65 个家族，有些是一个家族请他写了好几篇，又有序，又有跋。这 65 篇里，谱名叫“族谱”的达到了 45 例，也就是 60 多个名称里，40 多个都用的是“族谱”，其他就是家乘、家谱、宗谱这些名称。所以我们肯定，就是以他为例来讲，也是“族谱”这个词最流行。而我们知道，中国宗族修谱传统最盛的有几个地区：闽粤地区、安徽地区，还有江西地区。所以我们虽然是举了一个杨士奇的例子，但是却有相当的代表性，就是在明代修家谱一般都叫“族谱”。

到了清代，还是沿袭这个传统。到了近代，研究谱牒这一类的，日本有一个著名的学者，是个社会学家，他也搞历史，叫牧野巽。牧野巽在1936年写了一篇有名的论文《明清族谱研究序说》，就是研究谱牒的。他看了很多文献，取的名称就是用的"族谱"这个词。我们中国有位著名学者，原来在内地，后来移居到香港，他叫罗香林。1971年他出了一本书叫《中国族谱研究》。罗先生是最早的系统地搞族谱研究的人，他用的也是"族谱"这个词。再看台湾。台湾在1980年代大力搞族谱，这与台湾当时的实际情况有关，台湾在70年代有一个"文化复兴运动"，后来主要是研究家谱。那时候由陈捷先先生主持了一个亚洲地区族谱研究的会议叫"亚洲族谱学术研讨会"，最后将研讨会论文结集出版，共七册，这七册论文集全叫《亚洲族谱××研究》。而且台湾编的目录，叫《台湾区族谱目录》，也用的是"族谱"。另外就是美国家谱学会把它收藏的中国的谱牒编了一本书，叫《美国犹他州家谱学会所藏中国族谱目录》，也叫"中国族谱"，没有用其他的名称。所以，我个人的看法就是，从宋以后族谱的流行情况、学者的研究情况来讲，可能叫"族谱学"这个名称更符合学术的要求。

第五就是"宗谱"。"宗谱"这个词现在看最早出现在《隋书·经籍志·谱系篇》，里面有一本书叫《后齐宗谱》，一卷，但称"宗谱"仅此一例。《全唐文》有一篇很著名的文章，叫《钱氏大宗谱列传》，它实际上是"列传"，但这个传是家谱中的，所以通过这个名称，我们知道当时在唐朝就有一部《钱氏大宗谱》。钱氏后来很有名，因为五代时候，钱镠在南方，现在江浙一带姓钱氏的都是一个祖先。我们现在看到比较有名的就这两例。这说明什么呢？在整个魏晋到唐代，"宗谱"这个词根本不流行。

"宗谱"出现比较多的是什么时候呢？是明代。我统计过元代，元代叫"宗谱"就两例，叫"族谱"115例，明代就多了。明代为什么多了？是因为宗族组织普及了，修的是族谱，再大型的就变成宗谱了。比方说，除了宗谱以外，有的叫统宗谱，统宗谱就是把各支祖先统到一起，好几支追一个比较老的祖先。中国的族谱比较早的，就是徽州族谱，徽州两大姓，一个是汪姓，一个是程姓。所以早期的族谱，汪、程两姓的非常多，看明代几乎都是这两姓的。汪氏有一部有名的谱，叫《汪氏统宗正脉》，“统宗”，把好几支统起来，“正脉”，要经过他的考证建立一个严肃的世系。统宗谱也属于宗谱。这都是明代的。

日本有一个著名的谱学家叫多贺秋五郎，多贺先生主要的专长是教育史研究，他也研究族谱，但他用的是“宗谱”这个词。他为什么用这个词呢？就是在多贺秋五郎先生研究宗谱的时候，是1960年代，这时候他在日本看到日本东洋文库以及其他几个藏书单位的中国谱牒，共看了一千二百多种，然后他又看了些美国的目录书，也是一千二百多种。因为那时候他无法来中国，他就看了些北平图书馆的老目录345种，还有大陆其他的目录几百种。所有加起来一共是二千多种，不到三千种。他统计这三千种名称里，“宗谱”这个词最多，因此，他就认为用“宗谱”这个词最能代表中国的谱牒之书。

可是，像我刚才也做了些考证，我们知道，历史上是“族谱”这个词使用最多，那为何多贺秋五郎见到的“宗谱”最多呢？我觉得主要的问题出在图书馆的采购制度。因为日本收中国族谱比较多的是八年侵华战争时期，他那个时候要买族谱如果是为了学术研究的话，一定是买大部头的，除了世系表以外，文献多的，大部头的东西往往就是宗谱，宗谱修了很多支，数量大，他买这些，他绝对不会买一个光有名字，很简单，做研究也没法研究，有的甚至简单的谱都弄不清它是哪儿的,家族都弄不清楚,这种学术研究上的意义不是很大,所以他是买大部头的。美国人买资料也是这个特点。公藏图书馆买书是从文献出发,买大部头的,所以它买的是宗谱多。但这个绝对代表不了流行的谱就是“宗谱”最多。所以,我觉得用“宗谱”这个词说中国的谱牒之学是不恰当的。多贺秋五郎先生出版了两部书,1963 年出了《宗譜の研究(资料篇)》,1981—1983 年出了《中国宗谱研究》。这些书,还有刚才我谈到的罗香林的书,我们国图都有。他用的是这个词“宗谱”,可是别的,我们看,都不用这个词。但是我们知道他这个来历很重要。

第六,我谈一下氏姓谱系之学名称之间的关系。我们现在这些家谱、族谱、家乘、宗谱很流行,一般的人弄不太清这个关系的,甚至很多人认为混着叫就可以。这个说法,我觉得只是说对了一半的道理。但是要注意,也有相当多的人,特别是古代的时候,是做区分的。所以,你不区分可以,但是你必须知道,如果区分的时候,这些词意味着什么。

我们还是举杨士奇的例子。在他的笔下,这几个名称都是有区分的,他这个杨氏有家乘、族谱和宗谱。第一个是家乘。家乘是什么意思呢?家乘里面包括家谱、族谱,还有家族的文献,简言之,家乘就是家族的世系加上家族的文献。比方说,我修了一个家谱,我这个家谱里当然世系、祖先都有,然后我族人里面有几个文人,他们写了很多诗,我想把他们的诗也收进来,可能有几个碑刻我收进来,这时候叫家乘就比较准确了。简言之,家乘就是有世系,又有文献。再说族谱。《杨氏族谱》是什么呢?是收他始迁祖以来的族人的世系。就是有一个宗族,这个宗族是出了五服的,就是始迁祖以来的,就叫族谱。另外,杨氏还有家谱。《杨氏家谱》是什么呢?都是小型的,收的就是高祖以内的,五服以内的族人，叫家谱。所以，家谱比较小，族谱比较大，家乘是加文献。当然，杨士奇也有弄混的地方。混在什么地方呢？他把族谱和宗谱混在一起。现实生活中，族谱和宗谱有时候也很难区分。宗，就是始迁祖以后，好几支合在一起，叫宗谱当然可以，叫族谱也没问题。另外，他又把族谱跟世谱合在一起，也叫世谱。所以，我们看到家谱文献，经常有这个情况，你拿到的一个家谱，序言里它叫“某某家谱”，或者叫“某某族谱”，又一篇序言又变成了“世谱序”或者“族谱序”，它是混着的。混着其实也没关系，因为叫世谱的时候，一般来讲世代比较多，当然可以是族谱，也可以是宗谱。但是，我们注意到，在杨士奇的笔下，家乘、族谱、家谱是区分的，这个大家要知道。很多民间修谱，确实也有这样来区分的。

总的来看，刚才我们介绍的这几种族谱大概是这样的：从时代来看，先秦和两汉时期一般叫“谱牒”，这个比较准确；魏晋南北朝到隋唐时期，有三个词汇在当时比较流行，一个叫“谱状”，一个叫“谱系”，还有一个叫“家谱”；宋以后，当然研究还可以继续探讨，因为宋以后族谱数量太大，不可能每个人都看那么多数量，但是我觉得是“族谱”这个词最流行，所以我是把它叫做“族谱学”。当然了，叫“家谱”、叫“宗谱”也有一定的流行。这是我们谈的第一个大问题的第一个方面。

第二个方面，我们再从文献学的角度，来给族谱做一个定位。族谱作为文献，它是哪一类的文献呢？第一个定位，就是作为历史文献。作为历史文献，早期的目录学，比如梁代阮孝胥的《七录》里面，对史书的分类一共是十二类，其中就有一个叫“谱状”，我们说家谱这类文献是属于史学类的，这是一个。然后就是我们刚才提到的《隋书·经籍志》。《隋书·经籍志》有《谱系篇》，《谱系篇》也在史部。现代的分类中,1993年,我们国家修《中国善本书目录》,其中在史部的传记类中有一项,叫“宗谱”。这个宗谱估计是受了多贺秋五郎的影响,所以当时用的是“宗谱”。如果按照我们新的图书分类法,在网上查“家谱”这一类,一般都是在史部传记类,然后有一个家谱系列。这种分类都是把家谱看成是家史,看成是史书的一部分。这是符合中国传统的,就是家有家史,国有国史,这种分类,把它作为历史文献。家谱里面有很重要的世系部分,世系就是一个祖先流传至后代的过程,与时间相关,所以,它是史的部分,是这种角度。

还有一个就是作为地方文献。地方文献是近年来的一个分类,因为近几年修新地方志、修家谱,到图书馆里查方志、查家谱的人很多,也是有这样的需要,所以像我们国家图书馆古籍馆就有地方志和家谱放在一起的阅览部。这就反映了一个现状,这两种文献关系密切,利用率很高。前几年,国图开过两次“地方文献国际学术研讨会”,也用的是“地方文献”这个词。就是把家谱、族谱作为地方文献。作为地方文献的道理在哪儿呢?就是说你要谈到某一个宗族也好,家族也好,它一定是某一个地方的,如果脱离开一个地方,你要理解这个族谱是很难的,你弄不清楚族谱里记载的各个分支传播的地方在哪儿,他们是什么关系,还有地域的一些特点。所以把这俩搁一块,合到地方文献,这是有一定道理的,就是强调家族的地方性和它宗支分衍的情况。利用族谱的时候,最好和方志比照着一块利用。

还有一个是最近几年最新的词,叫“民间文献”。就是把族谱作为民间文献。为什么这么做呢?这主要是随着社会史研究和地域史研究的深入,大家觉得文献的民间性很重要。刚才我们讲地方文献里两大宗,一个是方志,一个是族谱,方志是官方和半官方的,族谱是民间的。虽然中国的族谱特别是明清族谱受到意识形态的影响，就是儒家的影响比较大，但是毕竟是士大夫或地方热心人士自己修的，它有民间性。民间性和官方就有很大的不同，它比较自由，说一些具有个性的话。另外，作为民间文献还有一个特点，就是说族谱在地方上是一个家族，这个家族历史的民间性反映了一个地方文化的传承，它和地方、和民间社会的发展有一定内在的联系。掌握民间性就是掌握民间文化，就是民众、普通老百姓的历史。所以最近几年，做社会史的很多人去研究族谱，就是从民间文献角度，从非官方的角度来理解。

谱牒从文献学上有历史文献、地方文献、民间文献种种称呼，尽管这些定义有时候不一定那么清晰，但是从某一个角度考虑问题的时候有助于人们对族谱的理解。这是第一个方面，关于谱系、氏姓这类文献的看法。

二、族谱世系的记录形式

第二个大问题，我谈一下世系记录的形式。族谱最本质的特征就是要记世系。所以有很多文献要判断它是不是族谱，比如拿来一个家族的人写的诗，顶多说是家族文献，不能说这是家谱，家谱一定是记世系、祖先，然后一代一代的，所以这是族谱或者称家谱的核心部分。

世系怎么记载呢？实际上，中国记载世系随着时代而变化，宗族在变化，族谱也在变化。我们首先来看谱表和碑状。一是谱表。族谱中画图画表是常用的形式，看上去一目了然。图表的创立，主要是在汉代，它是谱牒学的核心方面。司马迁在《史记》里面首创《三代世表》，它是横格制表，分代分格顺序来写世代。南朝梁人刘杳就说，司马迁《史记·三代世表》叫旁行斜上。正史里面通常有纪、传、志、表，有一类学问就是制表，制表的学问是什么呢？就是如果这个人特别会做史表的话，他可能会说，我的学问是旁行斜上之学。旁行斜上就是指做表。这个办法其实也是周代谱牒的形式。

到了东汉时候，现在碑刻最早的碑就是汉碑，汉碑留下来的很多碑刻里面都记载世系。有名的一个是东汉的《三老碑》。《三老碑》有一个特点，在碑上拿横线、竖线打格。先是竖线，竖线打完格以后右边就是家谱，家谱又打了四个横线，四个横线记载着祖先一辈、父亲一辈、兄弟一辈，然后子孙一辈。这个记载的方法，虽然是在碑上，可是它和后来的《汉书》里的表的做法，还有后世的家谱是非常相像的，如出一辙。这说明什么呢？就是汉代的碑刻其实也是汉代家谱的一种形式。当然，汉代碑刻更多的不是这种打表的，它是一叙到底的，是以传记的形式介绍祖先，然后顺带把祖先流传下来的世系写下来，有时候写在碑阴，实际上是一种碑刻的家谱。

《汉书》修表的时候借鉴了《史记》，它可能也会参考到民间的一些谱牒。后世家谱都是采用图表的形式。还有一种图表，民间叫吊线图，从祖先开始垂下线来，一支一支分衍下来。比如说宋代的谱序里，有一个《胡氏族谱》，其中有"垂丝图"，垂丝图其实就是世系表，就是吊线图。这是图表类，是记载世系的一种基本形式。

再有一个就是谱传类。那么什么叫"谱"呢？其实就是系统性地排列，就叫"谱"。我们把自己祖先的世次系统地排列下来，叫家谱，叫世谱。如果你要是排别的，都可以叫谱，那就太多了，比如喜欢养花的，有各种花谱；喜欢养蟋蟀的，有蟋蟀谱。为什么叫谱呢？就是把这一类知识按系统地排列出来，叙述出来，就有了谱了，就靠谱了。

刚才我们提到，汉代的碑谱里，除了打格的以外，有一种就是平铺直叙地叙述自己的祖先，其实就是家谱，就是碑谱。另外，这种痕迹也能在史书里看到，比如《史记》《汉书》里面的传记，有的传记的开头部分就是祖先世次的介绍。如《史记》的《太史公自序》，《汉书》班固的《序传》，这都是史学家介绍自己的家世，都是讲我的祖先哪里人氏，一代代怎么传下来的。他怎么知道的那么详细呢？他一定是家里有家谱，然后通过传记的形式又把它表述出来。这就是一种谱状。

在魏晋时期又出了一类书，叫家传。家传记载两种内容，一种是把家里的人物按顺序给记下来，可能是一群人，也可能只记一人。但是修家传的时候会考虑到和谱系的配合，有时候可以分开，有时候可以合在一起。这种家传现在还有存世吗？魏晋时候的家传，我们现在还能见到一部，就是在斯坦因所藏的敦煌文献里，有一部《敦煌氾氏家传》。它是什么格式呢？它是先叙姓氏的源流，姓氾，怎么来的；然后是先世考辨，历史上祖先怎么回事；然后就是加赞语，对祖先的一些夸奖的话；最后列了氾氏十一个人的传，一一进行介绍。《敦煌氾氏家传》藏在英国，我们大陆出的书里面收录过。刚才我提到过《全唐文》里收录的《钱氏大宗谱列传》，也是谱里面有传，这可能跟当时谱和传有合一的现象有关。

第三个世系记载方法就是做器和排谱。做器，刚才我已经谈到了，早期商代的氏族谱里面，记在青铜器上的铭文，就是他的家谱，比如墙盘。周原的出土物中，很多贵族的窖藏里面有这种文物。还有一种情况就是在铜器上除了铭文以外，还有族徽，刻一个形象，就是他的族徽。另外，他的族徽不止是一个，一个图案里又有几个小图案，排列组合再印上去。根据现今商周学者研究，就是好几个图案的时候有可能是在一个大的族徽下，有几个若干的分支，分支小的族徽排在那，所以，几个图案实际上代表了几个氏族的分支。所以说，青铜器上的铭文和图案其实是早期世系的一个记载或氏族的一些记载。另外我前面提到的“易州三戈”，陈梦家先生说三个戈不是青铜器，其实就是一个家谱。

商代的人可能有这个习惯，在宗庙里面，通过摆上青铜器，青铜器上刻铭文表达一个世系记载。他们又有一个传统，就是每一代人都要往宗庙里面放青铜器。其实，青铜器本身的系列可能也构成一种祖先世系的排列方式。这个我们可以在后代的牌位上看出来。在宗祠里面，族祠里面，有比较大型的，排了很多祖先世系，祖先世系的排列有的是很有规则的，就按世代。修家谱的时候，把世代的祖先排列下来，会收到族谱里面，这个我们不妨叫做排谱。它不是一个世代里面所有的人，而是按世代的祖先，把祖先排下来成为系列，叫排谱。这个我们可以看到几种，至少是徽州的就有这种情况，我就看过有一个徽州排谱，族谱里面它不是排表，是印的牌位，一个一个牌位，“××之位”，那些祖先，一排一排的，收在族谱里面，成为一种谱的形式，我们把它叫做排谱。还有先祖坟墓，如果始祖墓下采取昭穆制度的话，那个系列实际也是一个祖先世系的排列。修谱的时候，如果修远代祖先，有时就是通过坟墓辨认的，确定墓地中有多少代。如果哪一代名字可能记不清了，但一定是有过那一代祖先，那就要在族谱里设一代。如果不知道他真实的名字，很可能会给他起个谱名。所以，它跟这个排在一起。做器和排谱这也是一种形式，这些都是属于小宗谱法。当然，也有的不是那么严格的就把祖先排列下来。

下面，我们专门谈关于大小宗谱法的问题。宋以后的族谱流行的是小宗谱法。小宗谱法主要是受欧阳修和苏洵的影响，他们在北宋时最先修族谱，修的都是叫小宗谱法。比如欧阳修修《欧阳氏族谱》的时候，他就说，我知道的祖先已经有限了,要修一个大宗谱是不大可能的,所以我只是修小宗谱。他怎么修小宗谱呢?就是在一个祖先的名称下介绍这位祖先的名字、世次、排行等等。这种形式,有的学者认为是新形式。为什么呢?因为早期的谱牒比较简略,司马迁就说过谱牒很简略,可能就是个人名,人的事迹介绍是在传里面。也把传叫"牒"。"牒"这个名称后世比较流行的,除了叫族谱、家牒以外,还有就是出家人拿的也叫"牒"。牒上有什么呢?有个人的履历情况的介绍等等。台湾学者盛清沂就认为,《欧阳氏族谱》开了个先例,叫谱系和传记合一,就是谱牒合一,这才叫真正的谱牒。世系是谱,里边人的介绍叫牒,是这么一个形式。

再一个,小宗谱法就是"君子之泽,五世而斩",五服里从自己追到高祖实际是四代,第五代就提行,所以你画栏的时候只能画四栏。苏洵所修《苏氏族谱》,也是小宗谱法,四代。他更严格,他认为修谱只能从始祖那修,始祖以后修四代就完了,"君子之泽,四世而斩",出了服以后,新修谱,再单修一个,苏洵是这种想法。苏洵这种想法实际上表达一个什么意思呢?他心目中是想修大宗谱法,但大宗谱法当时修不了,所以他先修小宗谱法,小宗谱法修的多了,每一家修四代,合在一起就是大宗谱法。在苏洵的《嘉祐集》中,除《苏氏族谱》序外,还有一篇文章,就叫《大宗谱法》,所以大宗谱法才是他的追求。但《苏氏族谱》有一个弊病,就是他这种修法,非常占篇幅,都是四代就一个谱,然后另起,用了很多纸,不太实用。所以后来流行的是以欧阳修为主,兼顾《苏氏族谱》做些调整。他们的谱法都是小宗谱法,但是苏氏谱法有大宗谱的追求。这么做其实也表达他们的一种理想,就是以谱法寓宗法,通过修谱,实现一些宗法的想法。实际上宗法是干什么的呢?尊祖、敬宗、收族,达到这样一个目的。

但是从族谱流行的情况来讲，宋以后，族谱在记载世系方面是按照小宗谱法世系，但是它记载的世次越记越多，实际上都是族谱。在这种情况下，名称就变了，从家谱变成了族谱，然后又变成了宗谱。如此一来，就必然出现大宗谱法的修撰问题。大宗谱法在明代开始出现。在宗支太多，成员太多的情况下怎么修谱呢？那就要修会通谱和统宗谱。“会通”的“会”，就是要把它们集中在一起，“通”是大家都联系起来；“统宗”，是把各个宗支都联系起来。这个我们可以举一些有名的统宗谱。统宗谱有名的是新安《程氏统宗世谱》，这个是著名学者程敏政修的，二十卷，一个大谱，它会通了程氏四十四支，收录的人数达到万人，记载的世系有五十三代，非常庞大，这只能是大宗谱。明朝嘉靖的时候，还有一个张氏家族的族谱，规模也很大，它收了全国十五个省的一百一十七个分支，就是全国性的大通谱，这当然是大宗谱了。这些都是明代出现的。

明代出现大宗谱，主要是与宗族制度发达，宗族繁衍，人口众多，以及谱牒学的发达有关。另外，与明朝政府的宽松放任政策也密切相关。到了清代，情况有了一些变化。一方面，像前面我提到的日本学者多贺秋五郎，他统计“宗谱”的名称比较多，宗谱里面有很多就是大宗谱；但是另一方面，清代跟明代相比较而言，清代的宗谱就远不如明代那样流行，那样规模庞大。这个和清朝的历史有关，因为清朝是少数民族建立的政权，它对汉族防范之心非常强，担心家族势力过于庞大。因为宗族是一个地域性的联合，是一种组织，政府对此非常敏感。当时发生过两个事情。一个就是江西的修谱之风很盛，在乾隆二十八年的时候，江西有一个巡抚叫辅德，他到任以后，发现江西的宗族都把祠堂修在省会南昌，南昌修的都是大宗祠，族人很多，他们又修大通谱，通谱追述祖先一直都追到先秦去了，姓姜的追到姜子牙，其他姓氏即使晚些的也追到了三国，如姓袁的追到袁绍。他上奏朝廷说这对社会治安不好，应该整治，一是把祠堂里的祖先牌位拿掉，还有一个就是检查族谱，族谱里面如果你的祖先追述太远，就是荒诞不经，要把雕版上的祖先抹掉。他这个建议乾隆看了以后，认为很好，准奏，然后全国推行。全国推行的情况怎么样呢？我估计推行效果不会太好。但就江西而言，后来确实发现过这种修改过的族谱，就是它确实执行了。这是一个例子。

还有一个例子就是孔府。宋以后，孔府有南孔、北孔。北孔在曲阜，南孔在浙江衢州。乾隆时期，曲阜的孔姓要修全国通谱，当时衍圣公孔昭焕就派人去江浙，调查江浙孔氏的族人。调查的人员拿着“札复”，我理解它实际上是一个通知，就是我现在修大宗谱，请各地的宗人配合，把你们的世系报上来，可能会有一些表格填上来，汇总到曲阜。乾隆知道这个事情后，痛斥了衍圣公孔昭焕，认为他搞这种全国性的联络，不符合官场的做法，批评他荒唐、背理、悖谬，话说得很重。表面上，乾隆是否决孔氏修谱的做法，其实骨子里乾隆最担心的是，因为孔子是全国汉族的文化代表，孔氏搞全国性的大串联，担心出事，不过是乾隆没有明说。所以，在这种背景下，清朝大的全国性的通谱是有限的，数量少，规模也小，比不了明代。这也是我们为什么不同意用“宗谱”做中国谱牒名称的一个理由，它没有代表性。在政府这种态度下，清代的大宗谱不会太兴盛。这是关于世系的记载。

三、谱学和史学、方志学的关系

下面我们谈第三个问题，就是谱学和史学、方志学的关系。

第一就是谱学比拟正史，前面已经讲过，古典目录学是把家谱作为家史，放在史部里面的。作为历史，中国的正史是纪传体的正史。所以有学者研究，在魏晋时期出的谱叫谱状、谱系、家谱，还有家传，这时候就有了关于人物的其他记载，就是传记部分的记载，有了传记内容的话，当然是说这就不仅仅是谱系了。台湾盛清沂先生就认为，这个其实就是借鉴了纪传体。我们根据《世说新语》《文选》征引的早期族谱，它确实在人名以外，有些人物的介绍。而且那个时代还有个特点，就是介绍、记载女子，不像后代族谱越来越排斥记载女性。这不太好，但魏晋时候不是这样的。这个现象，有的人是从两个角度来归纳的，一个是归纳在魏晋以前，中国母系氏族社会的遗留比较多；另外一个不这么看，不是说魏晋的时候变了，而是说宋以后变了，宋以后族谱受宗法思想影响太严重，排斥女性了。

刚才我们提到族谱的繁荣是在明代以后，在明代，确实是有的族谱就直接地借鉴正史。现在有几句比较流行的话，一个是：家有家史，国有国史；还有一个是：中国的文献记载分三个系统，国有国史、地方有地方志、家里有家谱。这种概括只是一种角度，其实不是特别的完整。就是从这个角度来看，什么时候把家谱就直接比成正史呢？我现在看到的资料是元代。元代有个学者叫金履祥，他说，“尝谓国者家之推”，这是中国的传统，就是家国一体化。什么是国家呢？国家就是家庭的推衍，无数个家庭、家族就构成国家了。“以国则存志”，国家要存志，这个“志”是可以当“史”理解的，“志”其实也是“史”，国家有志就是国家有史；“以家则存谱”，家里面则有谱，它是对应的，国有志家有谱，就是国有史家有谱。这是最早的，元人提出的。到明代就多了，比如在明朝初年，浙江人宋濂,他是大学士,开国文臣之首,他就说"国有史则统明",国家有了历史,国家的统序就明白了;"家有谱则宗正",家里面有了族谱,宗族就正统了。明代中叶学者陈宪章也说,"家之谱,国之史也",家里有谱,就好像国家有史一样。明后期的史学家王世贞就直接说,"谱,家史也"。就是把家谱当成家史,又把家史比拟国史,这种说法在明代大量出现。

明代还有这种修谱实践,既然把家谱比拟成历史了,有的就按历史来修。典型的例子就是徽州的汪氏。明代徽州汪氏有一个大学者,叫汪道昆。汪道昆介绍他们汪氏的族谱怎么修的呢?他的族谱里面一共分十项内容,这十项内容分为五大类:纪一、世家二、世表三、传二、志二。所以纪、世家、表、传、志俱全,它的体例完全仿照《史记》,这是很典型的。虽然这种例子并不太多,但把史里的一个部分拿来放到族谱里面,这种例子明代却有不少。我们知道"纪"主要是纪皇帝,家谱里面很少,所以一般是没有的,像汪道昆这个是个例外。但是"传"是大量的。所以把家谱比拟国史的明显特征在明代就是除了世系的记载外,要收很多人的传记。再有就是"志","志"就是把一些制度性的东西放进来,特别是明代的宗族制度比较发达。这方面的例子很多,有不少族谱都是这么修的。而且明代还出了一本特殊的书,也是徽州的,叫《程典》,姓程,汪、程是徽州的两大姓。《程典》这部书目前海内外只有安徽图书馆和国图收藏。《程典》就是程氏的典制之书,它完全是按制度,分门别类地介绍程氏有关宗族制度方面的内容。这就是借鉴了史书里面的典制体。

借鉴史书,在明代是最突出的,到清代受到了很大的抑制,这主要是与修《四库全书》有关。修《四库全书》的时候遇到一个问题:家谱该不该收入?我们知道,《四库全书》是不收家谱的,第一个是家谱太多,另外它是属于民间的东西。

可是在地方上收的时候，有的人、有的地方就建议，安徽是最突出的，说家谱得收，收上来我们主要是检查一下，如果有不利于政治，不利于清朝的话，就让他们改。在这个过程中，大家就发现了一个问题，有的家谱修的时候它是比拟正史的。有的官员就说，这个不恰当，司马迁开创正史纪传体以来，只有国家官修，唐代以后官修史书才可以，民间修家谱怎么能够比拟国史呢？这是僭越，这不行。有了这件事以后，就出现一个问题，清朝兴"文字狱"，修《四库全书》的时候，有些收书的人就打小报告揭发，说某一家谱用了正史里面的体裁了。当时有一个韦氏的案子，由一个生员检举揭发，说他家的家谱里面用了"世表"。我们知道《史记》里用"世表"，他家的家谱不能用"世表"。检举揭发以后，这种案子朝廷并没有太当回事，因为家谱是民间的，并没有太多的政治意义，就劝他把名称改过来就可以了。有了这个经验教训，所以后来清朝很多家谱不像明朝，明朝叫"世表"的很多，清朝也有，但少，清朝就把"世表"改称"世系"、"世谱"。还有，我们知道司马迁《史记》里有"传"、"赞"，就是"太史公曰"的内容，是史官发表的一些看法，家谱里面也有。有人说"传"、"赞"也不符合，也是借鉴史传。所以后来家谱也不敢用这个，这也是"文字狱"的一个情况。通过这一点，我们能看到这是政治势力渗入到社会生活的反映，在清代比较突出。

再一个就是借鉴方志。借鉴方志也是明代最突出。一个是正史里面本身就有志，另外民间老百姓看的书，地方文献里容易接触到的是地方志比较多，对修家谱的参考性也比较大，他就借鉴地方志。地方志里面，明清时候的特点也是传记多、志多，所以就把地方志的内容收进来。徽州族谱这一特点比较明显。我做过比对，徽州地方志里面，有的地方志有一类叫"宫室"，宫室记什么呢？就是记载地方上的一些建筑。建筑里可能家庙也算在里面,早期是不分的,把家庙跟佛道的寺庙合在一块,后来就分开了,家庙就是家庙,与那些宗教性信仰、民间信仰的祠庙分开了。族谱里面可能又把地方志的这些名称收进来,作为一类。这种情况也有,借鉴地方志,比如说古迹、杂载、坊表。坊表是什么呢?明清时候大量旌表节妇烈女,尤其节妇是大量的,就是守寡,守寡在当时被认为是一种美德。守寡以后,盖了很多牌坊。族谱里要记载这些牌坊,就设一个叫"坊表",把给谁立的牌坊,牌坊的情况收在族谱里。坊表地方志也有,实际上就是志,借鉴了地方志。这是一类,就是关于族谱跟史志的关系。

四、族谱中的宗族制度

第四个大问题,我们谈一下宗族制度何以进入族谱。所谓宗族制度就是记载族长、祠堂,宗族里面的族田、族学、族会等等这些制度,核心是族长和祠堂,所以中国就把族长和祠堂叫做族权。后世族谱里面,有关这方面记载比较多的是在"族规"、"家训"里面,还有"凡例"里面会提到这些比较多。

可是大家要明白,这些内容不是自古就有的,它基本是宋以后的产物,宋以前没有。这要看两个问题,第一个就是唐宋之际族谱功能的转变。刚才我们讲了,中国族谱唐宋之际发生了一个变化。先秦两汉就是谱牒,主要就是一个人名简单的记载。到了魏晋隋唐,谱状记载就多了一些,就是关于人的记载多了一些,目的是什么呢?是选举和婚姻。宋以后是为了收族,收族就要成立宗族组织,要记载关于宗族的制度性的很多内容,这是一个大的变化。

宋代功能转变,主要是这时候在士大夫中出现了一批大的思想家,他们认为改造社会,或者建立社会,搞宗族是一个办法。比如宋代早期的张载,认为要维护好社会秩序,必须明谱系宗子,就是立宗子,然后修家谱。还有就是二程(程颐、程颢),认为要团结族人的话,就要搞宗族,一定要让他们祭祀祖先。中国历史上,祭祖受等级身份的限制,祭祀始祖的是皇帝,官员一般是祭祀诸侯,祭祀通常是五服以内,老百姓只能祭,历史上一般是祭一两代祖先,再早不允许祭。到了宋代,有人就主张,如果只祭两代,就是祭爷爷辈,只能团结他的家庭,如果要团结很多人,就必须祭祀到远的祖先。一些人主张小宗之法,祭祀到高祖。程颐主张准许大家冬至的时候祭祀始祖,这过去是帝王的权力,他认为老百姓也应该可以祭祀,到祖墓那里祭祀先祖。先祖是什么呢?始祖以下,出了五服的祖先。祖先有很多,找那些对宗族贡献比较大的,可以祭祀。他们还主张,族人如果想加强关系,就得互相来往。怎么来往呢?就是搞宗会。什么是宗会呢?一个就是逢年过节的时候,大家要一块儿聚会,最好能够做到每个月见一次面,开一次族会。再一个就是亲戚、远亲来的时候,要接待族亲,同时本族也利用这个机会来见面,加强联系。这是他们的主张。

到了南宋时候,出现了孔子以后影响较大的儒学思想家,就是朱熹,朱熹写了一本书——《家礼》。当然,这个作者有一些争议,但是基本上可以认定是朱熹的想法。朱熹这部书里面有一个“通礼”,就是要求建家庙。因为官员才能建家庙,所以“家庙”这个词有点僭越之嫌,他起了个新名词,叫“祠堂”,要求大家都建祠堂。另外,就是要有一些礼仪化的实践,就是冠、婚、丧、祭的实践。

特别是还有人把这种想法上升到哲学的高度,这个人就是张载。张载的文集里有一篇叫《宗法理窟》,关于宗法,他有一个定义,就是宗子之法。他还提出一个很重要的哲学命题,叫“一本万殊”。“一本万殊”是世界观,世界就是“一本”和“万殊”的关系。“一本”就是什么事情都有源头,世界是什么?世界是气。人是什么?人是祖先传下来的,有个“一本”,有个始祖。因为世界是气,我们祖先传下来是靠血脉,血脉里就有气,所以兄弟的关系叫“同气”,人和祖先的关系是一气下来的。人和祖先的这个关系,祖先分叉流传下来,就好像山有一个主峰,然后有余脉;江河有一个主干,然后有支流一样。世界物质的形态是这样,自然的形态是这样,人的形态也是这样。因为有这样的理论,所以大家修谱的目的是要把祖先的世系搞明白,把祖先确定下来,加强宗族的凝聚力。配合这些,就要有族长、祠堂、族田、族学、族会这些制度,这就是收族。宋代的时候,欧、苏谱就叫族谱了。

到了元代,就出现一个现象。元代很多人批评欧阳修和苏洵,说他们两个人号召大家修谱很好,但是他们俩的认识太狭隘。为什么呢?他们都修小宗谱法,就记载了五代人,或者再零星的不超过七代,那么多族人都不记载。元人说我们就要突破这个,怎么突破?就修宗谱,联合的人更多了,就是大宗谱法。由于有了宋以后儒家大思想家的这些想法,有一些具体可操作的办法,就是宗族制度,这些方案就进入了宗族。

第二个问题,我们就谈一下宗族制度进入族谱。宋代那么多著名的学者的这些主张,主要是提出一些方案,实践的很少,实践也是零零星星地实践。实践比较多的时候实际上是明代。明代的实践跟两个事情有关。一个是在明代的时候朱子学被确定为官方学,就是官方的意识形态。所以《明会典》《大明集礼》修纂的时候都是参考了朱熹的《家礼》,儒家朱熹的这套东西到了明代才进入官方意识形态,元朝时候是蒙古法，不用他那个。还有一个跟这个有关的，就是明朝开始宣讲圣谕。明开国皇帝朱元璋时代有“宣讲圣谕六言”，百姓在正月十五要学习这六句话，这个制度叫乡约制度。这个制度是由宋代吕大钧、吕大临兄弟俩提出的，他们是陕西蓝田人氏。他们是从地域的角度出发，认为乡里乡亲，大家要互相照顾、互相帮助，如果这个做到了以后，村里的社会秩序才能好，民风才能淳朴。我们知道，村落的地域关系是跟家族、血缘关系联系在一起的，所以乡约制度实际上也是在加强家族的关系。明朝的国家系统都推广这些系统，让地方上就宣传圣谕六言，成立乡约，大家来学习。很多士大夫又把乡约这套办法吸收到宗族里面，讲乡约不是初一、十五念圣谕六言吗？宗族里面怎么办呢？宗族里面就把族人组织起来做宣传。宣传的时候，乡约要有一个约正，约正既是负责人，也负责来念乡约。宗族里面也选族长做头领。族长兼约正，或者单选一个约正。圣谕六言无非是叫人做好人，宗族里面的族人也要做好人，所以就把乡约的精神变成了族规的精神。乡约要修乡规，宗族也修个族规，族规就仿照乡约。所以宗族受乡约的启发，就设立约正，定时宣讲。乡约宣讲完还有一个仪式，就是大家开展批评和自我批评。族里面来表彰，这段时间哪个族人做了好事了，就要表彰，甚至有的仿照乡约做两个本子，一个是用红笔，一个是用黑笔，红笔是记载好事的。哪个族人行为不端，长辈就批评他，就用黑笔给他写下来，劝他改正这个缺点。下次聚会的时候，如果改正了，在这上面就取消了。这是乡约的办法，宗族从中获得灵感。修族规的时候，族规里也规定族人该干什么，不该干什么。刚才说到，张载要求宗会，族人每个月开次会。现在明朝政府规定，初一、十五得讲乡约，讲圣谕六言，正好这两个也合拍了。约正讲圣谕六言的时候，族长就讲自己宗族的事。这样,宗族借鉴了乡约的办法。我个人认为,明代中国宗族上有一个重要的变化,叫“宗族乡约化”。正是因为“宗族乡约化”这个契机,所以使宗族组织化和制度化。比方说“族规”这个词,明代以前没有,明代以前教育族人的教程,叫家规、家训、家法。到了明朝,出现了“族规”,因为变成了宗族制度的一部分了。另外还有一个词用得比较多,叫“族约”。“族约”这个词就典型地反映出宗族和乡约的结合。族约就变成族规了。还有一个,宗族要移风易俗,把社会风气改变过来,很重要的就是过去在做仪式的时候要端正,人生大事,冠、婚、丧、祭这些礼仪都要会做。怎么做呢?最流行的就是按朱熹《家礼》的办法来做,因为明代官方的意识形态是朱子学,所以宗族做这套礼仪活动,基本是在朱子《家礼》的基础上进行增减。这样的话,儒家这套东西也就完全进入了族谱,进入了宗族。

所以我们说,宗族进入族谱,有两个关键时期:宋、明。宋代是出思想,明代是出办法。这些一直保留到今天,而且我们现在看到的宗族建祠堂,在以前建祠堂也是受限制的,就是明朝嘉靖的时候官方才允许老百姓祭祀始祖。嘉靖十五年夏言提出建议,然后民间建宗祠才流行了。修谱,谱里除了世系的人名以外,记载很多其他内容,这都是明代中后期的产物,主要是明朝16世纪以后,嘉靖、隆庆、万历以后的产物。清朝又继承下来,到了民国(当然这中间有变化),传到我们现在。其实,宗族制度很古老,谱牒之学很古老。但是我们现在见到的宗族和族谱这样的形式并不太多了,大概就是宋以后,特别是明以后的产物,这个是大家需要明确的,这也是判断族谱里那些文献的依据。

苏洵说过一句千古名言,说看谱的时候,“孝悌之心油然而生”,他实际是两层意思,一层是你看世系表的时候,你知道你的祖先是谁，然后繁衍产生这个氏族；还有一个就是后来的族规、家训，要教育人忠孝。范仲淹也有一句名言，说族人和族人大家讲关系的时候，有各种分别。以祖先视子，祖先居高临下看子孙的话，所有人都是子孙。那意思是什么？就是大家都是一个祖先的子孙，我们有什么理由不团结、不帮助、不和谐呢？这些其实都反映了宋以后宗族的一些理念，这些理念当然也进入了族谱，所以我们再看族谱的时候，族谱里是有儒家文化，有宗族制度的东西。族谱某种意义上是一个教材，它要教育我们看谱的人。所以，现在研究文献的时候很重要的一个命题，就是一类文献你要认识它的性质的时候，谁来修？怎样修？给谁修？谁来看？这个比喻里头，大家可以注意一个比喻，比如修家谱给谁看？这其实学界是有争议的。一般的常理说修家谱是给族人看，这当然是普通的认识。也有的人认为家谱是给修家谱的人看的。其实这里面蛮有意思的。如果要按这个道理再问问，修了方志，这个方志给谁看的？你会思索出很多问题来。就我们谈的传统的族谱来讲，它是有这个功能的。这是我们谈的第四个问题。

五、中国族谱的文化传承与人文精神

第五个问题，我想谈谈中国族谱的文化传承与人文精神。刚才我们讲过，因为宗族制度、儒家思想进入了族谱，所以族谱就带有了政治性和价值观。那么我们如何来看待这一点呢？族谱所蕴含的是家族本位的精神，这是传统文化。我们知道，这个传统在民国以前来讲，是毋庸置疑的。中国文化的最大特点，就是祖先崇拜。家谱从文化上看，就是祖先崇拜的产物。我们为什么修家谱呢？要把祖先记下来，把世代搞清楚。所以在明朝,西方传教士来了以后,洋教跟中国文化的冲突就是礼仪之殊,西方是要拜上帝,中国是拜祖先、拜孔子,冲突太大。明代就讨论,到清代康熙时候,跟教廷谈崩了。因为教廷那时候说信仰上帝,就不能信仰祖先和孔子。这在中国简直是大逆不道的,因为信仰祖先和孔子是我们的习俗,我们的文化传统,所以康熙后期、雍正时期就禁止西方传教了。中西文化冲突的根本点就在这个地方。

进入民国以后,也是在这根本点上发生问题。民国以后的传统是什么呢?那时候认为,中国人没有自信心了,西方先进,中国落后,落后在哪儿呢?我们信仰祖先,重视血缘这一套没有个性。所以五四以来反传统,很重要的就是反祖先、反宗族、反家谱。晚清时候有一篇文章叫《祖宗革命》,很典型的。"祖宗革命",怎么革命?就是把祖先的牌位烧了,祠堂拆了。这是非常极端的一小部分人。而大多数人在思考一个问题,就是民国以后要搞现代化了,中国的文化、家族本位、宗族,包括族谱,其实是宗族的一个部分,一个文字的表现形式,这一套我们怎么看?孙中山先生在这个问题上也很矛盾,他一方面认为中国文化的根基在宗族,在家谱,没有这个,怎么有中华民族呢?另一方面他又认为这个思想不太跟现代潮流符合。而在民间,一方面是要搞现代化了,中国这个宗族有很大的限制,最大的问题是不利于个性的发挥,这当然是跟西方比;还有就是缺乏创造性。另有一派,特别是在抗战的时候,认为现在我们保存宗族、保存家谱,这是保国、保民的关键。中华民族到了危险的时候,就要修谱。

建国后,到了"四清"和"文革",族谱就是"四旧"了,就烧。改革开放以后,修谱的人越来越多,对祖先是越来越感兴趣了。在这种情况下,我们如何来看待呢?如何看待族谱,某种意义上是如何看待宗族。我想跟大家来讨论这个问题。如果我们用现代化、现代性这些东西来看,中国这个族谱里的精神,确实不是在充分地张扬主体性和创造性,但问题是什么呢?问题是我们现在处于社会转型时期,我们不要像前些年那样用二元对立的方法,把传统跟现代对立起来,我们要看到它的转化。这是一个立场。

第二个立场就是从对立的角度来看。我们现在转型社会最大的追求就是要搞商品经济、市场化。它带来的问题是什么呢?是过分激烈的竞争,导致人们心理的失衡,没有安全感。而家族文化的一个特点是,它给人带来的是安身立命,感情归属。为什么寻根问祖呢?文化上要追求一种归属感,人们修谱的时候要联络他的族人,族人就是他的亲人,他见了要联系,要跟他们交往。所以说,在现代社会下,我觉得族谱是具有维护民族精神家园的作用。如果我们没有这个民族精神家园,我们不知道祖先,没有族谱,我们的情感世界是很苍白的。如果在另一种文化下,他可能不需要这个,人家活得也很自在,问题是我们有几千年的传统,我们谱牒学的传统就是一个,中国人就要讲这个,要认祖先,认族人,要有这个情感寄托的。所以说,中国族谱是实现文化认同、维系社会的重要途径,而且还具有现代价值。

第一方面,我们谈谈关于文化传承和文化认同的问题。有史以来,我们的祖先就通过口述、结绳、文字等形式记载祖先和世系,同时记忆历史。随着历史的演进,记忆的内容不断变化,都反映了时代的需要,所以谱系之学承载着文化,形成了“国有国史,家有家史”的局面,这是中国家国同构社会文化的一个体现。在当代市场经济、商品经济条件下,传统文化受到的冲击是非常大的。强调谱系与家族历史记载、传承文化尤为必要。

另外,中国族谱的记载方式是由古到今,中国的记载是吊线图的形式。大家如果看过西方的家谱，跟我们相反，西方的是树状，它是大头在底下，是树干。所以西方人修家谱跟中国人不一样，中国家谱是先确定祖先，一代一代地修，修到我这，由远及近、由古及今；西方人是由今及古、由近及远，先确定我，往上倒。所以，我们知道，西方是个人主义，是个人本位。我们中国人不一样，我们是先从祖先找，如果有的话，能确定下来越早越好，找到了以后，一代一代下来。所以他们讲，西方是向前看，中国是向后看；他们是个人的，我们是群体的。但问题是什么呢？是文化各有其价值，到了核心的部分实际是交融的。所以，全世界文化不同，大家文化上是平等的，有文化共同的价值。它虽然立足于自己，但它是立足于自己的情况下来看集体，西方人不是不讲集体，不讲亲情，不讲关系，也都讲这些，但他是从自己出发来看。中国人不是说我从古到今向后看就不看今天了，不是说我光看群体就不看个人了，我是在群体里头来看个人。结果是什么呢？我觉得是殊途同归。它走的路不一样，但在认识人的根本价值上是一致的，都会涉及到个人与群体、个人与个人、个人与家族、个人与社会、个人与国家的关系。所以说，中国人有爱国主义，美国人也有爱国主义，他们是建立在个人基础上的爱国主义，我们是建立在家族和群体上的，各有其价值。

那么，民国以来的问题出现在什么地方呢？是以西方的价值观为本位，然后贬低自己。现在我们知道，中国的经济也在现代化，改革开放以后，我们有越来越多的文化的自信心、民族的自信心，所以我们对于自己的家族文化和家谱也要有自信心。它是一种表达方式，不是说我们追祖先就看不到今天，追了群体就看不见个人了。关键的是什么？是把二者的关系处理好。所以，我们中国人的观念里面强调的是尊祖敬宗、光宗耀祖、慎终追远，这也是中国人文化的动力。现在不太讲这个，很多人过去出国发奋读书，说是干什么呢？说我得对得起祖先。至少我们现在很多人还说，我要对得起父母。父母的再上一辈不就是祖先了么？再几辈就是祖先了。这就是一个动力，这就是文化的动力。中国文化的好处会产生重视历史、感恩图报、自强自立等种种文化现象。

而祖先认同归结来，是姓氏的认同，姓氏的认同追到底就是民族的认同。中国的姓氏很多，黄帝说姓氏是二十五个姓，然后繁衍的越来越多。每个人都追述祖先，最终，追到中华民族早期的几个祖先，最后就是炎黄子孙。当然炎黄子孙要扩大化，因为中国是多民族，五十六个民族，不要局限在汉族。不局限在汉族的话，就是华夏文化。华夏文化是以中原为主，是包括少数民族的。所以说，血缘认同、姓氏认同、家谱认同，归根结底就是民族认同，就是中华民族的认同。这就是中国文化的模式。这套模式就会加强民族的凝聚力，而且它会体现在国家认同上，就是我们是中国人。所以，中国人有龙的传说，我们都是龙的子孙。中国文化这一套东西都没了，那就不叫中国。因为我们是中国文化，当然我们要保持这一套东西。中国文化的特点，就是张载总结的"一本万殊"，就是重视"一本"，所以中国特别强调这个，我们是一个血脉下来的，有延续不断的历史，有共同的祖先，是这套文化。

族谱学，特别是宋以后，被深深地打上了儒家的烙印，儒家观念非常地强烈。儒家文化是中国文化传统的伦理道德的基础，所以对族谱学的认同相当程度上也是对儒家文化的认同。中国文化跟现代一些观点，跟其他文化比较，有一个创造性和个性发挥的问题，怎么来看？最近，著名学者何炳棣先生认为，中国文化之所以延续下来，如何认识中国文化，关键一个要认识中国文化的"宗法基因"。这是何炳棣先生发明的一个词，叫“宗法基因”。我们知道，基因这个东西是回避不了的，你甭管它好坏。为什么呢？中国的宗法基因就孕育了在中国黄土高原农业文明基础上，产生了国家，然后文化延续下来。他说失去这一点，中国文化也不能够流传至今，因为我们也认识不清楚中国文化，所以叫“宗法基因”。但是，他又说，这种基因，在现代会影响到一个人发展的高度和深度。何炳棣先生是清华毕业的，后来留学到了美国，所以东西方文化他是非常了解的，他是个大学者。所以就这一点来讲，我们一定要看到自己的根基，中国文化的长处，同时也要看到，它的很多因素还是有局限的，是可以改造的。用哲学的话来讲，就是可以扬弃的。扬弃就是说在改造基础上来变化，而不是像晚清民国初年的时候，或者是极左的那种全盘否定的办法，甚至就是以打倒祖先为能事。那其实是荒唐的。问题是在哪儿呢？如果我们观察中国的族谱，观察中国宗族的时候，我们中国宗族和族谱几千年来是在发展变化的，它不是一个僵化的、僵死的东西，它的变化是使它能够接受新事物的。所以，就会给我们带来自信心。

第二个问题就是人文精神和社会和谐。中国族谱探讨的问题是什么？是如何记载人，如何体现人，如何关心人，人与群体、人与社会乃至人与国家的关系。这套东西反映的是什么呢？是我们人类的自我关怀，也是终极关怀。我从哪里来，我往哪里去，中国人一直就关心这个。人类就是要关心这些东西。这种自我关怀强调的是对祖先负责，塑造理想的人格，称得上是一种人文精神。中国文化中重视人本，强调理性，所以中国文化里面神学和宗教远逊于西方，与以家族文化为本位是不无关系的。族谱体现的人文精神，从人际关系中看待个人，反对功利主义，强调做人有其价值。如前所言，族谱中的传记，宋以后收节妇烈女，是受儒家“存天理、灭人欲”影响，这个有局限性。但是我们知道，新时代修家谱收什么呢？我们收的是劳模。过去修家谱收什么呢？收的是进士、举人，有身份的人。那些人当然都是家族里面读书读得好的了。那么我们现在收什么呢？我们收博士，收硕士，收大学生，也是受高等教育好的，他们家族收进来，不是挺好么？过去族田救济穷人，资助科举考试；现在有的家族也是这样，奖励学生拿更高学位，给助学金，这很好。这些都是中国家族文化的特点。

现在存在问题比较大的就是族规、家训，就是明以后的族规、家训。因为儒家伦理色彩太浓。为什么要有这些族规、家训呢？如果按明朝来讲，实际那时候国家，特别是士大夫，如果想把社会搞好，会选择通过族规、家训，通过宗族建设移风易俗的道路。按现在的话，就是说把这个社会搞和谐了。族规、家训的内容在这里主要有四个方面的内容：第一就是维持宗族的秩序，重视族内家庭关系和治理家庭。所以，族规、家训特别强调一点，就是当家长的一定要管好子孙，祖宗、祖先要管好子弟，一定要担负起教育的职责。家长怎么治家呢？当然是根据那个时代的伦理道德。所以，完成一个社会化，做一个符合社会标准的人。今天看是有局限，但在那时候是让人做一个好人。

另外，就是重视群体和外部的关系。宗族特别强调族内大家是一种互相帮助的关系。族谱里面一定要强调这个。尊贵的人，主要是当官员的人不要看不起普通人，富人一定要救济穷人。这是非常突出的。为什么搞那么多宗族的公有财产、集体财产呢？就是为了救济穷人，救济老人，资助那些念书人。这是非常好的一种道德品质。对外，宗族一般告诫人不要惹是生非，但是如果利益受到侵害的时候，它也强调据理力争。这一点，有时候宗族会过分，就是以宗族为本位，有些会导致宗族间的矛盾。这在现代社会来看，任何活动都应该是在国家法律的规定之内，不能够扰乱社会秩序。这是宗族需要注意的东西。

另外，就是在生活方式上，宗族特别强调在衣食住行、闲暇娱乐、婚丧嫁娶、职业选择、为人处事方面的各种规定。这些规定的核心就是做人，做一个正人君子，生活上要有节制。所以，家谱族规里最反对的是在职业上从事贱业，生活作风上赌博、嫖娼。这些是严禁的，发现以后，宗族开除出族。当然了，有时候也有一些过分的，就是干预族人的婚姻。这个有的宗族做得过分，这是不符合现代的一些实际情况。

在族人和国家的关系方面，族规、家训都强调的是什么呢？族人要按时向国家交纳赋税。宗族的立场是怎样呢？国家规定让每个人交赋税，迟早都要交，晚交不如早交，省去麻烦。这是一层道理。第二层道理是讲，如果好好交赋税就是爱国的表现。当然那个时代交税有那个时代的任务，但是有一点，要按现在来讲，当好一个纳税人是每个公民应尽的义务，从这个角度来看，族规里头的这个讲法我觉得还是很好的。就是教好人么，族规不能教人天天抗税、抗租，它不是那个意思。

宗族之所以搞族规，实际上是为了促进社会的和谐，这是它主要的指导思想。但是它的意识形态方面，是利用儒家的思想处理家庭、宗族的关系。以孝治人、治家、治族，做一名正人君子，树立安分守己，乐天知命，与世无争的生活态度。时至今日，族谱当中的家长制、尊卑等级秩序、男女不平等、压抑个性的成分已经不符合今人观念了，已经落伍了。但是重视家教、强调个人精神，主张族人互助，救济贫穷的人文精神，对于建设和谐社会是不无帮助的。因此，我们觉得它还具有现代价值和现代意义。

赵园

明中叶以降知识人的讲学活动

赵园，1945年出生于兰州，河南尉氏人。中国社会科学院文学研究所研究员。主要研究领域为中国现、当代文学，明末清初思想史。著有《艰难的选择》《论小说十家》《北京：城与人》《地之子》《明清之际士大夫研究》《易堂寻踪——关于明清之际一个士人群体的叙述》《制度·言论·心态——〈明清之际士大夫研究〉续编》《想象与叙述》。于学术研究之余，从事散文写作，出版有散文、随笔集《独语》《窗下》《红之羽》等。

我先简单地自我介绍一下。我的专业本来是中国现当代文学,也写了几本关于中国现当代文学研究的著作,但上个世纪90年代初,我选择转向了明末清初这个时段,做的主要不是文学研究,而是这个时段的思想文化方面的研究,可以说是准思想史研究,接近于思想史的研究。

今天所讲的这个题目,并不是我写入著述的研究题目,它只不过是我关心的一个题目。所以我推荐的参考书目并没有我自己的著作,而且这些论文、著作出版和刊出的时间都比较早,近期这方面的研究成果,由于精力或者别的方面的限制,我没有关注到,并不是它们不值得参考。参考书目中陈来的《明嘉靖时期王学知识人的会讲活动》(《中国学术》第四辑,商务印书馆,2000),可能收在陈来先生的研究著作里,我觉得写得很精彩。他把明中叶以后,尤其是嘉隆之际讲学活动的情况,当时士大夫的那种气象写得很充分。吴震的《明代知识界讲学活动系年》(学林出版社,2003)以编年的方式梳理当时著名的知识人的讲学活动,包括王学知识人和不限于王学的知识人的讲学活动。按年梳理,就给了一个纵向的线索,值得参考。与此相关的,谢国桢先生的《明清之际党社运动考》比较经典,考察的是明代尤其是明中期之后的所谓"党社运动"。需要解释一下,这里的"党社运动",就是士大夫的结社活动,谢国桢先生称之为"党社运动",后来就成为大家常用的说法。这里的"党",并不是我们现在理解的政党，而是如当时所说的“东林党”，仍然是士大夫的结社。党社运动作为讲学活动的一个很重要的背景，是应当跟讲学活动在一块考察的。如果不知道当时明中期以后风起云涌的党社活动，对于明中叶以降士人的讲学活动，很难有一个背景方面的全面了解。这方面可以参考的材料很多，日本有这方面的很好的研究著作，再如台湾王汎森先生的有关研究。王汎森先生现在是台湾“中研院”的副院长，他对明末清初这个时段的思想史研究是卓有成效的，他就写过跟我讲的题目关系很直接的著作，题为《清初的讲经会》。他对明末清初士人的“省过活动”，就是以检讨自己作为道德修养的手段的这种活动，做了很深入的研究。考虑到大家找相关的材料会比较困难，所以没有把它列入参考材料。在座的先生如果能够上网的话，是比较容易搜到王汎森先生的研究著作的。其他相关的研究太多，我就不再一一地列举。

为什么要选这个题目？因为明中叶以后党社运动和士大夫极其活跃的讲学活动，是明代思想文化方面非常特殊的景观，在这之前几乎没有过。不是说没有讲学活动，而是没有达到这种规模，没有出现这种气象。在这之后也没有过。清代对士大夫在言论方面是很压制的，不再能出现像明中叶以降这么活跃的士大夫的结社活动，尤其这么大规模的声势浩大的讲学活动——确实是中国历史上仅能出现一次的奇特景观。我即使研究别的题目，也会把我了解的有关党社与讲学活动方面的知识当作一个背景。

明代是一个很奇特的朝代。这些年来大众文化，比如影视剧，关于明代的题材很多，尤其是关于明代帝王的。明代帝王之外的两个方面，或者是言情的，即秦淮河边的名士、才媛之间的爱情故事，或者是东厂、锦衣卫这一类的，都是很能够吸引人观影观剧兴趣的题材。明代确实是一个很丰富的历史时期。一方面，固然有名士在秦淮河边风花雪月，另一方面，也有很多士大夫极其严肃地从事着道德方面的修炼。严肃到什么程度呢？有时候简直近于自虐，比如会每天跪在那儿检讨自己当天的过失，惩罚自己；天天记自己的功过得失。一方面有东厂、锦衣卫，有一次次对士大夫的杀戮，同一时期的言论空间却又比较开放，给士大夫发表自己的言论和进行有关方面的活动（比如讲学），提供了一个空间。这方面是我们从现在通俗化的影视剧中难以看到的。所以想象历史最要不得的，就是把它简化成了几个概念。我觉得这类简单的概念不足以概括明代，应当尽可能地找到各种线索，来丰富我们对一个时期历史的想象。不但对明代如此，对别的历史时代也是如此，比如清代，待会儿我们也会说到。

我们现在就开始讲这个正题。首先，我这里所说的讲学指的是什么？在我所涉及的这个时段，讲学跟我们现在说的讲学，意义是不完全相同的。比如我在这儿也算是讲学，我们是讲学术，而那个时期的讲学，很多时候是当作一种学道的手段。什么是"道"呢？就是理学、道学的那个"道"。当时是把讲学当作提升道德修养的一种手段。也有的是讲理学的那个所谓的"义理"的。那个时候的讲学，内容很多样，除了讲理学的义理以外，也有面对公众的讲学，可能讲得比较通俗。比如它可能讲的是皇上的一些教诲谕。明太祖有所谓的"圣谕六条"，也叫做"圣谕六言"，是他教化民众的一些说法，"孝顺父母、尊敬长上、和睦乡里、教训子孙、各安生理、毋作非为"，这样的内容有时候也是讲学的内容。尤其在面对公众的场合，讲学的宗旨往往就是让老百姓怎么样遵守帝国的秩序，怎么样改善当时的伦理状况。你也不能说这个没有任何的正面意义。它在特殊的时期尤其会有一些正面的意义，比如凝聚人心、改善人和人的关系等等。当时的"讲学”这个词使用很广泛，有佛家之讲，有儒家之讲；有讲道的，就是讲义理的，也有讲经的，就是讲《六经》的；另外也有讲经世之学的，就是讲怎么样去用世的，讲跟国家政治有关的内容，比如井田或者农田水利，也可以是讲学的内容。另外也有的是讲道德方面的一些规约的，这些都可以作为讲学的内容，都被当时的人视之为讲学，称之为讲学。

另外，讲学的形式也是不拘一格的，有士大夫小群体坐在那儿讲，当时的说法叫“会讲”；也有面向公众的大型的讲会，参加的人甚至可能有几千人；还有的就是在家庭内部，父对子讲、夫对妻讲，也称之为讲学。所以这个讲学无论从内容还是形式，包容的都是很广泛的。同是在明清之际，在浙东这个地方就有不同形式和不同内容的讲学。当时浙东有一个大儒叫刘宗周，他和别的儒者就组织了一个社团，叫“证人社”（也叫“证人会”）。“证人”的意思，就是要讨论、探讨人之所以为人，提升人的道德境界。同时也有另外的一个士大夫组织的讲经会，那个讲经会主要是讲经学，也涉及到一些跟经世之学有关的知识。这两个讲会的旨趣是不同的。所以当时同在浙东，也有不同形式和不同内容的讲会。当时讲学活动非常活跃，无论是大江南北还是大河上下，到处都有。不但在文化水平相对比较高的江南、东南，而且在北方，到处都有士大夫主持的讲会，而且是各种形式的讲会。讲学活动从明中叶之后，尤其到了嘉隆之际，非常活跃，这种活跃延续到了明亡，甚至到了清初也仍然有流风余韵，当然很快就被清政府给打击和压制下去了。

下面我对明清两代由一个特殊的方面作一点比较。我必须说明的是“由一个特殊的方面”，因为两个时代的比较应该是很复杂的一件事，而我所选择的角度，是士大夫精神面貌方面的比较。即使这个方面，我也应该说明，我掌握的材料，或者我现在能表述的，也并不是很全面的，也有另外的一些材料，没有作为讲述的内容包容在这一讲里。我讲的是比较容易被忽略的一些方面。比如有不少的叙述，包括影视剧，往往把清代、尤其是清初被认为盛世的那个时期，跟明末的政治黑暗、腐败构成了一种对比。你不能够说这种比较完全没有意义，或者它是虚构的。它确实还是有一些事实作为根据的。清初有一些很开明的经济政策，有的在明代就已经开始实践，但是铺的面不广，并不是很成功，但在清代，在像雍正这种皇帝的强力的推行之下，就比较成功。比如"摊丁入亩"这种税收的政策，目的是达到相对公平。当然了，当时做到严格意义上的公平是不可能的，但相对的公平，"摊丁入亩"确实是做到了。再比如雍正曾经把一些传统意义上的"贱民"除籍为良，让他们成为良民，脱离了"贱民"的等级身份。我们现在已经很难想象中国历史上居然还有所谓的"贱民"。"贱民"曾经包括哪些人呢？它包括乐户，绍兴一带的九姓渔户，苏州地区的丐户，绍兴、宁波的惰民，珠江三角洲的疍户，浙江、江西、福建的棚户，徽州的世仆等等。是不是通过官方这项行政措施就真正能够使得贱民跟别人在身份上相对平等，那是很难说的，因为一些积久的弊政是很难通过一个行政指令就改变的。但至少，这是雍正时期一个很开明的政策，这项政策使得有些人的身份发生了改变，你不能够说它没有正面意义。还有别的一些比较开明的政策，就不一一列举了。

但是如果我们单讲这个方面，那是很不全面的。如果我们从士大夫的精神风貌方面来看，应该说，清初甚至是有清这二百多年间，对士大夫的压抑要甚于明代。士大夫在这个时期精神上是受到了斫丧，受到了压抑的，他们的精神风貌发生了一些众所周知的变化。

比如,清初禁止明代那种方式的结社。它并不严格地禁讲学,但讲学已经改变了方向,变成了比较学术性的讲学,后世称之为“学术转型”。像明代东林议论政事的讲学,是被严格地禁止的。所以在这方面士大夫的言论空间受到了很大的压抑。梁启超对明代有很严厉的批评,他批评明代士气过张,他的说法是“士习甚嚣”。你读史料也会觉得,明代的士大夫很嚣张,很张扬。但同时梁启超又说过这样的话,说“我最爱晚明学者虎虎有生气。他们里头很有些人,用极勇锐的努力,想做大规模的创造”(《中国近三百年学术史》)。做成没做成是另外一回事,但是“虎虎有生气”。不止梁启超有这种印象。日本有一位研究这个时段的重要学者叫溝口雄三,不久前去世了,他在谈到明代的士大夫时,用了另外一个词“昂扬意气”。他读明代的文献读出来的明代士大夫,有一种昂扬的意气。这种虎虎生气和昂扬意气很难见之于有清的二百多年间。所以,对于历史确实应当复杂我们的认识和想象。

在明代,士大夫是很容易被杀头的,不只是洪武、永乐两朝杀了很多人,一直到明末,到崇祯,史书上说崇祯“果于诛杀”,杀起人来也是毫不手软的。所以士大夫在朝廷里建言是很容易被投入监狱甚至送了性命的。但是,同时它在制度上有一些安排,有利于士大夫发表言论。在朝廷里言官虽然行政级别比较低,也就是“秩”比较低,但是权力却比较大。言官可以弹劾官员,对皇帝的一些他认为不当的言论也可以提出批评。言官很受到朝廷政治格局的重视,虽然他们的行政级别不一定高,却鼓励了很多人勇于在朝廷上建言,即使被投入监狱,即使被杀头。而老百姓欣赏这样的敢言之士,又影响到了朝外、民间的舆论,当时叫做“清议”、“乡评”。清议在整个明代也是非常活跃的。东林最后几乎遭到了灭顶之灾，与他们批评朝政时的“放肆”关系很大。这个“放肆”当然是加引号的。在我们看来，言官在那个时代是很放肆的，批评起皇上也毫不客气，甚至涉及到皇帝的私生活。在清代人看来，明代士大夫的奏章有的让主上很不堪，连皇上跟哪个妃子亲近，都要批评，如此就涉及了皇上的私事。那个时代是不承认皇帝有隐私权的，所以无所不敢说，无所不敢批评。这种朝廷的风气影响到在野之士，批评起朝政很勇猛，无所顾忌。党社运动也极其活跃。

到了清朝，这些东西都受到压抑。清初有所谓的三大案，即“科场”、“奏销”、“哭庙”，就不一一讲了，有兴趣的到网上或者图书馆找找相关的材料。这三大案对于士大夫，尤其对于江南、东南士大夫的打击是非常沉重的，使得他们的精神意气一下子受到了挫伤。可以说，清朝定鼎以后就给士大夫来个下马威，警告他们今后要当心了，不要再随便说话，也不要再随便活动。除此之外还有大家更熟悉的“文字狱”等等。大兴“文字狱”，诛杀很多人，甚至挖出尸首来鞭尸。诸如此类对士大夫都是一种强烈的警示作用。到了清代的后期，像龚自珍、魏源这样的有识之士就比较这两个朝代，龚自珍说，你们都说明代如何如何，明代哪怕是妓女都很有见识，哪怕是行商坐贩的习气都可能比现在的士大夫好（原文为：“俗士耳食，徒见明中叶气运不振，以为衰世无足留意，其实尔时优伶之见闻，商贾之气习，有后世士大夫所必不能攀跻者。”语见《江左小辨序》）。这当然比较夸张，但是可以从中感觉到龚自珍对于当世的不满。魏源主要是从选人、用人——古代叫做“铨政”，也就是铨选官员的政治行为——比较两个朝代的得失，明代之得在什么地方，明代之失在什么地方，那么明代之得正是清代之失（原文为：“明代之得，在于清仕途，培士气，其失在于大权旁落，而加派练饷，门户党援，则其变证也。”语见《明代食兵二政录序》)。这其实都是在批评当朝的政治。他们从另一个角度,就是士大夫的感受、士大夫的处境和命运,对于明清两代做了比较。虽然他们各有自己的的局限,但不能说他们的说法全没有道理。

辛亥革命之后,反清、反满的情绪一直延续,直到三四十年代的学术著作中你仍然可以读到、感觉到辛亥革命前后的情绪。不只钱穆,由萧公权的《中国政治思想史》等,都可以感觉到。他们讲起清代,尤其清代对于言论的压制,清代对士大夫的精神意气的斫丧,都是义愤填膺。钱穆在《国史大纲》写清初政制,写清初政治制度的一系列安排包括三跪九叩是怎么样压抑打击了士大夫,强调的是这个方面。另外,他在他的重要著作《中国近三百年学术史》里反复地比较清代的学者和晚明的学者精神意气之不同,他在《中国近三百年学术史・自序》中说:“明清之际,诸家治学,尚多东林遗绪……不忘种姓,有志经世,皆确乎成其为故国之遗老,与乾嘉之学,精气敻绝焉。”这种意思他曾反复谈到。东林之学是什么样的,乾嘉之学是什么样的,两个时期的士大夫的处境和命运影响到了他们的精神面貌,影响到了两个时期士林士群的境界和气象,反复地讲。当然我们应当将这些放在辛亥革命之后反满的空气中来了解。钱穆和萧公权都是很严肃的学者,他们并不是一味在宣泄,他们说的确实有史实作为根据的。

大家知道,20世纪90年代以后,清宫戏在大众文化里是非常受欢迎的。我认为清宫戏和通俗文学中对于清代的描写,很严重地改变了普遍的知识状况。大家一想起清代,一想起明末,就是清宫戏演的样子。作为一个学者,我对此是感觉到有点忧虑的。我们不能够这么简单地看这两个朝代,何况其中有很多偏颇。清宫戏我从头到尾看的不多,从头到尾看的就是《雍正王朝》。我看的时候就在想，剧中雍正的德政、善政，固然还是有一定的历史根据，但是它怎么就没有写到雍正朝的“文字狱”呢？“文字狱”已经是普遍的知识，在《雍正王朝》中看到的，却是圣君贤相。事实上那些人的手上是沾了血的。这一面在大众文化这些影响很大的作品里，是没有得到反映的。如果只是这样认识清初的社会政治面貌，至少是不完全的，是比较片面的。

关于从宋到明到清，著名学者余英时在《朱熹的历史世界》里有一些比较。余英时说：“无论从客观功能或主观抱负看，宋代都可以说是士阶层最为发舒的时代。”“发”是发扬，“舒”是舒张。他认为士大夫的处境命运最好的就是在宋代。他拿宋代和清代比较，说把宋神宗时期和清代乾隆时期做一下比较，你就可以相信这一点。（原文是：“以乾隆与宋神宗对比，即可见‘士’的政治地位在宋、清两代的升降状态。”）但他略过了明代。从宋到清之间还有明代。那么明代应该怎样看？宋代的君主，对士大夫是比较宽容的，所以士大夫在宋代确实像余英时所说的，能够“发舒”。清代我们刚才已经说过了。那明代呢？明代的君主对士大夫决不像宋代那么宽容，但明代的士大夫仍然表现出了巨大的能量，这么活跃的精神面貌，所以它在宋和清之间是个很特殊的时期。怎么解释这个？需要一点一点地清理历史线索，简单地说恐怕是很难说得清楚的。余英时关于宋代的那个印象，跟普遍的大家在阅读中得到的经验是比较一致的，我也认为宋代是那样的。而且明代的士大夫也很喜欢拿宋代说事儿，说宋代的君主不杀士大夫，所以那个时期如何如何。其实说宋代就是说明代，就是表达对明代政治方面的一些不满。

但是明代何以有我刚才说的那种面貌呢？这需要从各个线索来作出解释。这三个时代构成一种参差的对比，用了小说家张爱玲的说法，叫“参差的对照”。那么这三个朝代可以构成“参差的对照”。它不是边缘很整齐，一刀切下去、一句话就能说清楚的。其中有很多说不太清楚也不容易一下子理清楚的很复杂的方面，这才成其为“参差”。而且有一些现象很特别，东南——不是指现在的广东和福建，是指江浙。广东、福建固然在东南，而且文明程度已经比较高了，但是当时更活跃的江南、东南还是指江浙这一带——一带的士大夫的情况尤其有意思，用一个流行的词叫很“吊诡”。元末的时候这些地方有很多人支持的不是朱元璋，他们支持的是张士诚、陈友谅这些人，尤其是张士诚，当时很受江南士大夫的拥戴。据说与此有关，明代对于江南、东南的士大夫是有惩罚的，比如那儿的赋税特别重。朝廷一方面依赖那里的富庶，另一方面据说也暗含着惩罚、报复他们的用意。但到了明亡之际，最有力的抵抗恰恰也来自东南、江南地区的士大夫。他们前赴后继，组织民众抵抗，自己也参与抵抗，甚至送掉了性命。怎么解释这种现象？他们并没有利用这个时机来报复明朝，为什么呢？因为这个地区经济上发展，文化上发展，士大夫的力量很强大，聚集起了强大的能量，而且在观念上又受儒家思想的影响，讲“春秋大义”、“夷夏之辨”，所以到这个时候他们重演了元末的那一幕，仍然是在抵抗所谓“新朝”，或者是外来的入侵者。这与整个明代士大夫的活跃是有关系的。那些从事讲学的，从事修身的，从事党社活动的，后来很多成为抵抗活动的中坚、领导者。所以前边所说的那些士大夫的活跃，对于明亡之际士大夫能够凝聚起力量，事实上是起了作用的。

那么这两个朝代我们应该怎么想象，我相信大家可能都会有兴趣继续追问，找出更复杂的历史线索。现在有各种各样的途径了解历史，除了影视剧以外，还有《百家讲坛》等等。

我虽然没有仔细看、听,但是比较担心,把历史通俗化了之后,也会造成一种知识,这个知识很可能是过分简单化的,片面化的,这样一种知识普及于民众,给大家造成普遍的认识,大家也就深信不疑。这样其实是会有问题的。作为一个学术工作者,我对此很担忧,我也把我的忧虑告诉大家。

前面讲到明中叶以降士大夫的讲学活动,是古代中国社会的稀有景观。“明中叶以降的党社运动与王学知识人的讲学活动”,为什么特别用“王学知识人”这种说法呢?这个说法是直接从陈来的那篇文章里移过来的。那时的理学之士有宗王的,有宗朱的。程、朱是宋人,王阳明是正德年间的名臣。“王学”在明中叶以后很有市场,也很有势力。现在广为人知的一些重要的学者,比如黄宗羲,就应当搁在王学一脉里。当时讲学活动不都是“王学”一方面的,但是以“王学”知识人的讲学活动最为活跃,而且其中有些人的行为确实很夸张很戏剧化,造成了一些非常戏剧性的景象。

那时的士大夫到处游走,为了访师寻友,千里命驾,仆仆道途,从南到北,从北到南,一个士大夫的集会能聚集几千人。我有时候就感到很困惑,因为据我了解,明代的交通状况比起前代并没有多大的改善,交通工具很落后,而信息的传输更不用说,跟现在不能比,现在互联网上按一个键信息就传输出去了,那个时候不但没有这些,也没有近代以来的邮筒、邮箱(我们的邮政事业发展很晚)。但那时做到了这一点,几千人的聚会,而且不止一次大规模的聚会。讲学也是,几百人、几千人的大规模的讲会。远处的人因为没有麦克风,听不到,用什么办法?主讲的人在这儿讲,然后由几个人在周边做他的传声筒,他说一句,他的那些助手就把这一句往远的地方传播出去,用这种方式。而且普通老百姓也以去听这样的讲会为荣,形成了风尚。

当时士大夫游学的风气也很盛。游学并不是从明代开始，但是明代的人尤其喜欢游学，就是刚才我们说的寻师访友，为了解疑释惑，或者为了道德上的修炼，去找一个老师；而且不惜以高龄去求师，拜年轻的人为师；地位高的人拜地位比他低的人为师。这样的事情在当时传为佳话，而且有很多，并不是个别人的个别行为。一直到明亡，士大夫的流动都是很频繁的，全国之内南北流动、东西流动都很频繁。一些著名儒者的影响不只是在他所在的那个省内，可能影响及于另外一个省，这种例子不止一个。这种频繁的交流和互动，在那之后确实没有重现过，也可能是古代中国历史上只能出现一次的景观。当时的文献动辄就说“大会同志”，这个“同志”跟我们后来的用法是不一样的，现在“同志”好像成了同性恋，这里的“同志”跟同性恋语义就相去很远了，但跟我们原来说的“同志”还有语义关联，就是志同道合。周游天下，遍访同志。有的人终年在道路上。不但男性如此，这种风气甚至影响到了一些女性，当然是上流社会的女性，受过教育的知识阶层的女性，还有一些比较有文化、有教养的著名的妓女。她们也结社，原来是“家居式”的结社，就是家庭里女性成员和一些亲朋好友结社，后来就发展到“公众式”的结社。女性这种社团甚至跟男性的社团也有互动，相互之间不止是映照还有互动。这方面的研究可参看高彦颐的《闺塾师——明末清初江南的才女文化》。

这种活跃的讲学和党社运动还影响到士大夫的生活方式。顾炎武曾经批评“北方之学者饱食终日，无所用心”，“南方之学者群居终日，言不及义，好行小慧”。南方之学者“群居终日，言不及义”，其实针对的就是明代的那种情况。那时有的讲会大家还住在一起，确实是“群居终日”，有的还不止数日。黄宗羲写浙东的一个讲经会，说那些人就是“数日月不倦”。王艮是当时著名的王学知识人，他描写当时安徽新安的福田会，一个地方社团，也是讲的王学，说他们“昼则大会于堂”，“夜则联铺会宿阁上”，在楼上大家搭铺睡在一起，夜里在铺上还要互相讨论问题（王艮《新安福田山房六邑会籍》，参看吴震《明代知识界讲学活动系年》）。黄宗羲记的浙东这个讲经会是怎么样呢？“东方为学之士，雨并笠，夜续灯，聚夔献之家，绝肺烹蛤蚬，蔬橡杂陈，以饮食之……”然后“连床大被，所谈不出王霸，积日月不厌”（《陈夔献墓志铭》）。对于中国的家族制这种传统，士大夫的这种经验是很激动人心的，完全打破常规。现在也很难让一群人去连床大被，整月住在那儿讨论学问。古代中国的家族制比较鼓励同性之间的关系。因为异性之间的交往受到种种的约束，同性之间的关系就容易得到发展，比如朋友。当然兄弟就更不要说了。但是同性关系在家族之外到了这么亲密的地步，我从文献中也很少见到，也觉得很有趣味。

杨念群是中国人民大学清史研究所的副所长，他曾经作过关于儒学地域化形态的研究，有这方面的著作。我注意到当时讲学和党社运动活跃的，不只是在东南，比如江浙一带，而且包括我们现在认为经济上比较落后的，比如安徽、江西这些地区。而王学的力量尤其大。刚才说的新安，王学的力量就很大，江西也是这样。黄宗羲的《明儒学案》里“江右王学”还立了专章。江右王学非常地活跃，与王阳明曾经在那个地方为官，在那个地方传道是有很大关系的。王阳明主要的政治活动是在正德一朝，那个时候的讲学活动就已经被他带动起来了。

下边一段记述也是非常有趣，出自王阳明的重要著作《传习录》所附王阳明的得意弟子钱德洪的序，序里讲先生（即王阳明）最初回到浙江，一开始还没有多少人交往，后来向他讨教的人越来越多,他住家周边的寺庙都住满了,有的人没有地方睡,只好轮流去睡,夜里大家甚至通宵达旦地唱歌。这种景象也是非常稀有的,这当然与他的学术,即所谓"王学"有关,也与他的个人魅力有关。很多以讲学闻名的人士,其实凭借的除了他所掌握的"学"以外,还与他的个人魅力有很大关系。在当时,王阳明大概就是个人魅力很惊人的一个。

他们的讲学活动,面对公众的那种讲学,有很多老百姓参与的讲学,在前代也几乎没有过。为了活跃气氛,像罗汝芳主持的讲会,一开始还让歌童来唱歌,调动起大家的情绪,营造出一种节庆的欢乐气氛,几乎是一种聚众狂欢的气氛。在这种活动中,很多士大夫的组织能力,也可以夸张地说是一种"行政才能",都被调动起来了。他们利用这种能力从事下层社会的一些改良活动。王汎森的《清初的下层经世思想》,研究的就是士大夫在下层民间从事的一些跟政治、社会有关的活动。士大夫这种能力在明代是受到鼓励,训练出来的,并不是清初才有的。清初的很多重要人物都是从明朝走过来的。有的人就在自己家乡,在自己家族,从事"经世活动"。当时士大夫这方面能力是很强的,而且不是个别人,比较普遍。

另外,讲会也促进了表达方式的提高。你要面向公众,就不能够之乎者也地讲得别人听不懂。查看现在流传下来的儒者讲会的记录会发现,他们讲得很通俗,而且受到了佛学讲会特别是禅宗的影响。佛学有所谓"机锋",讲得比较巧妙,具有启发性;而且讲究跟听众之间的互动、交流,调动听众参与的热情。有不少人发展了这种能力。所以当时有一个名目叫"讲学家"。"讲学家"能自成独立的一个名目,就说明擅长讲学的人还是相当多的。讲学家善于跟别人交流;他们的思想可能不是原创的，甚至也不是深刻的，但是他们有传道的热情，而且传道是有成效的。他们传播了儒学的一些观念，有的还不止于理学，他们传播的观念是比较丰富的。在这个活动中，他们的组织能力也受到很大的考验。几千人的聚会得有人运作，有后勤保障，这些有的人能够做得很完善。比如刚才提到的刘宗周，他门下有个弟子叫祝渊，他就提供了刘宗周讲学的后勤保障，经费，前期准备，诸如此类。当时不少人比如复社的一些干将，很有能力从事这样的组织活动，保证了党社运动和讲学的进行，也在这个过程中提高了自己的能力。谁说儒家之徒都是一些迂夫子呢？这种观念，这种想象恐怕是很片面的。

那个时候遇有一些重大的灾变，比如灾荒、疾疫，很多士大夫都会从事下层的救荒工作，而且组织得非常有成效。比如冒襄，本来是明末四公子之一，一个大名士，和董小宛之间有一段很凄美的爱情故事，但是很少有人知道冒襄是怎么从事救荒的。那个地方出现了大饥荒，他跟同志一起组织施粥来救助灾民，甚至差点因为感染疫病而送掉性命。我们往往知道一个人物的某一面而不知道另一面，这是由于通俗故事只讲给我们这一面，但他们更严肃的另一面，不容易被通俗文学作为材料。冒襄就是这样一个人。到后来，明代要灭亡了，很多当时从事讲学的士大夫，从事党社运动的士大夫，都很努力地来从事救亡，而且也表现出很强的组织能力和很干练的才能。

那个时候的讲学活动最让人感到惊讶的，是泰州学派。泰州学派也是属于王学的。这个学派里有一些本来就是下层的人士，我们举个例子，有个叫韩贞的，是个陶匠，他组织的讲学活动深入到农村。农闲的时候，从一个村到另外一个村。（《明儒学案》记韩贞“以化俗为任，随机指点农工商贾，从之游者千馀。秋成农隙，则聚徒谈学，一村既毕，又之一村，前歌后答，絃诵之声，洋洋然也”（卷三二）。这样的场面在别的朝代能够看到吗？这个例子的特别一是他的身份，他是个陶匠，居然受到王学的吸引，而且能作通俗的演讲；二是普通民众的那种狂热。听讲的人居然是农民，是农村的一些下层百姓，而且和他有这样的呼应。这种景象确实堪称奇观。

当然也有的人因为过分张扬，被朝廷所嫉恨，也确实有送掉性命的。黄宗羲属于王学一脉，他在《明儒学案》里有一些很动情的表述。他写泰州学派的巨子、领袖人物，说“诸公掀翻天地，前不见有古人，后不见有来者”；他还说，东林的那些人，“一堂师友，冷风热血，洗涤乾坤”。这是很诗意的表述。但是东林并不能够说是王学。东林的思想比较驳杂，有的是宗朱的，有的是宗王的。所以《明儒学案》里东林是单列的，不是搁在王学脉络里。东林受到迫害是最为人所知的，因为他们确实对朝政构成了威胁。有一个当时东林领袖的很有名的联语，叫“风声、雨声、读书声，声声入耳；家事、国事、天下事，事事关心”。上了岁数的人都还记得，“文革”初期批“三家村”，邓拓的文章里就引了这一联，被认为反动。诸如此类，其实是有来源的，而且是中国读书人的一种传统。这样有什么不好呢？家事、国事、天下事，事事关心，有什么不好呢？但当时就把这个作为邓拓的罪状，作为迫害他的理由了。说实在话，东林党人确实是在临界处跳舞，他们对于朝廷确实构成威胁。因为在朝外的议论，力量如此之大、之活跃，绝不是朝廷所希望看到的。而且士大夫有时候确实很放肆，能够公然地干预朝政。从我看到的材料来看，像复社对朝廷的用人，有时候确实实施了干预。既然他们有能量来实施干预，就不能不给有的人带来杀身之祸。但是作为后代的我们,其实更愿意欣赏他们的“虎虎有生气”。

到了明亡之际,讲学的宗旨就有更大的不同,有了分流和分化。有的人,比如刘宗周更强调道德修养,为什么呢?他说在这个危难关头,就更要讲人之所以为人,因为有的人已经不像个人了,所以我们要讲讲怎么样才是一个人。但也有的就转向了比较学术的方面,成为清初学术转型的前期准备,比如开始转向经学。明清之际,大家的路向、宗旨有了不同。

我们回头来看明儒。过去有一些很片面的说法,说明代的儒者是一天到晚袖手谈心性,对外面的事情完全不过问;说这些人萎痹不关痛痒。以我所见到的材料,这些说法都不足以刻画明儒。很多是因为明儒自己在亡国之后的检讨、批评说得过了,被后人抓住这一点来描绘明儒。这是不对的。黄宗羲对于明儒有很尖刻的批评,但读《明儒学案》中他的评价,就像刚才我所说到的,有很多是完全不同的,可以驳他自己的明儒批评。这也说明对于任何一个时期,都不应当过分地简化,应当把它们丰富的面貌呈现出来。

下边总结一下明代讲学活动的社会文化意义。它的意义应当是有正面的,也有负面的。

正面的是什么呢?正面的在于它使士大夫有了群体意识。这样的集团活动有助于鼓励他们发展群体意识,而且汇集了他们的能量,使士对于自己作为一个士应该承担的使命、社会责任有了更清楚的认识。另外,当时这种讲学活动鼓励了尊师重道的风气。那个时候讲学,小规模的讲学,大家也要排排座次的,用什么排呢?“以齿序”,依年龄来排座次。即使你是个进士,你年轻,也要排到后面。这个提示了什么呢?就是在真理面前人人平等,尊老敬贤,而不是重视官阶。这里头包含很正面的一些暗示。而且鼓励问难驳诘,师生之间的互动。我看到的讲学材料里，有人会提问题，甚至提一些很尖锐的、比较刁难的问题。比较平等的一种互动的氛围，“有教无类”，也在讲学活动中得到了发扬。清初，一个著名的北方大儒叫孙奇逢，他就主张“有教无类”，甚至清代的一些官员来找他，他也跟这些官员讲。满人的一些军官找他，他也讲。别人可能不以为然，但他要通过这些官员来影响当时的政治，让他们做好事。就像陶匠也能够成为王学之徒，就体现了“有教无类”。“教学相长”，老师和学生之间的互动方式非常多样，活泼，现在好多人都做不到。这些活动其实也改善了社会关系，促进了和谐。这种场合的氛围是比较和谐的，但是这个范围之外和谐不和谐，那是另外一回事。在这种讲学的场合，包括群众集会的讲学的场合，都比较和谐，有一种昂扬的气氛，有一种激动人心的空气。

但讲学活动也有负面的效果。一个就是“追星”，用现在的话说。当时有些讲学家就是一种讲学明星，当时的公众人物，务为耸动，一定要讲得耸人听闻，一定要很煽情等等。这就造成了一种效应就是追星。名人有了大量的追随者，追随者则不免于盲从，不质疑被追随的人到底说得对不对。有明一代，文学主要是小说、戏剧有很大贡献，诗歌这方面就远不如唐宋。另外别的方面，比如思想方面，其实贡献也不大；从哲学史的角度来讲，贡献也不高；从学术史的角度，明代学术可以称道的东西相对于清朝也少。因为空气很浮躁，也比较肤浅，在这种氛围中很难发展学术，也很难来构建思想。这是它的负面影响。

另外，明代宗派、门派林立，互相之间有的时候视同水火，这一门下的弟子和另一门下的弟子见了面，彼此咬牙切齿。宗派和门派对立的情况，在有明一代也是被人诟病的，是个问题。所以后来顾炎武就说他也要讲学，但是他不做讲学家，而且不立坛坫，就是不要摆出那种讲学的架势作为号召。而且他还批评有的人太张扬，有失儒家之徒的风度。我觉得这些批评都是有一定的针对性的。至于顾炎武说“群居终日，言不及义”，其实也是一种事后的批评。另外清人还常常引用苏轼的一句话，用来批评明人“束书不观，游谈无根”。清代的学术像乾嘉之学的兴起固然是由于当时的政治环境，但是也有的人是自觉地来救明代的那种病。

在高彦颐的《闺塾师——明末清初江南的才女文化》这本书里，作者写道：“为消除兴盛于晚明文人社团的被视作有颠覆作用的影响，前清国家鼓励回归家庭。”清代不主张民众从南到北到处跑来跑去地去结社。所以回过头来我想，明代的人，有的人一年到头仆仆道途，也未必不是在摆脱家庭。到了明亡的时候，有的人就不知所终，害得他儿子多少年找父亲。那个时候有很多的寻亲故事，有的甚至被编成戏曲来表演。我从另一方面想，寻亲固然值得同情，但那个跑掉的人，他未必不乐在其中啊。他其实也愿意摆脱家庭——没准是这样。当然这只是一种猜测。

明人那种外向的性格，到了清代，在压制之下，就像高彦颐说的那样转为内向。当然这种描述也很粗，只是泛泛之论。每个个人的选择是有无穷的多样性的。我认为明代的这种讲学，其实对于当时的官学和私学都有影响。它里边的积极的暗示，影响到官学，也影响到私学。但是这一点也不宜过分夸张，不能把它想象得没有边界。

另外也应该说明，讲学并不都在书院，书院并不都是官学，这些概念要区分清楚。当时的私学也有私学的问题。我们这儿有一个民间组织是主张回归私学的，说私塾有如何之好。我曾经在一个高校讲这个题目，我就说不要对私学过分美化。过去我们有很多关于私学的故事，各种闹学的故事，其实都是发生在私塾里。鲁迅也写过私学。所以对私学也不宜过分地理想化。但是上面谈到的那种讲学,包括书院讲学,对于我们现在的教育还是提供了资源的。我们的教育要改革,是不是可以从这些传统中找到资源呢?这些年来研究书院的人很多。关于书院的著作,多半暗含着一个用意,就是为现代的教育制度改革提供一点借鉴。改变现在的教育体制,回归书院是不可能的。但是书院有什么积极的东西呢?私学有什么积极的东西呢?这是值得思考的。

再谈一谈清初的学术转型。到了清初,明代那种形式的结社被禁止,讲学也仍然在进行。讲学就是经院学术的讲学。当时的一些大学者门下也有很多的弟子,很多的追随者,做了非常有意义的学术文化工作,整理了大量的典籍文献。像刚才说到的明人讲学的气象已经不可能再现。但是清人在学术文化方面做的贡献,是扎扎实实的。所以这个转型不能只从负面来了解。到清初,也有不少人批评明代的结社和讲学,包括那个时候的过来人,批评明代的讲学,像顾炎武。但是钱穆所指出的一点才是真正的要害。他说书院讲学为什么遭到当局的嫉恨呢?是因为它本来近于私人结社。古代中国对于私人结社是很戒备的。传统社会专制政体下警惕这种私人结社,它和朝廷政令是相背的。(钱穆《中国近三百年学术史》第一章:“书院讲学,其事本近于私人之结社。”“实则书院讲学,明与朝廷功令相背。”)有人说书院或者私人结社的种种弊病,但只有钱穆所说的,才是真正的要害,关键所在。

士大夫反省自己在明代的活动,有一些是有深度的,很值得我们肯定的。像顾炎武那种批评,“群居终日,言不及义”,未必刻画的不是真实的情况。所以明代在学术和思想方面真正称得上贡献的并不是太多,与顾炎武所说的这种情况是有关的。大家满足于在一起侃,所以有时候确实是"学"太少。"思"、"学"这两者之间要达到一个平衡。明代最大的问题就是"学"这个方面比较薄弱。那种活跃中包含了肤浅,有一点接近于宗教狂热;我说它是"准宗教狂热",因为理学还说不上是宗教。虽然有人说"三教",把儒学也作为一教,其实比较勉强。它并不能说是严格意义上的宗教。但是明人有一种"准宗教倾向",比如追随一个讲学家,追随一个理学方面的领袖人物,盲目地追随;聚众讲学也确实有一种"准宗教气氛"。这种狂热就不免包含了肤浅。好学深思之士还是少了一点。这一点是我们回头看明代比较容易看到的。

参与讲学的人,动机是人各不同的,有的人是为了传播儒学,有的人是为了相互提升道德水准。到了明清易代,改朝换代,这个目标意识就发生了更大的变化。对这个过程中发生的一些事情研究比较有深度的,是美国的一个史学家,叫艾尔曼,他的《从理学到朴学》,涉及由明到清的学术是如何转型的。有兴趣的先生可以找这本书来看。

在我看来,中国历史上思想最活跃的有几个时期:先秦百家争鸣;然后就是明清之际。另外一个时期,清末民初;再一个时期,五四新文化运动;然后就是20世纪的80年代。当然这些时期相互之间很不同,而且每个时期都各有得失,不能绝对地从正面或者负面来评价,但是确实是中国历史上思想很活跃,社会整个的氛围尤其思想文化氛围很活跃,比较生气勃勃的时期。

到了清末民初,到了五四时期,人们结社的时候还回头来看明代中叶以降的社会面貌。清末有南社,柳亚子等人都属于南社。南社事实上也是从明中叶以降的党社运动中得到很多的启发,受到那种精神的鼓励。当时的说法是"复、几风流",复是复社,几是几社,这是明末的两个著名的士人社团。复社可能不少人是知道的,像黄宗羲他们都是复社的成员,后来也受到政敌的迫害;几社是当时跟复社几乎齐名的一个重要社团。清末一直到五四运动中,都有人回头来看明代的结社,从中受到启发,怀念那种“复、几风流”,而且找到自己现在从事的文化活动和历史上那个时期之间的关联。周作人有一本很重要的著作,叫《中国新文学的源流》,这个源流的“源”追到哪儿呢? 追到晚明,从晚明的公安派说起。他认为五四新文学运动的“源”就在中国的历史中,他找到的源头就是明中叶以降的文学社团,文学流派,他以此作为一个可以追摹的对象,一种可以继承的传统。

至于80年代,查建英有一部《八十年代访谈录》,曾经把这个话题炒得很热。因为我是从80年代过来的,对那个时代是有了解的。现在的年轻人对那个时代已经很陌生。那个时代在有些方面是令人想起明代中叶以后的,比如流动的情况,大家跑来跑去地寻师访友、结社,找到对某个东西有同好的人。这一点很容易让人想起明代的人。那个时候交通工具也不怎么样,有的人回忆起来就是一辆破自行车,在北京从东城跑到西城,就是为了聊一聊天。也没有什么吃的,煮一锅白菜,整夜地在那儿聊天。但是这些活动限于一些知识分子,他们中很多人后来都是所谓的“成功人士”。至少在知识人里,尤其是在人文学科的知识人里,好像重现了晚明的那种景象。80年代也有一些社团讨论国家的问题、文学的问题、文化的问题,并不关系到个人身心,但是这些话题确实是当时大家共同关注的。这种景象现在好像也不能够再现——很多人聚在一起就是为了讨论问题,不是为了别的,绝不会是扯闲篇。那时还有一点跟明中叶以降相像的,就是不但北京、上海如此,很多边远地区也这样。比如在座的如果有新诗的爱好者,就会知道,80年代甚至直到现在,四川、贵州都有一些很活跃的新诗诗人，而且他们的新诗影响到全国的诗坛。这些地方当时在经济上都是比较落后的。那个时候文化资源的配置还不像现在这样不均衡。到后来文化资源的配置高度集中，北京和上海成了中心，外省、“地方”就和京、沪之间拉开了距离。但 80 年代还不是这样。那个时候外省有很多很活跃的文化人从事着非常有成效的文化活动。现在活跃在诗坛的著名诗人中，还有不少是四川、贵州的。

无论是明中叶以降，明末，还是 80 年代，从风起云涌到风流云散，都是在一个时段中间发生的，而且那种景象都好像是只能有一次，不能够在历史上再现。对此我们还是有一种很复杂的心情。所以从 80 年代过来的人，常常会有一种怀旧的情绪，这种怀旧也被比他们年轻的人所批评，对这种怀旧也常常有一种质疑。我们可能是过分美化了那个时代。其实那个 20 世纪 80 年代，也仍然是很复杂的。我们被限制在一个视野中和自己的人生阅历中，对历史往往不能够抽身出来，给它一个更客观的评断。

李伯重

大炮与银两:晚明的军事改革

李伯重，1985 年毕业于厦门大学，获历史学博士学位，系新中国成立后首批博士学位获得者之一。先后任职于浙江省社会科学院、中国社会科学院、清华大学，现任香港科技大学讲席教授。曾任美国哈佛大学、密执安大学、加州大学洛杉矶分校、麻省理工学院、加州理工学院、美国国会威尔逊国际学者中心、美国全国人文学中心，英国剑桥大学、伦敦经济学院，日本东京大学、庆应义塾大学，法国国家社会科学高等研究院等著名学术机构的客座教授或研究员。

著有《唐代江南农业的发展》《发展与制约：明清江南生产力研究》《*Agricultural Development in the Yangzi Delta*, 1620—1850》《江南的早期工业化：1550—1850》《理论、方法、发展、趋势：中国经济史研究新探》《多视角看历史：南宋后期至清代中期的江南经济》《千里史学文存》《中国的早期近代经济——1820 年代华亭—娄县地区 GDP 研究》等专著。

今天这个讲座主要讲的是：在明朝后期（大体是嘉靖中期到明亡），中国出现了一个重要事件，即一个军事改革运动。在讲这个题目之前，我想跟大家一起回顾一下，在清朝末年训练新军以前，中国军队在我们心目中是一个什么形象。

在第一次鸦片战争期间，英国驻华商务总监律劳卑（Lord Charles James Napier）用轻蔑的口吻说："（像清军这样的）一支使用弓箭和长矛的军队，在对抗一小批经验丰富的英国军人时，能干些什么呢？"这就是当时西方人对中国军队的看法。自此一百多年来，人们对中国传统军队的看法都非常负面，成为一种漫画式的小丑军队。这是一幅洋人拍摄的清朝末年的中国军队的照片。你说它像不像军队？这种看法不仅在洋人中，而且在中国人中，也都已根深蒂固。大家今天看国产电视剧中的清朝士兵，大概都是这个样子。这样的军队，在与近代化的英国军队打战，一定是必败无疑。但是，事实是不是这样？清朝的军队是不是就是一批小丑式的军队？

这里我们引用一段著名军事史专家布莱克（Jeremy Black）的一段话：在18世纪的世界上，"在陆地上，最有活力的国家和最成功的军事强国是中国。中国在十七世纪下半期开始扩张，占领了台湾（1683年），把俄国人逐出了阿穆尔河流域（1682—1689年），战胜了准噶尔人（1696—1697年）。在十八世纪，中国继续着此过程，于1700—1760年间，最终解决了准噶尔问题，控制了远至拉萨和巴尔喀什的广大地区，合并了新疆。中国1766—1769年间对缅甸的军事行动不太成功，但是当尼泊尔的喀尔喀人开始扩张并挑战中国在西藏的地位时，1792年中国军队前进到加德满都，迫使喀尔喀人承认中国的权威。在此时期，中国还镇压了许多规模大的叛乱”。也就是说，在18世纪世界上，最强大的陆军是中国陆军，18世纪是清朝的盛世，康雍乾三朝都在18世纪，中国军队面对强大的敌人，几乎是战无不胜、他们在全世界最高的高原——青藏高原，最低的低地——吐鲁番盆地，世界第二大沙漠——塔克拉玛干大沙漠，以及最大的草原——蒙古草原作战，在北到西伯利亚，南到缅甸的寒带、温带、热带地区作战，而且基本上都是打胜仗。同时，中国军队也可以跨海作战，收复了台湾。所以，布莱特很公正地说这是当时世界上18世纪最强大的陆军。他这段话和刚才提到的世人对清朝军队漫画式的印象，是一个鲜明的对比。

上面所说，是今天这个讲座的一个引子。通过这个引子，我们提出一个问题：传统时代的中国军队到底是一支什么性质的军队？就是说鸦片战争以前，中国军队到底是什么样的？

今天讲的主要是明代的军队。这支军队并不是像我们所想的那样，完全是一支传统的军队。这支军队已经有一些近代军队的特征。清朝军队正是继承了明朝军队的特点，所以才能够在18世纪的时候称雄于东亚世界。这里，要把几个概念先弄清楚，什么叫传统军队？什么叫近代军队？

军队是一种有组织的暴力，它的职能是就是杀人，消灭敌人。杀人一定要用武器。因此军队的基本特征就是使用武器，所以说军队是组织起来使用武器去杀人的一批人。武器是军队能力的关键，但是从历史上来看，武器可以分为冷兵器和火器两大类。使用冷兵器和使用火器的军队,在许多方面都非常不同。大体而言,使用冷兵器的军队叫传统军队,而使用火器的军队叫近代军队。在13世纪以前,世界各国的军队基本上都是使用冷兵器,所以都叫传统军队。到了13世纪,火器开始使用。在中国,从明代开始,军队中火器的作用越来越重要,在一些部队里火器甚至成为主要武器。所以到了此时,传统军队已经开始向近代军队转化。当然这只是转化的过程的开端。中国真正的近代意义上的军队,是清朝末年训练的新军。因此,这个转化过渡的过程很漫长,长达几个世纪,但其开端是在明代。

中国有一句成语,说"十八般武艺件件精通"。十八般武艺,指的是使用十八种武器的方法,所以《水浒传》第二回说:"史进每日求王教头点拨十八般武艺,一一从头指教。那十八般武艺? 矛、锤、弓、弩、铳,鞭、简、剑、链、挝,斧、钺、并戈、戟,牌、棒与枪、杈。"这十八种武器全是冷兵器。其中使用最多的,是刀、枪、剑、弓箭等几种。这些武器为什么叫冷兵器呢? 因为使用这些武器主要靠的不是靠化学力,而是人的肌肉。人的肌肉能力很有限,所以使用这些武器打仗,基本上是面对面的肉搏。这很好理解,面对面的搏斗,最需要什么?是体力,其次是使用武器的技能。所以要经过长时期的练武,才能使用多种武器,才能十八般武艺件件精通。

当然,在冷兵器时代,也有一些不是威力较大的武器。其中最重要的就是抛石机。抛石机在中国历史上的第一次大规模运用是在官渡之战中。曹操在官渡之战使用一种抛石机,因抛石时声音很大,所以被称为"霹雳车"。这是史书中最早有记载的抛石装置。《资治通鉴》说:袁绍在营中堆土成山,建立高楼,向曹营射箭。曹操建霹雳车,用巨石攻高楼,一一摧毁。这种抛石机一直用到元朝。中国的抛石机与西欧的抛石机不同，是利用杠杆原理，将巨石抛出，以攻击敌方城池或城防设施和人员。这种抛石机一端有很多绳子，另一端是一个兜子。士兵先把巨石放在兜子里，另外一端则有很多士兵，每人拉着一根绳子，叫一二三，然后猛然放开受，巨石就飞了出去，被抛到敌军阵营，或者被围攻的城市里，给敌人造成很大的伤亡。但是抛石机有三大局限，第一，命中率很低，你想把石头扔到这个位置，但它可能会扔到另外一个位置；第二，攻击的距离很有限，顶多几十米而已，因为人的力量不可能很大；第三，威力不大，由于巨石不会爆炸，落到对方阵营时，石头打到你，你就着伤；打不到你，你没有安然无恙。所以，虽然抛石机是在冷兵器时代威力最大的武器之一，但是它的实战能力仍然很有限。使用抛石机的士兵与敌人之间也只是相隔几十米而已，实际上与肉搏战的距离相差无几，因此可以说是肉搏战的延伸。

在冷兵器时代，防守最有效的手段就是凭借城墙。《水浒传》绣像本中有一幅插图，画的是秦明回到青州。慕容知府令人把吊桥一拉起来，这位有万夫不当之勇的“霹雳火”就没有办法了。在冷兵器时代，攻城是非常艰难的事情。要攻城，首先要制造攻城的云梯和攻城车，然后由士兵把这些设备推到城下，爬梯上城。如果有护城河，设备推不过去，就要先把护城河填平。填护城河经常是强迫俘虏或者是当地抓来的居民，驱赶他们冒着城上射来的箭雨和掷下的檑木砲石，把云梯推过去。在很多情况下，把这些人赶下护城河，让他们淹死，用他们的尸体填平护城河，从上面把攻城车、云梯拉到城下，搭到城墙上，士兵爬梯上城。当然城上面有士兵在防守，见到攻城的士兵爬上来，就会居高临下，把梯子推倒，或者把攻城士兵杀掉。所以说攻城是一件很困难的事情。在南宋末年，所向无敌的蒙古人围攻襄阳和樊城数十年而一直攻不下来，一个主要原因就是没有很有效的攻城的武器。

在冷兵器时代战斗力最强的军队骑兵。相对于其他兵种，骑兵是当时惟一的“资本密集型”军队。装备一个骑兵，需要的费用远远大于装备一个步兵。骑兵在面对步兵的时候有很大的优势，步兵在正常情况下绝对不是骑兵的对手。不仅如此，骑兵还有非常高的运动能力，可以迅速地把大量的兵力从一个地点调到另外一个地点，然后形成一支强大的攻击力量。世界历史上最优秀的骑兵就是蒙古骑兵。所以可以理解，在成吉思汗时期，整个蒙古高原具有战斗力的人不过就二三十万，但是这区区几十万人能够征服从中国一直到欧洲中部广大的地区。因此中国的中原王朝对抗北方游牧人南侵的主要手段，只有耗费巨资建造长城和其他防御工事。在蒙古人征服世界的过程中也遇到过抵抗，而其中抵抗最顽强的就是南宋。蒙古人用了几十年时间才攻下战略要地襄阳、樊城，之后才能够彻底击败南宋。襄阳、樊城之所以能够抵抗这么久，一个原因是骑兵到了坚城之下也无能为力。

用经济学的词语来说，冷兵器时代的军队是劳动密集型的军队。国家的军费开支基本上是用来养活军人。军人使用的武器简单，生产和维修武器的费用也不多。军队训练主要是士兵个人的武艺和纪律，打仗时主要是面对面的肉搏，使用的战术相对说来也比较简单。但是在世界历史上，到了中国的宋代，出现了一个重大的变化，即发明了火器。火药的发明在隋唐时代，但是火药长期是在道士的丹房里，道士用火药来修炼金丹。到了宋代，才第一次开始把它用于战争，但宋代的火器实战性能很差。元代火器有了重大的改进，出现了铜火铳。当时管形火器都叫做火铳，包括后来的枪和炮。

明朝初年，铜火铳变成了铁火铳，铁火铳比铜火铳更为重要。明朝末年出了一位伟大的科学家徐光启，在世界科学史上享有重要地位。今天中国、日本、韩国科学上所用的名词，比方说几何学、数学中的基本术语如点、面、线、体，开方、平方等等，都是他创造的。徐光启总结说："古之远器不过弓矢，五代以来变为石炮，胜国以后变为火器，每变而趋于猛烈，则火器者，今日之时务也"。意思是说，古代武器中射程最远的不过就是弓和箭。到了五代，出现了石炮，石炮就是抛石机（当然这个说法是不正确的。因为抛石机在三国就出现了，不过应用不是太多），元朝以后变为火器。每次变化，武器性能都变得越来越猛烈。到了今天，制造火器是当务之急。

宋朝火器出现，在军事史上具有非常重要的意淫。但是要弄清一点，火器出现并不意味着它已经很有效，也不意味着它成为军队使用的主要兵器。宋代火器叫突火枪，是用竹子制作的，把竹子打通，填入火药，塞进一些小石子或者是将破瓷碗敲碎，填入碎瓷块，竹管的另一端有一个眼，这个眼插进类似今天炮仗上的那种火药线，然后用一根香把点着火药线，引发竹管内的火药，对着敌人，把小石子等"砰"地一声发射出去。

因为竹子的强度很低，火药不能填得太紧，如果填得太紧，竹子就会爆炸。因此火药装填不多，同时火药也比较原始，所以爆炸力很有限。加上没有瞄准装置，突火枪的射程远远赶不上弓箭，发射出去的小石子杀伤能力也有限。，所以，突火枪在战场上起的主要作用实际上是吓唬敌人，特别是吓唬敌人的马。宋朝和金朝打仗，金人的骑兵是宋朝远远比不上的，但是马很害怕火，在"砰"的一声响的同时，火光也一闪，火焰喷出去，发射出去的小石子也可以打到马的眼睛或身上，马会惊惶后退，敌军的阵势也就乱了。可见，突火枪起到了阻吓的作用，而不是真正杀伤的作用。因此，宋朝虽然开始出现火器，但处在初级阶段，是最原始的火器。

到了南宋末期，北方是金朝，西北是西夏，更北方是蒙古人，这时在东亚大地上战争规模越来越大，各个政权都在积极地寻求先进的武器。过去一般认为世界上现存最早的火器，是元朝留下的一门铜炮，制造时间大约是 1332 年左右。1980 年代在武威和银川出土了西夏制造的火铳，这是现在全世界最老的炮。火器有很多种类，有爆炸型的、燃烧型的、发射型的，其中也有被称为火箭的火器，但这种火器是把箭放在一个管子里，用火药射出来。管形火器过去叫铳，这个词在日本用了很久，朝鲜则叫火筒，都是从中国传过去的。

出土的西夏和元朝的火铳都是铜火铳。因为铜比较容易加工，所以全世界最早的火器，都是用铜来制造。铜的强度远远超过竹子，所以到了铜火器时代，火铳就变成一种真正具有强大杀伤力的武器了。

到了明朝初年，军队里已经开始广泛配备手持的火器，叫手铳。这是中国步枪的前身。关于明朝军队的装备，朱元璋于洪武十三年(1380)下令："凡军一百户，铳十，刀牌二十，弓箭三十，枪四十。"每一百个士兵配十把铳，也就是说十分之一的明朝军队是使用火器的。当然，比较起冷兵器，火器还是少数。但是如果考虑到明朝军队庞大的规模，可以知道当时在全世界，中国军队使用的火器的数量，从绝对数量来说是最多的。这个规定是面向全国的军队。但是明朝除了遍布全国的卫所兵外，还有一支保卫京师、防备蒙古人的精锐部队，即明代的"中央军"，当时叫"京营"。这支军队是由三个部分组成，其中一个部分叫做"神机营"，是永乐皇帝建立的。这支军队大概七八万人,是以火器为主的部队,是全世界第一支成为建制的火器部队,比西班牙专门的火枪兵部队早了一个世纪左右。

到了明朝中叶,使用火器的军队比例就提高到百分之六十左右。明朝末年,提高到百分之八十左右。明朝末年,驻守北京的最精锐的“中央军”大概已经有百分之八十的士兵使用火器。所以,明朝军队和过去任何军队都有很大不同。这是近代早期称霸欧洲的西班牙火枪兵,使用的主要也是火器,所以非常强。这是后来明朝铳手,手中的武器叫三眼铳和鸟铳。到了16世纪,全世界最强悍的军队,都是火器占重要比重的军队。虽然他们并不完全使用火器,但是火器在占有最重要的地位。

但是,一直到嘉靖时代,明朝军队使用的火器在质量和数量上面,都有很大的局限性,所以不能完全取代冷兵器。在质的方面,火器一直到明朝中期还是比较原始,特别是手持火铳。首先,火铳装药很慢,要用一个像牛角那样的装火药的容器把火药从枪管的前端口抖进枪管里,接着用一根通条把火药填实,放上弹丸,再从另一端的药线口插入火药线,再用燃烧的火绳或者艾条去点燃药线,药线又引燃枪管内的火药,把弹丸发射出去。这个过程很慢。不仅如此,装药时,使用多少火药,全凭手的感觉,不仅用量不标准,而且装药也很慢。遇到天阴下雨刮大风,火绳熄灭,就没办法使用火铳作战。所以当时很多人认为:在实战中,火枪比起弓箭差多了。一个训弓箭手经过专门训练,射箭的速率可以非常快,如果使用强弓,有很好的体力,射箭的射程要比一般的火铳打得更远,更精确。所以,火铳还不能够取代冷兵器。

明朝军队的体制也有很大的问题。朱元璋建立明朝军队,创作了一种叫做卫所制的制度。这支军队规模庞大,洪武二十五年(1392 年)统计,全国卫所兵数有一百二十余万。永乐以后,卫所兵数达到二百七十余万,在中国历史上无有其匹。为什么军队规模那么大?主要原因是这支军队实际上是一支半兵半农或者亦兵亦农的军队。军人都是世袭的,单独编户籍,叫作军户。全国军户约有二百万家,占全国户数很大的比例。凡各地卫、所都实行屯田,以保证军饷的供应。军士分为屯田与守城两部分,屯田者专事耕垦,供应军粮;守城者专务防守操练。军士守城与屯种的比例,大致是边地三分守城、七分屯种,内地二分守城、八分屯种。军队大体能够屯田自养,屯田收入成为军饷的主要来源,这就使国家免去养兵之费,大大减轻了人民的负担。朱元璋的理想就是国家养百万大军,但是不要国库拿一文钱来养他们。所以明朝军队中的军人大部分实际上是农民,而不是真正的军人。这样军队平时负担很重,因为要养这些军队。连战斗人员所需要的武器,也要他们来制造。他们平时也很少进行军事训练差。所以,不是一支专门的职业军队。只有在北京的京营是一支比较专业的军队,但是它在明朝军队里头中的比重很小。所以,明朝的军队还是一支劳动密集型的、低成本的且专业化水平低的军队。虽然数量很大,有时候如在明朝初年也还能打一些胜仗,但是民兵性质的军队远远不能对付强大的敌人,一旦新的挑战出现,问题就大了。

在明朝时期,世界在迅速变化。在中国所处的东亚世界,也出现前所未有的变化。这变化导致新的军事强权的出现。请注意:这里我使用的术语是军事强权,而非军事强国。强权比强国要更笼统一点,因为它不一定是个国家,而可能是一个强大的部落,或者还是中国的一部分,但是它又向中央政府挑战。这些新的地区强权,都和明朝发生冲突,这是在中国历史上从来没有过的情况。那么,这些强权是哪些呢？

首先，在东北亚，日本、朝鲜、满洲在明代时期兴起了。

在唐朝以前，日本还是非常落后，唐朝开始学习中国，取得长足的进步。到了明朝，日本开始形成一个强大的力量，向中国发起挑战，所以朱元璋做了皇帝之后，曾经严厉禁止和日本通商。朝鲜在历史上长期分裂，到差不多明朝的时候，大将李成桂建立了李朝，朝鲜成为一个统一的国家。虽然朝鲜在明朝时期和明朝的关系一直很良好，但也有一些利益冲突，因为朝鲜统一后对中国鸭绿江以西的领土有野心，虽然明朝强大，李朝没办法实现这个野心，但是有一些冲突的种子埋在那里。

满洲即我国东北地区和俄国的远东地区大部分，自古是中国的领土，但是在大多数时期，中原王朝只对这一地区的南部（即辽宁）实行直接治理，其他地区则处于一种羁縻制度之下。到了明朝后期，满族逐渐兴起，成为一支非常强大的力量。

其次，在东南亚，明朝时期有安南、暹罗和缅甸三个地区强权兴起。

在元朝以前，东南亚从为成为中国的敌人，因为那里很落后。这东南亚地区，最发达的一个地方叫做“交州”或“交趾”，从秦始皇开始，一直到元朝都是中国的一个正式的行政区，处于中国中央政府的直接治理之下。但是到了元朝末年，这个地区的地方酋长酋长黎氏、阮氏，利用元末天下大乱之机，建立一些地区性的军阀统治，互相打仗，最后把今天越南的北部统一了，寻求独立，建立了政权，称为安南。明朝建立之后，永乐皇帝派军队去收复故土，恢复中国在那里统治二十多年，但最后又被打败了，宣德皇帝将军队撤回，安南取得了独立。此后，安南积极向外扩展，成为中南半岛上的强权。

在中南半岛上，明朝时期还兴起两个新兴的地区强权。其中一个是暹罗，即今天的泰国。暹罗从未和中国发生冲突，两国一直保持者良好的关系，但是它在东南亚起着很重要的作用。另外一个新兴强权出现在中国西南边境，即缅甸。缅甸在统一之后不断地向东北扩张，和明朝发生严重的军事冲突。

第三，在东南亚的海洋部分，也出现了新的强权。以往中国从来没有和欧洲人发生过冲突，但是到了明朝后期，新兴的世界强国——葡萄牙、西班牙、荷兰，一个接一个地来到东亚都和明朝发生冲突。

虽然这些新兴的地区强权彼此之间也有冲突，但是由于明代的中国是整个东亚世界的中心，所以他们都要向中国的权威挑战，蚕食中国的领土，甚至要夺取明朝的天下。因此，明朝遇到前所未有的挑战，这些挑战是中国历代所不曾遇到过的。

除此之外，明朝还有一个传统的敌人，就是北方的游牧人。在这个时期，北方的游牧人主要就是蒙古人。蒙古人在明朝分成两个部分，在东面的蒙古人，就是生活在今内外蒙古地区的蒙古人，当时叫做"鞑靼"；在西面的蒙古人，明代叫做"瓦剌"。鞑靼"统治者是成吉思汗的后裔，建立的政权叫"北元"，延续了二百六七十年，差不多与明朝相始终。统治全国的元朝灭亡之后，蒙古贵族仍然企图重新入主中原，不断组织力量反攻，所以一直长期和明朝为敌。瓦剌兴起后，在明代中期达到极盛，在"土木之役"的时候，把明英宗给抓去了。明朝边防的主要力量始终是对付他们。

因此，明代中国可谓强邻环绕。北面的蒙古，东面的日本、朝鲜、满洲，南面的安南、暹罗、缅甸，从欧洲来到这里的西班牙、葡萄牙,对明朝就形成一个全面的包围圈。中国传统的国防是陆上防御,但是到了明朝,海上也愈来愈成为问题。倭寇侵扰、日本进攻朝鲜、西欧海上列强(葡萄牙、西班牙、荷兰)的攻击,等等,都是从海上进行的。

与中国传统的北部敌人不同,这一时期 新兴的地区军事强权有一个共同的特点:他们都知道火器的重要性,军并事行动中都努力采用最先进的火器和战术。

安南为什么能够独立?一个原因是安南人当时使用相当先进的火器。明朝军队吃了败仗之后,把安南的火器带回来,称为交铳。永乐皇帝感到交铳明朝军队用的火铳好,下令仿制。

日本在明朝时候主要处于战国时期,是一个分裂的国家,小邦国之间战斗不断,有大量的武士打败了就跑出来当海盗,叫倭寇。日本人有一个特点,就是非常善于学习。日本人自己的重大发明不多,但是一旦得到别人的发明,他们会加以改进,做出更好的产品。在火器方面就是这样。日本人从中国人那里学到了火器技术,随后又从葡萄牙人那里获得了更先进的火器,然后加以改进,造出来的鸟铳比中国的火器要好得多。倭寇能够危害中国百年,原因之一就在于他们拥有这种先进的鸟铳。明朝后来也发现了这一点,并且引进了日本鸟铳,大量制造。

缅甸为什么能够在明朝后期和中国打了几十年仗,而且还步步北进?一个原因也在武器方面。缅甸人和葡萄牙人、英国人接触很早,因为英国人和葡萄牙人在16世纪后期都到了印度。在印度的葡萄牙人和英国人组建了殖民军,并出征缅甸。在与缅甸人的战斗中中了埋伏,有一些军人被俘虏。缅甸的统治者就把这些被俘的军人编入缅军,叫他们训练缅甸人使用西方的火器。因此,17世纪缅甸称雄一时,原因之一是他们在使用西方火器方面已经相当专业化。

至于葡萄牙、西班牙和荷兰，都是当时的海上强国。他们所使用的火器，一个比另一个更好。这一点，就不必多说了。

在中国东北兴起的后金，后来叫清。清朝的统治者后来说他们祖先是靠弓马得天下，也就是说靠的是骑兵和传统的兵器。但实际不是这样。在努尔哈赤时代可能如此，但是到了皇太极时代早已不是这样。满人积极寻求先进火器，建立了专业的火器部队。早在清兵入关前，清军在火器装备方面就已比明军更有优势。

由上可见，明朝时期东亚世界兴起地区军事强权都在寻求使用先进火器。因此它们对明朝的威胁，也就超过来自北方蒙古高原的传统威胁。万历末年，徐光启在总结当时形势说："东方之役，…以百万生灵，数千万金钱，嫁送全辽，且骚动天下…。近闻红毛聚众，欲窃取濠镜，若此夷得志，是东粤百季之患，亦恐祸不仅在越东也。"这段话的意思是：万历时中国在朝鲜和日本打了一仗，花了数以千万两白银计的钱，搞得中国天天不安；但是现在还有一个严重的威胁是荷兰人。当时荷兰人被中国人叫做"红毛"，红毛人来到东亚，想夺取澳门。大家一定要知道，澳门长期以来是葡萄牙人向中国租借的一块地方，不是殖民地。明朝和清朝一直有官员在那里治理澳门，即香山县的一个县丞（大致相当于今天的副县长），这是澳门的最高长官，下面有一个葡萄牙总督，实际治理澳门。澳门成为殖民地是到1880年代，清朝已经很衰落的时候，小小的葡萄牙才借英国的威风，迫使清朝把澳门变成殖民地。葡萄牙和明朝早期有冲突，后来就变得比较友好，但荷兰人一直不友好。所以荷兰人想夺取澳门，如果荷兰人得志，那么就会成为广东以后百年的大患。中国的灾祸以后恐怕就不单是在广东,为什么?因为荷兰人掌握着当时最好的火器。

在明朝两百多年过程中,世界的火器正处于一个突飞猛进的时代。虽然火器是在中国最早发明并最早用于军事,但是火器技术在中国发展比较缓慢。火器发展最快的地区在哪里?在西欧。西欧的火器经历了几个阶段。最早的是火门枪。火门枪很像明初中国的火铳,实际上就是一根金属管,没有枪柄,也没有准星,发射时把火药从管口放进去,另一端管壁上有一个眼,士兵直接用火(燃烧的木炭或者烧红的铁块)去点,就这样对着敌人发射。火门枪杀伤力很差,精度很差,射程很近,是最原始的枪。后来出现了一次技术革命,火门枪变成火绳枪。火绳枪已经有准星和枪柄,可以举起来瞄准发射。更重要的是,出现了使用火绳的点火装置。火绳有点像中国使用的艾条,可以缓慢地燃烧。点火装置包括一个夹子,可以把火绳夹住,同时还有一个扳机,可以把火绳的燃端对准枪管上的药池(即枪管上的一个孔,枪管内的火药由此露。发射时,一扣扳机,火绳燃端下来,碰到火药,使之点燃,把弹丸打出去。更高级的就是燧发枪,不要火绳的,上面装一个像打火机的那种燧石,下面一个小轮。一扣扳机,火石碰到轮子产生火星,然后把火药点着。从火门枪到火绳枪再到燧发枪,是枪发展的三个阶段,都是明朝时期欧洲出现的。不过,燧发枪的普遍使用是比较晚的事,在明朝时期的欧洲,使用得最广泛的先进火枪是火绳枪。

火炮的变化,比火枪的变化小一些。这个变化主要在材质方面,即从青铜炮变成铁炮。这是一个伟大的进步。铜是很贵的金属,造出来的火炮的价格很高。而铁比铜便宜得多,因此铁炮的造价也大大低于铜炮,因此可以广泛使用。不仅如此,铁的强度比铜高得多,同样大小的炮,在铁炮里可以放更多火药，把更大的炮弹发射出去，打得更远。

但是从工艺上来说，制造铁炮比制造铜炮困难得多。制造铁炮使用生铁，而由于早期冶铁技术不高，炼出来的生铁里面有很多杂质，不像铜，杂质很少。生铁杂质多，就会在铁铸器内部形成许多气孔。这对于火炮是很严重的问题，往往导致炸膛，就是在发射时把炮膛炸毁。所以，只有到了冶铁技术提高到相当水平时，炼出来的生铁的纯度比较高了，才能够造出使用可靠的铁炮。而生铁冶炼技术的提高是一个很长的过程。

为什么火器在西欧进步很迅速？原因并不复杂，一种技术的发明和改进，背后一定有一种特别的社会需要，正如恩格斯所说："社会一旦有技术上的需要，则这种需要就会比十所大学更能把科学推向前进"。在中世纪后期和近代早期，欧洲处于长期的战争状态，有的一场战争打了一百年，历史上叫"百年战争"；有的战争打了三十年，叫"三十年战争"。欧洲是无数个小国，从 16 世纪开始，这些小国就像中国古代的春秋战国时期的列国一样，无日不战。而且欧洲大部分国家在面积、人口方面差别不大，可以说是是势均力敌的，不像中国对邻国，在面积和人口上都享有巨大的优势。例如日本是东亚第二大国，但在领土和人口方面，都完全无法与中国相比。自明朝至今，日本的人口都只是中国的十分之一左右，领土的差别就更大了。因此在欧洲，一个国家不能靠军队的人数优势去压倒对方，只能依靠更有效的武器。这就使得各个国家努力寻求更好的武器，从而导致了更好的武器的发明。不仅如此，武器技术的秘密是无法长期保持的。某个国家发明出了先进武器，对手马上就会发现。发现之后，厉害的对手马上会去仿造，所以先进火器技术就传播开来了。传播开来之后，各国又不得不再去发明更先进的火器或者把从对手那里引进的火器进行改进,实战更为有效。这样一来,就使得火器技术能够在几个世纪的长时期中不断地发展和提高。

欧洲的火器技术进步也扩散到欧洲之外。在大约明代时期,欧亚大陆上兴起一个新的强国——奥斯曼帝国。奥斯曼帝国兴起之后,势如破竹地征服了欧亚非三大洲的广大地区。土耳其人的成功,很大程度上靠的是它的炮兵。他们是向欧洲人学来火炮技术,并且依靠火炮取得征服世界的。欧洲人来到亚洲东部后,日本人、缅甸人、安南人、中国人也都积极欧洲人带来的欧洲火器技术。在东亚,葡萄牙人在澳门建立了卜加劳铸炮厂,被称为世界上最好的铸炮厂之一。明朝后期日本的种子岛专门建立了专业兵工厂,把葡萄牙人的火枪加以改进,称为"种子岛铳"。因此,在这个时期,出现了一个先进火器技术的世界性传播的浪潮,这是史无前例的。

我前年到葡萄牙开会的时候,去参观了在里斯本的军事史博物馆,这是世界上最好的军事史博物馆之一,里面收集了大量的武器,我也拍了不少照片。这几幅照片是明朝时期葡萄牙人造的火绳枪,制作非常漂亮,到今天还是亮光闪闪。这几幅照片是葡萄牙人当时造的炮,这是小型炮,这是中型炮,这是装在炮车上的小型炮。博物馆里有各种各样大大小小的炮。如果仔细对比中国的炮和葡萄牙的炮,到了明朝后期,彼此相差不多。在博物馆外面,就可以看到不少 17 世纪世界上最大的炮。其中最大一门土耳其制造的火炮,长达15,我想可能是全世界现存最大的一门青铜炮。炮上的铭文是用旧土耳其文写的(土耳其文原先用阿拉伯字母拼写,凯末尔革命以后,废除了阿拉伯字母,改用欧洲字母)。这些铭文,据讲解员说,是《古兰经》里的一些话。

土耳其人的祖先在亚洲,即突厥人。他们后来不断迁徙,迁到了今天的土库曼斯坦一带,接受了伊斯兰教。他们是游牧民族,所以拥有强大的骑兵。但是到了小亚细亚后,他们碰到了一个强大的对手——东罗马帝国,又叫拜占庭帝国,首都在君士坦丁堡。这个帝国已经延续了一千年,在此期间经历了多次外族入侵,但都挺住了。阿拉伯人、蒙古人、十字军都曾经多次围攻君士坦丁堡,但都攻不下。一个原因是君士坦丁堡的城墙,经过一千年的不断翻修,成为世界上最坚固的城墙。这个城墙全是巨石建的,高达宏伟,比著名的中国城墙还要高大,所以能够经历了多次围攻而保卫城市不被攻陷。从这幅欧洲中世纪的画来看,十字军在进攻君士坦丁堡时,因为城墙很高,十字军军人爬云梯爬上来,守军用石头把进攻者打了下去。但是到土耳其人围攻时,土耳其人使用了当时欧洲最好的造炮专家制造的大炮。当时欧洲有很多到处出售火器技术的专家。其中有一位匈牙利人雨果,是有名的造炮专家。土耳其人高薪把他请过去,造了一门比刚才给大家看的照片上的那门炮还要大的炮。这是当时世界上的"炮王"。土耳其人把这门炮运到君士坦丁堡城外,用来攻城。因为这门炮实在太大了,所以必须为它专门修一条路,并用了上百头壮牛来拖,才把它拖到君士坦丁堡城下。土耳其人把大炮安顿好后,大车一车一车把火药运过来,装入炮膛,再装进将巨大的炮弹,然后发射。由于装药量太大,装起来很费时间,因此一天只能打两炮。但是炮的威力实在太大,一炮下来,一片城墙就垮了,第二炮再过来,又是一片城墙垮了。从这些缺课,土耳其步兵潮水一般地冲进去,于是这个一千年的帝国首都就完了。这次战役改变了世界历史。而这个地区也因此由基督教世界的一部分变成一个穆斯林国家,连语言都被统治民族同化了。这个地区过去讲的是希腊语,但是后来都讲土耳其语了。土耳其人积极学习火器技术，是他们能够成功的一个关键原因。

奥斯曼帝国和中国也有关系。万历时代，奥斯曼帝国苏丹（即土耳其的最高统治者，既是最高的宗教领袖，又是最高的世俗统治者），派人送了礼物给万历皇帝，礼物之一就是一支火枪——“噜嘧铳”，这是土耳其人用从欧洲学来技术制造的最好的火枪，比东亚最好的火枪——鸟铳更好。

欧洲的火器技术传到东亚后受到高度重视，不仅得以迅速传播，而且还被不断改进。其中在火枪改进方面做得最好的是日本。日本向葡萄牙人学来火绳枪的制造技术，加以改进，造出更好的火枪，叫做鸟铳。为什么叫鸟铳？因为可以把飞鸟打下来。如果用过去东亚地区使用的传统火铳，射击精度差，射程短，怎么可以打鸟？日本人改进这种火枪，可以把鸟打下来，所以叫鸟铳。倭寇危害中国达一百多年，他们为什么那么厉害？一个原因是他们都用鸟铳。从这幅日本绘画来看，倭寇划着小船，用鸟铳射击。因此倭寇的攻击不仅具有很大的机动性，而且具有很强的火力。

由上可见，明代中国确实是强敌环绕，而且敌手一个比一个更狠，都使用了先进的武器。

明朝并没有忽视这些挑战。文人和政府都对此予以高度关注，积极引进外国先进军事技术。在晚清之前，在中国历史上，这大概是唯一一个大力引进外国技术的时期。当时中国获得西方先进军事技术的一个来源是传教士，通过他们把西方的科技技术书籍，翻译出来，从而得到相关知识。例如，穆尼阁（Johannes Nikolaus Smogulecki，1610—1656）翻译了《西洋火器法》，汤若望（Adam Schall Johann Adam Schall von Bell）与焦勖合作译述了《火攻挈要》。其中汤若望不仅为明朝效力，后来又为清朝服务。

中国的军事专家也对西方火器技术进行了研究，例如何汝宾写了《西洋火攻神器说》，孙元化写了《西法神机》。何汝宾是浙江人，做过中等官员。他写了《兵录》一书，共 14 卷，约 25 万字，附图 484 幅，其中《西洋火攻神器说》一章，被认为是中国最早研究西方火炮技术的专著之一。该书介绍了各种西洋火炮的形制尺寸、弹药用量、铸造技术和弹道射程等事，其中还绘有数幅铳规的使用图。此书在中国古代兵书中还最早记载近代步枪的雏形——燧发铳（扳机击发式火绳枪）。《西洋火攻神器说》一章还于 1799 年被译成日文，为日本武器专家所取法。因为打炮要测量距离，不用测量仪器，打炮就是盲目地打，所以大科学家徐光启写了《测量法义》。由此可见，明代中后期出现了一个火器技术引进和研究的高潮，也就是中国历史上出现的第一个外国军事技术引进的高潮，以后一直到洋务运动才开始出现第二个高潮。

明朝人接触到葡萄牙火绳枪之后，发现比自己造的火铳好，于是就仿造。从这幅明朝人画的图可见，明代后期的鸟铳形状和原有的手铳已经完全是两回事，明显是仿造葡萄牙枪。后来又发现日本改进的火绳枪（鸟铳）更好，于是又仿造日本鸟铳。土耳其苏丹送了一支噜嘧铳作为礼物给万历皇帝，万历皇帝虽然很昏庸，但他也没有忽视这件礼物，命令礼部将它交给兵部一个武器专家赵士祯去研究。赵士祯，赵世珍把这支噜嘧铳拆开，分解为一个个部件，看它起什么作用，然后研究噜嘧铳比明朝军队使用的鸟铳好在哪里。在此基础上，赵士祯做了进一步的改进，所以造出了当时东亚最好的步枪——噜嘧鸟铳。

在 16 世纪后期和 17 世纪，东亚最强大的火器是荷兰人使用的大炮，主要是。荷兰人被明朝人叫做“红毛夷”。为什么荷兰人叫“红毛”，始终是一个问题，很多学者也在探讨。我在荷兰乌德勒支大学做演讲的时候，看到在座的人没有一个红头发的，于是问他们他们也说荷兰人中红头发的很少，因此对中国人称他们为红毛感到很奇怪。当然，我后来也听到有人解释，荷兰人是北欧人，而北欧人毛发茂密，而且皮肤色素少，毛细血管容易显露出来，所以脸孔比较红。中国人觉得荷兰人红脸又多发，所以叫“红毛”，可能是这个原因。荷兰人造的大炮的威力，比葡萄牙人造的大炮（佛郎机）更长，威力也更大，中国人称为红夷大炮，积极进行仿造。这幅照片是明末袁崇焕在广东造的红夷大炮比。因此对于明朝，你可以说有的方面保守，但在军事技术方面绝不保守，而是敞开大门，积极学习外国的技术而且加以改进。

在明代时期的东亚战争中，有没有先进的火器是胜败的一个关键。徐光启说：在万历后期和天启崇祯时代，明朝军队和满洲军队打仗，越来越占下风，为什么呢？“连次丧失中外大小火铳，悉为奴有。我之长技与奴共之，而多寡之数且不若彼远矣”。也就是说，在历次战争中，明军丧失了大量的火器，都被敌人得到了。因此我们的长处，现在敌人也有了，而现在我们的火器数量远不及他们多，所以现在情况越来越危急。这就是当时17世纪初期东亚世界军备竞赛的结果。大家都要去追求最好、最先进的武器，没有就要倒霉，就要挨打。这跟欧洲的情况很相似，也是东亚历史上很少见到的情景。

在东亚各国在积极扩军备战的时候，明朝原有的军事力量却迅速走向衰落。徐光启很痛心地说：明军“大半乌合之众，既不相习，又非素练，器甲朽钝，全无节制”，而且“目前军火器械皆非克敌制胜之具”。亦即明朝军队大半都是乌合之众，平时不训练，军官和士兵又相互不了解，武器破烂不堪，也没有办法去有效指挥，不仅如此，现在的军火器械都不是可以克敌制胜的。所以，在强敌环绕、特别满洲威胁厉害的时候，明朝当然处于高度的危机之中。从这张《清实录》中关于萨尔浒之战的绘画可见，在这次大战中，明军用的是弓箭，而清军则使用了火器。清军的战法是：前排是火枪兵，后排是骑兵。他们采用的交战时，先由火枪兵发射枪弹，对明军造成严重杀伤之后，骑兵冲过去，击溃明军。如果明军已冲了过来，则火枪兵退后，用铁甲步兵挡住他们。显然，清军的战斗能力比明军更强。

因此，到了这个时候，对明朝来说决定生死存亡的大事，是建立一支能够有效克敌制胜的军队。不然的话，大明王朝真是要完了。这种看法是明朝后期精英的看法，也是他们在做的事情。简言之，要进行军事改革，建立一支和过去腐败的传统的军队不同军队，一支新型的军队。

这里提到的明朝后期的精英，主要包括军事家和科技专家。军事家里面最出名的当然是戚继光。戚继光和倭寇、蒙古人都打过仗。他根据实战的心得体验写了两本著名的书，一本叫《练兵实纪》，另一本《叫纪效新书》，讲军队应该怎么训练，怎么作战，一句空话都没有。不像中国很多兵书(比方《孙子兵法》)，讲的是原则、原理，实际上有点儿像哲学，而不是实际操作方法。他在这两部书里讲得非常清楚，部队要培养，要配备多少支火枪，多少门火炮，多少刀枪弓箭，采用什么战法，纪律应该怎么执行，通信应该怎么样，非常详细。他训练出来的戚家军，是整个东亚最强悍的一支部队。这支部队人数并不多，而且很出大家意料之外，官兵主要是浙江人。大家一般认为北方人比较强悍，能打仗，江浙人则比较很柔弱，打仗非其所长。然而戚家军主要就是浙江义乌人、金华人。这支军队打倭寇，打蒙古人，在朝鲜打日本人，都立下了赫赫战功。这支军队不仅武器好，训练好，士气高，而且纪律非常严明，可以说是全世界军纪最严的军队。

精英中的科技专家，代表人物是就徐光启。徐光启被李约瑟称为“十七世纪全世界最伟大的科学家之一”。他和利玛窦一起，翻译了大量的西方的科技著作，对以后几百年东亚科技发展有很大影响。徐光启对西方文化了解颇深，后来还入了天主教。他的家乡就是上海的徐家汇，因为他有名，所以那个地方后来才叫徐家汇。徐家汇今天还有一个很有名的教堂，就是那个时候留下来的。

戚继光说建立一支新的军队，这军队必须是武器好、士兵好，“有精器而无精兵以用之，是谓徒费；有精兵而无精器以助之，是谓徒强。”意思是有好武器没有好兵，那是浪费；没有好武器有好士兵，那是纸老虎。怎么能够建立这样一支兵好、器好的军队呢：徐光启说：“博求海内外名工名技以为兵师，如甲胄、车仗、军火、器械之类，物究其极，然后选取材武之士，务求勇、力、捷、技冠绝侪辈者，三倍其稍，择名将定节制，日夜教习之，…. 服习经岁，艺术既精，大众若一，驱之若左右手。”也就是说，要国内外的优秀技术人才找来做工程师制造出最好的武器，然后找最强悍、最能干的人来当兵，给他们三倍的兵饷。再找名将做统帅，日夜训练，纪律非常严明，使用部队就像使用左右手一样的顺利。可见，戚继光、徐光启他们共同的看法是：一支好的军队，要有最好的武器、最好的士兵，同时严格训练，要好的指挥官。

火器是构成新型军队的基本要素，这是晚明军事和科技精英们的一致看法。明朝后期学者唐顺之说：“虏所最畏于中国者，火器也。”亦即满洲人、蒙古人最害怕中国的，就是火器。戚继光说：“孟子曰：‘执梃可以挞秦楚之坚甲利兵’。非真言梃之可御坚利也，盖言人心齐一，即梃非可与坚甲利兵敌者，用之亦取胜。今夫敌甲诚坚矣，兵诚利矣，而我人心何如？逌以白棒当敌为长技，迷而不悟，即孙、吴复起，毋能转移，何其谬讹人人之深也。弓矢远不如火器，命中不如鸟铳，而敌以坚甲当之，每每射不能入，亦明知而不肯变其习者，缘上司抄阅偏于此耳。火器不精，不如无，今知以火器当敌而不知精，亦无埒也。”这段话的意思是：孟子曾经说，只要勇敢，拿着木棒也可以把持坚甲利兵的敌人打败。但是这其实只是鼓舞人心的话，实际上没有人真是可以这样做的。真是拿木棒去打敌人，那就是用孙武、吴起来指挥，也无法打胜敌人的。要打胜仗，一定要有好武器。弓箭在射程方面不如火器，命中率不如鸟铳，如果敌人穿了坚固的铠甲，箭还射不进。火器也一定是要最好的，不精的话不如没有。徐光启则说：“大都攻守之备，无论其军器焉，火器焉，其材美，其功巧，其费巨，其日力多，其造者自为用，五者备，然后可以为良矣”。即不管进攻、防守，都需要好武器，好火器。制作武器一定要材料好，铸造技术巧，不要省钱，不要赶时间，造出来都是要为自己用这五方面具备了，才是好武器。他具体地说：“虏多明光重铠，而鸟铳之短小者未能洞贯，故今之练习，宜画敌为的，专击其手与目。又宜纠工急造大号鸟铳，至少亦须千门，可用洞透铁甲”；“可以克敌制胜者，独有神威大炮一器而已。一见于宁远之歼夷，再见于京都之固守，三见于涿州之阻截。所以然者，为其及远命中也。所以及远命中，为其物料真，制作巧，药性猛，法度精也。”即满洲人造的明光重铠非常好，现在明朝军队用的鸟铳都短小，打不穿重铠。所以现在一方面要加强训练，把敌人形象画在射击靶上，叫射手天天训练打他的眼睛、手。同时赶快造大号鸟铳，才可以把铠甲打穿。

同时，更重要的是要造大炮，袁崇焕在宁远打败敌人已经可以见到大炮的效果了。徐光启说：“目前至急事宜”之一是大造西洋火器，而在制造火器时，“铳药必须西洋人自行制造,以夫力帮助之……大小铳弹亦须西人自铸,工匠助之。”也就是说,火器要请西洋人(即葡萄牙技师)来制造或者指导制造,以求达到最好质量。为什么必须是要西洋人来造?因为他不放心明朝的兵工厂。

在新型军队中的军官都要有文化。因为过去的军队不需要文化,成吉思汗征服世界,但是蒙古军队都是文盲,连成吉思汗本人也不识字。蒙古里的文书都是色目人,为他们管文书。因为当时传统军队不需要文化,所以不仅士兵都是文盲,而且连军官也大多目不识丁。但是这支新的军队情况就不同了。戚继光说:“率为名将,盖未有不习一法、不识一字、不经一事而辄能开阖变化运用无穷者,即有之,亦于实阵上经历闻见,日久乃能,否则吾知其断不能也。……吾人童儿习之,幼儿学之,又须长壮之日履名将之门,处实境之间,方知兵法为有用,方能变化兵法,以施之行事之际,至于见任将领,付以边场之寄,岁有桴鼓之举,可谓学法于实境之间矣。却恃其骁勇,或因幼年失学,不解文字,或不知兵法之有助于实用,遂又弃之而不讲。夫有资可习者,无实履之地;有实属之地者,无可学之资,如何而得全材为干城之器乎?”也就是说,军官就必须有文化,绝对不能只是靠勇敢,要学兵法,而且要从小就学,像欧洲那种军官军校,特别是军官必须懂得新式的火器和战法。因此,应当务之急是培养军官。徐光启说:“教演大铳……臣尝深虑,以为独宜令世臣习之……此等在京只须一二百人,每边只须数十人,足用矣。”也就是说,学习使用最新的大炮,要从军官子弟里找人,因为他们靠得住。这样培训出来的专业炮兵教官,在北京只要有一两百人,每一个边放军区几十个人,就够了。

不仅军官,士兵也必须能够胜任火器。徐光启说:“火攻之法,一在铳坚,二在弹药相称,三在人器相习,相称相习,可以连发不损，则其益多矣。”“火器一节，少不如法，非止无益，伤害极惨，尤宜慎之。”“（大铳）一切装放皆有秘传，如视远则用远镜，量度则用度板，未可易学。”即是说，使用大炮，第一是大炮要质量要好，第二是火药和炮弹要分量合适，多了会炸膛，少了射程不够，第三是炮手对武器要非常熟悉，经常练习，经常演习。使用远程大炮都有特别的方法。因为敌人都在十里八里以外，所以要会使用望远镜。然后，炮弹打过去有一个角度，所以要用那叫做“铳规”的仪器来计算角度。明朝末年有一个大数学家李之藻，是徐光启的好朋友，说：西洋大炮“每铳约重三五千斤，其施放有车，有地平盘，有小轮，有照轮，所攻打或近或远，刻定里数，低昂伸缩，悉有一定规式。其放铳之人，明理识算，兼诸技巧”；否则“虽得其器，苟无其人，铸炼之法不传，点放之术不尽，差之毫厘，失之千里，总亦无大裨益。”现在的西洋大炮每一门大概有三五千斤重，都有车拖着，然后有地平板，有小轮，反正很复杂。而且你要打多少里，就要调节炮口，都有一定的规矩，所以放炮的人一定要懂计算，不然虽然有炮，没有合适的人，也没有用。因此，使用大炮的士兵不能是文盲。

所以这种新型军队是有文化的军队，不像过去军队都是文盲军队。

在火器时代，作战方式也发生了重大变化。过去作战，就犹如电视剧《三国演义》《水浒传》中的作战场景一样，是两军对阵，双方的主将出来表演一通，大战三百回合，士兵在旁边看热闹，主将斗到酣时，一方不敌，这边士兵士气大振，呐喊一声，冲将过去，双方于是短兵相接，肉搏格斗。一番交手之后，打输的一方就兵败如山倒，官兵纷纷逃命，打赢的一方则勇气倍增，乘胜追击。因此打仗就这么简单。如果用火器就不同了，因为火器不需要隔得很近，好的火枪可以在一百米以外命中敌人。但是如前所述，当时火枪有严重的缺陷，特别是装药很慢，打完一枪，就要赶快装火药、放弹头，插进火绳，然后再瞄准发射，这最快也需要好几分钟。敌人不会等着你这么慢慢做，他们一下子就冲了过来了，大刀就把你的脑袋砍掉了。特别骑兵，排山倒海般地冲过来，更不得了。所以，要有效使用火器，整个战斗方式都要改变，以往那种面对面的肉搏方式愈来愈失去了意义。徐光启说："夫用火之精者，能十步而一发，若是速也；能以石出火，无俟宿火，若是巧也；能射鸟二三百步，骑而驰，而击方寸之质。稍大者，能于数百步之外，越壁垒而击人之中坚，若是命中也；小者洞甲数重，稍大者一击杀数百千人，能破艨艟巨舟，若是烈也。此器习，而古来兵器十九为土苴，古来兵法十五为陈言矣。"也就是说，火器的命中率和威力远远大于冷兵器，因此如果使用火器，以往的兵法十分之五都不适用了。

在军事史上，随着火枪的改进，出现了一个战法创新，即三排轮射法。这种方法是：火枪手排列为三排，第一排负责发射，第三排负责装弹药，第二排则负责传送。第一排士兵打完枪后，把空枪递给第二排士兵，同时从第二排士兵手里接过装好弹药的火枪继续发射，而第二排士兵把空枪传给第三排士兵，同时从第三排士兵手里接过装好弹药的火枪。有了这个战法之后，火枪就可以连续而且密集地射击，具有极大的杀伤力。对方的猛冲，就会遭受大量的伤亡。过去军事史学家认为这是织田信长发明的，被称为"信长三段射"，尔后传到中国。也有学者认为三排轮射法是荷兰莫里斯亲王的发明，后来传到东亚，中国也学会了。从何汝宾的《兵录》里的插画可见，明代后期中国的三排轮射法与欧洲的很一致。第一排士兵发射完之后，人原地不动，把枪递给第二排的士兵。第二排士兵把第三排士兵装好的火枪递给第一排士兵。第三排士兵专门负责装弹药,从图中可见,他们把弹药装入枪管后,正在用通条把火药填实。弹药装完后递给第二排士兵,第二排士兵马上又递给第一排士兵。有些军事史专家认为这种战法是欧洲传过来的,先传到日本,再传到中国。但事实上,这种战法最早出现在中国。早在明朝初年,明军在安南作战时就已使用了。就像军事史学家欧阳泰(Tonio Andrade)所说:“荷兰的火枪部队虽然采用本国发明的排枪射击法,能够达成连续致命效果,但面对国姓爷的部队却无用武之地。实际上,中国早在两百多年前就发展出排枪射击的方法。”

在欧洲,被称为近代欧洲军队之父的荷兰莫里斯亲王和瑞典国王古斯塔夫二世采用了火枪多排轮射的新战术后,进行了一系列的改革。这些改革包括施行义务兵役制,组建训练有素的常备军,统一火炮的形制,提升火炮的设计,建立专门的炮兵部队和后勤系统,并发展炮步骑联合作战的战术,等等。这些种改革大多成为稍后欧洲各国的典范。由此欧洲掀起一个被称为“军事革命”军事改革的高潮。

欧洲军事改革的思路实际上和晚明精英关于军事改革的思路很一致。徐光启说:武器改变了,军队本身就要改变,必须是一支专业的部队。“其惯行火兵,尤宜访取教师,作速训练。”“此则实选实练所至,非未教之民可猝得也。而不如是,又不足以破敌。臣所言宜得绝技绝力之士者,为此也。”“博选教师,统以良将,驭以严法,仿束伍以立阵,兼车炮步骑以结营,务使人皆壮勇,技皆精熟,远击则百发必中,近斗则一可当十,而又臂指相使,分合如意疏行密阵,势险节短。”也就是说,使用火器的军队,不仅要有好的士兵,而且必须要有好教官对他们进行专门训练。然后有好的指挥官指挥这支军队。因此,这支军队不是找一般百姓来训练几天就行了的民兵。

晚明精英并没有将他们关于创建一直新型军队的想法仅仅停留在口头上或者文章里。他们还将这些想法付诸实践了。最成功的例子就是“戚家军”。戚家军成军于义乌,总兵力不过四千人。明朝有百万大军,其中只有这四千人是最精锐的部队。后来徐光启追忆说:“昔者戚继光之练兵蓟镇也……请用浙江杀手三千,鸟铳手三千,以为教练张本……而后继光乃得行其志,而蓟镇之兵独强”。戚继光打倭寇很有成效,明朝政府把他调到北京附近训练兵打蒙古人。那他就带浙江的杀手三千,就是这种步兵三千,然后鸟铳手三千,就作为戚家军的根本。这支军队为什么几十年来所向披靡,与倭寇打,与蒙古人打,与日本的正规军队在朝鲜打,都是百战百胜?原因是戚家军具有严明的军纪、职业化的训练水平、东亚最先进的火器,以及适应这些武器的军队组织形式。这些正是一支近代军队的基本要素。

过去关于戚家军的描述,很少提到这支军队在火器方面的先进性。事实上,这支军队在武器装备方面,是领先于东亚任何军队的。戚继光于隆庆二年(1568 年)到蓟镇练兵守边时,编制了由步、骑、车、辎重四个营组成的合成军团。步、骑两营按营、部、司、局、旗、队六级编成,每营 2700 人。步营装备鸟枪 1080 枝;骑营装备鸟枪与快枪各 432 枝、虎蹲炮 60 门。车营按营、部、司、局、联、车六级编成,每营 2640 人,装备炮车 128 辆、佛郎机 256 门。辎重营按将官、千总、百总、把总、车正五级编成,每营 1908 人,装备炮车 80 辆、佛郎机 160 门。各营再加上火药箭、火罐及刀枪等冷兵器后,形成了以火绳枪炮为主,传统火器为辅的火器与冷兵器相结合的合成军团。可见,在这支军队中,火器手超过编制人数的一半。这个比例之高,在当时的世界上也罕有其匹。

必须有这样一支拥有战斗能力强大的新型军队，才能能够挽救强敌环绕的大明帝国，这是大家都明白的。因此，在晚明时期，无论是昏庸的万历皇帝和更昏庸的天启皇帝，还是刚愎自用的崇祯皇帝，乃至祸国殃民的太监魏忠贤，都没有反对这个创建新型军队的运动，因为他们都看到这个政权就是要靠这样一支军队才能挽救，因此反对创建这支军队就意味着自杀。但是，为什么这个改革最后失败了呢？下面我们就来讨论。

当然，这个改革失败的原因很多。这里我们主要关注的问题是：晚明政府是否拥有创建这样一种新型军队的财力。

建立一支军队离不开钱，建立一支新型军队更是如此。徐光启说得很清楚：创建这支新军队，“所谓器械之费一当十，粮饷之费一当三……盖不必多也，亦不能多也”。亦即这支军队要有更好的武器（特别是红夷大炮和鸟铳），所以平均到每一个士兵的头上，武器的费用是过去军队的十倍。这支军队要有好兵所以要给他们三倍于现有军队的军饷，才能招到合格的军人。国家财力有限，不能给得更多，但是也不能少于这个数目。

徐光启说这种情况是不是真的？我们可以做个对比。在更早一点的时候，戚继光就已对其部队里各种兵种的武器配备做过明确的说明。依照他的说明，我们可以看到：“鸟铳手：每名明盔一顶，甲一副，鞓带一条，长刀一把，鸟铳一门，搠仗一根，锡鳖一个，药管三十个，铅子袋一个，铳套一个，备征火药，每三钱为一出，备三百出。另备空药六两，通共六斤，铅子三百个，火绳五根，每局铅子模一副，椰瓢一个。铳可以容三钱铅子为合式，药比铅子分两，每钱加二分，余皆仿此”。而“弓刀手：每名明盔一顶，甲一副，鞓带一条，椰瓢一个，腰刀一把，合力弓一张，弦二条，大箭三十枝，双插一副”。

由此可见,一个鸟铳手需要的装备,比一个弓箭手需要的装备多得多。不仅如此,鸟铳手需要的装备也比弓箭手需要的装备昂贵得多。如果使用使用大炮,差别就大了。戚继光说:狼机(佛郎机)手:"每名共管佛狼机一架。每架子铳九门,铁闩三根,铁锤、剪、锥、匙、凹心送子各一件。大铅子一百个,火药三十斤,火绳五根,椰瓢一个。"而"每大将军一位,子铳三门。每子铳一门,备征子药十出,共三十出。每出火药四斤,共一百二十斤。铁子三百六十五个,共一万九百五十个。木马三十个,石子三十个。木枕二个,木送一根,铁闩一根,铁锤一把"。一门佛郎机需要那么多的装备,红衣大炮更是不得了。所以按徐光启计算,如果选练一支驻守北京的二万人的新军,需"工部陆续支给器甲、车辆、材料四十余万两"。如果选练一支驻守辽东的六万人的新军,因"工部器甲,除内府大炮外,无一堪用者,皆须新造",因此"应须文给料价一百余万两"。亦即选练一支驻守北京两万人和驻守辽东的新军,在装备费用方面,前者需四十多万两银子,后者至少是需一百多万两,而且大炮还不在内。

新型军队中士兵的兵饷也很高。明朝现有的军队军饷非常低。徐光启说:"今京营之军月米一二石……营军操日不多,且质明而散,正须各寻生业以糊其口。若食饷一二石,又须日日肄习,必皆化为饿殍矣。营军所以不振而易哗者,病根在此,非独性异人也……都下贫民,佣工一日得钱二十四五文,仅足给食,三冬之月,衣不蔽体。食今佣工之食,而欲收岳飞背嵬之效,臣不能也";"月饷六钱六斗,给其衣食,又分以赡家,而能使之安心练习,奋勇敌忾,此则情理之所必无"。士兵一天的兵饷还不及城市贫民打工一天挣的钱多,用这些钱来养家活口(明代士兵是有家有口的)。所以你给他那么一点钱,他也就跟你应付,早上去出操之后,就跑到别处去打工来糊口了。如果只给他按这个兵饷，还叫他天天去训练，饿也要把他饿死。他肚子都吃不饱，你让他当什么兵。“养士如买市，物价高一分，货值一分”。要便宜就没有好兵，好兵就要给厚饷，“盖兵精必须厚饷，使一人食三人之食，则可当十人之用，比之见敌而逃者，又无数可论”。所以新型军队士兵的兵饷必须三倍于现有军队。

武器和兵饷和军饷合计，新型军队中的士兵，平均一人一年支出大概是四十到五十两银子，像车营那样的部队，由于装备水平远高于普通部队，其人均支出还要更多。而现有军队中，士兵每人年均支出不过二十两左右，因此新型军队的士兵的支出贵一倍到两倍以上。徐光启总结说：“思我今胜敌者何法，商量定算，务出敌人之上。其下手之处，全在造精坚甲胄，大小火炮，次用厚饷挑选，招募海内奇才异能之士，博选教师，统以良将，驭以严法，仿束伍以立阵，兼车炮步骑以结营，务使人皆壮勇，技皆精熟，远击则百发必中，近斗则一可当十，而又臂指相使，分合如意疏行密，势险节短。如是者器械之费，一人当十，粮饷之费，一人当三。然此时如臣所计，精兵只须二三万，役不过二三岁，大略费五六百万，可以竣事矣”。他估计只要有两万这样的部队，再配合以其他部队五万人，一年之内，即可恢复辽东失地；有三四万这样的部队，即可对付蒙古，并恢复大宁、河套；有十万这样的部队，那么现有京军和边兵的维持费用可以减省一半以上。

然而，不幸的是，创建这样一种新型军队，关键是钱。徐光启说：“臣所谓战守之具者七，而无一不需财也”。创建一支技术密集型和资本密集型的军队，更是“一招募，一置备军需，皆须大费”。而明朝政府是否有钱来实现这个创建新型军队的计划是关键。有一个大臣董其昌，是晚明非常有名的书法家，后来成了有名的奸臣。当时他还年轻，还比较正派。

他在朝廷上看到:当徐光启提出练兵要两百万两银子时,“枢臣、计臣相顾愕眙,见谓费多而效缓,讫无以应,营绪未毕,一篑中止”。首辅大学士(实际上的丞相)和户部尚书(相当于后来的财政部长)都感到惊愕,彼此大眼望小眼,无言以对,认为需要的钱那么多,效果还要两三年才能见到,怎么能行?所以,事情就谈不成了。

那么,为什么明朝政府拿不出钱呢?首先,要看看明朝现有的边防形势。明朝的边防主要是防蒙古人南侵,因此从现在的沈阳附近,沿着万里长城,一直到甘肃,建立九个边防军区,叫“九边”。明朝政府不得不把主要的财力用来维持现有的边防部队的开支。从嘉靖十年(1531)到万历三十年(1602)间,13个边镇的官军数从37万人(嘉靖十年)增到62万人(嘉靖十八年),再增至69万人(万历十年)。随着边军不断增加,边防开支也不断扩大,边军每年所编列的银两数,从嘉靖10年的336万余两,暴增到万历十年的827万余两。这827万两的边镇军费,是万历六年太仓银库(国库)每年收入367万余两的2.25倍。在军费剧增的同时,政府的收入却增加很慢。因此自明代中叶起,中央财政就一直处于紧张之中。到了1541—1570年间,出现了一连串的长期财政危机。由于张居正的改革,1570—1587年间的财政状况有所改善。但是到了1587年以后,情况每况愈下,危机不断加重。虽然太仓库的岁入由公元1500年以前的200万两增加到了400万两,但是却仅占全部税收的12%,而且亏空在有的年份高达230万两。

万历时期,中国打了三个大仗,称为“万历三大征”。这三大仗包括和日本在朝鲜打,和蒙古人孛拜在甘肃打,和土司杨应龙在贵州、湖南打。这三个大仗耗费达上千万两银,将以前多年的储备一扫而空。但万历时期,军费增加到八百二十七万两,是万历初年财政最好时候的国库的收入的二点二五倍。到天启年间,财政进一步恶化,到了崇祯即位时,据户部尚书毕自严报告当年的财政收入,“浮于所入一百一十三万有奇”。台湾学者赖建诚在《边镇粮饷:明代中后期的边防经费与国家财政危机(1531—1602)》一书中说:嘉靖二十七年(1548)到万历四十五年(1617)间,明朝国库(太仓)所支付的军费在岁出总额中的比重,只有两个年份低于60%,有3个年份在60—70%之间,而从万历十八年(1590)之后,都超过85%,甚至有高到97.25%者。

这一情况,徐光启也知道。他在万历中期指出:“(边饷)自屯政、鹾政坏,而岁以年例请,递加至二百七十万也。大农之金钱竭,不足以奉战士,而兵实乃日耗,兵额乃日虚”。“户部旧新二饷支吾辽左,尚苦不给”,“今者一加额,一招募,一置备军需,皆须大费,而户工二部钱粮日不暇给,恐难措办”。就是说,户部(相当于财政部)收来的钱没有办法养活士兵,而现在扩大军队、招募新兵,制造新的武器,都需要大量的钱。而且户部、工部没有办法办。

从万历后期开始,过去的“肥缺”户部尚书就成了一个最难做的职位。户部尚书如走马灯一般地不断更换,每个在任的户部尚书都不断向皇帝叫苦,说入不敷出,无法应付开支。崇祯元年户科右给事中黄承昊说:“祖宗朝边饷止四十九万,神祖时至二百八十五万,先帝时至三百五十三万。迩来又加六十八万,今出数共五百余万,岁入不过三百万;即登其数,已为不足。况外有节欠,实计岁入仅二百万耳。戍卒安能无脱巾,司农安得不仰屋乎!”政府入不敷出,没有钱,只好拖欠边军的兵饷。万历后期户部尚书赵世卿在说:“连日细查省直拖欠,自(万历)二十九年至三十二年,约二百万有奇,即三十三年未完,已至百万,加以近日典礼,河工亏减,又不下百万。夫臣(户)部岁入岁出仅此四百万耳,兹就一岁而言,入有百万之歉,出有百万之增,合计岁额共亏二百万金。则边饷之告匮而太仓之一空,又何待于臣之词毕乎?”崇祯元年时各边欠饷就已达五百二十余万两,如“宁夏欠十之四,甘肃欠十之六,山西欠十之七”。拖欠兵饷,不可避免要导致士兵逃亡,甚至叛变,从而又加重了边防压力。明朝政府实在没办法了皇帝只只好下令增新税,即著名的三饷:“辽饷”,为的是在辽东对抗满洲人;“剿饷”,为的是对抗农民起义;“练饷”,为的是练兵。这三饷总共收了一千五百万两银子,然而加税使得国内矛盾更为加剧,使得农民起义烈火蔓延到整个北方地区。同时,这些增收的税,也没有都真正用到军事上。到了崇祯末年,户部尚书蒋德璟当面对崇祯皇帝说:“既有旧饷五百万,新饷九百余万,复增练饷七百三十万,臣部实难辞责。且所练兵马安在?蓟督练四万五千,今止二万五千。保督练三万,今止二千五百;保镇练一万,今止二百;若山、永兵七万八千,蓟、密兵十万,昌平兵四万,宣大、山西及陕西三边各二十余万,一经抽练,原额兵马俱不问,并所抽亦未练,徒增饷七百余万,为民累耳”;“今则辽饷、练饷并旧饷计二千余万,而兵反少于往时,耗蠹乃如此”。这时满洲人已打到山海关下,李自成的大军也已接近北京,而明朝军队却在减员。在这种情况下,还怎么创建新型军队呢!

晚明的军事改革,整体来说是失败了,因此也未能挽救大明帝国。但是局部来看,这个这个改革运动并非没有成果。虽然晚明精英所提出的方案没有全盘实现,但是明朝统治集团为了挽救大明帝国,还是按照这个思路做了一些努力,尽管做得很有限。在改革的过程中,明朝确实训练出了一些新型的部队。这些部队不仅以火器为主要武器,而且所装备火器的是当时东亚世界最先进的火器,因此也是东亚最精锐和强悍的军队。具体而言,这些军队中最出名的是在登州训练基地训练出来的登州炮营。虽然说明朝政府在财政方面已经山穷水尽,到了危机的地步,但还是尽量从澳门买先进火器,雇葡萄牙军火专家来造新式火炮,运到辽东前线。明朝在登州建立了训练基地,聘请葡萄牙教官来训练炮兵。训练出来的部队称为登州炮营,指挥官是孔有德、耿忠明等人。登州炮营在与后金的战斗中取得辉煌胜利,但是因为明朝政治腐败,引起内讧,最后导致了登州炮营的"吴桥兵变",结果是孔有德、耿忠明等带着全部部队投降清朝。

清朝得到这批部队如获至宝。孔有德、耿忠明、尚可喜等都封了王。清朝有规矩,不是满洲人不能封王,满洲人中也只有努尔哈赤的后裔才能封王。孔有德他们都是封了亲王。这是破例的,并且被编入八旗,成为汉军八旗。吴三桂是后来才封的王,但没有入旗。把孔有德等人及其部属编入旗籍,表明他们地位比吴三桂高,成为了满洲人的"自己人"。清朝为什么对这几个叛将那么重视?伊懋可教授说:"满洲人没有征服中国。中国是被吴三桂、洪承畴一类的汉人叛将替满洲人征服的。这些人站到了满洲一边"。这话不错,但是他说到吴三桂、洪承畴,但没有看到更重要的是编入汉军的那批明朝精锐火器部队。陈寅恪先生指出:"满洲语所称汉军为'乌珍超哈'(重火器兵)而不称为'尼堪超哈(汉兵)'者,推其原故,盖清初夺取明室守御辽东边城之仿制西洋火炮,并用降将管领使用,所以有此名号"。

八旗制度是努尔哈赤创立的,但到了皇太极时有重大改革。八旗制度原来只有满洲八旗,后来增加了蒙古八旗,最后又创建了汉军八旗。这三支部队有什么特点,满洲步兵,特别是重装步兵,是最强悍的步兵。徐光启说:"臣又见在辽回还人等,言贼兵所带盔甲、面具、臂手,悉皆精铁,马亦如之。故(朝)鲜营对垒,被奴兵骤进,将拒马木登时撤去,鲜兵非无铳、箭,而无可奈何者,甲坚故也。我兵盔甲皆荒铁,胸背之外,有同徒袒。贼于五步之内,专射面胁,每发必毙,谁能抵敌!”“虏多明光重铠,而鸟铳之短小者未能洞贯”他们的铠甲很坚固,箭矢甚至普通的鸟铳弹丸都不能穿透,因此中国人、朝鲜人都承认满洲步兵很难对付。蒙古人是最好的骑兵,这不用多说。而汉军是最好的炮兵,所以三支最好的军队结合起来,天下还有什么人能对付得了呢?在这支军队中炮兵又是最重要的,是最关键的兵种。明朝乃至东亚最好的炮兵部队投降了清朝,清朝把他们编为汉军八旗,给他们和满洲人、蒙古人相同的旗人地位。他们可以和满洲人、蒙古人都互相通婚,而其他人则绝对不行。

有了汉军的火力,清朝军队真正就天下无敌了。崇祯十二年,清军已经拥有六十门自制的红衣大炮,在松锦之战开始时,清军火炮实力不如明军,但到松锦之战后期,由于在作战中缴获了大批明军火炮,清军火炮实力已经超过了明军。松锦之战后,明军关外主力被歼,火炮尽落清军之手,此时屯兵锦州的清军已经拥有近百门红衣大炮(而辽东总兵吴三桂仅存十门),为清军进关作战奠定了基础。所以清朝在入关之前,在先进的火器方面已经超过明朝。崇祯十五年,清朝准备扫清入关之前的最后障碍——塔山。清军用红衣大炮猛烈地轰击明军,取得胜利。因此,清朝并不是靠弓马定天下,而是靠东亚最好的火器定天下的。

清朝一旦进了长城之后,那就没有对手了。李自成虽然拥兵百万,但没有几门炮,怎么会是清朝军队对手呢?所以在一片石大战和尔后的一连串与清军的战斗中,李自成的军队迅速土崩瓦解。

清军打败李自成之后,迅速向南方进发,攻击南明。民族英雄史可法守扬州。扬州是当时中国最繁华的商业城市之一,城墙非常坚固,里面粮饷很充足,守军也很多,史可法下定决心坚守,誓死不投降,老百姓也坚决支持抵抗。因此清朝要攻克扬州,谈何容易。不过,攻打扬州并没有用多少时间。清朝调来大批红衣大炮,对着扬州所有的城门一阵猛轰,城墙垮了,清兵潮水一般冲进去,见人就杀,制造了可怕的惨案,即"扬州三日"。在大炮面前,史可法的坚守也无济于事。

在此后的几年之内,清朝就把中国统一了。为什么会那么顺利,不像蒙古人打南宋打了那么多年?清军在火器方面占绝对优势,是非常重要的因素之一。

清朝统一之后,汉军八旗继续在清朝军队里发挥着极其重要的作用。像钱穆先生等前辈学者也指出,满洲八旗在统一之后不到二十年,就基本上不怎么能打仗了。蒙古八旗大部分在蒙古,虽然还有一定的战斗力,但是并不是战斗的主力。清朝前期主要的战争,主要是依靠汉军八旗打的。清朝最关键的、最耗时、打得最艰苦战争是与准噶尔人的战争。准噶尔是当时欧亚大陆上最强大的游牧政权,它统治的地方从中国新疆、西藏一直到中亚。他们从俄罗斯获得一些火器,主要是火枪。清朝花了一百多年才把准噶尔打败,而大炮是清朝打败准噶尔人的最重要武器。从郎世宁的这幅画可见,在清军与准噶尔军会战的时候,准噶尔人使用了火枪,但清军使用了火炮。清军先用炮轰,之后骑兵出击。前引布莱克的话说:在18世纪的世界上,中国陆军(即清朝军队)是全世界最强大的陆军。而清朝在军事上的成功,主要靠的是汉军八旗。这是明朝留下来的部队,而这支部队又是明朝军事改革遗产的一部分。

清朝军队在18世纪取得了那么辉煌的战绩,但是在鸦片战争以前的整个清朝前半期到，中国军事技术基本上是停滞的。清朝利用了明朝军事改革留下来的遗产，而没有去发展它。为什么呢？其中一个原因，是清朝军队没有对手，不需要再去大力改进火器。这些对手用现有的技术就可以打败，既然已经能够把敌人打败，为什么还要花很多钱，花很多聪明才智去造大炮呢？另一个原因则是清朝是一个少数民族入主中国的朝代。统治集团对汉人始终有戒心，怕火器技术流传到汉人中会导致反满起义。所以在鸦片战争以前，连明朝末年出版的很多火器技术的书都失传了，但在日本还在。

明朝末年军事改革留下遗产，在 18 世纪起了辉煌的作用。即使是到了鸦片战争时期，也还有作用。鸦片战争中，英国军队进攻广州，被林则徐的部队重创。林则徐当时做了很周密的准备，在广州附近各个炮台已经部署了三百多门大炮。同时邓廷桢在横档岛添设大炮台 1 座，安放大炮 60 门。新设炮台的大炮都重七八千斤。而入侵的英国舰队中最大的舰只，也仅备有百余门重七八千斤的火炮。刘洪亮在《对比鸦片战争时期中英军队的火力》中指出：广州人在广东的大炮，在形式上在设计上比英国落后，但是火力实际上相差不太大，所以英国的舰队，先是进攻广州，结果遭到重创之后，掉头北上，向长三角进发。进攻上海，打得很顺利。但是夺取吴淞之后，发现有 5 艘装备有黄铜大炮的新造明轮战船。在上海，英国人缴获了 16 门制造精良的十八磅重的舰炮，炮身上有瞄准器和燧石发火机，并安放在铁轮木炮车上。英国人大为吃惊说，他们怎么会学英国学的那么快。实际上不是学英国，这都是中国传统。

当然，如果没有训练好的兵，再好的武器也没用。黄一农指出："清朝前 150 多年大量兵书当中，竟然没有任何讨论火炮的专门书籍出版。到雍正（1723—1735 年在位）末年，清政府发现驻防的守军，从来没有做过火炮演练，以至于准头的远近、星斗的高低，官兵茫然不知。即使到了道光年间，用铳规量度仰角以调整射程远近的方法，仍然是‘中国营兵所不习’”。道光二十二年(1842)九月，林则徐在谪戍伊犁途中致书友人说：“彼(英国人)之大炮远及十里内外，若我炮不能及彼，彼炮先已及我，是器不良也。彼之放炮如内地之放排枪，连声不断。我放一炮后，须辗转移时，再放一炮，是技不熟也。求其良且熟焉，亦无他深巧耳。不此之务，即远调百万貔貅，恐只供临敌之一哄”。“似此之相距十里八里，彼此不见面而接仗者，未之前闻。徐尝谓剿匪八字要言，器良技熟，胆壮心齐是已。第一要大炮得用，今此一物置之不讲，真令岳、韩束手，奈何奈何！”他说的是，英国人的大炮可以打十里多，我们的炮弹还没有打到他们，他们的炮弹就打到我们了。他们打炮就像我们打排枪一样，一炮接一炮打。我们打一炮要等半天，然后才打一炮所以就是有百万大军来，到时候也是临阵一哄而散。所以，第一重要的是要会使用大炮，不然就是岳飞、韩世忠来也没有办法打仗。清朝军队的腐败无能已经到了这步田地，怎么能跟英国人打战呢？

清朝在鸦片战争中被英国打败，老实说还不算什么。实际上，在鸦片战争以前二十多年，清军在国内战争中就已不堪一击。嘉庆时期发生于楚交接地区的白莲教起义，攻破州县 204 个。为了镇压这些使用最原始的武器的农民起义者，清朝政府从十六个省征调来大批军队，耗费军费二亿两，可以说是倾全国之力。但是清军战场表现极差，被击毙的提镇等一二品大员多达二十余名，副将以下将弁更达四百余名，用了九年多的时间，才勉强将此次起义镇压下去。清政府在鸦片战争的直接开支顶多也就一二千万两，但是打白莲教花了两亿两所以，清朝正规军和组织松散、使用原始武器的农民起义者打仗都表现得如此糟糕，和训练有素、用先进武器的英国军队打战，当然是必败无疑。所以这不是一个奇怪的现象。总之，对于一个腐败的政权来说，想要建立一支强有力的军队。无论设计出多好的计划，投入多大的财力，最后都注定要失败。

包伟民

阅读南宋：对一个时代的理解

——分析影响时代风貌的基本要素，

解读帝制后期社会的文化遗产

包伟民,1956 年生于浙江省宁波市。1988 年北京大学历史学系博士研究生毕业,获博士学位。曾在浙江大学任职多年,2009 年起任中国人民大学历史学院教授。研究工作集中在宋代史、中国古代经济史及近代东南区域史研究等方面。代表作有《江南市镇及其近代命运》(知识出版社 1998 年)、《宋代地方财政史研究》(上海古籍出版社 2001 年)、《传统国家与社会:960—1279 年》(商务印书馆 2009 年)等。

一、什么是“南宋”

本讲副标题点明了这一讲的基本目的:“分析影响时代风貌的基本要素,解读帝制后期社会的文化遗产”,也就是从理解“南宋”这一对象着手,来了解历史给现代中国留下了哪些文化传统与文化遗产。

这是一个相当宽泛的论题。历史的影响是长期的,多方面的。相对而言,尤以帝制后期对现代的影响为甚;其中,又以“南宋”为“后期”的起点。

所以我们首先得解释“什么是南宋”以及“为什么要‘阅读’南宋”的问题。

“南宋”这个概念可以有两层略有差异的含义:其一、它是中国历代帝制时期的一个由赵氏家族统治的国家(1127—1279年),一个“偏安”于东南地区的王朝;其二、这个王朝习惯上也被用来指称中国传统历史一个特定的阶段。也就是广义的“南宋”,它可以包括宋、金、大理等活动于现今我国疆域之内的所有政权。

我们今天主要讨论第一层含义,即南宋赵氏王朝。大致讲,它的辖境包括传统中原农业区的淮河以南部分,以及江南、川蜀、岭南等地区。就当时经济地理角度来看,它占据了中国的核心地带。

二、为什么要“阅读”南宋

所谓“阅读”,视南宋赵氏王朝为一本大书,细细品味。大体也可有两层涵义:其一、理解一个时代的基本特征;其二、说明如何“理解”的方法,最后推荐几本适合于理解南宋历史的书籍。

我们为什么要以“阅读”南宋作为理解中国帝制后期历史的着眼点?主要有如下两个理由:

1. 南宋是以汉族为主体的典型的传统农业社会。

相对而言,南宋王朝辖境范围之内非汉民族较少;即便存在,也多属南方山区民族,同样以农业为主,基本不包括西北游牧民族,因此具有明显的民族与经济特征,与中国其它时期有差别。

2. 南宋是中国帝制后期社会的“定型”期。

近人于此多有论述,例如近代严复(1854—1921)认为:“若研究人心政俗之变,则赵宋一代历史最宜究心。中国所以成为今日现象者,为善为恶,姑不具论,而为宋人之所造就,什八九可断言也。”①又华裔学者刘子健(1919—1993)也曾指出:“中国近八百年来的文化,是以南宋为领导的模式,以江浙一带为重心。”②这已经成为目前学界的倾向性看法。

所以,我们这里所讨论的“南宋”,在地域范围上指赵氏南宋王朝,不包括那时与南宋对峙的女真族金国以及后期蒙古政权所统治的地区。同时,我们仅讨论对于那个时代具有

---

① 严复《严几道与熊纯如书札节钞》第 39 通信札,见 1923 年 1 月《学衡》第 13 期,第 12 页。

② 刘子健《背海立国与半壁山河的长期稳定》,载刘氏《两宋史研究汇编》,第 21 – 40 页,(台湾)联经出版事业股份有限公司,2005 年。

代表意义的几个部分,也就是指在本人的理解之中,它们曾对中国后代的历史产生了广泛且深入影响的内容。也因此,本讲所涉及的南宋的历史,具有很大局限性,只是举几个典型的例证来说明自己的观点而已。

这里还需要解释的是:不少学者习惯从整个赵宋历史着眼来观察,但相对而言,北、南宋之间也存在一定差异。这主要指经从唐代(618—907)到宋代(960—1279),我国历史从中古时代转型为近古时代,到了南宋,可谓近古时代的定型期,相比于北宋更为典型,因此它对于后代的影响也最为直接。

三、如何"阅读"南宋

那么,我们如何来"阅读"南宋呢？换言之,我们该如何来把握"南宋"时代的文化特征？如何表现、描述这些文化特征？这也是一个相当宽泛的论题。构成人类社会的各种因素之错综复杂,只有自然界的宇宙天体可与之相比拟。如果请各位在两个小时内描述一下自己相当熟悉的当今"中国",大家一定也会觉得难以着手。所以下面所讲的内容,只能是试探性的、个性化的,纯属个人的理解。

本讲试图从下列三个方面来解释南宋社会:1. 反映时代社会生活基础的经济生产水平及其类型;2. 体现时代文化全貌的地域格局;3. 代表当时人们共同心理状态的典型案例。

由于时间关系,下面在每一个方面都只举一两个例证来说明它。

1. 传统农业文明趋向精致化

经济生产的发展水平与它的经营类型最能反映一个时代人们生活的基础,因此"最宜关心"。在此我们只强调一个方面:从南宋时期开始,我国传统农业精耕细作特征最后确立,生产的精致化水平达到一个新的高度。由此,几个大区域范围之内传统的产业分工逐渐形成,例如以蚕桑棉业为核心的江南经济作物区,以粮食生产为重点的长江中上游区域,以旱作农产品为特点的中原农产区,等等。由这样的分工以及精致农业所影响而成的不同地区人们的基本生活方式也由此确定。

我国历史上的农业耕作从粗犷的广种薄收走向精耕细作,是由许多因素影响促成的,其中比较关键的就是随着人口以几何级数增长,耕地无法做到与人口同步增长,因此出现人地关系紧张的局面。为了确保有限的土地能够生长出足够的粮食,来满足越来越多的人口的需要,这样农业生产就逐渐走上了一条通过在单位面积的土地上投入集聚式的劳动,以使它生产出更多粮食的经营道路。这就是所谓精耕细作。精耕细作式的农业生产有不少优点,但也有不足,主要在于劳动的投入与粮食的产出往往形成负比例,生产效率有所下降。

南宋是我国历史上精耕细作农业生产特征最终确立的时期。能够反映这种农业生产特征的历史现象表现当然很丰富,文献中留下了一些相当典型的记载。让我们用两个方面的例征来说明它。

我国历史上的人口从盛唐时期的八千万,到北宋末年终于突破了一亿大关。人口分布的格局也发生重大变化,从此前60%以上人口居住在北方地区,到南宋时期60%人口集中居住在南方地区。因此,当时的人们已经开始感受到人口众多的压力。南宋学者叶適(1150—1223)有一则典型的记述:"民聚而多,莫如浙东、西。瑞安非大邑,而聚尤多。直杉高竹皆丛产,复厢穹瓦皆赘列,夜行若游其邻,村落若在市廛……。"[①]"浙东、西"指当时的两浙东、西路,[②]大致包括现在的苏南以及浙江地区,它是南宋人口密集度最高的地区。其中叶適的家乡温州瑞安县,在他看来人口"聚尤多",民居连幢接屋,村郊夜行好像邻里串门,村落好像城市一样热闹。这当然是出于他自己日常生活的感受。这种拥挤、繁忙的农村生活景象,可谓前所未有。

正是这种"民聚而多"的高度密集的人口,形成了对农田巨大的需求。于是,人们不得不尽力开垦新农田——尽管数量总是有限。由于长期的农业发展已将相对容易耕种的平原地区开垦殆尽,人们不得不转而去开垦沼泽湿地、丘陵山地、滩涂沙地等等那些"边缘型"的土地。从某种程度而言,两宋时期江南地区的开发,就主要表现在对湿地的开垦上面。我国历史上山地开垦的主要形式——梯田,也主要在这一时期开始发展的。有时,新耕地的开垦甚至达到了一种饥不择食程度。历史文献中记有一则相当典型的事例:"两浙有葑田,盖湖上有茭葑所相缪结,积久,厚至尺余,润沃可殖蔬种稻,或割而卖与人。有任浙中官,方视事,民诉失蔬圃,读其状甚骇,乃葑园为人所窃,以小舟撑引而去。"[③]湖州位于太湖南岸,正是当时江南湿地农业发展的核心区。有新官上任,坐堂问案,有一个百姓来求诉,说是自己家里一块种植蔬菜的园圃被人偷走了,那位地方官"甚骇"。看来这位官员是北方人,不了解江南情形,园圃,也就是一块土地,怎么能被

① 叶適《叶適集·水心文集》卷十《瑞安县重建厅事记》。中华书局 1961 年点校本。

② "路"为宋代在州之上的类行政区,是后来省区的前身。

③ 吴曾《能改斋漫录》卷十四《诉失蔬圃》。上海古籍出版社 1960 年排印本。

人偷走呢？一问才明白，原来这“园圃”是一块葑田：当时湖州地区的人们利用太湖水面，在丛生的茭白根与杂草之上铺设泥土，称为葑田，可以用来植蔬种稻。既可“割而卖与人”，自然也可以半夜被人偷走，“以小舟撑引而去”。我们可以想象，当时人们为了开拓农田，达到了怎样一种无所不及的地步。南宋时期精致化农业正是在这样一种高度紧张的人地关系前提下逐步形成的。

以人地比例特别高的精致化农业为基础的传统，它的影响绝不仅仅体现在经济生产方面，而是在社会文化等各方面都普遍存在。举例说：由精耕细作（精致化农业）传统影响所至，我们历来对技术的选择常常不是强调其效率（减少人力），而是强调在投入更多人力或技巧的前提下，消耗更少的资源。精耕细作其实就反映了在农业资源不足前提下如何尽量提高产出的一种选择。因此，例如后期引发英国工业革命的珍妮织布机，它的技术水平，其实在我国江南地区也早已达到，但并未能推广。我国普遍使用的仍然是效率相对低下、要求使用者具备娴熟技艺，但消耗原棉最少的传统织机。这种经济结构甚至影响到了我国的传统食谱，“四条腿的，除了桌子，其它什么都吃”。物质生活之外，在精神文化层面，南宋时期定型的透熟、精致、内敛的特征，也是与这种经济生产类型密切相关的。

2. 体现一个时代文化全貌的地域格局

从历史经验看，往往会有一个经济的——乃至在很大程度上决定着文化的与政治的——核心区域，主导着民族文化的基本格局与走向。在我国历史上，这样的核心区域存在着一个不断转移的过程。从秦汉时期的河渭流域（关中地区），到唐代逐渐向黄河中下游的河洛地区转移，再从唐到宋，就逐步从黄河中下游转移到江南的长江三角洲地区了。造成核心区域不断从北向南转移的原因比较复杂，其中生态环境变化的影响可能相对重要。史学界对这个现象的研究，形成了一个重要命题，称作“经济中心南移”。经济中心的南移在我国社会历史的各个层面都曾经产生了相当广泛与深远的影响，其中的一个重要结果，是国家的财政收入从原先主要依靠北方地区，变成了主要来自于东南地区，至今不变。所以有“国家根本，仰给东南”的说法。[①] 南宋吴儆曾经有过归纳性的分析：“国家抚有南夏……户口登耗、垦田多寡，当天下三分之二，其道里广狭，财赋丰俭，当四分之三，彼西北一偶之地，古当天下四分之三，方今仅当四分之一。儒学之盛，古称邹鲁，今称闽越。机巧之利，古称青齐，今称巴蜀。枣粟之利，古盛于北，而南夏古今无有，香茶之利，今盛于南，而北地古今无有……故长江剑阁以南，民户虽止当诸夏中分，而财赋所入当三分之二。漕运之利，今称江淮，关河无闻。盐池之利，今称海盐，天下仰给……。”[②]也就是：长江剑阁以南（“南夏”），人口、地域大约占天下三分之二，无论财赋、机巧（手工业产品）与矿冶物产，都已经远胜于北方地区，、甚至文化（儒学）中心也随之转移，“古称邹鲁，今称闽越”。从南宋时期起，江浙一带已经成为全国的文化中心，所以刘子健先生认为南宋时期的文化“以江浙一带为重心”。

反映从陇右到江左文化主导区转移的最为典型的例证，是南北之间关于科举取士方法之争——实际上也就是专制国家官员来源不同地域的分布之争。我国古代的科举制度创始于隋代，至唐代始成为录取官员的重要渠道。但是在唐

① （元）脱脱等《宋史》卷三三七《范祖禹传》。中华书局 1977 年点校本。

② 章如愚：《群书考索续集》卷四五《财赋门 · 东南财赋》。中华书局影印宋刊本。

代，北方士人在科举中占绝对的优势，西京长安和东都洛阳及其周围地区成为全国的政治和文化中心。隋唐两代最高统治者从西北起家，重用关陇集团和北方士人。据统计，唐代357名宰相出身的地域分布，属于北方的关内、河南、河东、山南、陇右诸道的有326名，占总数的91%有余，而属于南方的淮南、江南、剑南、岭南诸道仅31名，占总数不到9%，南北差别十分悬殊。

北宋时起，随着经济中心——乃至与文化中心的逐渐南移，北方士人在科举中的优势逐渐丧失，科举及第的比重出现了南北易置的转折。时人遂有“古者江南不能与中土等，宋受天命，然后七闽二浙与江之西东，冠带诗书，翕然大肆，人才之盛，遂甲于天下”之论。[①] 在宋英宗的治平元年(1064)，发生了历史上第一次关于南北之间的人才之争。北方人司马光(1019—1086，陕西夏县人，今属山西)建议今后在科举考试时采用不同地区按名额录取的办法，试图以此来确保北方人的录取比例，认为当时的科举录取办法“大段不均”[②]。南方人欧阳修(1007—1072，江西庐陵人，今江西吉安)却不同意，认为不应人为地对不同地区设立录取名额，应该完全看考试成绩来确立录取与否，以示公平，“王者无外，天下一家，故不问东西南北之人尽聚，诸路贡士混合为一，而惟材是择”[③]。司马光和欧阳修的观点实际上代表了当时南北不同地域集团的利益，不过，由于双方的观点相持不下，因

① 洪迈《容斋随笔·四笔》卷五《饶州风俗》。中华书局2005年点校本。

② 司马光《司马温公传家集》卷三二《贡院乞逐路取人状》。万有文库本。

③ 欧阳修《欧阳修全集》卷一百十三《论逐路取人札子》。中华书局2001年点校本。

而科举取士办法还是维持现状，实质上宋英宗是采纳了欧阳修的意见。

从当时进士登科人数的分布来看，北宋时期南方占了绝对优势，甚至可以说南与北是畸重畸轻。据美国学者贾志扬(John Chaffee)以地方志的记载统计，北宋时期全国总共录取进士9630人，其中南方诸路达9164人，占95%有余，北方诸路仅466人，不到总数的5%。在南方地区中，又以两浙东、西、江南东、西与福建等东南五路的进士为多，总共7038人，占北宋进士总数的73% 。[①] 尽管由于记载不全的缘故，统计不一定准确，但仍可以说明南北及第比例之悬殊。作为北方人的司马光因此愤愤不平，也就可以理解了。

到了南宋，北方地区基本落入女真人之手，由于民族因素的影响，金国主要并不依靠科举制度来录用官员；南方的赵宋王朝，科举取士之盛则更超过北宋，可以说奠定了此后南北之间文风盛衰的格局。

直至明代洪武三十年(1397)，朱元璋出于方便对北方地区政治控制的考虑，利用“南北榜”事件，确立了南北分卷取人的制度，这才使得南北之间科举录取的畸轻畸重现象有所改观。但是明清两代进士高科人才仍明显集中于南方，主要是太湖流域的江浙地区。

一个时代文化性格的形成，不仅取决于内部因素，还必须观察其外部因素的影响。南宋时期的特点是，于承袭前代胡风之余，在游牧民族军事压力以及汉风回归等多重影响之下，文化性格呈现复杂化。一方面，南宋民众从多方面汲取着北方民族的物质文化，例如服饰，承“中国衣冠自北齐以

---

① 参见贾志扬(John Chaffee)《宋代科举》第二章《录用人员的结构》，第29－70页，(台湾)东大图书公司1995年中译本。

来，乃全用胡服”的习俗之余，[①]又在不少方面受到了女真民族服饰的影响。南宋官员潜说友(1223—1277)上奏曾提到：“臣窃见今来都下一切衣冠服制习外国俗，官民士庶浸相效习。”[②]所谓“都下”，指南宋行都临安府，“一切衣冠服制习外国俗”，就是指当时临安府民众采纳了女真民族的服饰款式，所以潜说友以为这是“效习敌雠之俗”。另一方面，在精神文化层面，南宋时期的民众在北方民族军事压力下产生心理反弹，从而在各方面强化、凸显自己的民族文化特征，也是十分清晰的。有学者就认为：出于强调汉民族精致、纤弱文化特征的心理，以凸显与北方民族粗犷、野蛮民风的反差，这可能在某种程度上促成了起源于五代的汉族妇女缠足习俗在南宋时期的普及。

3. 代表一个时代人们共同心理状态的典型案例

在特定的历史时期，能够反映一个民族文化特征最深层次内容的是人们共同的心理状态。不过人们的心理状态也最为微妙，不容易捉摸。因此我们需要通过观察一些具体的历史现象，来作分析。

关于“白面书生”这一中国帝制后期“标准男子形象”的形成，就是一个很好的例证。

让我们先讲一个小故事作为引子。

据《宋史》的记载：“……理宗崩，度宗又其(按：指贾似道)所立，每朝必答拜……。(贾似道)甫葬理宗，即弃官去，使吕文德报北兵攻下沱急，朝中大骇，帝与太后手为诏起之。似道至，欲以经筵拜太师，以典故须建节，授镇东军节度使。

---

① 沈括著、胡道静校证《梦溪笔谈校证》卷一。上海古籍出版社1987年。

② 黄淮、杨士奇等編《历代名臣奏议》卷一二〇《礼俗》。上海古籍出版社1989年影印明永乐刊本。

似道怒曰：‘节度使，粗人之极致尔！’遂命出节。”①这段故事说的是在1265年，宋理宗赵昀（1224—1264在位）刚刚驾崩，宋度宗赵禥（1264—1274在位）登基称帝，对贾似道（1213—1275年）这位前朝权相极其尊崇。但贾似道就在新皇帝刚登基，还完全没有能力处理国政的时候，突然宣布辞官不干了。同时又让他的亲信、负责长江中游防御的大将吕文德向朝廷报急，说北方蒙古军队大举进攻枝江县下沱口。当时金朝已经灭亡，赵宋王朝开始在北方面临蒙古军队的压力。这当然是贾似道为了试探新皇帝对他的信任与否，故意摆架子。新皇帝和太后的表现一如贾似道所预料，他们手足无措，不知道如何应对这一紧急情况，赶紧亲笔下手诏，请贾似道复职。贾似道见试探有效，于是也就顺坡下驴，应命回朝了。度宗为了表示对他的恩宠，升拜他为太师。依据制度，拜太师首先要兼任节度使一职。结果贾似道不高兴了，说了这么一句话：“节度使，粗人之极致尔！”节度使是头号大老粗当的！

这实在是委屈节度使这个官位了。

节度使一职正式出现在公元711年，唐代的中期，起初设置于边境地区，是负责边境防御的军事长官，后来兼管行政，权力越来越大，逐渐成为一个大行政区的军政长官。后来唐代就是因为各地节度使越来越强大，中央无法控制，形成藩镇割据，最后走向灭亡的。到了五代，皇帝走马灯似的更换，基本上就是哪个节度使最强大，就以武力篡位当皇帝。到了北宋，节度使的军政权力虽被剥夺，但仍然是最高军衔，武将无不以升任节度使为毕生追求。亲王、旧相等再加上节度使的头衔，称为使相，礼仪地位超过宰相。可是贾似道却认为节度使不过是头等大老粗，从唐朝后期到南宋不过三百来

---

① 《宋史》卷四七四《贾似道传》。

年，人们的观念为什么会发生如此巨大的变化？这就是因为到南宋时期，人们关于标准男子形象的观念发生了变化。

“白面书生”这个概念，早在公元五世纪南朝刘宋时就有文献提到过它。据《南史》的记载，刘庆之任刘宋王朝的太子步兵校尉，“其年（宋）文帝（刘义隆）将北侵……（沈）庆之固陈不可。时丹阳尹徐湛之、吏部尚书江湛并在座，上（按：指刘义隆）使湛之等难庆之。庆之曰：‘为国譬如家，耕当问奴，织当访婢。陛下今欲伐国，而与白面书生辈谋之，事何由济。’上大笑”①。宋文帝刘义隆打算北划，进攻北方的北魏政权，请文臣徐湛之、江湛等人商议。沈庆之大不以为然，说治国譬如治家，耕当问奴，织当访婢，现在陛下您却与一帮白面书生商量讨伐敌国这样的大事，那怎能成功呢？可见在南北朝时人看来，“白面书生”无异是空谈无能的代名词。

以汉族为主体的中原民族，包括长江流域，主要从事农耕文化，比起北方草原地区主要从事畜牧业的游牧民族来，相对文弱一点，不如他们尚武。但中原民族当期发展前期，筚路褴缕，文化相对不发达，更多地依靠孔武之力，却是可以肯定的。尤其是在军事上长期实行兵农合一制度，职业的军队尚未产生，每个农民都必须在一定时间内从军入伍，因此中原的民风在很长一个时期内更多的是尚武而非崇文。也因此，受民众所景仰的公众人物，大都是那些英武的人物，如汉代的飞将军李广、以及留下“匈奴未灭，何以家为”这样名言的骠骑将军霍去病等等。换言之，在当时，人们心目中标准的男子形象，就是那些英武人物，而不是白面书生。

到了唐代，这种文化特征甚至更为强化了。这是因为经过魏晋南北朝五六百年的民族大融合，大量北方游牧民族人

---

① 李延寿《南史》卷三七《沈庆之传》。中华书局 1975 年点校本。

口被吸纳到中原地区，当时那些著名的、对历史曾经产生过深远影响的北方民族，比如匈奴、羌、羯、狄、鲜卑等等所谓的“五胡”，后来都不再见于历史记载，大多被融合于中原民族了。中原地区因此深受游牧民族文化的影响。民族大融合的直接结果，就体现在盛唐时期以民族多元为特征的文化大繁荣。前贤所论唐代文化“胡风大盛”，就是指这一现象。正是在这种时代文化的大背景之下，才产生了女着男装的时尚，甚至连文弱书生都想往着投笔从戎，建功立业，因此形成了唐代诗歌的主要题材：边塞诗。边塞诗被称为是唐诗当中思想性最深刻，想象力最丰富，艺术性最强的一部分，它颂吟边疆风光，抒发杀敌报国、建功立业的抱负，传达战士的思乡之情。正是在这些绚丽夺目的边塞诗中，唐代诗人们表达了他们对男性性别角色的看法：“宁为百夫长，胜作一书生。”①“功名只向马上取，真是英雄一丈夫”②。

唐代诗坛的重要作家差不多都有崇尚武功的诗句。如高适：“万里不惜死，一朝得成功，画图麒麟阁，入朝明光宫。大笑向文士，一经何足穷。古人昧此道，往往成老翁。”③岑参：“怜君白面一书生，读书千卷未成名。”④李白：“儒生不及游侠人，白首下帷复何益。”⑤王维：“忘身辞凤阙，报国取龙庭。岂学书生辈，窗间老一经。”⑥李贺：“男儿何不带吴钩，收

---

① 杨炯《盈川集》卷二《从军行》。影印文渊阁《四库全书》本。

② 岑参《送李副使赴碛西官军》，见《全唐诗》（增订本）卷一九九。中华书局1999年点校本。

③ 高适《塞下曲》，见《全唐诗》（增订本）卷二一一。

④ 岑参《与独孤渐道别长句兼呈严八侍御》，见《全唐诗》（增订本）卷一九九。

⑤ 李白《行行且游猎篇》，见《全唐诗》（增订本）卷一六二。

⑥ 王维《送赵都督赴代州得青》，见《全唐诗》（增订本）卷一二六。

取关山五十州。请君暂上凌烟阁,若个书生万户侯。"①这样的例证很多,不必赘举。

那么,中原民族的文化取向究竟是如何从"功名只向马上取",转变为到视最高军衔节度使为"粗人之极致"的呢?在历史大背景演化移易的前提之下,北方民族文化影响消退,中原汉民族文化自觉日益强化,农业文明日趋精致,但是促成文化转轨的直接动因,则是国家的政治制度。

北宋时期的一则故事可以生动地反映这一变化的各方面因素。宋仁宗(1022—1063 在位)时,名臣韩琦(1008—1075)任定州知州,兼定州路安抚使,手下主兵的将官(总管)就是名将狄青(1008—1057)。一日,狄青的一个老部下焦用率部路过定州,狄青置酒款待。不料焦下部下有兵卒向韩琦投诉焦用贪污,克扣军饷,韩琦于是逮捕了焦用,准备依法治他的罪。狄青得知后大吃一惊,急忙赶到韩琦的官衙,替焦用求情:"焦用有军功,好儿。"是个好男子汉。结果韩琦非但不卖狄青的面子,还说:"东华门外,以状元唱出者,乃好儿也。此岂得为好儿耶!"当着狄青的面将焦用斩首。② 每三年一次科举考试,在皇城东门东华门外张榜公布中举者名单。在韩琦看来,能考中科举得高科者才算是好男子汉,像焦用这样的武夫,哪算得上"好儿"!

这则故事首先反映了赵宋王朝的政治制度与军事制度的一个特点。节度使出身的赵匡胤(宋太祖,960—976 年在位)通过武装政变建立宋朝,他总结历史教训,认为要杜绝五代时期悍将不断依仗武力改朝换代现象,保证子孙后代永远稳坐江山,就必须更革旧制,抑制武将的权力,依靠文臣治理

① 李贺《南园十三首(之五)》,见《全唐诗》(增订本)卷五一。

② 王铚《默记》卷上。中华书局 1981 年点校本。

天下。他将主要的行政与军事权力都委任给文臣,武将则居文臣之下。后人总结宋朝治理天下的经验,称之为"重文抑武"。位于河北宋辽前线的定州路是一个大军事区,按惯例定州知州兼任定州路安抚使,称为帅臣。知州往往由文臣担任,一路的主将(总管)则是他的部下。韩琦以知定州的身份,兼定州路的安抚使,所以他是一路的统帅,狄青尽管是名将,任总管,地位也不低,但他是韩琦的部下,受韩琦的节制,所以韩琦才有这样的权力,当着狄青的面把焦用处决。

宋代官员的录用制度,虽然在数量上仍以"恩荫"也就是录用高官子弟当官者为多,但想当上一路主帅这样的高官,则非通过科举入仕不可。所以学术界一致认为只有到了宋代,科举制度才得到全面的发展,才成为国家选拔官员的主要途径。也所以韩琦才会说:"东华门外,以状元唱出者,乃好儿也!"科举作为国家选拔官员主要途径的这个制度,它对当时社会的影响实在是太深刻了。这就最终促成了汉民族文化之转向全面尚文。

文献中可以印证这一历史现象的记载不胜枚举。如宋仁宗庆历四年(1044)大臣富弼(1004—1083)上奏所提到的,京城开封府的那些挑夫苦力,吃了上顿没下顿,却仍然努力每天省下一两个铜钱,"令厥子入学,谓之学课,亦欲厥子读书识字,有所进益"①。全民尚文之风不仅影响到社会的中上层,即便如挑夫这样的城市贫民,处于社会最低层,"微乎微者也",却仍希望通过读书识字,来改善子女的生活。可见尚文之风的影响,渗透到整个社会的所有阶层。南宋叶梦得(1077—1148)关于当时一般民众尚文之风的一则记载,至今

① 李焘《续资治通鉴长编》卷一五〇、庆历四年六月戊午条记事。中华书局 1995 年点校本。

读来令人惊颤:宋代的科举分设不同的科目,如进士、明经等等。其中有神童一科,儿童年不满十五岁者,如应试得中,就可以出仕为官,这个诱惑实在太大了。宋神宗元丰(1078—1085)年间,饶州有一个叫朱天锡的儿童,应试神童科中举得官,民间争相慕仿,想方设法让自己的孩子也从小读书应试。神童科并不常设,元丰之后曾多年未开科考试,到了徽宗政和(1111—1118)年间再次开科,饶州又有儿童应试得中,于是民间都认为饶州出神童,更加艳羡仿效,“小儿不问如何,粗能念书,自五六岁即以次教之五经,以竹篮坐之木杪,绝其视听。教者预为价,终一经偿钱若干。昼夜苦之”。为了防止小孩贪玩,就将他们放进大竹蓝,吊在树梢上,硬逼着读书。“然儿非其质,苦之以至死者,盖多于中也”![1]

到了南宋,据记载行都临安城“内外自有文武两学、宗学、京学、县学之外,其余乡校、家塾、舍馆、书会,每一里巷须一二所,弦诵之声往往相闻”[2]。官学、私学高度密集,读书声充耳可闻,全民尚文的共同心理状态从此定型。苏轼的曾孙苏岘(1125—1184)有一次曾向宋孝宗报告,连那些武将的子弟都“耻武技而尚文墨”[3],社会风尚比之与吟颂“宁为百夫长,胜作一书生”的盛唐时代,对比之鲜明,由此可见。因此,南宋社会的全民尚文,竞相应举,可以说是达到了全社会总动员的程度。据存世文献的记载分析,当时东南几个参加科举考试人数最多的地区,如福州、温州、徽州、台州等处,参加州试的人数,差不多达到了令人惊异的程度:约占全部成年

① 叶梦得《避暑录话》卷上。光绪观古堂刻本。

② 耐得翁《都城纪胜·三教外地》。中国商业出版社 1982 年标点本。

③ 韩元吉《南涧甲乙稿》卷二一《朝散郎秘阁修撰江南西路转运副使苏公墓志铭》。影印文渊阁《四库全书》本。

男子的3—4%！①

千万不要将这种读书声，直接比拟于现代以开发民智为宗旨的“教育”。在南宋时代，读书应举有着非常直白的功利目的，那就是读书当官。或者，也可以说它是古代的干部培训。但正是在时代大背景演变的制约之下，经由科举取士等等制度的直接影响，以汉族为主体的中原民族之文化心理产生了意味深远的转变，奠定了此后七八百年间的基本格局。在南朝沈庆之眼中空谈无能的白面书生，其形象发生了根本逆转，成为了“好儿”，诗人称颂他们“白面书生才缥缈，世高台阁与省府”②。科举高第出身的白面书生才艺高超，得以出任中央机构(台阁与省府)的长官，辅佐君王治理天下。尤其是科举考试中最成功的那一位——状元，也就不可避免地成了全民景仰的对象，成了全体女性的大众情人。只不过这位大众情人，已非前代的威武丈夫，而是一个白面书生了——新型的标准男子形象。

比较直接反映社会心理这一变化的是文艺作品。不管是被誉为传奇之祖、由高则诚根据南戏《赵贞女蔡二郎》改编而成的《琵琶记》，还是由王实甫创作的《吕蒙正风雪破窑记》，都是郎才女貌的大团圆模式：富家小姐慧眼识英才，不顾父兄的阻挠，委身于穷书生。最后穷书生金榜题名，有情

① 宋代科举考试分州试、省试与殿试三个阶段，州试又称发解试，也就是初试，每个州军有规定的录取名额，州试得中者次年到尚书省礼部参加省试，实即复试。省试录取比例大致稳定，大致在每二十人取一名上下。省试得中者最后参加殿试。殿试一般不再淘汰，仅排定录取名次。由于州试没有人数限制，只要符合规定者都可报名，因此随着参加考试人数的持续增多，各地州试录取比例逐年下降，竞争极其激烈。

② 刘挚《忠肃集》卷十六《送蔡景繁赴淮南运使》。线装书局2004年《宋集珍本丛刊》第15册影印清翰林院钞本。

人终成眷属。这种模式是中国近古戏剧的主流。

也正因此,"蟋蟀宰相"贾似道不屑于节度使的头衔,称它为"粗人之极致",也就可以理解了。

四、兴趣延伸与深入阅读

近年来,史学界出版了一些讨论南宋时期历史文化的著作,可以帮助我们进一步了解那个在严复看来于人心政俗之变"最宜究心"的历史时期。下面谨列出五部,供各位参考。

1. 谢和耐(Jacques Gernet):《蒙元入侵前夜的中国日常生活》,江苏人民出版社 1998 年中译本。

这是法国学者谢和耐初版于 1951 年的专著。谢氏此书主要利用南宋吴自牧《梦粱录》的记载,来描述南宋的行都临安府。全书文笔流畅,给读者展示了一幅十二、十三世纪作为世界上最为繁华的都市临安城的生活场景,被视为国际汉学史上的经典之作。唐代以前,古代城市主要作为政治中心与军事堡垒,到宋代,一般的城市才同时具备了经济中心的功能,及至明清时期都是如此。通过此书,可以进一步了解这一重要的历史转折。

2. 刘子健:《中国转向内在:两宋之际的文化内向》,江苏人民出版社 2002 年中译本。

这是美国华裔学者刘子健初版于 1974 年的专著,描述在思想史领域如何从北宋中期以"王(王安石)学"为主导,转向到南宋时期以心性理学为主导的历史过程,分析了这一转型的历史原因与深刻影响,认为中原文化从南宋时期起转向内在化。刘氏的这一论点近年来得到越来越多学者的认同。

3. 贾志扬(John Chaffee):《宋代科举》,(台湾)东大图书公司 1995 年中译本。

这是美国学者贾志扬初版于1985年的讨论宋代科举制度的专著。贾志扬在此书中讨论了宋代科举的各种制度因素，并深入分析了它的社会影响，尤其是对科举制度是否加速了宋代社会各阶层的流动性，给出了颇有启发的意见。他还认为随着应试人数急剧增多，参加科举是一条极为艰辛之路，因此他称科举为荆棘之门。此书是目前讨论宋代科举制度最优秀的出版物。

4. 韩森(Valerie Hansen):《变迁之神:南宋时期的民间信仰》，浙江人民出版社1999年中译本。

这是美国学者韩森(女)初版于1990年、专题讨论南宋时期民间信仰的专著。韩森从中国民间信仰“唯灵是崇”的特点入手，从民众的选择、理解神祇、官方赐封政策等不同方面，深入讨论中国传统信仰中的实用理性精神，并分析了南宋时期的特点，例如区域性祠祀兴起等等现象，其所反映的正是中国帝制后期民间信仰的基本格局，因此值得一读。

5. 朱瑞熙等:《辽宋西夏金社会生活史》，中国社会科学出版社1998年。

这是中国古代社会生活史书系的宋辽西夏金分卷，由朱瑞熙等多名学者合作撰写。此书描述相当全面，举凡有文献记载依凭的两宋时期社会各方面，都设专章讨论，因此是了解那个时代社会生活各个方面的基础性著作。其中于南宋时期描写尤为详细，如果想了解南宋历史，此书不可不读。

五、结语

读史的目的从来都是为了理解现实与批判现实。在学界目前大多强调不应该片面地重武功而轻经济文化、需要全面客观地理解南宋历史的同时，分析、批判南宋历史对后世的文化影响,至少在本人看来似乎更应引起重视。其中,科举文化的影响看来并未受到足够的重视与批判。目前对科举制度的解释或许有溢美失实之处。此外,由“国学”所引起的对传统心性之学的尊崇,似亦应作冷静的反思。总之,全面、客观的“阅读”,是传承历史的前提。

谢谢各位!

杨天石

辛亥革命四大问题的再探讨

杨天石，中央文史研究馆馆员、中国社会科学院荣誉学部委员、近代史研究所研究员。长期研究中国文化史、中国近代史。与人合著有《中华民国史》《中国通史》第十二册等。个人著作有《揭开民国史的真相》（七卷本）《杨天石近代史文存》（五卷本）等约三十种。其近著《找寻真实的蒋介石——蒋介石日记解读》第一集获大陆2008年十大图书奖、香港2008年十大好书奖，第二集获广州南方阅读盛典2011年最受读者关注的历史类图书奖。最新著作有《帝制的终结》，湖南岳麓书社及香港三联书店出版，获《新京报》2011年年度历史著作奖。

今天主讲的题目是“辛亥革命四大问题的再探讨”。我想给大家汇报对于下面四个问题的看法，第一个问题是：中国当时为什么没有走上改良之路？第二个问题是：谁领导了辛亥革命？第三个问题是：辛亥革命何以迅速胜利，代价很小？第四个问题是：辛亥革命的局限何在？

这四个问题不久前我在湖南的“潇湘讲堂”讲过一次，那一次讲了三个半天，六个小时，今天要在一小时四十五分钟到两个小时之间把它讲完，所以可能有些部分要做一点精简，做一点压缩。

现在我先来讲中国当时何以没走上改良道路。鸦片战争前期一个进步的思想家龚自珍曾经讲过这么一段话，他说“一祖之法无不弊”，一祖是指一个老祖宗，一个老祖宗他所制定的法律制度都会有衰败的时候。“千夫之议无不靡”，“千夫之议”就是指的一种社会思潮，“无不靡”意思是没有不衰败的时候。他说“与其赠来者以勍改革，孰若自改革”。鸦片战争前夕的龚自珍，已经看到了清政府的种种腐败、种种没落的情形，于是他提出了两条改革的道路：第一条是“自改革”。“自”是自己，就是自己来进行改革，用我们今天的话来说，这是一种体制之内的、温和的自我改革。第二条是“勍改革”。“来者”是未来的人，其他的人，“勍”是一种体制外的强力的改革。那么辛亥革命呢，不是“自改革”，不是体制内的温和的改革，而是孙中山领导的革命党人的一次强力的改革，叫体制外的革命。

这两年思想界很活跃，对辛亥革命有不同的评价，其中最主要的一种意见，认为辛亥革命没有必要，辛亥革命给中国造成的破坏性太大，造成了连年的军阀混战。这些学者认为，清朝政府的改革很好，就这么改下去，中国也可以走上民主富强的道路。清朝政府的改革当时叫“新政”。有一位学者近年在南方的一个出版社出了一本书，就讲新政很好，新政的结果是国家富裕，社会安定，完全没有必要搞辛亥革命。最近有位学者在网上有一个谈话，说要告别辛亥革命，这位学者讲晚清的时候，清政府订了很多法律，这些法律都很超前，没有必要革命。

我的观点跟以上学者完全不一样，我想先把他们的论点讲出来，然后请诸位把我讲的和他们做一个对照，看看哪一方面的观点更加符合历史的本来面目。

孙中山也并不是一开始就主张革命，一开始他也是主张改良，主张体制内的改革，最主要的表现就是1894年6月，孙中山曾经到天津会见当时的北洋大臣李鸿章，向李鸿章上书，提出了改革的建议，很遗憾李鸿章没有重视孙中山的这份意见书。孙中山上书失败以后，曾经到北京来做了一番考察，考察的结果，孙中山认为当时的北京，当时的清朝政府要比广东，要比他的老家香山县更加腐败，因此孙中山决心走上革命的道路。在孙中山上书之后，1898年康有为、梁启超、谭嗣同等人曾经发动戊戌维新运动，但是戊戌维新运动遭到了西太后的镇压。戊戌维新运动失败以后，康有为、梁启超走上了保皇救国的道路，他们要把中国改革的希望寄托在已经被西太后关在瀛台的光绪皇帝身上。另外一些人像章炳麟，就是我们大家所熟悉的章太炎，还有像毕永年等一批人就走上革命道路。在戊戌变法失败以后，过了两年，八国联军打到北京来,西太后带着光绪皇帝匆匆忙忙逃到西安,然后大家知道李鸿章出面,签订了屈辱的《辛丑和约》。由于八国联军占领北京,占领了华北的许多省份,皇帝被迫逃到西安,这是中国几千年历史上从来不曾有过的现象,因此西太后要宣布实行新政,就是要改革了。

清政府的新政改革,是具有资本主义现代化性质的改革,有成绩,这个我们要肯定。但是清政府顽固地拒绝做根本性的改革,这一点我们也要看到,也要承认。清朝政府的新政主要有以下几个方面的内容:一是废科举,办学堂。废科举本来是康有为、梁启超他们的主张,但是戊戌变法失败的时候,西太后把办学堂、废科举否定了。到了1901年,清朝政府重新捡起当年被他们否定过的废科举、办学堂的意见,正式地把科举废了,把学堂办起来了。科举制度是从隋朝开始,在中国历史上有一千多年的历史,把科举废了,把新学堂办起来了,是一个很大的进步。第二个内容是奖励投资,奖励老百姓创办新式的工业,新式的企业。例如,假定你投资五百万元,那么清政府还可以给你一个官衔,用这个办法来奖励老百姓投资现代工业。第三个内容是办新军,就是用西方的,用德国的、日本的方法来训练一支军队,这支军队的武器不再是中国传统的刀枪剑戟这样的冷兵器,而是新式的洋枪洋炮。改革的第四个方面是改革法律。这些改革是有成绩的,要肯定的,但是不是可以完全肯定。是否中国不再需要革命了呢,我觉得不是这样。

1905年7月,清政府派了五个大臣出洋考察,考察什么呢?考察西方怎么样制定宪法,怎么样开国会。大家知道我们北京的老车站是在前门的正阳门车站。当年五个大臣出洋的时候,革命党人吴樾怀里揣着炸弹上了火车,要把这五个大臣炸死。但是当时的炸弹很落后,吴樾进车厢的时候,火车开动,震动了一下,炸弹爆炸,这位革命党人牺牲了。五大臣到了西方转了一圈,到了1906年9月,清政府就宣布中国也学习西方,要立宪了,要搞宪法,要开国会,但是清政府说中国人程度不够,要预备,所以叫预备立宪。1908年8月,清政府就颁布了一个宪法大纲,由于这个宪法是西太后批准的,所以我们称它为《钦定宪法大纲》。刚才我提到最近有位学者出来讲清政府的宪法很不错,很超前。那么我请大家研究一下这个宪法是不是很不错,是不是很超前。

宪法的第一条:“大清皇帝统治大清帝国,万世一系,永永尊戴。”大家知道,大清皇帝是爱新觉罗家族,这一条就是告诉人们中国的江山永远归大清皇帝所有,永远归爱新觉罗家族统治,中国的皇帝永远只能姓爱新觉罗,所以才叫“万世一系”。第二条叫“君上神圣尊严,不可侵犯”。下面三、四、五、六条都是我从宪法里摘出来的。“用人之权,操之君上,议院不得干预”,就是要谁当总理,让谁来当内阁的大员,由皇帝说了算,虽然有议院,有国会,但是国会不能够干预。下面一条“一切军事,皆非议院所得干预”,各种各样的军事决定,都不是国会议院所能够干预的。司法的权力也是归皇上掌握的。这个宪法大纲也学西方,学什么?说老百姓有言论、出版、集会、结社的自由,因为当时这是世界潮流,宪法里都必须有这一条,但是宪法大纲规定,如果紧急的时候,皇帝可以用命令来限制臣子和老百姓的这种自由。更重要的是它下面还有一条,说臣子和老百姓在法律范围以内有言论、著作、出版、集会、结社这样一些自由。那么这个法律是什么法律呢?当时清朝政府规定的一个法律叫《集会结社律》,就是你要开会,你要组织一个社团,对不起,有一个法律,怎么讲的?说“宗旨不正、违犯规则、滋生事端、妨害风俗,均在取缔之列”,凡结社、集会、游行等事,民政部、地方督抚、巡警道局、地方官都可以用“维持公安”的理由下令解散。这是《集会结社律》的规定。

清政府还规定了一个《大清报律》，报是报纸，实际上是新闻出版法，讲什么？说你办报可以，但是不能够刊登“诋毁宫廷”的言论，就是你骂皇帝，骂宫廷这个不行。不能“淆乱政体”，当时清政府是君主专制，你不许批评这个君主专制政治。当然也不许“扰害公安”、“破坏风俗”。而且不管是哪一种报纸，哪一种杂志，都需要在出版前一天的中午十二点以前交给巡警，或交给地方官检查。所以说清政府虽然允许老百姓集会、结社，虽然允许办报办杂志，但是给了非常严格的限制。可见，清政府的目的不是为了扩张民权，不是为了给老百姓自由，而是要最大限度地给政府、给警察机构取缔、镇压老百姓以最大的自由。

1911 年，清政府宣布成立一个内阁，这个内阁大体相当于我们今天的国务院。十三个内阁成员中，汉人是四个，满人是九个。九个满族大臣里面，皇族，就是姓爱新觉罗的就有七个人。当时的满族在全国人口里面不过四五百万，四五百万的满族在当时的国务院里要有九个部长，九个部长要有七个人必须是皇族，而四万万五千万汉族人民，只允许有四个部长。按人口比例，这不成比例啊。不仅是按人口比例不成比例，和清朝老祖宗的办法比较的话，也是一个历史的大倒退。清朝初年，满族贵族从东北进入关内，为了拉拢汉族，搞了一个“均衡满汉”的政策，就是满族人和汉族人，满族官僚和汉族的官僚要平均，要平衡。按照清朝老祖宗的规定，内阁大学士满汉各两个，协办大学士，就是副大学士，满汉各一人，六部尚书，尚书就是部长，六个部的部长满汉要各有一个，侍郎，相当于我们今天的副部长，满汉四个人，满汉各半。清朝的满族贵族的老祖宗都懂得，满族和汉族的政府官僚要保持一个相当的平衡。但是到了1911年,这个“皇族内阁”爱新觉罗家族就要占绝对的优势,这当然是一个历史的大倒退。不仅如此,清政府预备立宪以后,当时的中国老百姓,各地的士绅知识分子掀起了国会请愿运动,就是要求清政府成立国会。清政府怎么对待这些请愿者呢?当时最初的请愿是和平请愿。第一种方式是签名。集体签名,希望万岁爷,希望清政府赶快召开国会。第二种方式是上书,写信给清政府说赶紧开国会。第三种方式是静坐。各地的代表到北京来,到某一个王爷府的门口去静坐。最高的形式是游行,在全国的许多地方,如天津、开封就有请愿者游行,要求召开国会。那么清政府怎么对待老百姓的这种请愿活动呢?说召开国会这个事情现在不允许,要等宣统五年,也即1913年再办,而且日期不能再改了。你们不是都到北京来请愿了吗?马上解散,回老家,去做自己的事情,叫“各安职业”。而且清政府宣布“不准再行联名要求渎奏”。什么叫“渎奏”?就是不能一次一次地写信,如果你不听话,那就“查拿严办”,“随时弹压”,“从严惩办”。我们北京的兄弟城市天津,学生上街游行,就把校长温世霖发配到新疆去了。当时的这些知识分子说,皇族内阁不行,皇族成员太多。载沣,就是光绪皇帝的弟弟,后来的摄政王,宣统皇帝的爹,就说任命国家大臣这个事情在光绪皇帝时候颁布的《钦定宪法大纲》已经决定了,用谁不用谁的权力在皇上,议员不能够干预。说你们这些人一再要求改革皇族内阁,“议论渐近嚣张”,不像话,太狂妄,这个权不归你们,你们没有建议权。所以清政府下令解散各地到北京来的国会请愿团的当天晚上,来自各省的搞和平请愿的代表在一起商量,最后得出这么两句话,叫“清政府政治绝望,吾辈(我们)公决(共同决定)秘密筹划革命”。这些人本来是想走改良道路,想劝清政府自己改革,但被清政府拒绝、镇压。所以我认为，当时是改良还是革命，与其说决定于革命党人，不如说决定于清朝统治者。由于满族贵族拒绝政体改革，千方百计地维护君主专制制度，维护爱新觉罗家族的核心利益，企图“万世一系”地当皇帝，所以革命不可避免。这不是孙中山要革命，也不是当时的革命党人要革命，而是由于清政府，由于满族贵族拒绝改革，拒绝改革君主专制制度，要想让爱新觉罗家族千秋万世地统治中国，所以革命党才决定革命。这是我讲的第一个问题。

下面我讲第二个问题，是谁领导了辛亥革命？关于这个问题，通常有一种说法，说辛亥革命是资产阶级领导的，是资产阶级革命派领导的。我个人多年来一向不同意这个看法。我们先看一看辛亥革命时期中国的资产阶级到底是一个什么状况。早些年有学者统计，在辛亥革命的时候，在中国大地上够资格称得上现代化企业的不过五百家。前些年有学者觉得数字太小，又重新作了统计，但也不过一千家。以中国这么广大的国土，近代化的企业才一千家，那么有多少资本家呢，有多少资产阶级分子呢？充其量全国不会超过一万人，那么这一万人是不是拥护革命、支持革命，觉得非革命不可呢？不是。当时的中国资产阶级，我说他们四个字叫“求稳怕乱”，他们企图在保存旧体制的基本框架下实现部分改良，反对革命，反对暴力。他们最高的政治要求就是“君主立宪”。他们的代言人就是维新派康有为、梁启超，以及后来我们称之为立宪知识分子的，像张謇这样一批人。他们的经济主张是“商战”，跟外国人进行生意上的竞争。他们要求在中国发展近代工商业，而且他们提出来要以保护资本家作为第一位的最重要的工作。这就是说当时的资产阶级不仅人数少，而且他们反对革命。

我们可以从 1909 年的预备立宪公会的人员组成情况来

看。1907 年在上海成立了一个组织叫预备立宪公会,是搞改良的。这个组织的成员在 1909 年是三百五十八个人,其中当过知县以上的官吏是七十七个,大概占 21.5%,其他企业主、公司经理、商会总理是八十四个,占 23%。所以从这里可以看出,当时要求君主立宪的主要是两种人,一种人是资本家,一种人就是曾经在清政府里做过官的官僚,是这两种人,他们要求改良,反对革命。所以这一部分人不可能领导革命。

在清朝末年,中国社会出现了一个新的社会力量,我称之为新型知识分子。鸦片战争以后中国出现了五种新型的知识分子,第一种我称之为洋务知识分子,例如著名的代表冯桂芬、薛福成;第二种,维新知识分子主张维新,戊戌变法时候的康有为、梁启超、谭嗣同、严复都可以称为维新知识分子;第三种类型叫共和知识分子,这个名词是我创造的,孙中山、黄兴、宋教仁,他们的目的是想在中国建立共和国,可称之为共和知识分子;第四种叫无政府知识分子,他们说有政府是个坏事情,最高理想是没有政府,这一种知识分子我称之为无政府知识分子,代表人物中有一个叫张继,后来介绍共产国际的代表马林到桂林去见孙中山的那位先生,还有一位刘师培,当年曾经自称激进派第一人,就是说他最革命,后来他投降清政府,成了清政府的侦探,"五四"的时候被聘为北京大学教授;第五种是共产知识分子,这就是我们大家熟悉的陈独秀、李大钊、毛泽东这一批人。

这一批人数量比较大,我们看当时的留学生,就是中国学生在外留学的,1903 年是一千三百人,1904 年发展到两千四百人,1905 年又发展到八千五百人,1906 年又发展到一万三千人。也就是辛亥革命前夜,我们中国有相当大的一批学生在日本,在欧美留学。更大的数字是国内的新型学堂的学生,1907 年国内的学堂的学生是一百零一万三千多人,1908

年是一百二十八万四千人，到了1909年就发展到一百六十二万六千人，这个数字应该说是相当庞大了。更重要的还不是数量上的增加，而是他们的思想变了。这一批知识分子跟中国传统社会的知识分子相比较，我认为至少有三个地方不一样：第一，他们具有近代科学知识。从他们知识结构的主体来看，不再是原来子曰"《诗》云"，而是声学、光学、化学、电学这样一些近代的自然科学知识，还有西方的达尔文、赫胥黎的进化论、天演论这样一些西方的社会科学知识。第二点，这些知识分子具有近代民主主义思想。从思想的主流看，不再是我们中国古代所讲的那十六个字："普天之下，莫非王土"，中国的所有土地，天底下的土地都是国王的；"率土之滨，莫非王臣"，中国的土地，从内地到海滨上的人都是国王的臣民。但是这批知识分子变了，他们的思想的主流是法国的启蒙思想家卢梭的"主权在民"。国家的主权属谁？国家的主人是谁？不是皇帝，不是国王，是老百姓。另外，这批知识分子他们是出卖脑力，或者他们马上就要出卖脑力，他们是用知识作为谋生手段。他们的工作岗位主要是当时新兴的科学、文化、教育事业，这些知识分子不靠土地，不靠地产，也不靠科举，所以他们在一定程度上摆脱了对地主阶级和政府的依附。辛亥革命前夜出现的这一批知识分子，我称之为新型知识分子，他们和传统的知识分子有三点是不同的，但是这一批知识分子和西方的资产阶级知识分子也不同：

第一他们反满。在他们的思想里有一个种族问题占重要地位。大家知道孙中山刚开始革命的时候提出的一个口号叫"驱除鞑虏"。"鞑虏"指的是满族，在江浙地区的革命组织由蔡元培创建的光复会的纲领中有"光复汉族，还我河山"两句话。光复会有一个烈士叫徐锡麟，1907年他在安庆起义，他就提出："光复汉族，翦灭满夷"，"遇满人者杀"。在湖南地区，黄兴、宋教仁成立了一个组织叫华兴会。华兴会这个“华”字实际上也是汉族。反满这个问题具有种族观念，西方资产阶级那些知识分子没有这种思想。

第二，推动他们投入社会政治运动的主要原因是救亡，是从帝国主义的侵略下挽救祖国，振兴中华，并不是资产阶级的经济利益。当他们离乡去国，寻求真理的时候，当他们抛妻别子，准备武装起义的时候，他们所想到的就是如何使灾难深重的祖国免于瓜分，如何使可爱的民族免于沦为马牛。至于发展资本主义，我想他们许多人连做梦都没有想到过。

第三，他们不少人的思想里程度不同地存在着批判资本主义或者反资本主义的内容，而且表现出对社会主义的同情和向往。我想举一个邹容的例子，邹容是一个年轻的革命家，他写过一个小册子叫《革命军》，鲁迅曾经说辛亥革命时期，革命党人出版过许许多多小册子，散发过许许多多宣传品，但没有哪一种宣传品的宣传效果能够比得上邹容的《革命军》。邹容的《革命军》在辛亥革命之前再版了几十次，销售量达到百万册以上，我想即使在今天，一本书能够卖到百万册以上的也不太多。邹容因为写《革命军》，被清政府抓起来，勾结当时上海租界的当局把邹容关起来，而且在法庭上审判，法官就问邹容说，你为什么写《革命军》，号召人们推翻清政府？也就是说法庭认为写《革命军》是大逆不道，要根据《革命军》判邹容的罪。但是法官做梦都想不到邹容说什么，他说《革命军》这本书我已经不重视了，已经没什么了，我现在想写一本新书叫《均平赋》。“赋”是一种文章的题材，邹容说我现在的兴趣已经变了，我要提倡“均平”了。当时的中国还没有出现社会主义这个名词，邹容所讲的“均平”其实就是讲的社会主义。

我们再看同时被清政府关到监牢里的革命大师章太炎。1903 年的时候,章太炎的心目中有两个偶像:一个是法国革命时候的拿破仑;一个是美国独立时候的华盛顿。章太炎对这两个资产阶级革命的代表性人物佩服得五体投地。当时没有"偶像"这个词,所以章太炎创造了一个词叫"极点",就称这两个人是"高峰""尖端"" 啊,所以叫"极点",就是没有人比他们更高明了,可见 1903 年时候的章太炎是把资产阶级的两个革命人物看成偶像。但是到了 1907 年,章太炎到了日本后,他觉得日本当时的社会,贫富之间矛盾尖锐,而且国会的选举肮脏得很,乌七八糟,所以章太炎的理想破灭了。他这个时候写了一篇文章,说我要扒开华盛顿、拿破仑的坟墓,把他们的尸首挖出来,我要拿个铁锤去把这两个人的脑袋砸破。原来是偶像,现在要砸他们的脑袋,说明章太炎的理想变了,不再是把资本主义社会,把资产阶级革命的领袖人物看成是神圣的了。

当时像章太炎一样大骂资本主义的人不止一个。1907 年东京革命党人成立了一个组织叫社会主义讲习会,每次开会都讲中国不能走资本主义道路。当然,他们所谓的社会主义,其实是无政府主义。

下面我要着重讲孙中山。1903 年,孙中山给他的朋友写了一封信,说什么?说西方社会贫富悬殊,有钱的人富到跟国家差不多,但是老百姓很穷,穷到连立脚的地方都没有,所以孙中山讲社会主义是他每时每刻都不能忘记的主义。1903 年,孙中山第一次表示出他要走社会主义的道路。1905 年,孙中山在日本东京创立了革命组织同盟会,创办了一个革命的刊物叫《民报》。在报纸的发刊词里孙中山提出了"民生主义"这个概念,民生主义这个概念是孙中山第一个提出来的,也是孙中山的独创。孙中山说中国不能走欧美的老路,说现在好多爱国志士“舌敝唇枯”，把舌头都讲累了，把嘴唇都讲干了，希望中国强大，跟欧美一样强大，但是欧美强大，“其民实困”，老百姓很穷困。欧洲世界有大同盟罢工、总罢工，还有一些党派像无政府党、社会党，社会党就是共产党的前身，一天天地发展，孙中山估计欧美社会将来一定还有第二次革命，既然这样，我们怎么能够“追逐于人已然之末轨”，跟着别人的脚步走，最终不会取得成功。

孙中山为什么在1905年能够提出民生主义，能够提出不走西方资本主义老路？1905年，孙中山曾经专门到欧洲的比利时去了一趟，比利时的首都当时有社会党的领导机构，叫社会党国际局。社会党国际局就是大家所熟悉的第二国际。孙中山跟当时的社会党国际局领导人叫王德威尔德有一次谈话，孙中山表示自己建立的政党要参加第二国际，要学习西方的生产方式，但是我们要避免你们西方的毛病，要让中国的工人阶级、无产阶级不再受剥削的痛苦。孙中山表示愿意参加第二国际，这是一件很了不起的事情。从欧洲回到东京以后，孙中山就提出了民族、民权、民生三民主义。民生主义的内容就是指出中国不能跟在西方的屁股后面走。有一件事情我们过去不大清楚，1914年5月，中华民国已经成立了，孙中山给第二国际，也就是社会党国际局写了一封信，说希望第二国际赶快派专家到中国来，帮助中国成为世界上第一个社会主义国家。我请大家注意，1914年是一个什么概念，那是在俄国十月革命之前的三年，列宁在俄国搞十月革命是1917年，但是孙中山在1914年就给第二国际写信，请求他们帮助自己把中国建设成为世界上第一个社会主义国家。

1906年12月2日，东京的革命党人开大会，庆祝《民报》创刊一周年，孙中山讲：“文明有善果，也有恶果。”我们要把现代文明好的果实，好的成果拿过来，但是要避开恶果和坏的东西。说“欧美各国,善果被富人享尽”,老百姓“反食恶果”。“总由少数人把持文明幸福”,所以“造成此不平等世界”。“我们这回革命,不但要做国民的国家,而且要做社会的国家,这是欧美所不能及的”。孙中山自己讲的社会的国家就是社会主义国家。

孙中山懂得在生产力十分落后的中国,资本主义并不是只有坏作用,相反倒是不可或缺的东西。因此,他在 1918 年的《实业计划》中提出,在中国要实行混合经济,首先奖励和保护私人资本主义,同时发展国有经济。

在《建国方略》中,孙中山表示:我的意见要使外国的资本主义来造成中国的社会主义,“而调和此人类进化之两种经济能力,使之互相为用,以促进将来世界之文明也”。这两段话说明一个什么问题呢?一方面孙中山认为中国不能再走欧美式的资本主义道路,但是孙中山也反对完全排斥资本主义,孙中山对资本主义的态度,对现代资本主义文明的态度是一个辩证的,就是我刚才讲的那八个字“取那善果,避那恶果”,这是辩证的分析态度。孙中山并不把资本主义看成是万恶之源,认为人类社会有两种经济动力推动人类社会向前发展:一种是社会主义,一种是资本主义。孙中山说我的态度呢,是把资本主义和社会主义调和起来,要让它们“互相为用”,就是说社会主义要学习资本主义,资本主义也要学习社会主义,用这种办法来促进将来世界的文明。

上面的分析足以证明孙中山并不代表资产阶级的利益。像孙中山这样的人不是一个两个,他的助手黄兴 1907 年和孙中山在东京吵了一架,这两个革命的亲密战友吵起来了,为什么?为了旗帜。当时要设计革命的旗帜图案,孙中山主张青天白日旗,黄兴认为青天白日旗中间是一个太阳,跟日本国旗有点像,不可取。黄兴主张搞一个井字旗,说中国古代是搞井田制的，说搞井田制就代表我们革命党要搞社会主义。所以我觉得以孙中山为代表的一批知识分子，并不愿意中国走资本主义道路，而是向往社会主义。这一部分知识分子从社会身份上来说，他们不做官，没有钱，不是资本家。他们是以普通老百姓的身份出现的，所以我称他们为平民知识分子，宣传自己的革命是平民革命。从他们的政治理想来说，他们是以在中国建立共和制度为追求，所以我们称之为共和知识分子。我认为这样一批知识分子才是辛亥革命的领导力量。这可以从五点来理解：第一，他们是革命纲领的制造者，是革命思想的孕育者，三民主义是孙中山提出来的；第二，他们是各个革命团体的组织者和领导者；第三，他们是多次反帝爱国运动的发起者；第四，他们是历次武装起义的组织者和领导者；第五，他们是南京临时政府的领导主体。有了这五条，称他们是辛亥革命的领导者应该是当之无愧的。

我们还是看一下具体数字。20 世纪 80 年代我所在的研究所做过一次调查研究，就是调查在 1905 到 1907 年这三年里边参加同盟会的成员仍在世者的子女，涉及三百七十九个会员，其中留学生三百五十四人，占同盟会员的百分之九十三；官僚、有功名的知识分子十人，占百分之二点六；教师、医生八人，占百分之二；资本家、商人六人，占百分之一多一点；贫农一人，不到百分之一。所以你看同盟会的会员里面，学生、留学生，加上教师、医生要占到百分之九十五以上。所以我的看法是辛亥革命是这样一批平民知识分子或共和知识分子领导的，而非我们通常所说的辛亥革命是资产阶级或者资产阶级革命派领导的。

下面我讲第三个问题：辛亥革命何以迅速胜利，代价很小？辛亥革命是在一个幅员广大，面积一千多万平方公里的超级大国里,结束了长达两千余年的君主专制制度,使得中华大地上出现了前所未有的巨大政治变革,这是一件十分伟大、十分了不起的事件。但是,从武昌起义到南京临时政府成立,中华民国诞生,前后八十天。武昌起义是 10 月 10 日,临时政府成立是 1912 年 1 月 1 日,两者相距就是八十天。如果从 1894 年孙中山在檀香山创立兴中会到南京临时政府成立,也不过区区十七年。当年孙中山还没有革命的时候,改良派吓唬说可不能革命,如果革命的话,就会像法国大革命一样,动乱百年,而且牺牲的人会在百万人以上。我所在的中央文史研究馆当年有个老馆员叫许宝蘅,这位许老先生在辛亥革命的时候,是当时的清政府国务院下面的一个秘书,他的日记前些年中华书局出版了。他当时根据中国古代朝代兴衰、江山鼎革的经验,说一旦革命,估计中国的户口会减去三分之二或者四分之二。当时中国是四亿五千万人,那么这位许老先生估计革命的结果,中国人口要死掉三分之二,至少也得死二分之一。孙中山本人也曾经估计过,孙中山在伦敦图书馆跟一个俄国革命党人讨论,他问这个俄国人,说你们俄国革命要多少年成功啊?这个俄国人说需要一百年。俄国人反过来问孙中山,说你们中国革命需要多少年啊?孙中山是个理想主义者和乐观主义者,他说我们中国革命不需要一百年,需要三十年。结果十七年就成功了,所以孙中山说辛亥革命太过迅速容易,没有看见什么大的牺牲和流血。

我举几个例子,湖南省的省会长沙,革命发动的时候是 10 月 22 日早晨 8 点,六个小时之后,下午 2 时就成功了。未经战斗,仅仅杀死了四个人,一个是当时清政府巡防营统领黄忠浩,一个是长沙的沈姓知县,一个是营务处提调,还有一个总文牍。长沙的独立就死了四个清朝的官吏。贵州的贵阳陆军小学堂的学生起义,11 月 3 日晚上发动,4 日一天就成功了，巡抚沈瑜庆把印信交出来离开了。

最快的地方是浙江杭州。杭州新军是拿洋枪洋炮的新式军队，14 日的夜半发动起义，第二天黎明即告成功。浙江巡抚增韫从后院的围墙挖了一个洞逃走。革命党人从起义到杭州全城光复，不到四十分钟。

武昌起义之后有九个省的省会城市都武装起义，起义或独立的过程都很顺利，没有战斗，或者没有严重的战斗。在一天，至多两天之内，甚至在不到四十分钟之内就完成了革命任务，清廷的地方督抚、将军、文武官员大都处于不抵抗或没有抵抗的状态。除上面提到的四个省会城市之外，另外五个省的省会一个是江苏苏州，一个是广西桂林，一个是安徽安庆，一个是广东广州，及四川成都。这五个省都没有打仗，没有动枪，没有动炮，当时叫“和平独立”。这五个省会城市里面，安徽稍微复杂一点，其他城市的独立过程都比较迅速，基本上没有破坏，没有流血，没有牺牲。最有意思的是苏州，当时的苏州巡抚程德全在革命党人的推动下面，宣布苏州独立。毛泽东有一句名言叫革命不是请客吃饭，不是绘画，也不是女孩子在那绣花，不能那样温良恭俭让，不能那样文质彬彬，革命是暴动，一个阶级推翻另外一个阶级的大暴动。毛泽东这段话我想在座的百分之九十的都很熟悉，当年的革命党人当然没有学过毛泽东的著作，但是革命党人懂这一点，革命怎么能这么平平安安、和和平平就成功了，总得破坏点东西吧。想了半天，派人找了一个很长的竹竿从巡抚衙门大堂的屋顶上这么挑一下，两片瓦从屋顶上掉到地上碎了，革命党人说你看这就是破坏啊。所以我说总观武昌起义至南京临时政府成立的全过程，除了清兵南下，革命党人展开汉阳保卫战，以及江浙联军进攻南京的时候打得较为激烈外，没有发生旷日持久、胶着难分、牺牲惨重的战斗和战役。

这是辛亥革命的特点，胜利非常迅速，但是牺牲很小，代价很小。何以会出现这种状况呢？下面是我的分析：

第一，清政府腐烂透顶，既顽固抗拒历史潮流，又为自己培养了大批的掘墓人。清政府同意做一定改革，但是有一点它坚决不肯改，就是大清皇帝统治大清帝国，中国的皇帝必须千秋万代是爱新觉罗家族来做，这一点它不肯改，所以我说它顽固地抗拒历史潮流。但是它怎么顽固，还是给自己培养了两种掘墓人：一种是学生，就是刚才我讲的留学生和国内新型学堂的学生，他们具有民主共和思想；另外一批掘墓人就是新军，用洋枪洋炮武装起来的士兵，这一支队伍的军官大部分是河北保定军官学堂的毕业生，或者是日本军官学堂培养出来的学生，他们具有民主共和理想。新军的士兵由于使用的是洋枪洋炮，所以有相当的文化水平，不像清朝原来的士兵使用的是冷兵器。新军都有文化，所以容易接受民主主义思想。清政府拒绝改革，但是改革的过程里面它培养了自己的掘墓人。

第二，革命党人能够正确地对待满人，实现了一次人道主义的文明革命。清兵入关的时候是什么状况？大家都知道有一本书叫《扬州十日记》的书，就是清兵进关以后，进攻扬州，史可法坚守扬州，清军攻入扬州后大杀十天，然后才下令封刀。据统计，清兵在扬州杀死了八十万人。另外还有中国历史上有名的“嘉定三屠”，就是清军打下嘉定以后，在嘉定前后屠杀了三次。这说明满族贵族入关以后对汉族及其他各族人民是实行了残酷的、血腥的屠杀政策。有句话叫“留发不留头”，就是清朝人要求各族人民都要留长辫子，好多汉人不干，因此掉了脑袋。所以最初有一部分革命党就有复仇的想法。前面讲到邹容的《革命军》，他的理想是要在中国建立一个国家叫中华共和国，相比我们现在的国家只少了

“人民”两个字。主张革命,“革命、革命,我中国不可不革命”,但是邹容《革命军》里充满着种族复仇主义,说革命成功以后,要把在中华大地上的满族人赶走,不赶走就杀光,尤其第一要杀的是清朝的皇帝。章太炎当时在上海搞了一个组织,各种人都可以参加,但是满族人不许参加,所以在革命开始的时候革命党人里就有这种种族复仇主义。孙中山坚决反对这种种族复仇主义。1905 年,孙中山在日本东京成立中国同盟会,开会讨论说这个组织怎么定名。湖南有个学生张明夷主张把这个组织叫“对满同志会”。孙中山表示反对,他说:“满清政府腐败,我辈所以才革命。如果满人同情于我,我们也可以让他入党。”这是一种宽广的胸怀。孙中山还说:“民族革命的原故,是不甘心满洲人灭我们的国,主我们的政,定要扑灭他的政府,光复我们民族的国家。我们并不是恨满洲人,是恨害汉人的满洲人。假如我们实行革命的时候,那满洲人不来阻害我们,决无寻仇之理。他们当初灭汉族的时候,攻城破了,还要大杀十日才肯封刀,这不是人类所为,我们决不如此。”孙中山非常鲜明地表现了坚决反对种族复仇主义的正确立场。《民报》作为革命党人的机关报,还专门发表过一篇文章叫《仇一姓不仇一族论》,讲我们革命党的敌人不是一族,不是满族这一族,而是满族里一个特殊的家族,什么家族呢?是满族中的爱新觉罗一姓,特别是其中地位很高,特权很大的“满酋”,即“满洲贵族”。如果满洲人投诚来归,同情革命,那么我们就“安置郡县,视若汉民”,让他们住在中华大地上,跟汉族老百姓一样看待。对满族中的穷人,还要给他们“谋生聚教训之方”,让他们和汉族人民“同生息于共和政体之下”。

除了这篇文章之外,辛亥革命前夜,同盟会员刘揆一在一篇文章中说,我们革命这么多年没有成功,原因就在于我们没有发动汉族以外的满族人、蒙族人、回民和藏族人民参加革命,所以他提出组织一个新的政党,叫“汉满蒙回藏民党会”,就是新的革命政党要包含中华民族里的五个民族。我们今天是五十六个民族,但是当时革命党不懂,汉满蒙回藏就代表了全体中国人,主张革命党要包含汉满蒙回藏这五个民族,号召中华各族人民共同组织政党进行革命,这是同盟会民族政治史、辛亥革命史上一份有巨大意义的文件。

前面提到章太炎本来是种族复仇主义思想比较严重的人,辛亥革命爆发后,章太炎给当时在日本学习的满族留学生写过一封信,说假定革命党打下了北京,推翻了清政府,“君等满族”,也是“中国人民,农商之业,任所欲为,选举之权,一切平等,悠游共和政体之中,其乐何似”。“我汉人天性和平,主持人道,既无屠杀人种族之心,又无横分阶级之制”,中华大地上还有蒙古族、回族、藏族人,我们大家都平等看待,我们怎么会单独地看不起你们满人呢?后来南北议和,南京临时政府批准了《清室优待条件》,只要满族皇帝退位,“尊号仍存不废”。不仅保持你的荣誉,而且有“岁用四百万两”的财政补助,还可以暂时住在紫禁城里边。这个条件很宽大,所以清政府接受了这个条件,隆裕太后代替宣统皇帝宣布退位。本来清朝贵族非常紧张,非常害怕,因为他们知道当年的满族贵族的老祖宗进关的时候是怎么杀汉人的,害怕汉人反过来会报复他们,而且他们也知道法国大革命的时候,国王路易十六是上了断头台的。所以袁世凯就吓唬隆裕太后,说咱们不能够打,打败了包括太后您在内都性命难保,所以隆裕太后只好宣布退位,换取优待条件。

多年以来我们一直批评南京临时政府,批评孙中山,为什么不打到北京啊?辛亥革命后,满族特别是皇族都安然无恙,皇族受到优待,好像是革命不彻底,但是比起打一场恶战牺牲几万几十万人总要好得多。法国大革命把国王路易十六送上断头台,俄国的十月革命后,沙皇一家包括仆人,乃至养的狗都被杀害。辛亥革命没有对满人实行大规模的报复,连皇族都保护下来了,用优待皇族的办法避免恶战,这应该说是很文明的人道主义革命。

第三个原因是争取列强中立,避免其直接武装干涉,减少阻力。毛泽东曾经在一篇文章中批判辛亥革命,其中第一条是不敢坚决地反对帝国主义,我对此不敢苟同。当时中国人民的任务是反对封建君主专制制度,毛泽东自己也讲过一个人不能够两个拳头同时打人。辛亥革命既要把清政府打倒,又要把帝国主义打倒,不大可能。孙中山在革命之初提出了“善意的中立”五个字,希望列强对中国革命保持善意的中立态度。革命党人为此发布了一个对外宣言,前面两条值得注意:第一条“所有中国前此与各国缔结之条约,皆继续有效”;第二条“偿款外债照旧担任”,“仍由各省洋关如数摊还”。目的就是为了让列强保持中立,不要倒向清政府一边。

武昌起义后,外国人的生命财产、教堂和教会也都得到革命党人坚决的保护。美国有个舰队司令当时估计革命起来后,肯定会接到大量的侨民要求保护的报告,但是革命起来以后,外国人发现革命党很讲纪律,很文明,没有像义和团那种排外行为,所以美国政府研究,认为没有必要出兵干涉。辛亥革命过程中,列强没有出兵干涉。只有日本想干涉,因为日本是天皇制,中国辛亥革命把君主赶下台了,会动摇他们的天皇制。但是日本孤掌难鸣,出兵不行后,日本又要联合英国政府给革命党施加压力,让他们同意中国实行君主立宪,中国保住了皇帝,日本天皇的地位就不会受到威胁。这一建议也遭到英国外交大臣格雷的迅速拒绝。格雷声称,就政体问题向中国提出建议,或者由列强共同出面,采取哪怕是一点微小的类似压迫的行径,都是重大的冒险行动。日本的外务大臣悻悻地给当时驻华公使打了一个电报,说在这样的情况下,“帝国政府不顾两国间之协调关系而单独出面梗阻,亦属无趣”。

革命党人采取争取列强中立的态度,减少了列强出兵干涉中国革命的危险,减少了革命阻力,这是正确的。革命成功之后,孙中山就提出一个新的口号叫“废除不平等条约”,这说明当初革命党人承认不平等条约只是一个策略。

第四个原因就是团结立宪派和开明官绅,结成反清统一战线,壮大革命力量。前面提到戊戌变法失败以后,康梁走上保皇道路,孙中山走上革命道路,两派势不两立。孙中山原来想和梁启超合作,并且写信给檀香山的同乡介绍梁启超去檀香山活动,梁启超一到了檀香山就宣传将来选光绪皇帝当大总统,名为保皇实则革命。经梁启超这么一宣传,檀香山的那些孙中山的拥护者,都变成康梁的拥护者了。孙中山知道之后下定决心,从此与保皇党分家,革命和保皇,势同水火,不能相容。但是到了辛亥革命前夜,革命党人开始和立宪派合作,利用立宪派的讲坛宣传革命,所以辛亥革命爆发后,原来的立宪派纷纷投向革命。例如10月10日,武昌新军起义,第二天成立湖北军政府。湖北的咨议局局长汤化龙随即表示参加革命,革命党表示欢迎,让他在湖北军政府里担任总参议。汤化龙随后写信给他的弟弟海军舰队司令汤芗铭,劝说他参加革命。湖南革命后,湖南的立宪派代表谭延闿也表示拥护革命。湖南革命党焦达峰、陈作新被乱兵杀害后,谭延闿出来承担了湖南都督的工作,保持了湖南社会的稳定,后来谭延闿一直是一个坚定的国民党员,当过国民政府的主席。汤化龙和谭延闿的例子说明革命党人团结了当年反对革命,主张君主立宪的这样一些人,壮大了革命力量,对于新的政权的建设，对于稳定社会起了很好的作用。

第五个原因是革命党人利用了袁世凯，“先成圆满之段落”，避免南北相抗，长期战争。武昌起义后，清政府把袁世凯召回北京，担当内阁总理大臣，赋予袁世凯镇压革命党的全权。当袁世凯的部队，当时中国最精锐的部队，要南下进攻武汉的时候，革命党里有几个人提出来要利用袁世凯，第一个提出此主张的是黄兴。

袁世凯的军队最强，他搞改革也最积极，位高权重，当时列强都很看重袁世凯，认为袁世凯是中国第一个能干的人。摄政王载沣对袁不放心，找了个借口，让他回家休养足疾，趁机免掉袁世凯的全部职务。革命党人利用袁世凯和清政府的矛盾，表示只要袁世凯反正，让清政府垮台，那么将来就让袁当大总统。袁世凯明白效忠清政府消灭革命党，最终只会落得个“狡兔死，走狗烹；飞鸟尽，良弓藏”的结局，有意和革命党合作。推动革命党与袁世凯合作的关键人物是孙中山。1911 年 12 月 21 日，孙中山从欧洲到达香港，胡汉民和廖仲恺到香港欢迎孙中山。胡汉民当时是广东都督，他认为袁世凯居心叵测，首鼠两端，建议孙留粤练兵，徐图大计。孙中山说：“今日中国如能以和平收革命之功，这个也是世界未有之例，何必言兵。”孙中山表示：袁世凯虽然不可信，但是利用他推翻清廷，“胜于用兵十万”。袁世凯虽然“欲继满洲以为恶”，但“基础已远不如，覆之自易”，今日可先完成“一圆满之段落”。孙中山估计得很对，袁世凯当了临时大总统，后来当了正式的大总统，到了 1916 年又在北京当皇帝，结果八十三天就垮台了。第二年，辫帅张勋搞复辟，把溥仪扶起来当皇帝，也只搞了十二天。以此来看，孙中山的预见很正确，如果不是采取这个办法，袁世凯忠心耿耿为清政府效命，那就会有一场恶战，到底鹿死谁手很难说。

辛亥革命胜利很快，代价很小，跟以上我讲的五点理由有重要的关系。在此我还想讲一个问题，就是孙中山为什么没有北伐？孙中山当了南京临时政府大总统以后，革命党人是希望孙中山北伐的。毛泽东有两句很有名的诗："宜将剩勇追穷寇，不可沽名学霸王。"孙中山没有北伐攻打北京，史学界多年来一直在这个问题上责备孙中山资产阶级的妥协性、软弱性，缺少坚决的、彻底的革命精神。

这个批评有点冤枉。实际上，孙中山当时是两手准备：一方面是跟北方议和，争取袁世凯；另外一方面准备北伐。但是北伐有一个基本条件，就是总要有十几万、二三十万军队，军队需要财政支持，但是南京临时政府最缺的就是钱。武昌起义爆发时，孙中山远在美国，听到消息后，他没有马上赶回中国，而是跑到了英国和法国，此行目的有二：一劝说英法政府中立，英法表示同意，孙中山的这个目的达到了；孙中山的第二个目的是向英国和法国的资本家借钱，这一目的没有实现。当时的革命形势还不明朗，鹿死谁手还不确定，英法资本家担心自己的借款打水漂，所以拒绝了孙中山的要求。孙中山空手从欧洲回到了香港和上海，大批的记者涌上去问孙先生带回了多少钱，因为当时的革命太需要钱了。孙中山很老实，说我一分钱也没有，我带回的不是钱，我带回的是革命精神。革命精神当然很重要，但没有钱也不行。南京政府最穷的时候，国库里面仅有十块大洋，怎么进行北伐呢？英国驻南京领事给英国政府汇报时说，南京政府部长的工资都没有着落，为了北伐，孙中山惟一的办法是跟日本人借钱，一直到2月11日清晨1点55分，孙中山还在跟日本谈判，请求日本借款一千万，攻打北京，断绝和袁世凯的联系，在中国建立共和制度，永远消除中国动乱的基础。但是日本政府最后拒绝这一要求。2月12日，孙中山才不得已和北方签订了停战协议。

最后讲一个问题就是辛亥革命的局限何在？简而言之，共和告成，就像孙中山所讲是完成了一个段落，但是还留下了许多未完成的段落。孙中山在革命的起始阶段，曾经将中国当时的司法比喻为希腊神话里的国王奥吉亚斯的“牛圈”，就是牛棚，这个国王养了三千头牛，三十年里从不打扫，粪秽堆积如山。实际上，中国的皇权专制地主小农社会也是这样的“牛圈”。辛亥革命胜利快，代价小，自然难以一下子清除奥吉亚斯“牛圈”中的全部“粪秽”，中国的面貌也难以一下子焕然大变。在有形的皇权专制被推翻以后，无形的、没有皇帝的专制主义仍然长期是中国近代史上的痼疾。辛亥革命时期，人们曾经做了三个梦，一个叫振兴中华之梦，一个叫民主共和之梦，一个叫民生富裕之梦。回首百年，我们在实现三个梦的方面做出了很大的成绩，但是我们应该承认，还是孙中山讲得对：“革命尚未成功，同志仍须努力”，要全面实现孙中山在辛亥革命时期的这三个梦，还有很长的路要走。